河北省非物质文化遗产法律保护

赵虎敬 ◎ 著

中国政法大学出版社

2022·北京

声　　明　　1. 版权所有，侵权必究。
　　　　　　2. 如有缺页、倒装问题，由出版社负责退换。

图书在版编目（ＣＩＰ）数据

河北省非物质文化遗产法律保护/赵虎敬著. —北京：中国政法大学出版社，2022.6
ISBN 978-7-5764-0511-8

Ⅰ.①河… Ⅱ.①赵… Ⅲ.①非物质文化遗产保护－法律－研究－河北 Ⅳ.①D927.220.216.4

中国版本图书馆CIP数据核字(2022)第108659号

出 版 者	中国政法大学出版社
地　　址	北京市海淀区西土城路25号
邮寄地址	北京100088 信箱8034分箱　邮编100088
网　　址	http://www.cuplpress.com (网络实名：中国政法大学出版社)
电　　话	010-58908586(编辑部) 58908334(邮购部)
编辑邮箱	zhengfadch@126.com
承　　印	固安华明印业有限公司
开　　本	720mm×960mm　1/16
印　　张	21
字　　数	350千字
版　　次	2022年6月第1版
印　　次	2022年6月第1次印刷
定　　价	89.00元

"燕赵文化与法治建设论丛"编委会

编委会主任：陈玉忠　宋慧献
编委会成员（按姓氏笔画排序）
　　　　　　马　雁　王宝治　朱　兵　仲伟民　孙培福
　　　　　　刘国利　张琳琳　肖　辉　杨福忠　杨　凡
　　　　　　周刚志　范海玉　房建恩　柯阳友　赵立程

总 序
依法守护文化家园

进入新世纪以来,我国经历着一个文化空前发展的新时期。一方面,在经济繁荣与技术进步推动下,文化生产勃兴、文化产品繁盛、文化消费活跃;另一方面,享受着现代文明的人们愈益强烈地认识、体验到传统文化的魅力,那些从遥远的过去走来的村与镇、路与桥、亭台楼阁、寺宇街巷等,重新以新的姿态进入人们的视野。在此背景下,加强公共文化服务、全面普及文化认知、促进文化产业、保护文化遗产……逐渐成为摆在全社会,尤其是政府面前的新使命,而文化法治也自然成为我国法律与法学界面对的新任务。

毋庸讳言,我国文化领域的法律实践与法学学术曾长期呈现为一片处女地,其中最突出的表现是,相关立法可谓寥寥。除了1982年颁行的《中华人民共和国文物保护法》,并有《中华人民共和国著作权法》《中华人民共和国刑法》涉及文化事业之外,2000年之前我国文化领域再无其他专门立法。进入21世纪,人们不得不感叹的是,文化领域的专门法纷纷出台:2011年,《中华人民共和国非物质文化遗产法》颁布实施,加上多次修订的《中华人民共和国文物保护法》,我国文化遗产保护法律体系基本形成,而且达到了与国际社会同步的水准。随后,涉及文化事业核心与全局的几部重要立法相继出台:《中华人民共和国电影产业促进法》和《中华人民共和国公共文化服务保障法》于2016年底颁布;《中华人民共和国公共图书馆法》于2017年11月颁布。现如今,另一部涉及文化发展之整体法治的重要法律也在紧锣密鼓地起草过程中——历经多年起草工作,司法部不久前公布了《中华人民共和国文化产业促进法(草案送审稿)》,面向社会征集意见。人们有理由相信，无需太久，全面涵盖我国文化事业与产业发展的成文法体系将臻于形成。

与全国文化事业与法治进展同步，河北省文化产业与各项事业同样进入了一个空前发展与活跃的历史时期。除了传统的书报刊出版、印刷与发行，广播电视等，各类民办文化企业，尤其数字网络产业异军突起。与此同时，伴随着产业与经济发展，公共文化服务得到全面展开，正在进入各地村镇。比如，有关部门统计，在公共文化设施建设方面，目前全省各地拥有各级公共图书馆170多家，群众艺术馆和文化馆180多家，文化站2000多家。

而尤其引人注目的是传统文化遗产之保护与开发。河北省地处华北，历史悠久，其鲜明的文化特征更以"燕赵文化"名闻天下。燕赵文化肇始于春秋战国，至今凡2500年之久；位居中原与塞北之中、齐鲁与关陇之间，与南北沟通、共东西脉动，既以慷慨豪放著称，兼具四面八方之多样性。所以，无论是有形体的物质文化遗物、还是非物质的文化遗产，河北省全域拥有、流传的数量均居全国各地区的前列。按照统计，河北省目前共有全国重点文物保护单位近300个；国家级历史文化名村32个、名镇8个、名城6个；国家级风景名胜区10处、省级风景名胜区39处；并且，有8处4项文化遗产被列入世界文化遗产代表性项目名录。在非物质文化遗产方面，国务院2006年以来先后公布的国家级非物质文化遗产代表性项目中，河北省占163项，其中有6个项目入选世界人类非物质文化遗产代表作名录，涉及剪纸、皮影戏、太极拳。丰富与多样的遗产既为开发、利用提供了资源，也为保护事业提出了挑战。

在全面开展文化遗产保护实践的同时，为了做到依法规范保护与利用，河北省先后颁布、实施了多部地方法规。其中，为配合并依据全国性立法，全面构建物质性与非物质性文化遗产保护的一般性制度体系，1993年《河北省文物保护管理条例》、2007年《河北省实施〈中华人民共和国文物保护法〉办法》（2021年修正）、2014年《河北省非物质文化遗产条例》以及2018年《河北省城市紫线管理规定》先后颁布并实施。为适应河北省特色文化遗产保护，《河北省长城保护办法》于2016年发布，《河北省长城保护条例》于2021年6月开始实施，而《河北省大运河文化遗产保护和利用条例》正处于积极制订过程中。此外，某些地区还为本地文化遗产项目制定了专项地方法规,如《承德避暑山庄及周围寺庙保护管理条例》《清东陵保护管理办法》和《保定市清西陵保护条例》等。

实践促进着学术,并且,实践也离不开学术。文化公共服务保障、产业促进和遗产保护与利用需要学术界做出理论与思想上的呼应。在过去的20多年间,我国学界已有大量学者致力于文化法治的研究,为文化法律实践提供了必要的智力资源。国家社科基金、教育部人文社科研究基金资助的项目中,涉及文化法治的立项早已不在少数。就其内容看,研究视角已经涉及文化法治的方方面面。但就河北省而言,相关研究尚难成规模,尤其是具有地方针对性的研究成果不可谓多。对于河北省的法学学术圈,这意味着莫大的学术机遇,也提出了空前的学术挑战。于是,在河北大学燕赵文化高等研究院的支持下,河北大学法学院鼓励本院教师,以文化与法治为主题,展开了多角度、多层面的广泛探索和深入研究。

我们充分认识到,燕赵文化是在燕赵地区形成的具有区域特点的文化现象,而文化是一个复杂的体系性社会现象;因历史传承与现实发展、局部与整体之交融等原因,燕赵文化具有多方面的复杂性。那么,在社会沿革与发展的过程中,如何保证燕赵文化在传承与弘扬之间、主流与边缘之间、文化与经济之间、文化统一性与多样化之间保持各方面关系的动态平衡与整体的良性发展,需要借助于政策手段的介入、法律机制的保障。

研究中,大家始终坚持理论与实践的充分结合,研究视角涉及文化之法律治理的一般理论问题、文化多样性背景下的燕赵文化保护与促进、燕赵文化发展与公共服务的具体保障问题、雄安新区建设与传统文化弘扬等;并且,更多具体的文化与法治现象值得学术上的不断挖潜,开放的立场与心态至关重要。

至此,大家的研究初步形成了一批各具特色的学术成果。经充分考虑与整合,我们将部分成果编纂为一套丛书,奉献于全国文化与法学界,以为交流、更期指正。同时,该套丛书也是向河北大学百年校庆"献礼",表达法学院全体师生对河北大学百年校庆的祝福之情!祝愿河北大学继往开来,再谱华丽篇章!

"燕赵文化与法治建设论丛"编委会
2021年7月

目 录
Contents

总　序 …………………………………………………………………… 001

第一章　河北省非物质文化遗产概述 ………………………………… 001

　第一节　非物质文化遗产的由来与发展 …………………………… 001

　　一、非物质文化遗产概念界定 …………………………………… 001

　　二、"非物质文化遗产"保护工程的开展 ……………………… 005

　第二节　河北省非物质文化遗产的主要内容 ……………………… 009

　　一、民间文学 ……………………………………………………… 010

　　二、民间美术 ……………………………………………………… 014

　　三、民间音乐 ……………………………………………………… 017

　　四、民间舞蹈 ……………………………………………………… 021

　　五、传统戏剧 ……………………………………………………… 025

　　六、曲艺 …………………………………………………………… 031

　　七、杂技与竞技 …………………………………………………… 035

　　八、传统手工技艺 ………………………………………………… 040

　　九、民俗 …………………………………………………………… 044

　　十、传统医药 ……………………………………………………… 048

　第三节　河北省非物质文化遗产的特点 …………………………… 050

　　一、多样性 ………………………………………………………… 050

　　二、无形性 ………………………………………………………… 053

　　三、活态性 ………………………………………………………… 056

四、民族地域性 ·· 058
　　五、经济效益性 ·· 059

第二章　河北省非物质文化遗产法律保护概述 ············ 063
第一节　河北省非物质文化遗产法律保护渊源 ············ 063
　　一、法律保护渊源主要内容 ·································· 063
　　二、文化遗产法律保护呈现非物质内容的扩展 ············ 073
第二节　非物质文化遗产法律保护 ························· 078
　　一、非物质文化遗产法律保护的正当性 ···················· 078
　　二、非物质文化遗产法律保护模式 ························· 085
　　三、非物质文化遗产法律保护路径 ························· 089
第三节　河北省非物质文化遗产法律保护的基本原则 ···· 093
　　一、依法保护原则 ·· 093
　　二、切实保护原则 ·· 097
　　三、可持续发展原则 ·· 099
　　四、原真性与价值保护并举原则 ···························· 102
第四节　河北省非物质文化遗产法律保护的重要意义 ···· 105
　　一、文化多样性的需要 ······································· 105
　　二、文化传承的需要 ·· 109
　　三、经济发展的需要 ·· 113

第三章　河北省非物质文化遗产法律保护现状及完善 ···· 116
第一节　河北省非物质文化遗产法律保护的现状 ·········· 116
　　一、河北省非物质文化遗产的一般性保护 ················· 116
　　二、河北省非物质文化遗产的法律保护 ···················· 120
第二节　河北省非物质文化遗产法律保护的不足 ·········· 130
　　一、立法不完善 ··· 130
　　二、司法存在不足 ·· 134

三、法律机制动态保护不足 137
四、民事法律保护相对缺失 139
五、开发利用缺乏法律规范 141

第三节 国内外先进法制经验的河北借鉴 143
一、国内保护非物质文化遗产的相关立法 143
二、国外非物质文化遗产保护的法制情况 147
三、先进经验的河北启示 158

第四章 河北省非物质文化遗产的行政法保护 170

第一节 非物质文化遗产行政法保护概述 170
一、行政介入非物质文化遗产保护的正当性 170
二、非物质文化遗产行政保护机制 175

第二节 河北省非物质文化遗产行政保护前期工作效果显著 179
一、保存整理工作 180
二、资金落实工作 183
三、确立文化部门的行政主管地位 185
四、扩大非物质文化遗产保护中的群众参与 186
五、强化传承人保护机制 189
六、加强生态保护区建设 191
七、加强与高校等科研机构的合作 195

第三节 河北省非物质文化遗产行政保护现状及完善 197
一、河北省非物质文化遗产行政法律保护现状 197
二、河北省非物质文化遗产行政保护完善 203

第五章 河北省非物质文化遗产知识产权法律保护 219

第一节 非物质文化遗产知识产权保护的理论探索 220
一、知识产权制度保护非物质文化遗产的合理性分析 221
二、利用知识产权制度保护非物质文化遗产的司法现状 227

第二节　河北省非物质文化遗产知识产权保护现状及存在的问题 ………… 232
　一、非物质文化遗产知识产权保护现状 ………………………… 233
　二、非物质文化遗产保护模式分析及存在的问题 ……………… 235
第三节　河北省非物质文化遗产知识产权保护的法律思考 ………… 244
　一、权利主体问题 ………………………………………………… 244
　二、保护期限问题 ………………………………………………… 250
　三、知识产权制度保护非物质文化遗产的适用设想 …………… 251

第六章　河北省非物质文化遗产刑法保护 … 265
第一节　河北省非物质文化遗产刑法保护的理论分析 ……………… 265
　一、风险社会与安全刑法 ………………………………………… 265
　二、非物质文化遗产刑法保护的法益及其功能 ………………… 268
　三、非物质文化遗产刑法保护特殊性 …………………………… 272
第二节　河北省非物质文化遗产刑法保护现状 ……………………… 278
　一、刑法保护非物质文化遗产的具体形式 ……………………… 278
　二、非物质文化遗产刑法保护的不足 …………………………… 281
第三节　非物质文化遗产刑法保护的立法完善 ……………………… 298
　一、提升保护理念 ………………………………………………… 298
　二、完善知识产权罪刑规范 ……………………………………… 301
　三、修订相关刑法条文 …………………………………………… 308
　四、加强附属刑法对非物质文化遗产的保护 …………………… 315

参考文献 ………………………………………………………………… 317

第一章
河北省非物质文化遗产概述

第一节 非物质文化遗产的由来与发展

一、非物质文化遗产概念界定

（一）联合国关于非物质文化遗产的界定

文化遗产是创作主体在历史发展过程中创造积累的物质文化和精神文化成果的总和，包括与创造活动有关的、具有重要历史文化价值的工艺或技艺以及创作主体当时期的生活习俗、生活习惯或历史传统在今天的流延。文化遗产具有物质文化和非物质文化两方面的分类。根据《保护世界文化和自然遗产公约》的相关规定，物质文化遗产，即传统意义上的"文化遗产"（Cultural Heritage），包括历史文物、历史建筑、人类文化遗址几大类。文物则主要是指在历史、艺术或科学方面具有突出的、普遍价值的建筑物类、雕塑和碑刻类、书籍铭文类、洞窟岩凿类的遗存以及它们的联合体等。最早出现的比较接近"非物质文化遗产"的概念是"无形文化财"（Intangible Culture Heritage），由日本和韩国提出和使用。在日本与韩国的文化遗产保护法中，很早就有专门针对无形文化财保护的内容，其中对这类遗产也作了相关定义，称之为"无形文化财"。日本将其定义为"戏剧、音乐、传统工艺技术及其他非物质的文化遗产中历史价值或艺术价值较高者"。[1]韩国的定义为"在历史、艺术、学术等方面具有较高价值的演剧、音乐、舞蹈、工艺技术

---

[1] 杨志刚：《试谈'遗产'概念及相关观念的变化》，载复旦大学文物与博物馆学系编：《文化遗产研究集刊》（第2辑），上海古籍出版社2001年版，第6~7页。

以及其他非物质的文化载体"。[1] 两国的定义颇为相近，都将非物质文化遗产集中在传统表演艺术、民间技艺等表现形式上，并利用行政和法律等手段加以保护。联合国教科文组织定义的非物质文化遗产在一定程度上借鉴了"无形文化财"的理念。实际上，对于非物质文化遗产的概念界定，联合国也经历了一个不断摸索与完善的过程，这一点从联合国在不同时期对非物质文化遗产的不同解读便可见一斑。非物质文化遗产最早在联合国多被称作民族民间文化遗产。随着历史进程的发展和联合国教科文组织相关公约的丰富，相关称谓又有了"人类口头与非物质遗产代表作品"或"口头与非物质遗产"的变化。及至《保护非物质文化遗产公约》的出台才出现了比较规范的"非物质文化遗产"的概念。关于非物质文化遗产的概念界定，在人类历史的不同时期，相关阐释也不尽相同，各具时代特征与内容偏重。对于非物质文化遗产不同时期的定义，世界性文化遗产保护经历了一个从物质向非物质扩展的历史过程。

（1）人类口头与非物质遗产代表作品，指的是历史上某一文化群体或特定区域的精神文化创造。这些创造符合当时的历史文化传统，迎合创作族群共同的心理期望，表达了创作主体的群体文化和社会特性，代表着创作主体生产生活的相应准则和价值观念，并且可以通过模仿等方式进行复制传承。它的表现形式主要包括但不限于语言文字、音乐歌曲等艺术形式。"除此之外，还包括传统形式的联络和信息。"[2]

（2）口头与非物质遗产，指的是创作主体经过生产学习对相关知识的积累和总结的过程记载。这些过程中包含相关知识和技能的内容记录，同时又与当时期、特定地域的整体环境、前期成果利用、可用资源等物质条件密不可分。这些过程使现存的文化特性更具重要意义。同时，对于文化多样性的保持和人类创造力的增强具有重要意义。包括口头文化遗产、语言、表演艺术方面的信仰和活动。[3]

---

[1] 复旦大学文物与博物馆学系编：《文化遗产研究集刊》（第2辑），上海古籍出版社2001年版，第6~7页。

[2] 联合国教科文组织155次会议文件：《人类口头与非物质遗产代表作的评审规则报告》，联合国教科文组织2000年6月，第1~3页。

[3] 联合国教科文组织第161次会议文件：《关于制定新的标准以在国际范围内规范保护传统文化和民间文化行为的初步研究报告》，联合国教科文组织2001年5月，第1~5页。

（3）非物质文化遗产，包括各种实践和表现形式，对其的传承与发展能够增强创作族群本身的群体归属感和认同感。"包括各种形式的口头表达、表演艺术、社会风俗、礼仪、节庆、有关自然界的知识和实践。"[1]《保护非物质文化遗产公约》第2条规定的定义是"指被各社区、群体，有时是个人，视为其文化遗产组成部分的各种社会实践、观念表述、表现形式、知识、技能以及相关的工具、实物、手工艺品和文化场所。这种非物质文化遗产世代相传，在各社区和群体适应周围环境以及与自然和历史的互动中，被不断地再创造，为这些社区和群体提供认同感和持续感，从而增强对文化多样性和人类创造力的尊重"。这一公约只考虑符合现有的国际人权文件，各社区、群体和个人之间相互尊重的需要和顺应可持续发展的非物质文化遗产。具体来讲，"非物质文化遗产"包括以下几个方面的内容：①口头传说和表现形式，包括作为非物质文化遗产媒介的语言；②表演艺术；③社会实践、礼仪、节庆活动；④有关自然界和宇宙的知识和实践；⑤传统手工艺。[2]

（二）我国政府对于非物质文化遗产的概念界定

我国政府对于"非物质文化遗产"的概念和内容的认识与理解的过程同样也经历了一个既漫长且复杂的历史过程。我国文化遗产的保护最初开始于对民族民间文化的保护。最早以地方法规形式对本地区民族民间文化进行法律保护的是云南、贵州两省。它们分别出台了《民族民间传统文化保护条例》。两条例都是以列举的方式规定了本省保护的民族民间文化内容。如《贵州省民族民间文化保护条例》第2条规定所保护的民族民间文化是指：①少数民族的语言、文字；②具有代表性的民族民间文学、戏剧、曲艺、诗歌、音乐、舞蹈、绘画、工艺美术等；③民族民间文化传承人及其所掌握的传统工艺制作技术和技艺；④集中反映各民族生产、生活习俗和历史发展的民居、服饰、器具、用具等；⑤具有民族民间文化特色的代表性建筑物、设施、标识以及在节日和庆典活动中使用的特定自然场所；⑥保存比较完整的

---

[1] 联合国教科文组织：《保护非物质文化遗产国际公约第一稿》，联合国教科文组织2002年7月，第3~8页。

[2] 文化部外联局编：《联合国教科文组织保护世界文化公约选编（中英对照）》，法律出版社2006年版，第22页。

民族民间文化生态区域；⑦具有学术、史料、艺术价值的手稿、经卷、典籍、文献、契约、谱牒、碑碣、楹联等；⑧具有民族民间代表性的传统节日、庆典活动、民族体育和民间游艺活动以及具有研究价值的民俗活动；⑨民族民间文化的其他表现形式。这种界定具有明显的贵州地方特点。该条例尽管不能将非物质文化遗产的全部内容全面概括，但却成了我国非物质文化遗产保护事业中的拓荒者。2005年国务院42号文件《关于加强文化遗产保护的通知》尝试对非物质文化遗产进行了界定，认为其"是指各种以非物质形态存在的与群众生活密切相关、世代相承的传统文化表现形式，包括口头传统、传统表演艺术、民俗活动和礼仪与节庆、有关自然界和宇宙的民间传统知识和实践、传统手工艺技能等以及与上述传统文化表现形式相关的文化空间"。[1]之后，福建、宁夏、江苏、浙江等省、自治区相继出台了保护非物质文化遗产的地方保护条例。2006年7月21日颁布的《宁夏回族自治区非物质文化遗产保护条例》规定的非物质文化遗产是指"各民族人民世代相承、与群众生活密切相关，具有历史、文化、艺术和科学价值的各种传统文化表现形式和文化空间。非物质文化遗产的范围包括：（一）口传文学以及作为载体的语言、文字、符号；（二）民间传统表演艺术；（三）民族体育、游艺活动；（四）民间风俗、礼仪、节庆；（五）民间有关宇宙、自然界的知识和实践；（六）传统工艺美术和制作技艺；（七）回族医术及其他传统民间医术；（八）与上述表现形式相关的实物资料和场所；（九）其他需要保护的非物质文化遗产"。因为各省、市、区的地方特点不同，保护目标与内容也不尽相同，关于非物质文化遗产的概念界定一时间众说纷纭。这个问题直到我国于2011年6月颁布实施《非物质文化遗产法》[2]才得以解决。《非物质文化遗产法》界定的非物质文化遗产是指各族人民世代相传并视为其文化遗产组成部分的各种传统文化表现形式，以及与传统文化表现形式相关的实物和场所。包括：①传统口头文学以及作为其载体的语言；②传统美术、书法、音乐、舞蹈、戏剧、曲艺和杂技；③传统技艺、医药和历法；④传统礼仪、节庆等民俗；⑤传统体育和游艺；⑥其他非物质文化遗产。该法关于非物质

---

[1] 李树文等主编：《非物质文化遗产法律指南》，文化艺术出版社2011年版，第165页。
[2] 《非物质文化遗产法》，即《中华人民共和国非物质文化遗产》，基于行文方便，本书所引之中华人民共和国法律均省略"中华人民共和国"，后不赘述。

文化遗产的定义对之前的相关概念作了整理与归纳,指明了非物质文化遗产的属性与特点,明确了其应有的内容涵盖,成了当前"非物质文化遗产"的标准概念。2014年3月21日,河北省第十二届人民代表大会常务委员会第七次会议通过《河北省非物质文化遗产条例》(以下简称《条例》)。其中对于非物质文化遗产的定义以《非物质文化遗产法》为准据,结合河北省地方特点作了进一步细化:"本条例所称非物质文化遗产,是指各族人民世代相传并视为其文化遗产组成部分的各种传统文化表现形式,以及与传统文化表现形式相关的实物和场所。包括:(一)传统口头文学以及作为其载体的语言;(二)传统美术、书法、音乐、舞蹈、戏剧、曲艺和杂技;(三)传统技艺、医药和历法;(四)传统礼仪、节庆等民俗;(五)传统体育和游艺;(六)其他非物质文化遗产。属于非物质文化遗产组成部分的实物和场所,凡属文物的,适用文物保护法律、法规的有关规定。"

二、"非物质文化遗产"保护工程的开展

2001年5月,联合国教科文组织公布了全世界第一批"人类口述与非物质遗产杰出代表作"(Masterpieces of the Oral and Intangible Heritage of Humanity),中国的昆曲榜上有名。从此以后,"口头与非物质文化遗产"(Oral and Intangible Culture Heritage)、"无形文化遗产"(Intangible Culture Heritage)、"非物质文化遗产"(Intangible Culture Heritage)等文化遗产领域的新名词开始在中国出现,并同"世界自然遗产"(World Nature Heritage)、"世界文化遗产"(World Culture Heritage)一样渐渐为人们所熟悉。[1]总体来讲,通过世界各国艰苦不懈的努力和科学的总结实践,非物质文化遗产概念的创建及其保护走过了风风雨雨几十年的艰苦历程。时至今日,至少经历了四个阶段的发展与完善。

(一)"世界遗产"概念的提出

第一个阶段是1972年"世界遗产"概念的提出,这是文化遗产保护工程的开端。1954年5月14日,联合国教科文组织在海牙通过了《武装冲突

---

[1] 乌丙安:"'人类口头和非物质遗产保护'的由来和发展",载《广西师范学院学报(哲学社会科学版)》2004年第3期。

情况下保护文化财产公约》。此后，针对文化财产保护的公约相继出台。至1980年通过《关于保护与保存活动图像的建议》，联合国通过了一系列有关文化遗产保护的公约。但是，保护的内容大都集中在考古遗址、建筑群、景观等有形表现类的、物质文化型的历史遗产上。1972年10月，联合国教科文组织召开了第17届会议。在开会过程中，与会代表注意到，由于年久腐变、社会的迅速变化和经济条件相对落后、国家保护文化遗产工作不完善等诸多方面的原因，文化遗产保护情况逐渐恶化，以致造成了更加难以避免的损害或破坏。会议认为，这类珍稀且无法替代的文化遗产，无论其归属国家还是其他主体，保护工作本身都具有十分重要的意义。在这种情况下，《保护世界文化和自然遗产公约》经联合国教科文组织与与会代表讨论后通过。这一条约制定的目的就是要对具有特殊世界意义的自然和文化遗产进行识别和保护。对世界自然与文化遗产的保护经过公约的确立成了一种国际性的共同责任，奠定了世界文化遗产保护工作的基石。在对自然及文物景观进行重点保护的同时，文化遗产的评选还涉及非物质文化遗产的内容。在设置文化遗产遴选标准时，该公约中的部分条款包含了对非物质文化遗产特点的表述，如"为一种文化传统或一种目前尚存活或业已消失的文明提供一个独一无二的或至少是非凡的证明";[1]"与事件或现有传统，与思想或信仰，或与具有突出的普遍意义的艺术作品和文学作品，有直接或有形的联系"。[2]但是，从整体上看，《保护世界文化和自然遗产公约》对于"文化遗产"内容的概括主要还只是着眼于物质文化遗产，并集中于古建筑、古遗迹和文化遗址。在此后几十年的时间里，世界遗产委员会并未将非物质文化遗产单独提出。这种以物质形式存在为特征的对象保护，反映了当时国际社会对于文化遗产概念的理解与指向。因为，当时绝大部分的保护工作都集中于实物类文化遗产方面，相关保护的理论与研究也主要集中在对物质文化遗产本质与特性方面的认识与理解上。直到20世纪八九十年代以后，联合国教科文组织的文化遗产观念才开始发生较大的转变。在那一时期，随着社会的不断发

---

[1] 北京大学世界遗产研究中心编:《世界遗产相关文件选编》，北京大学出版社2004年版，第3~12页。
[2] 北京大学世界遗产研究中心编:《世界遗产相关文件选编》，北京大学出版社2004年版，第3~12页。

展进步，不仅大量有形的传统生活用品、生活器具被现代化社会淘汰，连带这些传统器物器具的制作技艺、技巧，包括与之关联的传统生活习惯、生活方式也逐渐消失，历史上留存下来的传统文化形式和生活习惯开始或逐渐被新的现代生活方式所更迭置换。某些具有相当悠久历史的特定文化形式的文化遗产（如口头传说、民间技艺等）虽然具有深远的文化、历史价值，但它们所面临的生存处境如同现代社会的一些文物古迹一样，都遭受了来自现代社会的猛烈冲击。如果不迅速加以保护，它们随时面临着消失灭绝的危险。考虑到这些非物质文化也属于人类的共同遗产和它们日趋严峻的留存现状，联合国教科文组织决定采取积极的保护措施对其进行保护。

（二）"民间创作"保护工程的启动

1989年10月至11月间，联合国教科文组织在巴黎举办了第25届会议。在会议召开过程中，与会代表认真探讨了几个方面的问题，焦点内容是民间文化的特点及其保护。会议对民间文化的相关特点进行了认真总结，认为民间文化具有几个方面的特点：一是民间文化人类的共同遗产是促进各国人民和各社会集团相互接近和确认和认可相互文化特性的强有力手段。二是民间创作在社会、经济、文化和政治等诸多方面都具有重要意义，它是一个民族在历史上作用的遗迹及在现代文化中地位的彰显。民间创作作为文化遗产和现代文化的组成部分具有特殊的重要意义。三是民间文化传统形式具有极端不稳定性。特别是口头文化，面临随时消失或消亡的危险。与会代表认为，各国政府在保护民间文化方面应该发挥决定性的作用，并且应该尽快采取有效行动。为此，会议决定按照《联合国组织法》的相关规定，就民间创作的保护问题形成一份建议案。《保护民间创作建议案》就是在这种情况下形成，交由会员国进行审议，并于1989年11月15日获得顺利通过的。《保护民间创作建议案》明确提出了保护传统民间文化的重要性，并对民间创作作品及成果表现的定义、鉴别、保存、保护、传播、维护等相关措施作了具体阐述。同时，呼吁相关国家进行国际合作，采取各种必要措施对民间创作实施保护，保护传统和民间文化免遭自然或人为等因素的破坏。

（三）人类口头和非物质遗产保护的提出

第三个阶段是人类口头和非物质遗产概念的出现。1998年，联合国教科文组织颁布了《人类口头和非物质遗产代表作条例》。《人类口头和非物质遗产代表作条例》旨在奖励口头和非物质文化遗产的优秀代表作品，界定了代表作品的范围。1972年，被《保护世界文化和自然遗产公约》列入世界遗产保护名录的成果主要是具有代表性的，对于全人类意义重大的自然与人文景观，非物质遗产内容没有被包含在这个公约的名录之内。注意到相关缺陷，在《人类口头和非物质遗产代表作条例》的通过过程中，一些与会代表提出了保护非物质性质的文化遗产并制定相关法案的主张，为后期通过《保护民间创作建议案》奠定了良好基础。这个建议案向人们指出，有大量口头形式的文化遗产也正面临着消失的危险，呼吁各会员国采取包括法律在内的一切必要措施进行保护，并对那些容易受到世界全球化影响的遗产进行必要的鉴别、维护、传播和保护。该建议案同时呼吁有关国家的政府当局及遗产的权利人明确这些遗产重要的历史文化价值，尽可能采取措施对其实施保护。该建议案还在最后的一章呼吁加强世界各国的国际合作，建议各会员国尤其要对那些具有象征性精神价值的，掌握在民众或社团手中的"非物质遗产"给予更大的关注。联合国教科文组织秘书处根据建议案的内容作了具体的措施部署，对非物质文化遗产的保护工作进行了贯彻落实。如对非物质遗产进行了清查和抢救，并具体安排了宣传及维护等方面的具体措施。在接下来的第142次会议上，执委会又通过了一项决议，决议建立"人类生动宝库"并系统制订了工作指南。"人类生动宝库"也被称作"人间活宝"工程。在这项工作中，执委会总干事要求各会员国在本国内建立"人间活宝"系统，"抢救"各国国内的"国宝"级民间艺人。为了推动世界范围内"人间活宝"的保护进程，联合国教科文组织在1997年11月第29次全体会议上又通过了一项关于建立一个国际鉴别的决议，这个决议被称为"联合国教科文组织宣布的人类口头遗产优秀作品"。由于"口头遗产"和"非物质遗产"不好区分，联合国教科文组织执委会第154次会议决定，出于区分和鉴别方便的考虑，在今后的鉴别保护中，在"口头遗产"的后面加上"非物质"性质的限定。而"非物质文化遗产"概念的正式提出是在1998年联合国教科文组织公布的《人类口头和非物质遗产代表作条例》中。2000年，联合国教科文组织实施了"人类口头与非物质文化遗产代表作"的清查工作。2001年，联合国教科文组织宣布了"人类口头与非物质文化遗产"的第一批代表作品，并于2003年、2005年分别评选出28项和43项。至2005年11月，联合国教科文组织总共宣布了人类非物质文化遗产代表作品 90 项。[1]

（四）《保护非物质文化遗产公约》的颁布

2003 年 10 月 17 日，联合国教科文组织大会第 32 届会议，通过并颁布了《保护非物质文化遗产公约》。作为一个致力于在世界范围内进行文化遗产保护的国际性组织，一直以来，联合国教科文组织在全球展开的文化遗产保护行动都非常富有成效。在联合国教科文组织在全世界范围内进行的文化遗产的保护工程中，入选的遗产不仅赢得了世界性的名誉和关注，而且对其保护工作也很见成效，引起了所在国家及全世界人民的重视。仿照已经收到成效的物质遗产的保护理念与模式，有关非物质文化遗产代表作品的评选成了非物质文化遗产保护工作的有益尝试与探索。来自不同国家和地区的特定的非物质文化遗产，根据其自身的表现形式、蕴含价值以及相关国家进行的保护情况，经过联合国的评选，进入国际社会由全人类对其实施保护。"文化遗产"概念从物质遗产向非物质遗产的拓展获得了各国人民的理解，也启动了从物质文化遗产保护走向非物质文化遗产保护的系统工程。此后，实物性不再是衡量文化遗产、设立保护规范的唯一标准，有形表现形式也不再是定义文化遗产概念的唯一有效指标。可以看出，联合国教科文组织开展的文化遗产保护工作已经从物质延伸至非物质，从有形扩展到无形，从片面走向全面，由单薄逐渐变得丰满。

第二节　河北省非物质文化遗产的主要内容

河北省是中华民族的重要发祥地之一，在历史上也是民族大融合和文化大交汇的聚集区。各种文化类型（包括农耕文化、游牧文化、海洋文化）在河北省均有分布。"燕赵文化"这个大文化圈孕育了品类齐全、特色鲜明、内涵丰富的非物质文化遗产。这些璀璨夺目的非物质文化遗产是河北人民勤劳智慧的结晶和宝贵的精神文化财富，同时也是中华文明宝库不可或缺的重要组成部分。其中，进入国家第一批非物质文化遗产保护名录的

---

[1] 韩建军："浅谈非物质文化遗产的保护"，载范文先生网：http://www.fwsir.com/wenshi/HTML/wenshi_20120918230611_197110.html，最后访问日期：2012 年 9 月 18 日。

有 38 项；[1]进入国家第二批非物质文化遗产保护名录的有 72 项；[2]进入国家第三批非物质文化遗产保护名录的有 4 项，扩展名录 11 项；[3]进入国家第四批非物质文化遗产保护名录的有 5 项，扩展名录 9 项。[4]进入河北省省级名录的非物质文化遗产项目共有 661 项。其中第一批 130 项；第二批 98 项；第三批 167 项；第四批 119 项；第五批 147 项。[5]因篇幅和研究方向所限，这些非物质文化遗产不能在本书中逐一作介绍，只能按照民间文学、民间美术、民间音乐、民间舞蹈、传统戏剧、曲艺、杂技与竞技、传统手工技艺、民俗、传统医药的分类选择一些代表性项目进行介绍。[6]本书所选项目都是入选国家级非物质文化遗产保护名录的河北省非物质文化保护遗产。其中，"传统医药"部分的两项遗产是入选第四批国家级非物质文化遗产扩展目录的内容。

一、民间文学

（一）名录名称：耿村民间故事

编号：1-1-1

名录类别：民间文学

申报地区：石家庄市藁城市

名录简介：石家庄藁城市耿村隶属于藁城市常安镇，全村现有 1200 余人。耿村古为中山国地，明太祖朱元璋义父耿再辰死后封王葬于此。自古以来，耿村处于山西阳泉到山东德州的交通要道上。为纪念耿再辰而设立的四

---

[1] 河北非物质文化遗产保护网：http://www.hebfwzwhyc.cn/BaoHuMuLu.asp，最后访问日期：2019 年 12 月 15 日。

[2] 河北非物质文化遗产保护网：http://www.hebfwzwhyc.cn/BaoHuMuLu.asp，最后访问日期：2019 年 12 月 16 日。

[3] 第三批国家级非物质文化遗产名录：https://baike.baidu.com/item/18032057，最后访问日期：2019 年 12 月 20 日。

[4] 第四批国家级非物质文化遗产名录：https://baike.baidu.com/item/15462469，最后访问日期：2019 年 12 月 20 日。

[5] 河北非物质文化遗产保护网：http://www.hebfwzwhyc.cn/baohumulu.asp?ll=21，最后访问日期：2019 年 12 月 22 日。

[6] 本节关于河北省非物质文化遗产的内容简介，除了"民间医药"部分均摘录于河北省非物质文化遗产保护网。

月初一到初四的耿王庙会吸引着方圆百里的善男信女和各路商贾，各地的敬佛团会赶来跳担经舞、打扇鼓，许多民俗节目纷纷沿街表演，唱大戏、说书更是不可缺少的。村内外曾建有耿王墓大仙堂、自落寺、真武庙等十座大小寺庙。据调查：20世纪40年代，村中仅有四百余人，却有大小店铺、作坊一百余家，故有"小村大集""一京二卫三耿村"之美誉。四面八方外出经商、游历、当兵的人带回了天南地北的故事和传说。于是，这里便形成了一个商品和民间文学的聚散地，积淀成了一个民俗文化的"大矿"。所以，经商和讲故事成了这个文化村落的两大古风。

1987年以来，当地相继组织耿村故事普查11次。在耿村已发现男女故事讲述者230余人。按照国际惯例，已确定67人为民间故事讲述家。其中，还有故事家庭、故事夫妻、故事兄弟、故事母子、故事父子。故事讲述家中最具代表性的人物是靳正新，能讲八百多个故事，于1998年被联合国教科文组织和中国文联授予"中国十大故事家"称号。目前，已记录、整理出耿村各种文字资料8200多篇，850余万字，先后编印内部科研卷本《耿村民间故事集》5部，公开出版了《耿村民间文化大观》（一套三部）、《耿村一千零一夜》、故事家专集和研究性著作10部，计955万字，被专家称为"耿村文化工程"。

（二）**名录名称**：河间歌诗

编号：1-1-2

名录类别：民间文学

申报地区：沧州市河间市

名录简介：河间市地处河北省中南部，为冀中平原腹地，因置滹沱、中堡二河之间而得名（另一说为九河之间）。河间历史悠久，历代于此立国、设郡、建州、置府，素有"京南第一府"之称，距省会石家庄185公里。在浩瀚的历史长河中，勤劳智慧的河间人创造了璀璨的文化，河间歌诗源于《诗经》，是先秦口头文学的经典性代表。

初传《诗》者多家。鲁、齐、韩三家《诗》失传，只有《毛诗》一家传下来。《毛诗》就是毛苌传下来的《诗经》。它的发祥地就在今河北省河间市。《毛诗》由毛亨、毛苌叔侄二人所传。秦始皇焚书坑儒，诸家经典多遭焚，荀子的弟子毛亨来到河间国武垣县，也就是现在的河间市隐居下来。

他在整理古文《诗经》的基础上作《诗经诂训传》，并授学侄儿毛苌。毛亨去世后，河间王刘德封毛苌为博士，在国都南建"日华宫"，北建"君子馆"。元代至正年间，河间路总管王思诚奏请皇帝在毛公墓前修建毛公书院。

在《诗经》传播的同时，河间出现了歌诗，自汉"古歌"，到明代裘本固一直传唱"河间歌诗"，传承脉络清楚，学术研究价值很高。但现在传承人年事已高，有难以为继之虞。一些建筑也需要恢复。

（三）名录名称：孟姜女故事传说

编号： 1-1-3

名录类别： 民间文学

名录简介： 秦皇岛市山海关因北依燕山、南临渤海而得名，距秦皇岛15公里。孟姜女的故事发生发展从江南松江府延续到北方山海关。人们为了纪念这位坚贞不屈的烈女，在山海关东6.5公里处的凤凰山上建立了"贞女祠"，即现今的孟姜女庙。

孟姜女的故事最早源于《礼记·檀弓下》："齐庄公袭莒于夺，杞梁死焉，其妻迎其柩于路而哭之哀。"到了汉代故事又发展为：燕人杞良，为避秦始皇北筑长城之役，逃入孟超家花园，正遇孟超之女孟仲姿在池中沐浴，仲姿因"女人之体不得再见丈夫"便请求父亲将自己嫁与杞良。婚后"主典怒其逃走，乃打杀之，并筑城内。仲姿闻之悲愤而往，向城号哭，其城当面一时崩倒，白骨交横，莫知孰是"。于是，滴血认骨"使将葬之"。到了唐代，故事情节和主题思想与后来的孟姜女故事已很近似。故事发生的时间由春秋改为秦朝，地点由"齐长城"变为"秦长城"，人物由齐国大将杞梁变为燕人杞良，杞良妻姓了孟，到明代又多了"秦始皇逼婚"的情节。至此，其故事情节完全定型了，即"紫燕送籽，姜女出世，闺房才女，捉拿杞良，莲池相遇，结拜天地，洞房花烛，夫妻两散，夜制寒衣，长亭送别，江畔遇险，异域亲人，绿林相送，过关悲曲，万夫筑城，望夫凹石，滴血认亲，秦皇逼婚，厚葬杞良，跳海铭贞"，经过清代一直流传至今。

孟姜女对自由、爱情的向往，对丈夫的忠贞不渝以及对残酷暴君的反抗精神，对于推进民族进步，增强民族文化的认同感，促进民族文化交流，稳定家庭结构，保障社会稳定，"以人为本"，构建"和谐社会"都具有一定的进步意义。虽然孟姜女的故事在我国民间流传甚广，但由于时代的发展，外来文化和现代文化的日益增多，随着人们思想观念的转变，大多数青少年对这一重要文化遗产了解不多，亟待弘扬。

（四）**名录名称**：契丹始祖传说

编号：2-1-2

名录类别：民间文学

申报地区：承德市平泉市

名录简介：平泉县历史悠久，自古以来就有"鸡鸣三省，通衢辽蒙"的说法。这里的地理环境、经济特征、文化蕴涵决定了平泉人开放、宽容、朴实、直率的性格，构成了民俗民间文化产生和传承的特殊地理环境。

契丹始祖传说历史悠久。《辽史·卷三十七·志第七·地理志一》就有关于它的记载："相传有神人乘白马，自马盂山浮土河而东，有天女驾青牛车由平地松林泛潢河而下，至木叶山，二水合流，相遇为配偶，生八子，其后族属渐盛，分为八部。每行军及春秋时祭，必用白马青牛，示不忘本云。"这就是最早的"契丹八部"的来历，他们的部族供奉青牛白马，以表示祭祀祖先。此传说一直以口传形式流传于平泉县及周边地区。现存大长公主墓、石羊石虎辽古墓群、辽枢密院副使窦景庸墓以及有关辽代的传说。当地出土的辽代文物（如辽三彩罐、龙凤纹鎏金银器等）可证实契丹人确实曾生活繁衍在这块土地上。平泉县在辽代时叫神山县，是神人所居之山的意思。现存的文献《辽史》和《承德府志》的记载可以完全证实马盂山（柳溪乡光头山）确实是契丹始祖的诞生地，也是契丹族的发祥地。当地男糊白马女糊青牛的丧葬习俗仍在流行。随着时间的推移，今天男子去世仍糊白马，女子去世时则由糊青牛演变成糊黄牛了。

青牛白马的传说在平泉县的影响很大，它的主要价值有以下四个方面：其一，历史价值。它从一个侧面证实了契丹始祖诞生、发祥于平泉，对研究契丹族的起源有着不可替代的作用。其二，文化价值，通过对此传说的抢救、挖掘、保护，弄清在不同群体中的传承情况，丰富地方文化内涵。其三，学术价值。"青牛白马"可能是一种图腾，通过对它的研究，可以进一步揭开丧葬习俗之谜，丰富民俗学知识内容。其四，经济价值，契丹始祖传说地点是马盂山，它是国家级辽河源森林公园的所在地。对此传说的弘扬可以促进平泉县旅游事业的发展，增加经济收入。

二、民间美术

（一）名录名称：蔚县剪纸

编号：1-2-3

名录类别：民间美术

申报地区：张家口市蔚县

名录简介：蔚县位于河北省的西北部，山西省的东北方，张家口市最南边，有"京西第一州"之称。

蔚县剪纸又称窗花，是民间的一种传统装饰艺术。在全国的民间剪纸艺坛上，蔚县剪纸以构图饱满、造型生动、色彩绚丽、工艺奇特的艺术风格，独树一帜，被誉为华夏剪纸之最。它的工艺特点是阴刻为主、阳刻为辅、阴阳结合，用多色点染彩绘，雅俗共赏、工艺传神。

蔚县剪纸至今已有二百多年的历史。很早以前，人民就喜欢在窗户纸上贴一些花卉之类的吉祥图案，谓之窗花。后来融进天津杨柳青年画和武强年画的艺术特色，形成了蔚县剪纸的雏形。后经银匠刘老布和剪纸艺人们的共同研究，对剪纸的工具进行改革，制作了各式各样的异形刻刀，剪纸改为刻纸，由剪单幅进化到成批地刻，使剪纸工艺有了新的发展。到了20世纪初，基于王老赏等艺人的长期实践，蔚县剪纸进一步走向成熟。20世纪40年代，经王守业、周永明等一批艺人的改革和创新，蔚县剪纸由纯民间剪纸发展到人文剪纸。

蔚县剪纸是民俗的产物，更是百姓生活的写照，它题材广泛，内容繁多，有吉祥如意、戏曲脸谱、神话传说、花鸟鱼虫、家禽家畜等。蔚县剪纸在刀功上既有北方民间剪纸的粗犷、质朴的特性，又有南方剪纸阳刻细腻、秀丽的风格。它色彩浓艳、对比强烈、装饰感强、民间味浓、富有节律韵味。蔚县剪纸以其妩媚娇艳、淳朴华美的艺术魅力为世人所青睐。蔚县剪纸凝聚着浓郁的乡土感情，蕴藏着深厚美好的艺术想象、美学内涵，极其美艳淳朴而真挚，具有极为深厚的生活根基和艺术品质。

（二）名录名称：曲阳石雕

编号：1-2-5

名录类别：民间美术

申报地区： 保定市曲阳县

名录简介： 曲阳石雕工艺闻名中外，雕刻文化艺术源远流长。相传春秋战国时期，曲阳人黄石公隐居黄山著书立说，留下《雕刻天书》，传给同乡宋天昊、杨艺源两位弟子。两汉中期，曲阳石雕已初具规模，曲阳被汉武帝誉为"雕刻之乡"。大唐盛世，曲阳石雕成了我国北方汉白玉雕像的发源地及雕造中心。到元代，曲阳石雕已享有盛名，涌现出杨琼、王道、王浩等一批杰出的民间雕刻艺人。明清时期，曲阳石雕工艺更加精巧，清末曲阳人雕刻的"仙鹤""干枝梅"等作品在巴拿马国际艺术博览会上荣获第二名，时有"天下咸称曲阳石雕"之盛誉。中华人民共和国成立后，曲阳石雕艺人先后参加了人民英雄纪念碑、人民大会堂、天安门修复等北京十大建筑工程和毛主席纪念堂的兴建。

当代曲阳石雕工艺更是誉满海内外，1995年曲阳被国务院正式命名为"中国雕刻之乡"。雕刻的材质也从石、木雕拓展到玉雕、牙雕、铜雕、不锈钢雕塑等。雕刻题材既有传统的仿古建筑饰品，也有现代人物雕像；既有园林雕塑，也有家庭装饰；既有飞禽走兽，也有游鱼花卉；既有上百米的巨作，也有长不盈寸的精品。随着社会的发展，科技和进步以及先进雕刻机械工具被广泛使用，传统的手工技艺面临失传的境地。

（三）**名录名称：** 衡水内画

编号： 1-2-2

名录类别： 民间美术

申报地区： 衡水市

名录简介： 衡水市位于河北省东南部，冀派内画创始人王习三为衡水阜城人。

乾隆末年，内画鼻烟壶诞生。内画使鼻烟壶工艺达到了"寸幅之地具千里之势"的艺术效果，使鼻烟壶工艺达到精美绝伦的水平，被世界称为"不可思议""鬼斧神工"的艺术。

内画鼻烟壶京派最早，起源于乾隆年间，涌现出了不少杰出的内画大师，如马少宣、孙星五、叶仲三父子。冀派内画创始人王习三是京派老艺人叶仲三之子叶晓峰、叶奉祺的第一位外姓弟子。王习三自创了金属杆勾毛笔——"习三弯勾笔"，笔杆直弯，随创作需要任意改变。这种笔也成了冀派的特征性工具。20世纪50年代末,王习三熟练掌握了"叶派"内画技法后,把国画的皴、擦、染、点、勾、撕等技法引入内画,将国画艺术中的工笔"撕毛法"引入鼻烟壶。1981年,冀派试用油彩做肖像内画,摸索并掌握了油彩内画技法,打破了传统单一水彩作画的局限,被称为"中西合璧"的创举。

冀派内画的风格可被概括为:立意深邃、构图严谨、线描技法丰富、设色协调精润、书画并茂、雅俗共赏。冀派内画人才济济,其中风格各异、各有专长的一流画师有十余人,其作品豪爽奔放且富有诗情画意,肖像着色清淡、层次分明、富有质感。目前,冀派内画正向具有广阔前途的文化产业方向发展。

(四)**名录名称**:武强木版年画

编号:1-2-1

名录类别:民间美术

申报地区:衡水市武强县

名录简介:武强地处冀中平原,位于河北省东南部,衡水市东北部,属衡水市管辖。武强民风淳朴,是盛产粮棉的农业区。以刻印民间年画而闻名于世,是著名的民间年画之乡。

武强年画具有浓郁的乡土气息和地方特色,是优秀的民间艺术,被誉为农耕社会的"百科全书"、民俗生活的"大观园"。据现存资料考证,武强年画产生于宋末元初。自宋末到清初经历了较为漫长的发展和成熟期,年画艺术逐步走向成熟,生产规模也逐步扩大。清康熙、嘉庆年间(1662年至1820年)为武强年画的鼎盛时期,并且形成了南关画业中心,年销售量达到1亿对开张。到清末,县城南关有字号可考的画店有144家,有60多个村庄、数千户作坊从事年画业生产,在全国各地还设有180多处年画批发庄,畅销18省份。民国初年,由于战乱影响,画业萎缩,从业者40余家,年销售约3200万张。20世纪40年代初,武强年画艺人与晋察冀边区的美术工作者一同创办冀中年画研究社,1947年又在此基础上成立了石家庄大众美术社,使年画艺术得到恢复,并有所创新。中华人民共和国成立后,公私合营将全县40家画业作坊合并为武强画厂。1985年建立了全国第一家木版年画博物馆——武强年画博物馆。1993年,武强县被文化部命名为"中国木版年画之乡"。

武强年画全部为手工工艺,制作采用木版水色套印而成。艺术题材丰富,形式多样,构图饱满,色彩艳丽。表现形式多种多样:有门画、灶画、中堂、对联、窗花、灯方、斗方、条屏、历画、炕围画等几十种。它所反映的题材极为广泛,有人物、山水、花鸟,有当代现实生活、时事、新闻,有古代历史故事、神话传说,特别是在描绘人民群众劳动生活,反映人民群众道德观念和宣扬传统美德方面表现得更为突出。武强年画被放在城乡千家万户装点节日,吉利红火,反映民俗、民情和人民的思想愿望,世世代代深受广大群众喜爱。

三、民间音乐

(一) 名录名称:涉县寺庙音乐

编号:1-3-15

名录类别:民间音乐

申报地区:邯郸市涉县

名录简介:涉县位于河北省西南部,晋冀豫三省交界处,属邯郸市管辖,东距邯郸市100公里。

佛教音乐历史悠久,源远流长,是佛教宗教仪式活动中的"法事音乐"。佛教音乐进入中国后,吸纳了古代文人音乐、宫廷音乐、民间音乐的众多因素,已成为我国传统文化的宝贵遗产。涉县寺庙音乐则是我国佛教音乐的一个分支。

据专家考证,涉县寺庙音乐为南宋时期南音南曲,所用乐谱为南宋宋氏乐谱,接近于道教音乐。民国前,由于寺院生存环境相对比较稳定,涉县寺庙音乐乐器齐全,乐曲丰富、传承正常,中华人民共和国成立后仍保存完整,随后经历了一段时间的沉寂。改革开放后,随着社会环境的改善,部分群众的殡葬需要,寺庙音乐班再度复苏出世。但20世纪90年代后,由于殡葬改革,人们的人生观、价值观的改变,寺庙音乐又渐遭冷落。

涉县寺庙音乐历史悠久、曲目丰富、乐器独特、音韵清亮,在当地影响很大。现存270首曲谱,演奏乐器为3种气鸣乐器(笛、笙、管),7种体鸣乐器(云锣、木鱼、铙、钹、铛、磬),2种膜鸣乐器(大鼓、小鼓),管子为锡材自制，称为锡管，是乐班中的主乐器。乐班最少10人，以偶数递增，最多24人，按法事大小定人数。涉县寺庙音乐主要有两项功能，一是在寺院做法事；二是为丧葬做法事。涉县寺庙音乐曲调古朴典雅，悠扬庄穆，引人向善，使人有超凡脱俗、遨游佛国之感。特别是在庄严肃穆、风景优雅的寺院中或悲伤沉痛的丧葬环境中演奏，有极强的感染力。涉县寺庙音乐自古至今主要流布于河北省的涉县、武安、磁县等邻近县域，人诚乐精、久负盛名。

（二）名录名称：霸州笙管乐（胜芳音乐会）

编　号：1-3-2

名录类别：民间音乐

申报地区：廊坊市霸州市胜芳镇

名录简介：胜芳镇地处廊坊市霸州以东35公里处。清乾隆年间，该镇先后建起了12道"音乐会"，其中以胜芳镇南音乐会最为著名。

胜芳镇南音乐会是寺院佛教音乐流传民间的产物，其传承方式为口传心授。胜芳镇南音乐会风格古朴，自创会以来，历经数百年而变异甚微。其演奏方式、演奏内容（曲牌）、使用乐器等都有严格规定，鲜有改动。

胜芳音乐会现能演奏三十多支曲牌，曲目中既有佛教乐曲，也有俗世风格的村调，雅俗兼具，深受民众喜爱。除了参与当地丧事民俗活动外，镇南音乐会每年还要出庙会演奏3次，并主办胜芳"琉璃佛"（即冰灯大会）。胜芳元宵灯会期间，镇南音乐会是唯一可以参加"摆会"（众多民间花会出会时的程序之一）的乐社。胜芳音乐会为僧传佛教吹打乐，所用乐器为管、笙、云锣、大鼓、大钹、大镲、铛子等。现能熟练演奏《山坡羊》《走马》《辞曹》《东游》《逃军会》等三十多支曲牌。胜芳音乐会的演奏编制与曲目和其他音乐会大同小异，所不同的是这里有豪华、奇特的包装：前面开路的是两副茶挑，担挑人不用手扶扁担却能扭出各种姿态，茶担的两头装有茶炉、茶具的盛器是用红木雕刻的极为精细的方形木笼，演奏的大鼓也装在同样工艺的两个更大一些的木笼内。行进中，长队的两侧有8名壮士举着约3米高的红木雕刻的灯竿，上托8只以特殊工艺制成的牛角灯，使整体外观显得雍容华贵、富丽堂皇，未闻其声，先夺其人。这些道具多为清末制作，造型精美、雕绘典雅、古色古香、引人注目。

霸州胜芳镇南音乐会于清末开始兼收高腔、昆曲，成为镇内"两下锅"的最大音乐社团。中华人民共和国成立后，昆曲逐渐淡出，但乐手们至今仍能吹奏昆曲。在当地众多音乐会中，幡旗、角灯、鼓架、茶挑等构成的宏大阵形成了镇南音乐会的特色。胜芳镇南音乐会的演出仪式、阵形及具有独特风格的相关器物都是佛教音乐在民间的真实遗存，也是认识研究古典佛教音乐及当地民俗民风的重要资料。

受各种因素的影响，胜芳音乐会正面临着巨大的传承困难，只有加大保护力度才可能使这一优秀民间文化遗产焕发新的生机。

（三）名录名称：河北鼓吹乐

编号：1-3-4

名录类别：民间音乐

申报地区：秦皇岛市抚宁县

名录简介：抚宁县距秦皇岛市60公里，北靠长城，南临渤海，著名避暑胜地北戴河坐落其间。

据史料记载，抚宁县鼓吹乐至今最少已有400余年历史，世代相传，流传广远。不但在当地享有盛名，而且影响远及秦皇岛、唐山以及东北三省，是河北民间器乐中最具代表性的鼓吹乐种之一。抚宁县鼓吹乐曲目丰富多彩，素有"牌子十四套，小曲赛牛毛"之说。现存乐曲有秧歌曲、大牌子曲、汉吹曲、花吹曲、杂曲五大类共200余首。乐器形制独特，以不同形制的各类唢呐为主奏乐器，此外还有用于咔戏的"咔碗"，花吹中用的"口琴"以及其他多种常用乐器。其演奏方式多样，技巧独特，如"线上"、加花、成字、花舌、颤指、三强音、变色等，更有用于三节唢呐演奏的"拔三节"以及"别把""串吹"等，将吹奏与形体动作表演有机结合在一起，其演奏风格既粗犷深厚又活泼风趣、热烈诙谐，具有浓烈的乡土气息。

抚宁县鼓吹乐以家传、干亲拜把子和拜师收徒三种方式传承。历代人才云集，名家辈出，大都经历着"少年学艺家乡中，成年卖艺下关东，晚年传艺回故里，关内关外传美名"的从艺生涯。抚宁县鼓吹乐主要用于婚丧嫁娶、年节喜庆和民间舞蹈的伴奏，正所谓"喇叭一响，心里发痒"，已成为当地人民生活中不可缺少的精神伴侣。抚宁县鼓吹乐是河北冀东地区民间器乐的优秀代表，是古代民族音乐文化的优秀遗产。它的丰富内容和众多特征具有鲜明的地域文化特色,是研究我国民间器乐艺术及其渊源、发展的重要资料,也是汲取民间器乐发展演奏理论、技巧的重要源泉之一。同时,我们还可以从中获取大量有关民俗文化的丰富信息。

近些年来,由于多方面原因,抚宁县鼓吹乐处于日益萎缩、后继乏人的濒危状态,亟待予以保护。

(四) 名录名称:冀中笙管乐(高洛音乐会)

编号:1-3-1

名录类别:民间音乐

申报地区:保定市涞水县

名录简介:高洛古乐的分布范围以涞水、易县为中心呈辐射状向京南保北延伸。高洛音乐会是其中的杰出代表。

涞水县高洛村古名"高乐",该村有一种村民自愿参加、义务排练、义务演出的民间器乐演奏花会——音乐会,全名"高乐蓝旗音乐圣会",也称"音乐大善会"。经专家学者鉴定,它是一种古老的、原生态的民间音乐会,其中的祭祀礼仪相传为华夏音乐始祖伶伦于4000年前所创的黄帝家庙祭祀礼仪,其中的音乐则是起源于秦末汉初的"鼓吹乐"。高洛音乐会有一条"不准增加新曲目、不准增加乐器种类、不准改变演奏方式,严格按老艺人传下来的规矩进行演奏(表演),不准走样"的会规。因此,虽然经过了漫长的历史,但高洛音乐会仍保留着原汁原味的古鼓吹乐"奏、打、舞、唱"的遗风。当然,我们也能看到几千年来释、道、儒等宗教及军乐、宫廷乐对它的影响。高洛古乐的社会功能,中华人民共和国成立前主要是为易县后山"后土黄帝庙"祭祀服务,为民间丧葬仪式服务,同时也主持民俗活动,如求雨、迎喜神、祈福、祈祥、祈平安、净宅、消灾、除厄、求五谷丰登、六畜兴旺等。中华人民共和国成立后主要是主持民间的丧葬仪式,节假日期间也自娱互娱。

高洛古乐以其悠久的历史和独特的风格,引起了国内外众多专家学者的极大关注。2003年4月3日,来自英国、德国、日本、韩国等亚欧21个国家的30多名传统音乐保护与研究专家学者和文化部、中国艺术研究院音乐研究所等国内的有关领导与专家学者曾齐聚高洛村,对古乐进行现场考察。

四、民间舞蹈

（一）名录名称： 井陉拉花

编号： 1-4-2

名录类别： 民间舞蹈

申报地区： 石家庄市井陉县

名录简介： 井陉县地处太行山东麓，河北省的西部，东距省会40公里。井陉拉花起源于明清时期，产生并流传于井陉县境内，是河北省最具特色的民间舞种之一。

井陉拉花源于民间节日、庙会、庆典、拜神之时的街头广场花会。有多种流派沿传，以其基本动作、所用道具、表演形式的明显不同，大致分成东南正拉花、庄旺拉花、南固底拉花三大流派。有关"拉花"的称谓，有很多传说。一说拉花是在拉运牡丹花过程中形成的舞蹈，故称"拉花"；又说"拉花"是在逃荒中形成的舞蹈，"拉花"即"拉荒"的谐音；还说因舞蹈中的女主角叫"拉花"而取名拉花。

传统井陉拉花有其显著的艺术特色，以"拧肩""翻腕""扭臂""吸腿""撇脚"等动作为主要舞蹈语汇，形成了刚柔相济、粗犷含蓄的独特艺术风格。拉花的基本动作，因地处山区，山高坡陡，爬坡则要迈步高抬腿，身体前倾，下坡则是双膝出于拘谨状态，身体稍仰，因而男性舞步为"起要跷，膝要屈，踩要稳"，女性舞步为"进要弓，退要丁，脚外撇"。每做一个动作主力腿皆随着动律起伏屈伸一次，双腿变化动作时，借助动力腿踩地的刹那间脚外撇完成。井陉拉花舞姿健美、舒展有方、屈伸有度、抑扬迅变，擅于表现悲壮、凄婉、眷恋、欢悦等情绪，表演人数不等。拉花道具内涵丰富，各有其象征寓意，如伞象征风调雨顺、包袱象征丰衣足食、太平板象征四季平安、霸王鞭象征文治武功、花瓶象征平安美满等。传统井陉拉花的主要表现内容有"六合同春""卖绒线""盼五更""下关东"等。

井陉拉花的音乐为独立乐种，既有河北吹歌的韵味，又有寺庙音乐、宫廷音乐的色彩，刚而不野、柔而不靡、华而不浮、悲而不泣，与拉花舞蹈的深沉、含蓄、刚健、豪迈风格交相辉映，乐舞融合，浑然一体。传统拉花音乐多为宫、徵调式，其次还有商、羽调式，节奏偏慢，大多为4/4拍，特色伴奏乐器有掌锣等。

近年来，井陉拉花各流派老艺人相继谢世，大量拉花技艺不能真传实教，使拉花这一优秀的民间舞蹈濒临失传。

（二）名录名称：徐水狮舞

编号：1-4-3

名录类别：民间舞蹈

申报地区：保定市徐水县

名录简介：狮舞，又称"狮子舞""狮灯""舞狮""舞狮子"，多在年节和喜庆活动中表演。狮子在中华各族人民心目中为瑞兽，象征着吉祥如意，舞狮活动寄托着民众消灾除害、求吉纳福的美好意愿。狮舞历史久远，《汉书·礼乐志》中记载的"象人"便是狮舞的前身；唐宋诗文中多有对狮舞的生动描写。现存狮舞分为南狮、北狮两大类。根据狮子假型制作材料和扎制方法的不同，各地的狮舞种类繁多，异彩纷呈。

河北是北狮的发祥地。徐水县北里村狮子会创建于1925年，以民间花会形式存在，中华人民共和国成立后得以迅速发展。徐水舞狮的活动时间主要在春节和春季。寺庙法会期间狮舞表演时，由两人前后配合，前者双手执道具戴在头上扮演狮头，后者俯身双手抓住前者腰部，披上用牛毛缀成的狮皮饰盖扮演狮身，两人合作扮成一只大狮子，称太狮；另由一人头戴狮头面具，身披狮皮扮演小狮子，称少狮；手持绣球逗引狮子的人称引狮郎。狮舞分文狮和武狮，表演时文狮武狮交替进行，另有小狮子穿插表演。文狮重在表现狮子的生活，主要神态有：表现睡狮眼睛的睁与闭、嘴巴的张与合、肚子的呼与吸，表现狮子习性动作的"挠痒""舐毛""打滚""抖毛""弓腰""啃爪""打舒展""嬉戏"等，动作细腻逼真，神态风趣可爱。武狮重在刻画狮子威猛的性格，其套路有"高桌技巧""梅花桩""踩球过桥"等。引狮郎在整个舞狮活动中具有重要作用，他不但要有英雄气概，还要有良好的武功，能表演"前空翻过狮子""后空翻上高桌""云里翻下梅花桩"等动作。引狮郎与狮子默契配合，形成北方舞狮的一个重要特征。

徐水狮舞形态夸张，狮头圆大，眼睛灵动，大嘴张合有度，既威武雄壮，又憨态可掬，表演时能模仿真狮子的看、站、走、跑、跳、滚、睡、抖毛等动作，形态逼真，还能展示"耍长凳""梅花桩""跳桩""隔桩跳"

"亮搬造型""360 度拧弯""独立单桩跳""前空翻二级下桩""后空翻下桩"等高难度技巧。徐水狮舞在中国民间艺术表演中占有重要地位。目前，由于狮舞道具昂贵、培养新人不易等原因，徐水狮舞面临传承危机，亟待有关部门加以抢救、扶持。

（三）名录名称：曲周龙灯

编号：1-4-15

名录类别：民间舞蹈

申报地区：邯郸市曲周县

名录简介：曲周龙灯起源于宋代。据传，宋朝时期的曲周县十年九涝，庄稼无所收成，农民贫困交加，民间有敬奉龙王保平安的传说。为了求龙王保佑风调雨顺、五谷丰登，人们制作了一条龙，龙内燃灯，起名"龙灯"。每年元宵节，挥舞龙灯，敬仰龙王，代代相传，延续至今。曲周龙灯是独具特色的传统民间舞蹈，最初在曲周镇东街村、南甫村兴起，现已发展到 10 个村，其中以东街村为代表。

曲周龙灯造型别具一格，整个龙头用竹篾编成，威武雄壮。龙眼过去用猪膀胱所制，现多用灯泡代替。龙鳞用麻头纸染就，龙尾用麻索束就，龙体内的灯用折表纸搓成捻子，再入锅用动物油熬制。全龙造型概括为：张巨口、目生光、须飘拂、鳞飞扬、尾有力、身宛长。大有雄霸天地，气吞八荒，宇宙万物，唯我独尊之气概。

曲周龙灯舞法奇特多变，仪仗、规模气势恢宏。夜幕降临，鼓乐手敲锣打鼓，纸糊成的鱼、鳖、虾、蟹、河蚌等水族在龙前引领打开场子。表演开始，10 个舞龙人随着鼓点摆开架式，大红蜘蛛上下蹿跳，龙头紧咬蜘蛛不放，龙身一节牵着一节划着倒弧舞动起来。龙灯身内燃着的油捻，映照着随着舞动而掀跳的鳞片，或明或暗，持火把人扯一把烟火，火球顿时带着浓重的烟雾突冒起来，创造出一种朦胧、神秘的境界，犹如仙境一般。曲周舞龙的表演方式达 20 多种，有盘龙、滚龙、钻龙、跑龙等。盘龙又分盘头、盘尾两种。盘头，头上尾下，如巨龙腾天；盘尾，尾上头下，如探海吸水，甚为壮观。还有二龙戏珠、龙门阵等表演方式。

经北京民族文化宫专家鉴定，曲周龙灯被确认为汉民族龙灯的典型代表，填补了我国无圆身龙灯的空白。1982 年、1989 年两次赴京展出，并被北京民族文化宫收藏。1985年到美国展出并表演。2006年元宵节,曲周龙灯被省、市电视台录制,在中央电视台综合频道、新闻频道专题播放。

(四) 名录名称:沧州落子

编号: 1-4-4

名录类别: 民间舞蹈

申报地区: 沧州市南皮县

名录简介: "落(lào)子"(也叫"乐子",在河北省沧州一带,"落"与"乐"读音相同,民间常予通用)是河北省具有代表性的民间舞种之一,有近200年的历史,清末民初曾一度活跃,尤以南皮县、沧县为盛。沧州落子由一对对男女青年手执"彩扇""竹板""霸王鞭"载歌载舞表演。落子初期,只有4人执鞭表演。清末民初时期,民间出现了半农半艺的落子艺人。他们广采博取,尤以武术对落子艺人的影响最大。另外,落子还吸收了杂技里的一些技巧,逐渐形成了具有一定程式的、较为完善的、以10人执"鞭",6人执"板",4人执"扇"为一队进行表演的歌舞队。

落子有文武之分。以唱为主的称"文落子";把武术与戏曲里的筋斗穿插在舞中,谓"武落子"。文落子女角扭动的舞姿就像随风飘摇的柳枝一样轻柔优美,婀娜多姿,故又有"小风流"之称。武落子表演时,只用鞭和板。文落子表演时鞭、板、扇都用。单独进行扇舞表演时,是以男女对扇的形式,叫"撇扇"。落子最初只着生活服装。后来,为了美化,多穿戴戏曲服饰。女角色扮如戏曲的武旦或花旦;男角色扮似戏曲舞台上的黄天霸、杨香武等形象。落子的舞姿、动律、连接动作及节奏的运用都具有鲜明的武术特征,讲究"走似水上漂,跑似草上飞,跳似凌空燕,转似燕翻身"。老艺人要求落子的表演者必须要有武术功底,否则便不能更好地把握动作的韵味。男性动作有英武健美的形象特征。如男性最基本的贯穿动作"抒鞭",其做法有"缠头抒鞭""裹头抒鞭""挽花抒鞭"等,这些不同的做法只是上身动作的变化,而下肢始终是屈膝的"虚步"和"跺子"。落子的"三道弯",是女性贯穿始终的基本舞姿,由屈膝、拧腰(出胯)、腆腮三个因素构成,其中拧腰是最主要的。落子讲究曲线美,身体左右拧动的三道弯曲线,舞步进行时的蛇形曲线和身体上下起伏的波浪式曲线,形成了落子女性动作曲线美的特征,艺人们将之归纳为"屈膝拧腰、腆腮错肩、含胸拔背、颠脚夹裆、一蹬三颤"。著名艺人周树棠强调"三道弯",讲究曲线美。他说:"腆腮是表现情的,要做得含蓄、内在、要媚气。"人送外号"大酸梨"。

落子的动作,在节奏上有自己的特点。它的每一个动作都抢占两拍,抢拍的后半拍"起法儿",弱拍为动作的运动过程,到下一小节强拍的前半拍完成整个动作,后半拍又是下一动作的"起法儿",依次反复,直到结束。传统落子的表演有一个显著的特点,同一音乐、节奏、画面之中,男女间以不同的动作相配合,传情达意。在表演传统落子的进程中,表演者所演唱的曲目的内容不断更换,但舞蹈动作、队形、服饰、道具却固定不变,从而造成舞蹈与歌曲内容无关的情况。中华人民共和国成立后,落子艺人被聘请到专业艺术院校任教。在此期间,民间艺人与专业舞蹈工作者合作,创作了以《茉莉花》《放风筝》等为素材的新作品,并搬上舞台,将落子推向了形式与内容相吻合的新阶段。

五、传统戏剧

(一)名录名称:评剧

编号:1-5-2

名录类别:传统戏剧

申报地区:唐山市滦南县

名录简介:评剧原名蹦蹦戏、落子戏,又名平腔梆子戏,简称平戏,是近百年来新兴的北方戏曲剧种之一,源于唐山市滦南县。评剧是滦南县绳各庄村民成兆才先生在民间说唱莲花落和歌舞蹦蹦基础上,借鉴、吸收皮影戏、河北梆子、京剧等艺术成就逐步发展而成的。评剧发展大致经历了"莲花落对口,拆出""唐山落子","奉天落子","评剧的繁荣兴旺","评剧的改革出新"等几个时期。

成兆才是评剧的创始人,也是评剧的第一位剧作家。他的代表作《马寡妇开店》《花为媒》《杨三姐告状》等已成为评剧的经典保留剧目。此外,评剧还有《王二姐思夫》《安安送米》《马思远开茶馆》《小女婿》《刘巧儿》《小二黑结婚》《秦香莲》《杜十娘》等一批代表性剧目。评剧音乐属板腔体,有尖板、搭板、大安板、小安板、三锤、倒板、垛板、流水板等板式,另外还有反调。伴奏乐器分为拉弹类、打击类和吹奏类三种,拉弹类有板胡、二胡、三弦等,打击类有板、底鼓、堂鼓、底锣、大锣等,吹奏类有笛子、唢呐等。评剧曲牌绝大多数源于昆曲、京剧、河北梆子以及民间乐曲,例如昆曲的"新水令""山坡羊";京剧的"小开门""夜深沉";河北梆子的"梆子吹打""梆子尾声";民间乐曲的"东方赞""海青歌"等。曲牌按演奏的乐器可分为三种:大唢呐曲牌;海笛曲牌;管弦乐曲牌。按曲牌的内容和表现情绪又分为六种类型:神乐类有"万年欢""朝天子"等;宴乐类有"傍妆台""川拨棹"等;舞乐类有"锦庭乐""老八板"等;军乐类有"水龙吟""将军令"等;喜乐类有"山坡羊""汉东山"等;哀乐类有"哭皇天""北正宫"等。评剧曲牌中还有一种只用打击乐演奏的曲牌,称"干牌子"。

早期评剧只有男、女角色之分,后分生、旦、净、丑四个总的行当,每个行当中有更细密的分支。如生行又分老生、小生、武生等。细划则又分为扇子生、穷生、武小生、娃娃生等。评剧表演吸收梆子和京剧的身段动作及唱腔,但仍保持着自由活泼的民间小戏特征,富有生活气息,分四功五法即"唱、做、念、打"四种表演功夫和"手、眼、身、法、步"五种表演技巧方法。其中唱指唱功,做指做功(表演),念指念白,打指武打。随着时代的发展,评剧观众锐减,且有老龄化的趋势,评剧的影响力正在减弱,采取措施对其加以保护和弘扬已刻不容缓。

(二)名录名称:唐山皮影戏

编号: 1-5-3

名录类别: 传统戏剧

申报地区: 唐山市

名录简介: 唐山皮影戏又称滦州影、乐亭影、驴皮影,是中国皮影戏中影响最大的种类之一。通常认为,滦州影戏初创于明代末期,盛行于清末民初,迄今已有400多年的历史。

唐山皮影戏的剧本又称"影卷",多如牛毛。当地老人讲:"唱一辈子影,说不全有多少影卷。"中长篇影卷称作"连台本",现存至少500部,其中大部头的"连台本"有130多部,如《封神榜》《青云剑》《二度梅》《五锋会》《平西册》等。短小的折子叫"单支儿",不计其数,如《陈塘关》

《渭水河》《甘露寺》《姜子牙下山》等。皮影戏传统剧本的文学结构为人物出场有上场"诗",下场有"对"。上场"诗",相当于戏曲中的"引子",念完引子转向道白,报姓名,然后把以前发生的事情简要地叙述一遍,叙完后,转向人物这次出场要干什么,有什么打算和行动。叙述多用道白,人物心理活动或人物之间的接触、冲突用唱或边道白边唱的方法,多据剧情而定。其格律常用"七字句""十字锦""三赶七""五字赋""硬散""大金边""小金边"等。这些唱词结构都是以对偶的上下句为结构的基本单位,每段唱词一般都由若干对声韵相同的上下句组成。唐山皮影戏以乐亭方言为基础掐嗓演唱,风格独特,属板腔体,基本板式有［大板］［二性板］［三性板］［散板］以及平唱、花腔、凄凉调、悲调、游阴调、还阳调以及因特殊句式而得名的三赶七等各种腔调。唐山皮影戏的伴奏分文场、武场。唐山皮影戏中,人物行当齐全,有生、小(旦)、髯(老生)、大(花脸)、花生(丑)等。

唐山皮影戏的演出须用木棍或铁棍搭建一个高台,高台四周用幕帐围起来,面对观众的一面是用白布(早期为白棉纸)做的影窗。影窗后摆长条桌用来摆放影卷、影人、道具等,长条桌上方悬挂照明灯。主要操纵的演员有2个,即"上线"和"下线",辅助操作的人称"贴线",操纵的人统称"拿线"。支配影人动作的杆子有三根,分别叫"主杆"和"手杆"。唐山皮影戏演出通常有拿、贴、打、拉、唱五种分工,其中有掌线师傅(操纵)2人,鼓板师傅1人,还有演唱的演员和伴奏演员(拉四胡的兼吹喇叭、打堂鼓),有"七忙八闲"之说。

唐山皮影戏影人的雕刻要经过刮皮浆皮、拓样雕刻、着色涂油、拼钉装杆几个步骤。刀口和上色是最能体现雕刻艺人水平的地方。唐山皮影戏是当地百姓漫长历史岁月里真实的生活写照,为研究当地历史和风俗民情的继承与变迁提供了完整、翔实的纪录。

(三) **名录名称**:哈哈腔(清苑)

编号:1-5-5

名录类别:传统戏剧

申报地区:保定市

名录简介:哈哈腔又称"喝喝腔""呵呵腔",流行于河北省的保定、沧州、衡水、廊坊、石家庄及山东省的惠民、德州地区。

哈哈腔原是俗曲曲名，清代嘉庆年间北京钞本《杂曲二十九种》所收《游寺》《西厢记》中的一段和北京"百本张"钞本中均有该曲。哈哈腔约形成于明末清初，清代乾隆年间已经在京师和民间流行，清末民初达到鼎盛。其发展大约经历了当地的民间歌舞、民间小戏两个阶段，最后定型为以弦索小曲"柳子"为唱腔曲调的小戏。在不同地方语言和民间艺术的影响下，哈哈腔逐渐形成了具有不同艺术风格和音乐特点的三路流派。东路流行于山东省的德州、惠民地区和河北省的东南部，中路流行于沧州、衡水地区，西路流行于保定地区及廊坊部分地区。哈哈腔唱腔属于板腔体，[流水板]是核心板式，主要板式有[头板][二板][三板][快三板][垛板][尖板]等。哈哈腔各行当唱腔大体相同，分男腔、女腔两种，男女同调，唯旋律稍有区别。其乐器以"拙笙、巧弦、浪荡笛"三大件为主，西路的笛子尤其突出，具有民间吹打乐的特点。

哈哈腔传统剧目以喜剧风格见长，代表性剧目有《王小打鸟》《三拜花堂》《双灯记》《李香莲卖画》《金锁记》《女中魁》《卖水》《杨二舍化缘》《唐知县审诰命》等，另外还有《小过年》《拴娃娃》《摔纺车》等反映民间生活的小戏，以及《全忠孝》《乌玉带》等从梆子移植的大戏。这些剧目乡土气息浓厚，戏文通俗易懂，深受农民特别是农村妇女的欢迎。保定市清苑区设置于北魏太和元年（公元477年），迄今已有1500多年的历史。清苑人历来崇尚文化，清苑县籍元杂剧作家李好古创作的《张生煮海》被誉为传世之作。清苑哈哈腔属东路哈哈腔，由土生土长的秧歌发展而成，演出场所起初是城乡庙会。清苑哈哈腔传统剧目有《王小打鸟》《搬窑》《三拜花堂》《皂袍记》《下陈州》《白云山》《唐知县审诰命》等近200个。清苑哈哈腔的艺术特色主要体现在唱腔和器乐上。唱腔已经同当地语言韵律融为一体，唱腔的音乐结构以上下句为基础，上句、下句的交替结合、循环衍变构成了各种大小、相对完整的段落。器乐分为文场（管弦乐）和武场（打击乐）。在长期衍变过程中，文场主奏乐器组（板胡、笙和竹笛）的基本组合形式逐渐形成了三层叠置的织体。在伴奏上，"拙笙、巧弦、浪荡笛"的特色尤为鲜明，音色柔美的笙以其传统和弦（五度和音）、演奏与唱腔基本相同的旋律，能动地起着托腔保调、调和音色、稳定音准、稳定节奏的重要作用，是文场"三大件"的基本声部；板胡（定弦1、5）以其清亮、刚劲的音色，围绕笙的旋律进行加花，引起音程、节奏的局部变化，还时常作装饰性的即兴演奏，成了"三大件"中的加花声部；音色清脆、富有光彩的竹笛（三孔作1），则常运用"抹、滑、飞、颤、刹"等多种冀中民间吹歌的演奏技法，灵巧地在板胡旋律的基础上自由发挥，是"三大件"中的色彩性声部。在演奏过程中，板胡、竹笛这两个声部既自由又灵活。它们在音区部位、演奏手法、节奏处理上相互配合得非常紧密、自然，使其音乐语言的陈述起伏跌宕，洋溢着强烈的地方特色。哈哈腔的打击乐一般使用四大件：板鼓、大锣、京钹、小锣。在一定的场合，有时还用大鼓、小堂鼓、大铙、碰钟、星子、吊钗等。哈哈腔的打击乐套由两部分构成，即唱腔打击乐套与表演打击乐套，总称"锣鼓经"。唱腔打击乐套的鲜明特点是"花板花鼓"，目前的表演打击乐套已基本和京剧、河北梆子相同。

清苑哈哈腔的行当分生、旦、净、丑四个门类，各门类均有系统的表演程式，尤以小生、小旦、小丑的表演最具特色。哈哈腔汲取提炼当地人民丰富的生活语言，具有通俗质朴、生动活泼的特点，极富表现力。拖腔手法最富特色，俗称"小抬杠"。目前，由于造诣较深的老艺人大多年事已高，后继乏人，哈哈腔处于濒危境地，亟须弘扬和保护。

（四）名录名称：武安傩戏

编号：1-5-10

名录类别：传统戏剧

申报地区：邯郸市武安市

名录简介：武安市地处河北省南部，东距邯郸市15公里。武安傩戏包括固义村大型社火傩戏和白府等村的傩仪《拉死鬼》。从规模、阵容和角色来看，武安傩戏有宋代宫廷大傩的遗风。武安傩戏内容丰富，娱神娱人节目多样，有队戏、赛戏、竹马等，面具造型原始古朴。

固义村傩戏是集祭祀、队戏、赛戏和多种民间艺术形式于一体的民间传统文化复合体，整个仪式共需3天。固义村傩戏祭祀的神灵是玉皇大帝、城隍、财神、土地、关公等道教神灵。村民信奉的白眉三郎，是春秋时期秦国秦庄王的十三太子，他被奉为该村特有的村落保护神。祭冰雨龙王、祭虫蝻王表现了农耕社会祈盼风调雨顺、五谷丰登和社会安宁的美好愿望。队戏、赛戏演出是整个祭神仪式中的娱神娱人部分。队戏剧目共有12出，其中面具戏8出。赛戏现存"都本"15部，目前能演出的只有3出，队戏保存了仪式戏剧发展演变中的四种形态：一是哑剧，角色只有表演，没有唱词；如《吊四值》《吊四尉》《吊绿脸小鬼》等剧目；二是由掌竹吟唱开场词和剧情唱词，如《吊掠马》《点鬼兵》《吊黑虎》等；三是角色有了少量唱词，如《捉黄鬼》《开八仙》；四是掌竹消失，由唱做"两张皮"发展为唱做念打均由角色自己完成，至此已经发展为成型的戏剧，如《岑彭马武夺状元》和赛戏剧目等。在队戏演出和祭祀仪式中出现的掌竹是我国宋金杂剧引戏人"竹竿子"在当今的遗存，有戏剧"活化石"之称。赛戏，即报赛神灵的专用戏剧。傩戏角色画脸谱，着戏装，用大鼓、小鼓、大锣、镲等打击乐器伴奏，没有弦乐。唱腔属于由吟向唱发展演变的阶段。赛戏剧目多是三国和宋代戏，三国戏有《战船》《衣带诏》《巴州》等，宋代戏有《幽州》。

武安一带过春节有请祖先灵魂回家过年的习俗。过完元宵节，各户把自家的祖先送走，害怕无人祭奠的野鬼滞留村中危害人畜，于正月十七晚上举行《拉死鬼》仪式。过程是晚饭后，由从外村雇来的3个人扮成1个死鬼、2个鬼差，死鬼被鬼差押着，从村外东北角坟地中出来，和等待在村边由村民扮演的城隍、路神以及锣鼓队、灯笼队会合，从村中到村东南从村内每家每户门前跑过，队后有路神再搜寻驱赶一遍，最后集中到村东南角的"蒿里山"下，经城隍审问判决后，把死鬼投到"蒿里山"的大火中烧死。村民认为，这样在新的一年中，村中就会人畜两旺，不生灾病，表达了驱除灾疫、惩恶扬善的淳朴愿望。其中人死后鬼魂归宿蒿里山的概念，早于下到阴曹地府的说法。白府傩仪《拉死鬼》所用器具有挑在木叉上的纸灯笼24盏，大鼓、铜锣、铜镲、唢呐等乐器一套，旗幡若干。白府傩仪《拉死鬼》体现了农耕社会的人们对人畜平安的美好向往和斗争精神。武安傩戏场面宏大、气势恢宏、历史久远、学术价值极高，是集多种民间艺术形式于一体的民间传统文化复合体。它的存在为研究当地民间信仰习俗，研究中国仪式戏剧提供了宝贵的活的例证。

六、曲艺

（一）名录名称：木板大鼓

编号：1-6-1

名录类别：曲艺

申报地区：沧州市沧县

名录简介：沧州木板大鼓产生于沧县民间。沧县位于河北省东南部，东临渤海，北靠京津，古运河贯穿沧县境内，县域环绕沧州市区。

艺人口传和《民国沧县志》《沧县文化志》等史籍资料记载：沧州木板大鼓孕育、诞生于明朝中末期，清初在冀中广为流行。乾隆时期，著名沧州木板大鼓艺人李朝臣被召进宫说唱《西厢记》，深得皇帝赏识。纪晓岚在《阅微草堂笔记·津阳消夏录》里提到了一位沧州木板大鼓艺人刘君瑞，文中称"沧州瞽者刘君瑞，尝以弦索来往余家"，足见当时沧州木板大鼓非常流行。咸丰、同治年间，庞凤城先生将沧州木板大鼓发扬光大。

沧州木板大鼓是河北曲种的重要代表之一，也是全国独有的艺术曲种，它对北方大鼓曲群有重大影响，如西河大鼓、京韵大鼓、乐亭大鼓等，都是不同程度地吸收沧州木板大鼓的唱腔、曲调等发展而来的。有专家称"沧州木板大鼓是京韵大鼓的母根"，文化部原部长高占祥指出"西河大鼓是由清代乾隆年间流行于当地的弦子书和木板大鼓衍变而成的"。可以这样说，没有沧州木板大鼓，就没有北方大鼓曲群。如果把北方大鼓曲群比作金字塔的话，那么沧州木板大鼓即为这座金字塔的塔基。

木板大鼓是沧州独有的一种曲艺形式，其有完整的唱腔结构和板式结构。木板大鼓的演唱形式为演员左手执木板击节站唱，所用木板为小木板，右手执鼓棰，按演唱需要击鼓，早期另有一人用中三弦伴奏，20世纪以来均改为大三弦。木板大鼓唱腔独特，浑厚粗犷，句尾声调较重，多为背宫腔。据《沧县志》记载："江湖大鼓风行一时，其声调顿挫淋漓，足表燕赵感慨悲歌之声。"沧州木板大鼓采取"口传心授"形式教徒，很少有文字记载。木板大鼓传统书目初以短、中篇为主，后来出现了长篇。目前留下100多个曲艺小段和《包公案》《大小五义》《呼杨合兵》等10多部长篇。20世纪七八十年代是木板大鼓的鼎盛时期，新段子《少女斗志》《贾宝玉夜探潇湘馆》多次在中央人民广播电台和许多省电台播放。沧州木板大鼓自产生至今流传数百年，几经时代的变迁，是真正土生土长的民间说唱艺术。它顿挫淋漓的大悲调是社会下层人民心声的体现，典型地反映了"燕赵自古多慷慨悲歌之士"。《中国传统民间艺术》《中国大百科全书》对沧州木板大鼓都有记载。

沧州木板大鼓不仅具有娱乐功能，同时还具有教化作用，自产生至今在各个社会历史时期都具有不可替代的作用。因为它通俗易懂，表达感情强烈，乡土气味浓厚，现编现唱宣传效果好，在广大农村其喜闻乐见的程度不亚于流行歌曲、电视、电影。现今，沧州木板大鼓艺人能登台演唱的仅存9人，这一古老的艺术正面临灭绝的境地，发掘、抢救、保护这一艺术形式对沧县、沧州乃至全国的精神文明建设，弘扬民族民间文化，构建和谐社会都有重要意义。

（二）名录名称：乐亭大鼓

编号： 1-6-2

名录类别： 曲艺

申报地区： 唐山市乐亭县

名录简介： 乐亭县位于河北省唐山市东南部，地处滦河冲积平原，东南两面濒临渤海，是中国共产党的主要创始人之一——李大钊的故乡。

乐亭大鼓在继承历代文化成就的基础上，由当地民歌发展而成。《中国书词概论》记载："清初年，乐亭城内凡自娱好乐之人，最爱唱'清平歌'，……后来，有位弦子李，先以三弦配奏了'清平歌'，遂而加以改正，使其韵调悦耳动听，较之旧曲大有不同，于是齐呼之为'乐亭腔'。"清朝同治光绪年间，乐亭城南大皇粮庄头崔佑文进京供奉，带乐亭著名艺人温荣入恭亲王室献艺。温荣的技艺深得王爷欢心，当即封了顶子赐了座，并赐名"乐亭大鼓"。

乐亭大鼓是我国北方较有代表性的曲艺鼓书暨鼓曲形式，它发源于乐亭，流行于冀东广大城乡及京、津、东北的部分地区，曾与评戏、唐山皮影并称"冀东民间艺术的三朵花"。它说唱结合、韵散相间、板腔完备、句式简练，既有源于对中国历代说唱音乐的继承，也有对当地民歌、俚曲、叫卖调、哭丧调、劳动号子等的广泛吸收，还有借鉴当地其他姊妹艺术形成的曲调多源性和浓郁的地域性及巧妙利用板眼、速度的变化技巧和扩板加花等作曲创腔手段，使板腔转换灵活自由，多种调式调性相互交替转换，形成了多种丰富多彩、情趣各异的唱腔既相对独立又互相兼容的基本特征。乐亭大鼓为板腔体结构，唱腔丰富多变。除有完整的慢板、流水板、快板、散板外，并有上字调与凡字调两种不同调性的往复、转换，确能一新听众的耳目。它的板式十分灵活，并不像一般板腔体唱腔那样由慢板流水到快板续递而进，而是根据情绪需要，可能由慢板突然催板而转入快板，也可能由急速的快板突然撤板而转入悠扬抒情的慢板，板式组接新奇。其音乐的可鉴赏性和说唱文学的完美结合堪称曲坛精品。沈阳音乐学院曾多年派人追踪整理，并将其纳入教材使用。乐亭大鼓的传统曲（书）目多达300多个，长、中、短篇均有，《东汉》《隋唐》《三侠五义》《呼延庆打擂》《金陵府》《小上坟》《蓝桥会》《古城会》《玉堂春》《长生殿》等是其中的典型代表。乐亭大鼓的唱词多有灵动儒雅之气，文学价值较高。

乐亭大鼓演出时由一人自击鼓板站立说唱，另有人分持三弦等乐器伴奏。自形成以来，名人辈出，流传较广，有较为深厚的群众基础和文化底蕴。传人除温荣之外，还有陈际昌、齐祯（齐珍）、冯福昌、王恩鸿、王德有、戚用武、戚文峰、韩香圃、靳文然、张云霞、贾幼然、姚顺悦等。他们是各个历史时期的代表性艺人，其中尤以民国时期的韩香圃和靳文然最为著名，被分别尊为"韩（香圃）派"和"靳（文然）派"。

乐亭大鼓贴近实际、贴近生活、贴近群众，适应不同社会需求，与时俱进，流布区域及受众群体非常广泛，具有较高的社会价值，对北京琴书、东北大鼓及唐剧的形成和发展均有不同程度的影响，是冀东广大地区人民群众不可或缺的精神食粮。目前，乐亭大鼓在发展中呈现出严重颓势，亟须扶持和抢救。

（三）**名录名称**：京东大鼓

编号：1-6-4

名录类别：曲艺

申报地区：廊坊市

名录简介：京东大鼓起源于京东三河、宝坻、香河一带的农村。自清乾隆中叶，木板大鼓名家李文通从家乡逃荒来京东行艺，在京东广为流行的民歌小调"靠山调"基础上，革新加工，又经过邓殿奎、陈连登、于七、王宪章、于景元、陈怀德、魏西庚等传人的努力，逐渐形成了京东大鼓这种北方特有的深受人们喜爱的民间曲艺形式。

京东大鼓是一种用京东方言演唱的鼓曲。演唱形式为一人站唱，击鼓为节，旁有伴奏，与铁片大鼓、单琴大鼓表演基本相同。过去，在撂地说书阶段，还曾有一种自弹自唱的演唱形式，演员坐抱三弦，边弹边唱，其右脚踩一箭击鼓（以矮鼓架支撑，置于地上），左腿上绑一节子板（五块板儿）以司节奏，也颇能招揽观众。京东大鼓在廊坊地区广泛流播，初步考查：三河、香河、大厂、安次四个县专业和业余艺人较多，多年在农村普及传唱，为当地群众喜闻乐见。过去，在永清、固安、霸州、文安、大城五县内的农村，京东大鼓鲜有传唱，20世纪80年代初，农村普遍组建业余文艺宣传队，唱京东大鼓书段者渐多。京东大鼓的传统书目，据不详尽的资料统计，大约有116部。其中长篇有《刘公案》《于公案》《施公案》等31部；中篇有《水牢双合印》《三全镇》《罗通扫北》等23部；短篇唱词有《瞎子逛灯》《王二姐思夫》《王三姐剜菜》等43篇；书帽有《两头忙》《十三月古人名》《四辈古》《老虎吃猫》等19篇。中华人民共和国成立后，配合各个时期政治宣传编演了《白毛女》《刘胡兰》《小二黑结婚》《新儿女英雄传》等中长篇书目。

在市场经济形势下，京东大鼓的保护、传承、改革和发展也被提上了工作日程。目前，京东大鼓已面临后继无人、濒临失传的境地，民间传唱艺人越来越少，专业团体无专业演员，业余演员也全凭个人爱好。京东大鼓是北方的一个重要曲种，在全国乃至国外都有影响，可北方曲校却无此专业，河北艺校亦无人教授，前景令人担忧。

（四）**名录名称**：冀南梨花大鼓（鸡泽县）

编号：2-5-2

名录类别：曲艺

申报地区：邯郸市鸡泽县

名录简介：梨花大鼓早期叫"犁铧大鼓"，因演唱者手持犁铧片伴奏而得名（现用月牙铜板伴奏），属于曲艺，起源于清光绪年间，主要流传于山东、河北省南部。冀南梨花大鼓主要流布于河北省南部的邯郸市鸡泽县、邢台市威县等地。

梨花大鼓植根于民间，故多诉说民间疾苦和农家故事。它风格朴实，运字行腔声情并茂，唱腔丰富多变，素有腔多字少七十二哼哼之称，曲调高昂，说、唱、道、白兼备，叙事抒情交融，以说为主，唱为辅（中长篇书较多），有慢板（哭调）、紧板、匀板，句式有十字韵、七字韵等。主要伴奏乐器有：三弦、铜板、京鼓。服装：女穿旗袍，男穿长袍。主要传统书目有：《海公案》《响马传》《杨金花夺印》《刘大哥劝老婆》《丝绒记》等。梨花大鼓一人多角，在叙说故事中，一人可扮演多种人物。乐器特殊，在说唱伴奏中，主奏乐器大三弦，发音清脆嘹亮、纯朴。形式简单，一桌一凳即可演唱，多出现在庙会、堂会、集市等，深受广大群众欢迎。传承老艺人张和安，鸡泽县小寨镇榆林村人，1908年生，从8岁开始学艺，20世纪六七十年代与其家人到各地演出，主要活动在邯郸、邢台、南宫等一带。张和安于2002年去世，享年94岁。现由张贵玲继承，其曾在河南行署文工团工作，任业务团长，现年74岁。

随着时间的流逝，鸡泽梨花大鼓的一些老艺人相继去世，许多珍贵的资料没有保留下来，亟须抢救。

七、杂技与竞技

（一）名录名称：吴桥杂技

编号： 1-7-1

名录类别： 杂技与竞技

申报地区： 沧州市吴桥县

名录简介： 吴桥县位于河北省东南部，历史悠久。该县杂技文化底蕴丰厚，杂技艺人在国内外分布广、影响大，是世界闻名的杂技之乡。

吴桥杂技文化伴随着中国杂技的发展沿革而形成，经历了人类活动的各个时期。于汉、唐达到兴盛，成为统治阶级的主要娱乐形式。及宋，杂技走向民间，成为市井百姓共享的民间艺术。为了适应不断变化的社会更替和复杂的演出环境，以吴桥为集中区域的杂技艺人族群不断丰富和创造了多彩的杂技文化。他们有自己的行业神（吕祖吕洞宾），通过这个族群的崇拜和信仰，不断形成了其行业的行为规矩和活动禁忌。同时，他们创造了独立的行业隐语"春典"（即黑话）。到了明代，已形成了信奉信仰、行业禁忌、行业语言、技艺传承、杂技经营使用的"口""锣歌"等完整的行业文化体系。清代到民国是吴桥杂技经营和杂技文化的发展繁荣时期,其文化传承受到杂技艺人的特别重视,成了杂技艺人在江湖活动中安身立命的必备条件。吴桥杂技文化在世界杂技发展史上有着重要的历史地位和广泛影响。其艺术构成中部分技艺已成为绝唱。由于经宋以来杂技成为社会底层文化艺术,在历史典籍中少有记载,杂技文化少了文人关怀,因而抢救和保护吴桥杂技文化无疑将对保持我国文化多样性、弥补杂技文化的史学欠缺具有很重要的作用。在杂技文化非物质构成中,"口""锣歌"及"春典"是我国民间口头文学的重要构成,它包含着许多历史故事、诗歌、民歌民谣和传奇传说,是中国说唱艺术的宗源。中华人民共和国成立至改革开放前是吴桥杂技文化的转折期,这一时期杂技的组织形式和演出形式及分配方式发生了变化。吴桥杂技文化的存在和传承受到了冷落,很多传统节目的绝招、绝活已无人演习,濒于消亡。编纂集成及吴桥建设杂技人文旅游工程——"吴桥杂技大世界"以来是吴桥杂技文化的抢救和复苏时期。1987年至今,以吴桥命名的"中国吴桥国际杂技艺术节"已成功举办9届。2004年,吴桥被命名为"全国文化产业示范基地县"。2004年,吴桥被国家挂牌命名为首批"中国的杂技之乡"。

由于社会政治、组织形式、演出形式和经济条件的改变,传统吴桥杂技文化的存在和传承面临威胁,有逐渐走向消亡的危险,亟待挖掘和抢救保护。

(二) 名录名称:沙河藤牌阵

编号:1-12-1

名录类别:杂技与竞技

申报地区:邢台市沙河市

名录简介:藤牌阵是我国古代战场实战技击项目,如今仅存于我国河北省沙河市十里铺村,当地人称之为"打藤牌"。

藤牌阵历史悠久。早在商代,在北方部族征战中便有人发明了攻防护身的藤牌。其在历代战争中被不同的军事指挥人员发展成进可攻敌、退可防身的藤牌阵。沙河藤牌阵,传说形成于明末,李自成军队从北京溃败南退,途中一人秘密逃遁十里铺村,他将"藤牌阵"传授村民,用以护村、防身,并留下"只传男,不传女,传里不传外"的训诫。300多年间,村民遵循训诚，将藤牌阵代代相传，至今已传承12代，经常习练者达200余人，在当地，藤牌阵已被列入小学体育课程。藤牌开战时，由战鼓指挥，大筛锣、铙、镲、钹辅助烘托。表演阵法时，攻守方每队最少4人，藤牌兵左手执藤牌，右手执短刀，与4名攥三齿叉、大片刀、长矛或木棍者按阵法轮番打斗。当遇大队敌兵袭来时，则使用密集队形擎起藤牌作为掩蔽，限制敌人弓马。如果发现敌人散开，立即变为小队，每兵活动的范围为八尺，后退一丈，进退灵活，尤适宜在旷野或山地作战。实战时藤牌阵法变化无穷，常见的有一字长蛇阵、八卦连环阵、梅花五方阵、八门穿心阵等，阵容可随实战需要扩大到成千上万人。制作藤牌的主要材料是北方太行山一带常见的荆条，其经过沤泡变得柔软坚韧后，即可用来编制藤牌。制作完成后，再经桐油浸泡，涂上生漆，然后在两个圆形藤制品中间夹上棉花之类的物料，最后在藤牌顶部罩一块画有虎头的帆布或生牛皮。

300多年来，沙河藤牌阵无论是在防身御敌还是在活跃当地人民的文化生活中均发挥了积极的作用。藤牌阵法攻防兼备，变化莫测，对它进行深入研究可进一步丰富中国古代军事战法的内容。另一方面，藤牌阵法场面中融入了舞蹈和音乐，可以用来丰富群众的文化生活，使人们获得艺术享受。目前，健在的藤牌阵阵法传承人平均年龄为80岁，年事已高，继承人不仅人数较少，而且战术技法生疏、动作生硬简单、阵法不整、竞技水平日减，传承已告濒危。

（三）**名录名称**：杨氏太极拳

编号：1-12-3

名录类别：杂技与竞技

申报地区：邯郸市永年县

名录简介：永年县位于河北省南部，属邯郸市管辖。永年杨氏太极拳为清道光年间广府杨露禅所创，发源于永年县广府古城。此后，永年县先后出现杨班侯、杨振铭等30多位大师级拳师，被尊为"太极圣地"。

祖师杨露禅外出学艺18年，悟得各路拳术精髓，对太极、八卦等健身技艺尤有更深的理解。他在陈式老架的基础上创编了108式永年杨氏太极拳，回家后专职开馆教拳。此拳传承脉络清晰，历史上名人辈出，海内外广有习练者。杨式太极拳现在重点分布在上海、北京、四川、西安、河北、广东、海南及海外 80 多个国家和地区。杨氏太极拳拳架舒展，结构严谨，由松入柔，积柔为刚，刚柔相济，身法中正，含胸拔背，沉肩堕肘，以腰为轴，上下相随，内外结合，中正安舒，轻松自然，轻灵沉稳。杨氏太极拳包含两方面内容：一是太极拳套路，分大、中、小架、快架、炮锤、提腿架、三十二短打、撒手单练桩功等；二是杨氏太极拳器械，有太极剑、太极刀、太极十三杆（杨家枪）等。杨式太极拳在练习方法上突出整体性、连贯性、圆活性和内外身心的统一性。从起式到收式，前后连贯有如一线贯通，衔接一气，上下表里，自然贯通，势断劲不断，衔接和顺。动作沉稳中带有轻灵，轻灵而不飘浮，动而不急动，静而不僵滞，外柔内实，绵绵不断，不论虚实变化，起伏转换都是式式相连，犹如行云流水，没有丝毫停顿间断之处，更没有忽急忽缓带有棱角之处。杨式太极拳要求在意识引导下，呼吸匀细深长，气沉丹田，运劲如抽丝，迈步如猫行，心静，由此才能"用意不用力"，在平静的情绪下，身正体松，意识、呼吸、动作三位一体，密切结合，进行有节奏的练身、练意、练气。因此，太极拳乃是内外兼修、形神合一、动静结合、上下相随的高级行功的运动方式。

永年杨氏太极博大精深、奥妙无穷，展示了人体文化的艺术性，老少皆宜习练。它有益于增强人的体质，习练者按其要求秉持讲义重德的中华传统武术精神，对增强中华民族的凝聚力、自信心、自豪感有积极作用。

（四）名录名称：沧州武术

编号：1-12-4

名录类别：杂技与竞技

申报地区：沧州市

名录简介：沧州市位于河北省东南部，东临渤海，西近太行，南接齐鲁，北倚京津，号称京津南大门，距离省会石家庄 240 公里。

沧州辖境古属燕齐，沧州人民自古以淳朴、刚毅、勤劳、勇敢、豪迈、直爽著称。由于地理、历史条件独特，讲武求备、尚武图存，武技广播蔚成风气，素有"武健泱泱乎有表海雄风"之说。据史料记载，沧州民间武术源于春秋，兴于明，盛于清，至乾隆时，武术之乡已经形成，至清末，武乡威名远扬海外。经历代薪火相传，到清末民初，臻至鼎盛，有"小梁山"之称。据统计，沧州在明清时期出过武进士、武举人 1937 名，乾隆年间已成为华北一带的武术重镇。1992年，被正式命名为全国首批"武术之乡"。沧州的武术门派众多，有八极、劈挂、燕青、八卦、六合、查滑、功力、太祖、通臂、唐拳、螳螂、杨家枪等53个拳种，占全国129个武术拳种的40%，更是中华武术精华聚集之地，在南有莆田（武当）、中有登封（少林）、北有沧州的中华武术大格局中举足轻重。沧州武术的代表性拳种有八大门派：劈挂、燕青、门合、八极、八卦、功力、查滑、太祖。另外，疯魔棍、苗刀、戳脚、阴手枪等拳械为沧州所独有。各门派均具有刚猛彪悍、力度丰满、长短兼备、朴中寓鲜的风格特点。近几百年来，沧州武术精英荟萃，涌现出丁发祥、霍元甲、王子平等大批高人义士，为御外侮、扬国威、光大中华民族精神做出了突出贡献。沧州武术兼收并蓄，积累了雄厚的传统武术资源，近年来又吸纳了跆拳道和规范武术套路等积极成分，取得了新的发展。沧州武术刚劲威猛，技击性强，讲究实战，章法严谨，既有大开大合的勇猛长势，又有推拨擒拿的绝技巧招，从而显示出了其深厚的文化底蕴，在一招一式中无不体现着中华文化中阴阳、内外、刚柔、方圆、天地、义理等源于儒、释、道的理念和意蕴。

　　沧州武术在被称为"国术"的中华武术中占有重要地位，是根植于民间的中华武术的源头、缩影和集大成者，是古老中华武术的重要遗存。发掘、抢救、保护沧州武术，其价值主要有三点：一是学术价值。纵观中华武术发展史，源起或流传于一个地级市的武林门类或独立拳械有53个之多的仅有沧州一家，有些拳种可被看作中华武术的活化石，对沧州武术的发掘、抢救和保护，将有效带动和大力促进整个传统武术的弘扬和振兴。它的丰富内容和基本特征及其传承历史和教习方式在中华武术中实属罕见。发掘、抢救和保护沧州武术，不仅对丰富和完善中华武术，乃至对世界武术文化的丰富和完善都将起到积极的推动作用。二是社会价值。发掘、抢救、保护沧州武术对沧州乃至全国的精神文化建设、丰富群众文体生活、提高人民身体素质、塑造人的顽强品格、倡导新的生活方式、促进人的全面发展、构建社会主义和谐社会都将发挥重要作用。三是产业价值。具有浓厚民族特色和地域色彩的沧州武术，本身就蕴含着巨大的产业和商业价值。发掘、抢救、保护沧州武术可以进一步激活武术培训、表演、竞赛、交流、器械生产、节庆会展、旅游观光、出版印刷等多种相关产业和市场，进而成为新的投资热点、新的经济增长点，促进沧州乃至全国经济发展。

八、传统手工技艺

（一）名录名称：磁州窑烧制技艺

编号：1-8-1

名录类别：传统手工技艺

申报地区：邯郸市峰峰矿区

名录简介：磁州窑是中国著名的民间陶瓷窑系，位于今河北省邯郸市彭城和磁县等地，是北方陶瓷的代表。在新石器时代的磁山文化时期，峰峰地区已经能够生产精美的陶器，是我国陶器的发祥地之一。到宋代，磁州窑步入兴盛期，明代达到鼎盛。彭城作为磁州窑的中心也随之成了北方瓷都，故素有"南有景德，北有彭城"之说。

磁州窑制作瓷器的原料产于本地，主要有青土、白碱、缸土、笼土、黄土（黑药土）、紫木节、紫砂土、耐火黏土、水冶长石等。窑工们在瓷土的应用上有一套独特技艺，能使产品五彩缤纷。磁州窑的制坯技艺丰富多样，有雕塑、拉坯、盘条、印坯等技法，风格独特。磁州窑的釉色品种有白釉、黑釉、酱釉，其装饰技法有化妆白瓷、白釉刻划花、珍珠地刻花、黑釉刻划花、宋三彩、红绿彩、白地黑花、清代褐彩、民国蓝花及现代磁州窑图案等。器物多以盘、碗、梅瓶、盂、印盒、玩具、炉以及最富特色的瓷枕为主，瓷枕多雕塑成活泼可爱的儿童形象，或施以明快清晰的纹饰，具有浓厚的水墨画风格，花鸟鱼虫、山水人物、诗文书法无不挥洒自如，将制瓷技艺与绘画艺术完美结合在一起，在中国陶瓷史上独树一帜。磁州窑以白地黑花（属釉下彩装饰）为主要特征，保留了不少民间喜闻乐见的纹饰，如马戏、孩童钓鱼、池塘赶鸭、蹴球等，题材丰富而清新，极具民俗性。磁州窑瓷器的纹饰线条流畅豪放，黑白色彩对比强烈，发展了陶瓷的装饰艺术，当时深受北方地区人们喜爱，曾对南北方不少瓷窑产生较大影响。以磁州窑的传统烧制技艺为核心，还形成了包括商贸街区、民俗文化、口头文学、窑坊建筑艺术等在内的陶瓷行业文化。彭城古镇庙会最盛时每年达20多个，促进了陶瓷商贸活动，形成了独特丰富的商贸习俗、民间故事、生产谚语，留下了大量器皿文字和绘画等。

在现代化的冲击下，磁州窑烧制技艺面临老艺人退休、传统生产方式和制作观念改变、生产资金缺乏、传统手工技艺失传的局面，亟须进行全面抢救和保护。

（二）名录名称：秸秆扎刻技艺

编号：1-8-7

名录类别：传统手工技艺

申报地区：廊坊市永清县

名录简介：永清县位于河北省中部，京、津、保三角地带中心。县城南厢南大王庄村系洪武年间（约1380年）始建。该地地势低洼，历史上盛产高粱，手巧的家庭妇女会取其秸秆钉制盖板或小浅，放置食品。

永清县的扎刻是用上乘的高粱秸秆，以卡尺、剪子、锥子、刀子、竹签和油灯为工具，靠手工攒装、扎刻而成各类工艺品，从传统的蝈蝈笼、秸秆花灯到扎刻各类仿古建筑模型，都需要精工细做，属于典型的民间手工技艺。目前，永清扎刻代表人物徐艳丰为我国秸秆扎刻的大师。20世纪60年代，他偶然发现南大王庄老汉高善福用高粱秸秆扎成蝈蝈笼子，激发了他的创作灵感，于是他先把一个笼窝发展成八个笼窝，又另辟蹊径，把扎蝈蝈笼子变成扎刻花灯、古建筑模型等。20世纪70年代，徐艳丰扎刻技艺日臻完美，得到了国家和有关部门的肯定，其作品出世，国人赞许，外国友人青睐。40年来，他扎刻大小作品70余件，件件精品，其中《天安门》被作为国礼赠予日本长野县收藏；《佛香阁》和《故宫角楼》被中国美术馆收藏；《黄鹤楼》由中国对外展览公司送往加拿大多伦多展出。《西安钟楼》《河南佑国寺》《万寿亭》《国子鉴牌坊》等作品，分别由美国、日本、澳大利亚等国际友人收藏。

永清扎刻主要有以下基本特征：一是仿古建筑的结构特征；二是平衡、稳定的物理性特征；三是榫、槽、角度的几何特征；四是中国古建筑的观赏性特征；五是"六节稳固"的创造性特征。永清扎刻手工技艺精美绝伦，不仅实用价值、艺术观赏价值高，科学研究价值也很高，涉及几何学、物理学、力学、建筑学等。

徐艳丰的扎刻工艺在继承前人扎制工艺的基础上大胆创新，独树一帜，但他如今身单力孤，身体状况欠佳，两名弟子刚刚入门，扎刻记忆传承状况不容乐观，亟须传承和保护。

（三）**名录名称**：花丝镶嵌制作技艺

编号：1-8-6

名录类别：传统手工技艺

申报地区：廊坊市大厂回族自治县

名录简介：大厂回族自治县隶属河北省廊坊市，得天独厚的区位优势造就了大厂花丝镶嵌工艺。

大厂花丝镶嵌制作技艺可追溯到汉代，从赵家沟古墓群出土的装饰盒等文物中，花丝镶嵌工艺已初露端倪。明代波斯人随永乐皇帝北迁，定居大厂，带来了传统的波斯图案和手工技艺，与当地的花丝镶嵌技术相结合，将花丝镶嵌制作技艺提高到了一个全新水平。明清两代大厂花丝镶嵌被指定为专供品。现代最具影响的蒙錾石镶大师马作文老先生（已故），因携弟子制作了"布达拉宫模型""十二世班禅金印"等产品而名声远扬。花丝镶嵌为我国特种工艺之一，即将金、银、铜拉成丝，运用各种技法制成各种首饰、器物等装饰品。丝，在商代青铜铸造时代已出现凹凸"丝"状纹饰。在汉代已出现成形的金丝编（汉代"金缕玉衣"），并有非常细致、精巧和完整的花丝镶嵌作品。嵌，在春秋战国时期已出现琉璃嵌和玉石嵌，到了北齐已经相当精美和完善。饰品金光腾耀，丝嵌斑斓，精巧独致。花丝镶嵌工艺在唐代为高度发展阶段，工艺已达到相当娴熟程度，可谓出神入化；到了清代工艺得到进一步改进和发展。大厂花丝镶嵌是传统纯手工艺制品，工艺流程极其复杂，需要经过设计、下料、制胎、描图、划线、做丝、粘丝、焊丝、錾活、洗活、选石、粘嵌、组合、镀金、镀银等多道工序。由于是手工制作，质材高级，所以每道工序都要由专人操作，匠师把关，一件产品要耗费很多的精力和时间才能完成。大厂花丝镶嵌造型逼真，图案繁复，制作精良，技术含量极高。它融合了多朝代、多民族的宗教、文化、美学等文化因素，形成了独特的手工工艺和造型特征，在中国工艺美术界独树一帜，具有极高的审美价值。

大厂花丝镶嵌制作技艺多为父子独传，后增加了师徒传承方式。目前，第一代传人已去世，第二代传人仅有10人，均为30年以上艺龄。由于近年来国内、国际传统工艺品市场萎缩，多家花丝工艺厂倒闭，导致技术人员对传统工艺失去信心和热情。第三代传人更是寥若晨星,大厂花丝镶嵌制作技艺面临失传和断代的危险,发掘、抢救、保护花丝镶嵌工艺迫在眉睫。

(四) **名录名称**:易水砚制作技艺

编号:1-8-15

名录类别:传统手工技艺

申报地区:保定市易县

名录简介:易水砚是中国著名的古砚之一。《易州志》载:"砚台,产于台坛村","石质不亚端溪","砚石有紫、绿、白诸色,质细而硬。为砚颇佳"。易水砚产于古易州(现河北省易县),始于战国,盛于唐宋。唐朝曾赐易州制砚大师奚朝以国姓,改名"李朝",其子李廷圭充任墨官,随后李廷圭又将技艺传到安徽歙州,再第入广东端西,出现了歙砚和端砚。而易砚久盛不衰,故有"北易南端"之说。唐诗赞曰:"南山飘素练,晓望玉嶙峋,适忆最深处,应名著石人。"到了宋代,易水砚更为赵氏皇族所垂青,名列宫廷贡品中名砚之首。鉴赏家赞易水砚:"质地坚润而刚,颜色嫩而纯,滑中有涩,涩中不滞笔,涩而易发墨,其色尤艳。"明代鉴赏家赞易水砚:"质之坚润,琢之圆滑,色之光彩,声之清冷,体之厚重,藏之完整,为砚中之首。"这是古人赞美易水砚石像玉一样晶莹和人民精心雕刻石砚的绮丽诗篇。千百年来,易水砚以其天赋优等石料和独特艺术风格名扬天下。

易水砚取材于太行山区的西峪山,石料是色彩柔和的紫灰色水成岩,有的还点缀着天然碧绿或淡黄色斑纹,甚至暗紫、碧绿等不同色彩,呈页状叠积,俗称"紫翠石""玉黛石"。石面光泽,细润如玉,质刚而柔,是制砚的最佳材料。制砚师们用传统的平雕、浮雕技法,根据石料形体及纹饰,雕出人物、花草、龙凤、鸟虫等。其中有"二龙戏珠""九龙戏凤""龙凤呈祥""龙凤朝阳""神龟献宝""水漫金山""福寿双全""苍龙教子""金龟献寿""八马俊图""五龙戏珠"和"十二生肖"等具有民族色彩和风格的画面。易水砚随料定型、顺理成章、刀法精细、形态逼真。

易水砚质地细腻,硬度适中,发墨快,不伤笔毫,墨汁滋润而不易蒸发干涸,具备砚石所要求的发墨、储墨、润笔、励毫四大条件。易水砚做工精细、造型古朴、典雅大方、古色古香,不但是文房四宝之一,还具有观赏和收藏价值。

易水砚为世代书法家和收藏家所珍爱,曾多次被评为全国高档名砚,但近几年总的发展趋势呈现停滞状态。

九、民俗

(一)名录名称:安国药市

编号:1-9-1

名录类别:民俗

申报地区:保定市

名录简介:安国市属保定辖区,南距省会石家庄100公里。

药王庙内所祀之神药王,姓邳名彤,字伟君,为汉光武帝刘秀部下二十八宿将之一。死后在宋朝"显灵",为宋太祖赵匡胤之皇子秦王赵德芳治愈顽疾,被立庙祀之,并加封为王。

药王庙庙会是由药王庙香火会演变而来的,自有文字记载的南宋咸淳年间(公元1270年)始,庙会已传承了700多年。明初,社会逐渐安定,医药学相应发展。药王庙声望日隆,始有"药不经祁州无药味"之说。药材交易规模日渐增大。据明万历年间(1573年至1620年)药王庙内碑文记载,每年(清明节或寒食节)举办一次药材庙会,清雍正年间(1723年至1735年)已是"年年两会"(清明节和寒食节)。清中叶,安国药市逐渐形成由全国各地药商组成的"十三帮"及"五大会"。同时,建立了招待客商、管理市场的"安客堂",经营体系和管理体系形成了一套比较完整的市场。由于药王庙庙会的兴盛,使得安国成为我国北方最大的药材交流中心,被誉为"药都"和"天下第一药市"。药王庙庙会有"春五秋七"之说,即春庙五个月,秋庙七个月,经年不断。春庙的正期是农历四月二十八日,传说为药王生日,所以这一天是春庙最盛的一天。冬庙则以农历十月十五日为正期,传说这天为药王祭日,盛况与春庙正日相同。自明清至民国,庙会由"十三帮"轮流操办,每帮三天。每月初一、十五都要临庙祭祀。药王庙庙会有其独特的酬神形式和参拜礼仪。酬神有演戏、抬大供、献鼎、树伞、塑金身、挂匾、献袍、捐香火地、劳役等多种形式。礼仪则分为三拜九叩和四叩礼等数种,另供面食,三牲祭品。庙会期间还有丰富多彩的游艺活动。在进行药材交易的同时,还举办规模宏大的各种文艺表演和民俗文化活动,每年正月十五，都有多达4万人的医药界人士和广大民众参与药王庙祭祀。

改革开放以来，安国药业得到了迅速恢复和发展，药王庙在全国医药界人士和广大民众的捐助下，于1985年重修，传统的庙会文化活动也随之恢复，并日益活跃发展。参与庙会的人员，除了周边地区的各界人士和善男信女，还有全国各地及东南亚、日本、朝鲜、俄罗斯等邻国药商。安国药王庙庙会及药市历史悠久，影响广泛，在中医药发展史上占有重要地位。它不仅是安国药业的发源地，也直接孕育了一个全国最大的药材集散地——安国药市，在促进全国医药交流，弘扬中华医药文化方面发挥了重要作用。安国药市还具有较强的人文精神。药王庙庙会作为社会运行机制中的经济载体、文化载体，承纳了浩瀚如烟的民间文化，凝聚了当地人民和广大药商的思想感情、理想愿望、道德风尚和审美趣味。

中医药文化是我国民族文化的精粹之一，药王庙庙会植根于中医药文化，并融合了当地民间文化及各地习俗，形成了集祭祀、娱乐、贸易于一体的独特形式，具有极强的生命力，对于研究民俗风情、传统礼仪意义重大。

（二）名录名称：女娲祭典

编号：1-11-1

名录类别：民俗

申报地区：邯郸市涉县

名录简介：涉县位于河北省西南部，晋冀豫三省交界处，属邯郸市管辖，城西10公里的凤凰山（古中皇山）上建有娲皇宫，占地面积550亩，主要建筑有朝元宫、停骖宫、广生宫和娲皇宫等，分为山上和山下两组，中间以十八盘山道相连。

传说农历三月十八是女娲的生日，因此每年农历三月初一至十八，来自晋、冀、鲁、豫四省的人们都要前来朝拜女娲，由此形成了影响深远的娲皇宫庙会，至今已有千余年的历史。祭拜活动纪念以女娲抟土造人、炼石补天、断鳌足、立四极、治洪水、通婚姻、作笙簧等功德为主。主要内容包括传统娲皇宫三月庙会期间的民祭、九月十五的公祭、祈禳还愿、进香朝拜等，女娲传说及其有关的婚嫁、生育、人生礼仪、岁时节令等民俗事象构成了奇特的民间文化现象。涉县的许多村名、地名都与女娲文化有关，如弹音村与女娲造笙管有关，磨盘村与女娲造人有关等。农历三月初一到三月十八庙会期间，民间祭祀以摆社为主要形式。周边地区摆社以福建漳州、泉州、山西长治、榆次为主，每年农历三月十八日，组织百余人，全套祭祀器具设备，到涉县娲皇宫寻根祭祖，祭拜女娲。除集中民间祭祀摆社外，从三月初一开始，各地零散香客会云集娲皇宫，祈禳还愿，整月川流不息。进香朝拜的时间不太固定，一般多在农历每月的初一或十五，平时也可。清朝已有公祭，至清末由于战乱而中断，基本形式、内容、范围已濒临失传。同时，女娲祭典中包含美丽的女娲神话传说。流传至今的神话传说主要有：兄妹结亲、抟土造人、制作笙簧、炼石补天、占地移山等，这些生动的神话故事，重彩描绘了女娲这位上古时期带领人类治理洪水、孕育人类、建章立制、制作丝竹、创造文明、推进历史进程的始祖形象，高度赞扬了女娲战天斗地、征服自然、不屈不挠、仁慈博爱的始祖精神。

保护和弘扬女娲文化，对传承华夏文明、增进民族大融合、增强民族凝聚力、激发人们的创业精神具有重要作用。同时有神话学、民俗学、社会学、民间文艺学和宗教学的研究价值。现在女娲祭典日趋式微，民祭的道具乐器及仪式过程只有几位老人还详情掌握，人生礼俗等内容不断淡化，亟须抢救和保护。

（三）名录名称：蔚县拜灯山

编号：1-13-3

名录类别：民俗

申报地区：张家口市蔚县

名录简介：蔚县上苏庄村拜灯山是民间民俗社火活动的一个种类，经历了明朝嘉靖年间的孕育雏形期、明末清初的成型期、清末民初与民间社火戏曲相结合的丰富完善期和中华人民共和国成立至今的兴衰更迭的曲折发展期。

拜灯山活动的基本内容有点灯山、拜灯山、耍社火、唱大戏等四部分。点灯山时，要首先准备好祭祀供品和点灯山用的灯捻儿、灯盏、麻油。点灯山的人由3名到5名有文化的村民组成，在灯山楼内的层层木架上由上向下将数百个灯盏摆出花边和文字图案，把浸过麻油的灯捻插入灯盏，一一注满油。夜幕降临后，用蜡烛将摆成图案的灯盏一一点燃，呈现出灯火字画。拜灯山时，选一名父母双全的男童扮为"灯官"，坐在由4名青壮年村民扮成

"衙役"抬着的独杆轿上,村里戏班的演员粉墨浓妆伴其左右,在社火队伍中"老王八"和"老妈子"的引领下,从堡门外进堡,率村民及观光者一路敲锣打鼓到灯山楼前祭拜。拜灯山后,祭拜队伍返回途中在堡中心伴随锣鼓点开始耍社火,或舞蹈,或嬉戏,表演者和观众共同沉浸在欢乐喜庆之中。最后是唱大戏,当祭拜队伍和群众由堡内涌出堡外时,戏楼前已经张灯结彩,这时,鞭炮鸣、鼓乐起、大戏开,由村戏班子演员为村民演绎历史故事或神话传说。

在长期的发展过程中,蔚县拜灯山形成了鲜明的个性特征:一是伴随民间祭祀活动而产生,融入民间文化活动而发展,形成了对民间习俗的依存性;二是在长期的民俗活动中,完善了自身特有的表现形式,形成了固定的程序性;三是吸收民间社火和民间戏曲艺术营养,形成了民俗文化的多源性;四是蔚县历史上虽有多处灯山社火活动,但早已失传,唯有上苏庄的拜灯山民俗社火保留至今,且独特而完整,因而具有稀有性;五是由于拜灯山源于民间祭祀,注入了百姓敬神尚贤、祈求平安的精神寄托,形成了具有广泛群众基础的虔诚性;六是其表现形式简约质朴,乡土气息浓郁,从而形成了厚重的、乡村特有的朴实性。拜灯山民俗社火活动在蔚县乃至河北省的民俗社火中占有重要地位,是民间民俗文化的一个缩影,具有深刻的民俗文化内涵和较高的民间艺术品位。

(四)**名录名称**:桃林坪花脸社火

编号:2-9-9

名录类别:民俗

申报地区:石家庄市井陉县

名录简介:800多年前,井陉县小作镇桃林坪村南楸树梁进行了一场激战,多员名将浴血奋战,击败敌寇。后来,当地百姓为纪念当时的战斗场面,按老人的传说,精心组织、刻苦排练,组建了花脸社火,至今已有600余年的历史。

桃林坪花脸社火描述的是三国、梁山等故事中各员名将的战斗场面,共有16个回子,每个回子是一个故事(一场戏)。桃林坪花脸社火不唱不说,只有从脸型、招路上仔细观察才能辨认出演员的身份和戏的内容。因桃林坪社火脸型奇特、武艺超群,在嘉靖年间被朝廷封为皇纲护卫队。因此,一年一度的井陉赵庄岭皇纲都由桃林坪社火押送，称为押纲护驾社火。一至十五回反映了历代名将的战斗故事，第十六回由桃林坪村老艺人赵维海教师所创。桃林坪花脸社火历史悠久，脸型奇特，服装道具古老，武艺高超，作品齐全。它不仅有严密的组织，表演队伍庞大，以护纲护驾做依托，有无形的组织纪律，建立起了一套自发的秩序，而且表演技艺独特，每次举办表演活动都有省内外数百名摄影记者前来采风。

桃林坪花脸社火艺术源远流长，有诸多历史文化蕴藏其中，是研究民俗文化的良好基石，也是传承民俗文化的有力载体，在当地有着深厚的群众基础，有凝聚民族精神的号召力和感召力，有团结人民、构建和谐社会的重要作用。桃林坪花脸社火还有强身健体、娱乐群众的功能，是建设社会主义新农村和促进精神文明建设的重要文化资源。

十、传统医药

（一）名录名称：保定脏腑推拿疗法[1]

编号：国家级非物质文化遗产代表性项目名录扩展项目

名录类别：传统医药

申报地区：保定市

名录简介：脏腑推拿相传至今，掌握此技者甚少，现在已成为中医学文化遗产中的稀世之宝。

明末清初，保定地处国家政治文化中心的南麓，各种宗教在此地活动颇多，人与人之间的关系超越了当时男女授受不亲、不能宽衣解带的封建思想束缚，使脏腑推拿术在保定及周边各县得以生存流传。民国时期，原服务于宫廷的一些脏腑推拿医师多在此地谋生，致使 20 世纪初脏腑推拿在保定（高阳县、清苑县、雄县、涿州、高碑店）的发展达到了一个鼎盛时期，各种流派相互交融形成了保定脏腑推拿术，并流传至今。保定脏腑推拿的这种区域性生存、传承状况在全国独一无二，被医学史家认为是"中国传统推拿的活化石"。保定市中医药学会推拿专业委员会王红星主任委员献出了《脏

---

[1]"保定脏腑推拿术"，载百度百科：https://baike.baidu.com/item，最后访问日期：2019 年 12 月 20 日。

腑推拿术》，此术承袭于保定高阳七世家传的安纯如道人，现由第十世传人王红星集结成册。保定脏腑推拿术，以"整体观念、辨证施治"为理论核心，从脏腑着手，调理脏腑气分，恢复脏腑机能，再结合通督调三关法整复脊柱某些节段的错动，从而通其经络、调其气血、振奋阳气，进而达到协调脏腑经脉的功能，使周身之阳气充盈，正气内守，外邪不易入内，内邪得以祛除，达到正本清源的目的。

保定脏腑推拿术的理论核心是中医基础理论之一——脏腑辩证法，其诊断、手法和疗效是对脏腑辩证法的丰富和印证，并为现代疾病治疗提供了全新的手段：一方面是对现代中医针灸、汤药的补充；另一方面是为西医无法治疗的疾病提供了有效的治疗手段。保定脏腑推拿术的学术主张具有较高的医学价值，是活的历史、活的文化，有文字记载见诸《黄帝内经》，之后不断有各代名医在理论和应用上发展丰富，并记载在各种医学典籍中，形成完整的历史演化脉络和自身的理论体系。

（二）名录名称：金牛眼药制作技艺[1]
编号：国家级非物质文化遗产代表性项目名录扩展项目
名录类别：传统医药
申报地区：定州市
名录简介：金牛眼药制作技艺是一种中医传统制剂方法。

金牛眼药是一种对各种眼疾有独特疗效的中成药，"中华老字号"产品，产地位于河北省定州市。定州文化灿烂，源远流长，自古便有人行医卖药，著书立说，不乏名医。金牛眼药组方就来自于明末张齐珠的祖传秘方[（明）方广《丹溪心法附余》卷十二有记载]，至今已有400多年的历史。后被列入1998版《中华人民共和国药品标准》中药成方制剂第二十册。

金牛眼药创始人张齐珠出生于明末，清康熙年间，其在定州城内十字街北路东开设的"张齐珠金牛眼药铺"为定州最早创办的眼药铺。药铺柜台摆放栩栩如生的木雕"金牛"做店标，定州人都称其为"金牛眼药"。金牛眼药因疗效甚佳，曾获清乾隆皇帝亲笔题写的"金牛张铺"匾额，从而轰动全

---

[1] "金牛眼药制作技艺"，载博雅特产网：http://shop.bytravel.cn/produce4/jinniuyanyao.html，最后访问日期：2019年12月22日。

国。金牛眼药属纯中药制剂，主要采用珍珠、麝香、熊胆、冰片、朱砂等九味名贵地道药材，成药为淡棕色细粉末，气香、味凉。适用于迎风流泪、暴发火眼、白睛红肿、黑睛昏暗、眼眩赤烂、轻砂眼、云翳眼，具有清热消炎之功效。对于现代医学中所说的急慢性结膜炎、角膜炎，及由细菌感染引起的眼部各种疾病，疗效同样显著。其组方配伍科学，可使每味药材之功效发挥到极致。可见，金牛眼药疗效独特、显效迅速、安全可靠，是传统中医药在眼病治疗领域极为优秀的运用成果。

金牛眼药的生产一直沿用传统配方及炮制方法，工艺复杂、考究。原材料的单项加工处理如炉甘石煅后水飞、朱砂磨后吸去铁屑、珍珠炮炙后球磨120小时等，加工细度可达260目；配研后混合粉碎时采用球磨粉碎机，有效地避免了药粉飞扬和被污染。成药粉剂颗粒极细，远远超过了国家标准，故使用中可大大降低药粉对眼睛的异物刺激性，确保了用药的安全性。金牛眼药制作过程从原材料采集到生产出合格成品，共需要近百道工序，有的工序需要反复操作，生产周期近50天，每道工序的细腻程度要求非常高，以致部分工艺难以被现代化生产设备所代替，仍保留着手工制作。

金牛眼药自张齐珠始便拥有的传统医药精髓被应用传承至今，有着浓厚的历史文化底蕴。其显著疗效及多种特征蕴涵着丰富的中药理论和工艺经验，为中药的发展做出了一定的贡献，是一份宝贵的历史文化遗产。

第三节 河北省非物质文化遗产的特点

基于特殊地理位置、风土人情及民族风俗等因素的影响，河北省非物质文化遗产具有非常鲜明的地域特色。也正是这些独具特色的区域特点，让河北省的非物质文化遗产更显绚烂多姿和弥足珍贵，让河北省非物质文化遗产的内容构成与保护都有了特殊的要求。

一、多样性

河北省非物质文化遗产具有丰富多样的特点，契合于人类非物质文化遗产发展传承的属性需求。人类文化多样性的保持要求包括中国在内的全世界各国各族人民对自身文化加以保护传承，其中一个重要板块就是非物质文化遗产。为此，联合国教科文组织专门制定了《保护非物质文化遗产公约》，目的就是保护不同国家、各个民族和不同地区文化遗产的多元性与多样性，避免人类文化生活的单一性与统一化，让世界人民文化花簇百花齐放、千姿百态，让人类文化丰富多彩、各具特色，延续与传承人类文明。就非物质文化遗产本身而言，多样性也是其生存发展的必由之路。以非物质文化遗产表现形式为例，不同的非物质文化遗产所表现出的形式也各不相同。即便是同一种非物质文化遗产，在不同的时间和空间，它的表现也各有不同。河北省非物质文化遗产的丰富多样性很好地诠释了这一特点。

从数量上讲，据统计，目前河北省拥有国家级非物质文化遗产115项。从进入保护名录方面来看，进入国家级名录第一批的有39项，第二批有74项。省级非物质文化遗产684项，其中第一批134项，第二批102项，第三批173项，第四批123项，第五批152项。[1]河北省拥有的非物质文化遗产的数量在全国居于前列，是非物质文化遗产的大省，燕赵大地历史上的文化辉煌与灿烂由此可以得到证明。从类别上讲，《保护非物质文化遗产公约》把非物质文化遗产分为表演艺术类、传统技艺类、仪式习俗类、语言和口头文学类、知识实践类等五类，这五类在河北省都有分布。《非物质文化遗产法》对非物质文化遗产做了传统口头文学、传统美术、传统技艺、传统礼仪等六类划分。根据该分类，河北省拥有所有非物质文化遗产类型。仅在民间文学类方面，河北省便拥有数量众多的传说和民间故事。其中，传说就有关汉卿、毛遂、杨家将、张果老、孟姜女等。而且，同一种传说在不同地域内容不同。比如杨家将传说，同在廊坊市，永清县、霸州市和大城县的杨家将传说就呈现出不同版本。同样是老马识途的传说，秦皇岛卢龙县和唐山迁安市就在讲述着不同的内容。民间美术类有绘画、剪纸、石雕、泥塑等。绘画又分为布糊画、烙画、墙围画、手绘画等多个分类。剪纸又根据不同地域有玉田、邯郸、蔚县、乔杖子剪纸的分类。民间音乐有鼓乐、管乐、民歌音乐会等。仅鼓乐一项就有定州、安国、藁城之分。根据鼓的不同，鼓乐又有战鼓、大鼓、迓鼓和排鼓之分。同样是管乐，虽都称为冀中笙管乐，但却有唐

---

[1] 河北非物质文化遗产保护网：http://www.hebfwzwhyc.cn/baohumulu.asp？ll＝15，最后访问日期：2019年12月20日。

县灌城西乐会、安新关城村音乐会、徐水高庄村音乐会、安新端村音乐会、北宋村古乐、十里铺音乐会、东姜音乐会之分。民间舞蹈类有秧歌、拉花、高跷、龙灯等项目。秧歌是河北人民最为喜闻乐见的民间舞蹈，在河北省非物质文化遗产中有伦派地秧歌、滦南秧歌、滦州地秧歌、青龙满族寸子秧歌、桃城安乐秧歌、昌黎地秧歌之分。龙灯也被分为南鱼龙灯、曲周龙灯、赞黄铁龙灯、易县摆字、清苑绣球龙灯。传统戏剧类有皮影戏、评剧、秧歌戏等种类。其中，皮影戏根据道具的不同有雾灵皮影、蔚州灯影、沙河皮影之分。从地域上来看，又有秦皇岛青龙皮影、昌黎皮影、邯郸曲周皮影、唐山滦南皮影和乐亭皮影以及沧州河间皮影之分。在曲艺方面，河北省非物质文化遗产中的大鼓有6项，包括铁板大鼓、乐亭大鼓、张北大鼓、西河大鼓、京东大鼓、冀南梨花大鼓。因为地域不同，西河大鼓又有廊坊大城县、廊坊文安县、沧州河间市之分。同样都称为乐亭大鼓，却有滦南县和乐亭县之分。杂技与竞技类主要包括拳脚功夫及刀枪棍棒。其中，拳类文化遗产被纳入名录的最多，包括太极拳、麒麟拳、通臂拳、梅花拳等。其中，同样的名目，基于分布地域不同及招式的差异，各类拳法各不相同。以太极拳为例，河北省非物质文化遗产就有孙式太极、卢式太极、武式太极和杨式太极之分。各派太极各具风格，自成门户。同样被称为太极拳，保定市和廊坊的招式就各有千秋、各具特色。通臂拳也是一样，同样被称为通臂拳，但是有邢台南宫、沧州、廊坊三河、香河和霸州之分。在传统手工技艺方面，河北省非物质文化遗产收录了酒酿、银器制作、食品制作、菜品制作、雕刻、织布、造纸等各种工艺技术，林林总总，不一而足，几乎囊括了从吃到穿、从行到住、从玩到用的所有项目的制作工艺，充分体现了河北人民的聪明才智。同时，我们可以从工艺技术的全种类和细分工看到河北省当地淳朴的民风与人民对于生活的热爱。在民俗方面，河北省非物质文化遗产最鲜明的特色是其内容丰富性，包括祭典文化、河灯、社火、庙会、婚俗、丧藏习俗都成功申报了河北省非物质文化遗产。各类习俗体现了不同地方的河北人不同的精神寄托，有对历史祖先的怀念（如伏羲文化、三祖文化、盘古文化、女娲祭典），有对原始宗教的历史传承（如沙河九龙祭祀、云盘山人祖祭典），还有对无法克服自然环境的恶劣、寻求超自然力量的强烈愿望的体现（如长岗龙母文化、栾庄海龙湾文化）。至于传统医药，河北省非物质文化遗产一共收录了9项内容，数量不多，但是种类齐全，囊括了药材加工、中医诊断、点穴拔穴、脏腑推拿等多个项目。

二、无形性

与物质文化遗产不同，非物质文化遗产具有无形性和非物质性。物质文化遗产需要有形载体的存在，通过物的承载彰显其文化价值。非物质文化遗产是一种精神、一种意识，这种精神或意识或依附于某种具象的物体之上，或并不需要物的存在而蕴藏于某种仪式甚至观念和习惯之中，体现的是创造主体的思维方式、思想活动或心理追求、价值观念。作为一种文化存在，对于非物质文化遗产，我们可以从结构层次和内容构成角度对其进行剖析：一是非物质文化遗产产生和发展的历史地理环境为其提供了历史遗存的基础与前提。传承人，具体为特定时期的民族或族群或团体或个人。精神内容，具体表现为创作主体的智慧、心理诉求或价值观念，是指非物质文化遗产的内核或传承客体。相较于物质文化遗产，非物质文化遗产与其并不相同，但是两者又存在不可分割的紧密关系。有关学者以古琴为例剖析了物质与非物质文化遗产间的联系与区别。"古琴，是物，它不是非物质文化遗产；古琴演奏家，是人，也不是非物质文化遗产，古琴的发明、制作、弹奏技巧、曲调谱写、演奏仪式、传承体系、思想内涵等才是非物质文化遗产本体。"[1] 非物质文化遗产与物质文化遗产关系密切，相互依存、相互作用，不能孤立分开，单独存在。以"磁州窑烧制技艺"为例，有人认为瓷器是物质文化遗产。但是，制造瓷器传统的手工艺技能是非物质的，反映的是千百年来经过琢磨的特殊工艺。这种工艺结合了河北省特殊的地理环境，反映的是瓷器烧制者长期以来的生产方式与习惯，记载的是当地风俗习惯与生活方式方面的内容，是一种非物质的、区域个性的、审美层面上的东西。这也是一种文化、一种财富，就是我们所说的非物质文化遗产，同样也要得到保护。

非物质文化遗产的无形性是其有别于物质文化遗产的根本性特征。也正是因为这方面的特征，对非物质文化遗产的保护才会显得尤显重要，也更为

---

[1] 乌丙安："申报国家级非物质文化遗产代表作名录的关键问题"，载《中国非物质文化遗产丛刊》2006年第1期。

困难。在日常生活中，对于某处文化遗址或自然景观，因为物化固态的原因，对于它的增减和损毁，人们会有一个直观的印象。当这些景观或遗址消失或受破坏的时候人们会有所察觉。但是，非物质文化遗产不一样。它的无形性决定了它从存在到保护都较物化遗产有不同和更困难的地方。胜芳镇南音乐会作为寺院佛教音乐流传民间的产物，风格古朴、仪式庄重。但是在它入选国家非物质文化遗产之前却鲜有人知。所以，非物质文化遗产的无形性决定了它本身的达知范围不会很广。只有能够和希望接受非物质文化遗产及其附着的文化的人民群众才会对其有所了解。这种情况就会导致一部分并不为广大人群知晓的非物质文化遗产遭受破坏时外界并不知情。进一步讲，因为不了解，民众即使知道相关情况也不会立即采取措施进行保护。人具有寻亲逐源的本性。对于不熟悉、不了解的事物，无论好坏，进行干预的主观能动性都不会很高，行动上比较被动。比如说，武安傩戏。武安傩戏场面宏大、气势恢宏、历史久远、学术价值极高，是集多种民间艺术形式于一体的民间传统文化复合体。它的存在为研究当地民间信仰习俗，研究中国仪式戏剧提供了宝贵的活的例证。但是，傩戏的存在是基于武安地区特有的风土人情。当地人信奉庞杂，玉皇大帝、城隍、财神、土地、关公等神灵都需要进行祭祀。又因为请灵魂回家过年的风俗，害怕无人祭奠的野鬼滞留村中危害人畜，也才有了正月十七晚上举行的《拉死鬼》仪式。如果不了解当地百姓的乡村民俗，很容易将傩戏与迷信活动混为一谈，导致这种集祭祀、队戏、赛戏和多种民间艺术形式于一体的民间传统文化复合体也会被抛落。了解其中的精神实质是武安傩戏得以留存并传承的根本原因。尤其是在傩戏进入国家级非物质文化遗产名录以后，随着了解和欣赏人群的增长，对这种艺术有需求的人在增加，围绕着这种艺术产生的衍生市场、衍生效益也在扩大。而这种反作用力促进了武安傩戏活力的增加以及学习传承人群的扩大。相对比之下，受体或者是受众数量的多少、对于文化遗产需要或需求的多少决定了非物质文化遗产的存留或消亡。而这些因素与非物质文化遗产的无形属性密切相关。因为无形性首先决定了受众只能被限定在固定的地域和特定的人群。固定的地域只能是这种文化遗产发源流行的地方。特定的人群只能限定于创作或传承的范畴。在这个区域、人群之外，受体或受众很少，也不太可能产生。

同时，非物质文化遗产的无形性还会造成传承过程中的文化缺失。不像是物化的、直观的物质文化遗产。非物质文化遗产受到的侵害或破坏特别是其中精神内容的分割，除了创作人、传承人外，就连它的受众都难以及时知晓。以魏县花布染织技艺为例。在时代发展日新月异的今天，对于土布的需求已经不像之前那样巨大。人们对于传统染织花布的需求大多限定为欣赏或特定目的，导致其用量非常小，使用范围也日趋狭小。在市场需要减弱的情况下，染织艺人的数量当然会跟着萎缩。在这一过程中，很多属于非物质文化遗产的制作工艺有可能因为制作人的去世、传承人的缺乏等各种原因而失传，造成非物质文化遗产流失、灭亡的结局。在市场缺乏、需求不兴的情况下，传统的手工技艺难逃由萎缩走向消亡的厄运。政府部门必须针对这种工艺进行有针对性的保护，才能遏制这种工艺、文化遗产的消亡。否则，就会出现这样一种局面：当人们想起或需要某种非物质文化遗产时，会发现能够制作这种产品的人已经不在、工艺已经消亡。值得庆幸的是，魏县花布染织技艺已经被纳入我国国家级非物质文化遗产保护名录。但是，没有被纳入保护名录，受众和市场需要不大的非物质文化遗产在河北省还有很多。它们同样面临着濒临灭绝的危险。对它们的保护应如何开展是一个十分沉重的问题。

最后，非物质文化遗产的无形性会制约保护方式的选择与保护作用的发挥。河北省非物质文化遗产具有鲜明的地域特点。无形性与区域特性的结合让河北省非物质文化遗产的保护工作显得尤为困难。以武安傩戏为例，能够理解或接受这种艺术的群众或受体一定要了解傩戏的历史传承和当地的风土人情。所以，在传承人的选择方面，范围只能局限于固定地域的人。另外，基于非物质文化遗产的无形性，对其进行保护会遭遇很大障碍。保护非物质文化遗产需要一定的知悉性，但又有知识产权或权利保护方面的限制。因此，对知悉面的控制、对控制程度的把握显得十分困难。在某种程度上，保护是一项程度控制和内容取舍工作。

当然，非物质文化遗产的无形性并不排斥物质性。非物质文化遗产在很多情况下是伴生或寄生于物质文化遗产的。有时，物质文化遗产的兴衰决定了非物质文化遗产的存留。以魏县技艺为例，如果染织花布的需求仍旧旺盛，需要人群仍旧存在，伴随着染织花布产业的兴盛，相关的制作工艺也将得以存留和发扬。反之，如果对物的需求不在，制造物的工艺当然也会走进"死胡同"。所以，从这个角度分析，在保护河北省非物质文化遗产方面，对于附着于物质文化遗产上的非物质文化遗产，我们不妨采取双重保护的方式，在保护物质文化遗产存在的情况下对其中的非物质文化遗产进行保护。不过，基于动态和无形等方面的原因，非物质文化遗产的存在并不以物质文化遗产的存在为先决条件和前提。这一点在保护河北省非物质文化遗产过程中要时刻明确。

三、活态性

任何一种文化表达都需要相应的途径与方式。对于非物质文化来讲，活态性是一种特有属性，也是非物质文化遗产得以存在、沿袭和传承的有效途径。物质文化遗产将其文化价值凝聚于有形物质之中。文化的传承与彰显都需要物的存在，缺少了物也就丧失了文化的存在。对于非物质文化而言情况则完全不同，物质载体并不是非物质文化存在与表现的唯一通道，并不是非物质文化的必要构成。与物质文化遗产有所不同，非物质文化往往属于一种动态的、活态的文化，不仅它本身的存在与表现不局限于具象的物，就连它的传承方式有时也是通过口头讲述或亲自体历等方式实现的。这样的属性决定了非物质文化遗产的活态性。从载具到传承通道，非物质文化遗产更多地与传承主体的思想活动密切相关。而人的思想活动在不同的时空状态下会随时发生变化，这也就造就了非物质文化在传承与表现方面的高度活态性。如河北省非物质文化遗产的存在、创作和传承与族群民众有着不可分离的紧密关联。缺乏创作或传承主体的参与，河北省非物质文化的生命力便无法体现。从发展的角度讲，非物质文化的变化也是其存在的一种形式，是其得以存在的一种路径选择。一切现存的非物质文化事项都需要在与自然、现实、历史的互动中不断融合与碰撞、不断吸收与创新，非物质文化遗产同样具有这方面的性质表现。这也注定了无论出于何种原因，只要活态不再，非物质文化的生命便会走向终结，难以存续。河北省很多非物质文化遗产在产生当初由于历史原因并无文字记载或记录，更多的是依赖于创作或传承主体的参与与宣传，并在过程中不断丰富与修改，从而成为一种"活"着的艺术，成为河北省的艺术代表。

在某种程度上，活态性是非物质文化遗产存在与延续的根本属性。这一点与物质文化遗产有着根本性的不同。物质文化遗产更注重静态、物的存在，比如古遗址、文化景观。当它物的形态不再，这种文化遗产便会随之消亡。以历史上的古长城为例。其实，历史上的古长城并不局限于目前发现的部分，很多很重要的历史遗迹在历史长河的冲刷中消亡灭失，伴随着这种消亡，附着其中的文化内容也会消亡。与物质文化遗产不同，物的消灭并不导致非物质文化遗产的消亡。如河北魏县花布染织。因为市场的萎缩，用量的减少，染织制作工场有可能关闭，制作人员有可能转行退休，市场上甚至没有染织花布售卖。但这并不代表花布染织工艺这种非物质文化遗产的消亡。原因就在于非物质文化遗产的动态性。只要染织工艺还在，还有人掌握，一旦有需要，还是能够制造出染织花布来。这是河北省非物质文化遗产动态性的优越性。但是，这种动态性是一把"双刃剑"，有时也会带来非物质文化遗产保护上的困难。所谓动态，就是要保障事物永远处于一种动的状态中。映射到非物质文化遗产上，就需要这种文化永远处于不断的发展完善过程中。而且，这种发展完善是无终点的。仍以河北魏县花布染织为例，在染织花布发展的历史长河中，从最初最原始的花布染织到后来制品的精美化、艺术化，经历了一个不断修改、不断完善的过程。而且，随着社会的进步和人们观念的更新，对于各时代各时期土陶制品的要求也不尽相同。染织工艺走到今天，其中经历了数不清的更改与修正。修改的目的就是要适应当时人们的审美标准与使用要求。这也正是非物质文化遗产活态性的精华所在，即能跟随社会发展的主题应机而动。无论是物质文化遗产，还是非物质文化遗产，只要是能够被传承下来的便都具有这样的特性，只是非物质文化遗产较之于物质文化遗产更具适应性和修正能力。

但是，与物质文化遗产物的静态存在不同的是，非物质文化遗产动态性的特点受整个社会或时代主题影响较大，不具有物质文化遗产那样的抗压性。基于物态的特性，只要物得以存留就可以追踪溯源物质文化遗产，找到其所承载的历史文化信息。能够存留于世的物质文化遗产大都具有较好的抗压性。但是对于非物质文化遗产而言，一旦整个社会的主题发生改变，其便丧失了可以生存的空间。因为承压能力较差、活态性较强等方面的原因会让非物质文化遗产无所附着，最终只能走向消亡。

四、民族地域性

非物质文化遗产的产生和发展带有鲜明的时空符号,与其所依赖的人文环境和自然环境密切关联。在很多情况下,非物质文化遗产就是特定历史阶段、特定地域的产物。独特的地理环境养育了勤劳勇敢、聪明智慧的燕赵儿女,在千百年的历史长河中,在日常生产和劳动实践中,燕赵儿女创造和传承了极具河北地方特色和民族特点的文化遗产。河北省非物质文化遗产具有非常鲜明的民族性和地域性。"共同的地域生活是一个民族形成的基本前提,当民族的分布拓展范围后,同一民族还将在不同地域形成不同的地域文化。"[1]民族性是指为某一民族单独所有,体现该民族特有思维方式、文化观、价值观、审美观等特点,彰显该民族特点的相关特征。非物质文化遗产作为文化重要的内容构成,无论是在形式上还是在实质内容方面都鲜明体现着民族性。从民族的形式特征方面来看,民族的衣装服饰、饮食习惯、生产方式、语言文字、社会风俗都因民族的不同而不同。

以河北剪纸为例。剪纸作为民间美术在河北地区广为流传。进入河北省非物质文化遗产保护名录的剪纸有乔杖子剪纸、玉田剪纸、邯郸剪纸、晋州赵氏剪纸、承德宽城申报的剪纸、邯郸磁县申报的剪纸、渤海渔村剪纸、无极剪纸、丰宁满族剪纸、蔚县剪纸等。各类剪纸取材大致相同,大多为吉祥如意、戏曲脸谱、神话传说、家禽家畜、花鸟鱼虫,色彩鲜明、动感十足,带有浓郁的乡土气息和地域特点。其中,基于民族性的原因,丰宁满族剪纸就显得与众不同。丰宁满族自治县地处塞北,历史上是少数民族游牧区域,一直以来都是少数民族与汉族民族融合的活动区域。丰宁满族剪纸最早发源于清康熙年间,到清代乾隆年间形成了自己的独特风格,以阳刻为主、阴刻为辅,批毛纤长,剪工纯熟。由于当地百姓大多为满族,所以丰宁剪纸也就成了满族剪纸的代表。剪纸多以窗花、礼花、节令、民俗为主要题材,体现了丰宁的地域特色和满族的民族风格。丰宁剪纸发展到清末民初进入鼎盛时期,当时各个乡村基本上都发展了自己的剪纸群体和高手,几乎每个人都会剪纸。中华人民共和国建立以后,丰宁剪纸又有了进一步的发展,在形式和

---

[1] 向云驹:《人类口头和非物质遗产》,宁夏人民教育出版社2004年版,第56页。

内容上更加贴近现实的生产生活，实用性加强。逢年过节，当地人不但会剪纸，还会把剪好的纸贴到自家的窗户上，剪纸已经成为当地人们生活中一种不可缺少的精神依托。

河北省非物质文化遗产的地域性指的是文化产生的地理环境及其赋予文化的地域特征。每个非物质文化遗产的创作主体都有自己特定的生产生活区域。这个区域的地域环境对于该民族文化的形成会产生深远的影响。一个区域的非物质文化遗产其实就是被生活在这片区域的人们内部共同认可的地域性文化成果的集成。这种集成的基本前提首先是创作族群的共同生活。共同生活需要相对稳定的满足人们生活居住需求的地域，即产生非物质文化遗产的载域环境。地域性文化将人们对地域的认识保留下来并不断地补充与发展，进而促进文化的形成以及文化遗产成果的积累。河北省非物质文化遗产概莫能外，与生产其主体所生存的地域环境不可分割，具有更为浓郁的地域气息。鼓乐是河北省非物质文化遗产文化单元中重要的组成部分，也是河北省非物质文化遗产的一大亮点。其中，战鼓音乐尤为突出，如赵奢战鼓、藁城战鼓、常山战鼓等。战鼓音乐之所以如此发育与河北地区的区域特点密不可分。赵奢战鼓的申报地区是邯郸市邯郸县。赵奢是邯郸人，是战国时期赵国的名将。在阏与之战中，赵奢悟出了战鼓在当时战局中的重大威力，根据战鼓在出战、激战、连战、凯旋、上山攻、下山攻、平原冲锋等作战过程中的作用，创作了23套鼓谱。经过世代传承，赵奢战鼓的鼓乐在当地广为流传，当地百姓在求神、求雨、求雪的过程中都要敲响赵奢战鼓，彰显了邯郸地区鲜明的区域特色。河北省独特的自然生态环境、地域文化、生产方式、生活习惯、民族风情赋予了河北省非物质文化遗产地域特点。离开了产生、发展的地理环境，非物质文化遗产便会失去其赖以存在的土壤和条件，更难谈保护、传承和发展了。

五、经济效益性

河北省非物质文化遗产价值非常广泛，尤其是经济效益性。与其他的属性相比，河北省非物质文化遗产的利益性与价值性尤显突出。改革开放以来，河北省非物质文化遗产保护事业的发展为河北省经济实力的提升做出了巨大贡献：一是带动了旅游经济的蓬勃发展。多年来，河北省的旅游名片深深地烙有非物质文化遗产的印戳。世界各地来河北旅游的游客经常被河北种类繁多、精美绝伦的非物质文化遗产所吸引，被河北人民勤劳聪慧的文化传承所征服。文化旅游已经成为河北旅游中的重要一环，非物质文化遗产就是这个环上的璀璨明珠。目前，河北省的旅游经济已经形成良性循环，不仅创造了巨大的经济效益，同时还带动了区内其他行业的协同发展。二是通过对非物质文化遗产的保护极大地优化了河北省的投资和营商环境，促进了河北省的对外交流和对外开放。文化产业化在河北省的对外招商中起到了"吸金石"的作用，吸引了大量资金到河北省进行投资，推动了河北省经济建设的快速发展。三是对非物质文化遗产的宣传和保护极大地提升了河北省的国际国内知名度，树立了河北文化大省的良好形象。河北省知名度的提升使得河北省的文化实力得以增强，提升了各类产品的附加值，反过来又极大地推动了河北省整体经济的发展。

同时，河北省非物质文化遗产保护方式上的特殊性与其自身的经济利益性也存在高度契合性。非物质文化遗产适应时代要求、坚持文化传承的自我调适客观上拉动了河北省整体经济的长足进步。事实上，河北省很多非物质文化遗产的遗失或消亡与遗产本身的社会适应性不足密切相关。与现代化社会主题或经济增长模式的不相协调、在市场经济发展大潮中不做变通、因循守旧的文化存在，无论是物质形态的，还是非物质性质的，都会被时代主流所淘汰，失去自身生存的原动力。如何紧跟时代发展主线与要求、把握时代发展脉搏做出适应性调适，是保证文化得以传承与持续的有效途径，同时也能够充分发挥遗产的市场价值和利用价值。非物质文化遗产的保护不能再仅依靠文化传承的历史责任感和单纯的政治宣传，培养文化传承的自主性和自发性才是更直接、更有效的方式，是实现河北省非物质文化遗产保护良性循环和可持续性发展的必由之路。

基于非物质文化遗产的动态性与无形性，较之于物质文化遗产，非物质文化遗产在价值转化方面具有更强的生命力与适应性。与物质文化遗产不同，非物质文化遗产的表现不需要固定的物化形式、不需要固定的载体，对于时间、地点等客观条件并无特定要求。所以，从表现形式来看，非物质文化遗产较之于物质文化遗产更具灵活性与可操作性。比如衡水老白干酒酿造技艺。该项技艺作为传统手工技艺被收入第二批国家级非物质文化遗产保护名录。作为中国白酒老白干香型的典型代表，衡水老白干具有醇香清雅、酒体谐调、醇厚甘洌、回味悠长的典型风格。衡水老白干酒以优质东北高粱为原料，以本地优质小麦通过曲房自然接种、控制发酵培养制成的中温大曲为糖化发酵剂。采用传统的续糟配料、混蒸混烧老五甑手工工艺，地缸发酵，缓火蒸馏，分段掐酒，分级入库，陶坛贮存，精心勾调而成。千百年来，该技艺以口传心领、师徒相延的方式代代相传，并不断创新和发展，是不可用现代技术替代的技艺。1992 年，衡水老白干荣获香港国际食品博览会金奖。2004 年，被国家工商总局（现为市场监督管理总局）认定为中国驰名商标；同年以衡水老白干酒为代表的"老白干香型"被国家标准委员会批准确认；2006 年，河北裕丰实业股份公司被商务部批准认定为"中华老字号"，衡水老白干也随之红遍大江南北，受到全国人民的喜爱。这些无一不体现着国家对衡水老白干酒酿造这一民族产业及自主知识产权的保护和支持。衡水老白干酒是具有浓郁民族特色及地方特色的历史文化遗产，挖掘和保护传统酿造工艺，大力培养高素质、高技能的传统技艺传承人队伍，使衡水老白干酒传统酿造工艺能够代代相传，具有重要意义。作为一种精神或智力成果，非物质文化遗产进入市场是一种知识投入，在保证一定物质基础的前提下更多的是要实现知识的市场价值。正是这种特性决定了非物质文化遗产在市场价值、利益创造方面具有更大的优越性。当然，在实现知识转化的过程中，进入市场的另外一个考虑就是要尊重市场、适应市场要求，所以转化过程中还要做符合时代特点的调适。这个方面是物质文化遗产所不具有的优势。作为衡水老白干的传承主体，河北裕丰实业股份公司于 2004 年被国家旅游总局（现为文化和旅游部）批准为全国首批工业旅游示范点。除了生产衡水老白干，老白干的制作工艺也进入了旅游市场，成了河北省旅游的一个重要项目。参观加工作坊，欣赏老白干制作技艺，每年都会为河北省的旅游市场带来大量收益。如何在保证用料与制作技艺保持传统不变味的大前提下，根据当前时代的审美要求与用益标准进行新时代老白干白酒的生产不仅是保障非物质文化遗产存续的有效途径，也直接关系到河北省旅游经济的发展，是吸引游人注意力的关键步骤。在河北省，像衡水老白干这样的非物质文化遗产还有很多，包括磁州窑烧制技艺、蔚县剪纸、曲阳石雕、武强木版年画等，都已经从单纯的产品制作进入边加工边表演阶段，通过产品制作与旅游表演创造收益。河北省各级政府也看到了其中的巨大商机，就相关非物质文化遗产专门建立生态博物馆、生态区域（包括生态村与生态乡），利用历史传承吸引广大游客，通过旅游板块带动区域经济增长。事实证明，这种做法非常有效，收益相当巨大。目前，旅游业已经成为河北省经济发展中重要的组成部分，为河北省的经济发展做出了巨大贡献。其中，非物质文化遗产的市场化运作发挥了重大作用，也通过经济利益的增收强化了对自身的保护与发展。

第二章

河北省非物质文化遗产法律保护概述

目前,河北省在非物质文化遗产法律保护方面还存在着立法不完善、主体不明确、权属不清晰等问题。基于此,河北省需要根据省内文化遗产资源的基本情况进行综合考虑,构建完善的法治体系,建立健全法律法规,提升遵法、守法意识,落实各项法律措施,让河北省非物质文化遗产保护工作有法可依、有章可循,实现省内非物质文化遗产的合理开发及可持续利用。

第一节 河北省非物质文化遗产法律保护渊源

一、法律保护渊源主要内容

伴随着社会主义民主法制建设的不断推进,法律手段作为非物质文化遗产保护事业中的重要途径发挥着越来越重要的作用,已经成为非物质遗产保护进程中不可或缺的组成单元。就河北省非物质文化遗产法律保护而言,目前拥有数量众多的法律渊源。法制建设层级相对复杂,呈现出了多层次和交叉性特点。

(一)国际条约

按照我国立法的相关规定,我国缔结或加入的国际条约经过全国人民代表大会常务委员会批准后也将成为我国的法律渊源。所以,我国签署的经过全国人民代表大会常务委员会批准后的国际条约也会成为非物质文化遗产保护的重要司法依据。在全世界范围内,保护非物质文化遗产的国际公约主要有三个,分别是《保护世界文化和自然遗产公约》《保护非物质文化遗产公约》和《保护和促进文化表现形式多样性公约》。这三个公约都由联合国教科文组织研究通过，通过时间分别为1972年11月16日、2003年10月17日和2005年10月20日。对于这三个公约，我国都已经通过全国人民代表大会常务委员会批准加入。所以，这三个国际条约的相关规定在我国非物质文化遗产法律保护过程中都具有法律拘束力。国际条约作为全人类的共同规约，凝结了世界各族人民的整体智慧，不仅对非物质文化遗产的保护和开发利用具有重要的指导意义，条约中很多先进经验与优秀成果也非常值得包括河北省在内的我国人民加以借鉴和参考。《保护世界文化和自然遗产公约》在内容上明确了文化和自然遗产的定义、保护的宗旨、缔约国的权利义务、保护目录的申报与认定、相关机构的设置。受当时的历史条件所限，该条约的保护内容没有涵盖非物质文化遗产，但是原则构架的搭建和法律概念的界定为后期非物质文化遗产的法律保护打下了良好的基础，为后期非物质文化遗产保护体系的建立提供了很好的模板与参考。《保护非物质文化遗产公约》首次明确了人类保护非物质文化遗产的必要性与必须性。该条约在我国的适用释明了非物质文化遗产法律保护工作多年以来存在的司法困惑，促进了我国非物质文化遗产的司法保护。此外，我国还在1997年10月和1998年10月分别签署加入了《经济、社会和文化权利国际公约》与《公民权利和政治权利国际公约》。我国加入的一系列国际条约对于我国非物质文化遗产的法律保护是一种必要的补充，极大地丰富和扩展了我国非物质文化遗产法律保护的渊源，也为立法之后的法律适用提供了指引和疏导，让包括河北省在内的我国非物质文化遗产保护工作逐渐走进规范化、系统化的法治轨道。

（二）保护非物质文化遗产的专门法律法规

对于非物质文化遗产，我国目前有大量专门性的法律法规进行保护。其中，既有国家行政机关制定的规范性法律文件，也有地方各级立法机关制定的法律法规。1997年，国务院制定的《传统工艺美术保护条例》是我国首个涉及非物质文化遗产法律保护的专门性行政法规。《传统工艺美术保护条例》颁布的初衷是对相关的专业人才实行专门保护，以推动传统工艺美术行业的健康发展。因为是国务院颁行的行政法规，所以法律适用覆盖全国，河北省在那段时间也曾经从中寻找法律依据。具体来讲，2013年《传统工艺美术保护条例》首先对传统工艺美术的具体内容进行了界定。该条例第2条明确规定:"本条例所称传统工艺美术,是指百年以上,历史悠久,技艺精湛,世代相传,有完整的工艺流程,采用天然原材料制作,具有鲜明的民族风格和地方特色,在国内外享有声誉的手工艺品种和技艺。"《传统工艺美术保护条例》界定的传统工艺美术与现今的非物质文化遗产并不是同一概念,但两者之间存在一定程度的契合,存在很多相通、相类似的地方。所以,《传统工艺美术保护条例》规定的一些方针原则,包括具体的措施方法,尽管制定指向是传统工艺美术,但是基于非物质文化遗产与传统工艺美术的契合,对非物质文化遗产的保护也具有借鉴与参考作用。2013 年《传统工艺美术保护条例》第 5 条规定:"国家对传统工艺美术品种和技艺实行认定制度。符合本条例第二条规定条件的工艺美术品种和技艺,依照本条例的规定认定为传统工艺美术品种和技艺。"第 6 条规定:"传统工艺美术品种和技艺,由国务院负责传统工艺美术保护工作的部门聘请专家组成评审委员会进行评审;国务院负责传统工艺美术保护工作的部门根据评审委员会的评审结论,予以认定和公布。"第 9 条规定:"国家对认定的传统工艺美术技艺采取下列保护措施:(一)搜集、整理、建立档案;(二)征集、收藏优秀代表作品;(三)对其工艺技术秘密确定密级,依法实施保密;(四)资助研究,培养人才。"第 10 条规定:"传统工艺美术品种中的卓越作品,经国务院负责传统工艺美术保护工作的部门聘请专家组成评审委员会进行评审后,由国务院负责传统工艺美术保护工作的部门命名为中国工艺美术珍品(以下简称珍品)。"第 12 条规定:"符合下列条件并长期从事传统工艺美术制作的人员,由相关行业协会组织评审,可以授予中国工艺美术大师称号:(一)成就卓越,在国内外享有声誉的;(二)技艺精湛,自成流派的。"这些法律规定主要规范的是传统工艺美术的认定、登录及美术珍品和大师的认定,为今天非物质文化遗产的内容认定、登录制度及传承人保护提供了很好的蓝本,从中我们也是受益良多。

《传统工艺美术保护条例》出台以后,云南、福建、贵州等省区也结合本辖区地方特点,相继出台了一系列地方性法规,对自己辖区内包括非物质文化遗产在内的文化存在进行法律保护。这些省区制定的地方性法规基于当时的社会条件和历史背景并未对文化遗产进行物质与非物质、有形与无形的划分,在更多的情况下仍是侧重于对物质文化遗产实施法律保护。这些法规走在了当时中国文化遗产法律保护的前列，对于今天非物质文化遗产的法律保护具有很强的借鉴意义，也是非物质文化遗产法律保护重要的渊源构成。2005年3月26日国务院办公厅发布了《关于加强我国非物质文化遗产保护工作的意见》，2005年12月22日国务院发布了《关于加强文化遗产保护的通知》两个法律文件。这两个法律文件的专业性很强，保护客体指向也十分明确，法律适用覆盖面很广，适用于我国全境，是我国非物质文化遗产重要的法律渊源构成。《关于加强我国非物质文化遗产保护工作的意见》首先明确了我国非物质文化遗产保护工作的重要性和紧迫性，同时明确了非物质文化遗产保护的工作目标，即"通过全社会的努力，逐步建立起比较完备的、有中国特色的非物质文化遗产保护制度，使我国珍贵、濒危并具有历史、文化和科学价值的非物质文化遗产得到有效保护，并得以传承和发扬"。在保护工作中要遵守"保护为主、抢救第一、合理利用、传承发展"的工作指导方针和"政府主导、社会参与，明确职责、形成合力，长远规划、分步实施，点面结合、讲求实效"的工作原则。与该意见同时配发的还有《国家级非物质文化遗产代表作申报评定暂行办法》。《国家级非物质文化遗产代表作申报评定暂行办法》第2条明确了非物质文化遗产的定义："非物质文化遗产指各族人民世代相承的、与群众生活密切相关的各种传统文化表现形式（如民俗活动、表演艺术、传统知识和技能，以及与之相关的器具、实物、手工制品等）和文化空间。"《国家级非物质文化遗产代表作申报评定暂行办法》对非物质文化遗产进行了分类，对其范围进行了概括。该办法第3条将非物质文化遗产分为两类：①传统的文化表现形式，如民俗活动、表演艺术、传统知识和技能等；②文化空间，即定期举行传统文化活动或集中展现传统文化表现形式的场所，兼具空间性和时间性。非物质文化遗产的范围包括：①口头传统，包括作为文化载体的语言；②传统表演艺术；③民俗活动、礼仪、节庆；④有关自然界和宇宙的民间传统知识和实践；⑤传统手工艺技能；⑥与上述表现形式相关的文化空间。从中可以看出，今天非物质文化遗产法律保护的法制成熟，其中很多概念、范围与分类标准都有当时《国家级非物质文化遗产代表作申报评定暂行办法》相关内容的身影。今天司法成果的取得很多都来源于对法制经验的精炼提升和日积月累。

2011年2月25日，《非物质文化遗产法》发布，为我国非物质文化遗产的保护提供了统一的法律依据，对于中华民族传统文化保护事业的健康发展起到了巨大的推动作用。《非物质文化遗产法》共分6章，45条，具体阐述了《非物质文化遗产法》的立法宗旨及法律保护主客体及措施等内容。

该法首次站在基本法的位阶对非物质文化遗产的概念进行了界定，并对非物质文化遗产的保护主旨、权利主体、权利客体、措施采取等内容进行了法律释明。《非物质文化遗产法》第2条规定："本法所称非物质文化遗产，是指各族人民世代相传并视为其文化遗产组成部分的各种传统文化表现形式，以及与传统文化表现形式相关的实物和场所。……"第3条规定："国家对非物质文化遗产采取认定、记录、建档等措施予以保存，对体现中华民族优秀传统文化，具有历史、文学、艺术、科学价值的非物质文化遗产采取传承、传播等措施予以保护。"第4条规定："保护非物质文化遗产，应当注重其真实性、整体性和传承性，有利于增强中华民族的文化认同，有利于维护国家统一和民族团结，有利于促进社会和谐和可持续发展。"第7条规定："国务院文化主管部门负责全国非物质文化遗产的保护、保存工作；县级以上地方人民政府文化主管部门负责本行政区域内非物质文化遗产的保护、保存工作。县级以上人民政府其他有关部门在各自职责范围内，负责有关非物质文化遗产的保护、保存工作。"第18条是关于名录建立的规定："国务院建立国家级非物质文化遗产代表性项目名录，将体现中华民族优秀传统文化，具有重大历史、文学、艺术、科学价值的非物质文化遗产项目列入名录予以保护。省、自治区、直辖市人民政府建立地方非物质文化遗产代表性项目名录，将本行政区域内体现中华民族优秀传统文化，具有历史、文学、艺术、科学价值的非物质文化遗产项目列入名录予以保护。"第26条是关于区域保护的规定："对非物质文化遗产代表性项目集中、特色鲜明、形式和内涵保持完整的特定区域，当地文化主管部门可以制定专项保护规划，报经本级人民政府批准后，实行区域性整体保护。确定对非物质文化遗产实行区域性整体保护，应当尊重当地居民的意愿，并保护属于非物质文化遗产组成部分的实物和场所，避免遭受破坏。……"第29条规定了传承人的认定："国务院文化主管部门和省、自治区、直辖市人民政府文化主管部门对本级人民政府批准公布的非物质文化遗产代表性项目，可以认定代表性传承人。非物质文化遗产代表性项目的代表性传承人应当符合下列条件：（一）熟练掌握其传承的非物质文化遗产；（二）在特定领域内具有代表性，并在一定区域内具有较大影响；（三）积极开展传承活动。认定非物质文化遗产代表性项目的代表性传承人，应当参照执行本法有关非物质文化遗产代表性项目评审的规定，并将所认定的代表性传承人名单予以公布。"实行区域性整体保护涉及非物质文化遗产集中地村镇或者街区空间规划的，应当由当地城乡规划主管部门依据相关法规制定专项保护规划。

综合来看，《非物质文化遗产法》规定的内容比较全面，不仅涉及非物质文化遗产法律保护的具体内容，对于违法惩戒也作了相应规范。对于非物质文化遗产的调查、代表性项目目录建立以及传承与传播等问题，《非物质文化遗产法》第二、三、四章分别作了具体规定，着重于国家行政机关的行政管理。第五章是关于侵害非物质文化遗产的事后救济的规定。对于违反《非物质文化遗产法》的行为，在行政和刑事上需要承担什么样的责任，《非物质文化遗产法》都作了明文规定。对于文化主管部门工作人员的行政违法，如在非物质文化遗产保护、保存工作中出现玩忽职守、滥用职权等违法行为的，依据《非物质文化遗产法》需要进行行政处罚。对于造成非物质文化遗产组成内容实物和场所损害或损毁的，还需依法承担民事赔偿责任。构成犯罪的，需要依法追究刑事责任。对于非物质文化遗产的保护和利用，《非物质文化遗产法》从抢救、保存、开发和利用等方面进行了分类和归纳：①确立文化部门的行政主管部门地位，对非物质文化遗产进行集中管理；②确立传承和命名制度，具体体现在认定传承人和传承单位的条件和奖励办法，命名民族民间传统文化之乡和民族文化生态保护区的条件和程序等；③制定对重要民族民间传统文化的保密制度、重要实物资料的出境和境外人士考察的管理制度；④建立国家级和地方各级代表作保护名录的分级保护制度；⑤建立保护工程项目的监督、评估、考核和验收制度；⑥规范政府在普查、建档、研究、保存、传承、弘扬等方面的行政保护行为，以及为实现这些保护行为而提供的财政、行政、技术等措施；⑦要规范和调整政府在保护非物质文化遗产中的职责或行为，针对不同违法情况设置行政处罚。

《非物质文化遗产法》的出台对于我国非物质文化遗产的保护意义重大。其解决了一直以来阻碍司法推进的适用无据、概念不明、权责不分、部门扯皮等问题，不仅明确了政府在非物质文化遗产保护工作中的主导地位，更是在立法位阶上对其进行了拔高，彰显了我国政府保护非物质文化遗产的决心与力度。当然，对于非物质文化遗产法律保护的微观调整和民事救济，《非物质文化遗产法》的相关规定尚付阙如，法律保护作用相对有限，有待进一步完善和健全。

（三）非物质文化遗产保护的部门法

我国的部门法规中存在着大量的与非物质文化遗产保护相关的部门法律法规。如行政法规中的《城市规划法》《国务院风景名胜区管理暂行条例》《环境保护法》等，涉及国家土地管理以及防火规范方面的法律内容中都有文化遗产保护方面的规定。《城市规划法》（已失效）第14条规定："编制城市规划应当注意保护和改善城市生态环境，防止污染和其他公害，加强城市绿化建设和市容环境卫生建设，保护历史文化遗产、城市传统风貌、地方特色和自然景观。编制民族自治地方的城市规划，应当注意保持民族传统和地方特色。"2014年《环境保护法》第29条规定第2款："各级人民政府对具有代表性的各种类型的自然生态系统区域，珍稀、濒危的野生动植物自然分布区域，重要的水源涵养区域，具有重大科学文化价值的地质构造、著名溶洞和化石分布区、冰川、火山、温泉等自然遗迹，以及人文遗迹、古树名木，应当采取措施加以保护，严禁破坏。"1990年颁布的《著作权法》首次提到了民间文学艺术作品的相关权利，并明确规定民间文学艺术作品相关权利人享有著作权方面的法律保护。值得一提的是，对于民间文学作品，《著作权法》提出要进行法律保护并制定了具体细则。这开创了相关立法的先河，是我国首次对涉及非物质文化遗产性质内容作品在国家立法层面进行法律保护的明确。《著作权法》第6条明确规定："民间文学艺术作品的著作权保护办法由国务院另行规定。"对于非物质文化遗产保护，《刑法》未作专门性规定，但从《刑法》的立法本意来看，《刑法》保护包括非物质文化遗产文化产品在内的所有客体。以1997年《刑法》为例，其中规定有"妨害文物管理"犯罪。对于该种犯罪罪状的陈述包含非物质文化遗产方面的内容。对于故意损毁综合性文化遗产的行为，包括损坏作为非物质文化遗产外化形式的违法行为都要进行刑事惩处。该条文的规定可以作为刑事法律保护非物质文化遗产的立法体现。1997年《刑法》第324条规定："故意损毁国家保护的珍贵文物或者被确定为全国重点文物保护单位、省级文物保护单位的文物的，处三年以下有期徒刑或者拘役，并处或者单处罚金；情节严重的，处三年以上十年以下有期徒刑，并处罚金。故意损毁国家保护的名胜古迹，情节严重的，处五年以下有期徒刑或者拘役，并处或者单处罚金。过失损毁国家保护的珍贵文物或者被确定为全国重点文物保护单位、省级文物保护单位的文物，造成严重后果的，处三年以下有期徒刑或者拘役。"这些法律文件的规定构成了我国保护非物质文化遗产法律体系中重要的组成部分，共同构成了非物质文化遗产保护的法律渊源。

（四）保护非物质文化遗产的地方条例

大力推进河北省非物质文化遗产法制建设，利用法律特有的强制力和功能性打击各种毁损非物质文化遗产的违法犯罪行为，维护和发展河北省各种非物质文化遗产的存续与传承，优化与拓展河北省各种非物质文化遗产生存和发展的载体和环境，不仅是对河北省和国家文化繁荣的重大贡献，对世界文化多样性的保持也会裨益非凡。长期以来，河北省社会各界对非物质文化遗产保护进行立法的意愿一直很强烈，许多人大代表都曾经就非物质文化遗产保护及立法工作提出过建设性意见和建议。在2006年河北省九届政协四次会议上，省政协委员、河北师大教授魏力群等20余名委员联名提出，要更有效地保护河北省的非物质文化遗产，关键是推进法制化进程，建议尽快出台《条例》。在2007年河北省十届人大五次会议上，高士涛等多位代表联名提出"关于尽快制定《河北省非物质文化遗产条例》的议案"并受到了高度重视。2010年，正定县与临城县"赵云故里"之争形成的舆情热点，在一定程度上促进了规范非物质文化遗产评审和退出机制、形成法律制度工作的开展。2013年2月，在省十二届人大一次会议上，王自勇等12位代表提出了关于出台《河北省非物质文化遗产条例》的议案。2014年3月21日，《条例》经省十二届人民代表大会常务委员会第七次会议全票通过，并于当年6月1日起施行。《条例》的出台对于河北省非物质文化遗产保护具有十分重大且深远的意义，这是河北省文物保护法规颁布三十多年来第一部针对非物质文化遗产进行法律保护的专门性地方条例，立法位阶大幅提升，立法水平取得长足进步，同时极大地丰富了河北省法律体系的内容，在推进河北省法制建设进程、强化区内非物质文化遗产保护工作方面发挥了重要的指引和保障作用。

《条例》与《非物质文化遗产法》保持高度一致，又广泛吸引兄弟省市的先进经验，充分体现了河北省的地域特色。一是强化政府主体责任。《条例》更加突出政府在非物质文化遗产保护、保存工作中的责任主体地位。明确规定县级以上人民政府应当加强对非物质文化遗产保护、保存，建立健全非物质文化遗产代表性项目的代表性传承人政策扶持机制，并对做出突出贡献的组织和个人予以表彰、奖励等。这也是在立法调研过程中社会各界要求责任主体提升非物质文化遗产法律保护力度的重要体现。二是建立健全保障措施。针对一些地方重视程度不够、财政资金缺少保障、"重申报、轻保护"等问题，《条例》第5条明确规定："县级以上人民政府应当加强非物质文化遗产的保护、保存工作，推进优秀传统文化传承体系建设，将非物质文化遗产保护、保存工作纳入本级国民经济和社会发展规划，将非物质文化遗产保护专项资金列入本级财政预算，并随着非物质文化遗产项目的增加而增加。非物质文化遗产保护专项资金专款专用，任何组织和个人不得截留、挪用、侵占。"此外还规定了专项资金的使用范围和程序。这些规定为解决全省特别是基层非物质保护工作经费短缺、缺乏财政保障的连续性、随意性较强等问题提供了法律保障。三是实行动态管理制度。项目保护单位是具体负责实施项目保护的责任单位。《条例》增加了对保护单位的认定内容，明确了认定程序、申报条件、履行职责等，将有效解决实际工作中存在的一些保护单位主体不规范、履行职责不明确和不到位等问题。代表性传承人是非物质文化遗产保护的核心和关键。除规定代表性传承人的义务条款外，《条例》还增加规定了其应享有的权利，并确立了代表性传承人的动态管理制度。河北省在全国率先适用动态管理制度，取得了很好的效果。此外，为提高透明度、公平性，便于公民、法人或者其他组织依法维护自身的合法权利，《条例》第38条作出了明确规定："公民、法人或者其他组织对已列入非物质文化遗产代表性项目名录的项目持有异议，或者对认定的非物质文化遗产代表性项目的代表性传承人、保护单位持有异议的，可以向县级以上人民政府文化主管部门提出书面意见，由文化主管部门依照有关规定处理。"这项规定既反映了非遗保护工作的实际情况，进一步强调要加强名录项目保护以及保护单位、代表性传承人的权利义务并重，并确立了相应的动态管理制度，弥补了《非物质文化遗产法》的相关空白。四是坚持保护利用并重的原则。非物质文化遗产是一种活态存在的文化，许多非物质文化遗产项目与现代生产活动紧密相关。为解决一些地方、部门或单位"重申报、轻管理"、过度开发破坏非物质文化遗产项目的问题，正确处理传承保护和合理利用的关系，《条例》规定"非物质文化遗产的保护、保存，应当正确处理传承、发展与开发、利用的关系"，要求"县级以上人民政府及其有关部门应当鼓励、支持有关单位和个人有效保护、合理利用非物质文化遗产资源，开发具有地方特色和市场潜力的文化产品、文化服务"，并且明确"合理利用非物质文化遗产代表性项目的，依法享受国家规定的税收优惠"。这些规定有利于形成传承保护和激发相关企业单位发展活力的新局面，实现两者共赢。五是体现社会各界参与。非物质文化遗产保护既是政府的责任，也是全社会各界共同的事业。《条例》对各级各类公共文化机构、高等院校、科研单位、非物质文化遗产学术研究机构和保护工作机构，以及利用财政性资金设立的文艺表演团体和演出经营单位，在开展非物质文化遗产收集、整理、研究、学术交流和传承、传播方面提出了要求，对学校开展非物质文化遗产教育也作出了规定，充分体现了社会各界广泛参与非物质文化遗产保护。《条例》第25条规定："县级以上人民政府及其有关部门应当鼓励、支持公民、法人或者其他组织将其所有的非物质文化遗产实物、资料，捐赠或者委托各级各类文化馆（群艺馆）、图书馆、博物馆、美术馆、科技馆等公共文化机构收藏、保管或者展示，促进当地非物质文化遗产的保护、保存。"第26条规定："各级各类公共文化机构、有关高等院校和科研单位、非物质文化遗产学术研究机构和保护工作机构、利用财政性资金设立的文艺表演团体和演出场所经营单位，应当开展非物质文化遗产的收集、整理、研究、学术交流和非物质文化遗产代表性项目的传承、传播活动。"第27条规定："各级各类公共文化机构应当根据当地非物质文化遗产传承、传播需要，定期展示非物质文化遗产项目，并按照国家和本省有关规定向社会免费开放。"第28条规定："学校应当按照国家和本省有关规定，开展相关的非物质文化遗产教育，提高学生保护和传承、传播非物质文化遗产的意识。"

伴随着社会主义民主法制建设进程的有序推进，法律手段在保护河北省非物质文化遗产方面发挥着越来越重要的作用，已经成了河北省文化保护事业不可或缺的保护方式。经过数十年的建设与积累，保护河北省非物质文化遗产的法律渊源数量众多、层级复杂，呈现出多层次和交叉性特点。

二、文化遗产法律保护呈现非物质内容的扩展

非物质文化遗产一直是我国文化遗产重要的组成部分，我国各级政府通过法律途径对其实施保护做了大量工作，也取得了较大成绩。总体来讲，在我国文化遗产法律保护体系建立过程中，非物质文化遗产保护法律制度的建立大体经历了四个阶段。第一个是创始阶段，时间为中华人民共和国建立到20世纪60年代。在这一阶段，我国对文化产品的保护主要集中于物质文化遗产，多采取行政命令、行政措施等方式。在那个历史时期，人们对文化遗产的认识大多还局限于物质文化遗产方面，其中最重要的就是文物古迹。1961年，国务院颁布《文物保护管理暂行条例》，公布了全国首批重点文物保护单位，当时河北省有很多文物保护单位榜上有名。第二个阶段是立法重建阶段，时间是20世纪80年代。1982年，全国人民代表大会常务委员会颁布实施了《文物保护法》，从此我国对文化遗产的保护正式走上了法治化轨道。《文物保护法》以法律的形式对文物的具体范围和保护方式进行了明确。在这一时期，国务院公布了100座历史文化名城，同时还在全国范围内设立"历史文化保护区"作为历史文化名城的补充。文化遗产保护的范围在该时期得到极大拓展。但是，当时保护的内容与之前相比并没有发生根本性改变，保护重点仍然局限于有形物质文化遗产方面。第三个阶段是立法的大幅拓展阶段，时间是20世纪90年代。1990年出台的《著作权法》首次明确民间文学艺术作品享有著作权的法律保护。1997年，国务院又颁布《传统工艺美术保护条例》，其中规定作为民族民间文化一部分的传统工艺美术同时享有法律保护权利并明确了具体保护措施。相关法律法规的出台是我国政府响应国际社会对文化遗产保护的要求的积极举措。"从实践中看，建立民间文学作品著作权的国内法保护是世界知识产权组织大力推动的一项重要工作，并提出了示范法条，这对发展中国家和多民族国家具有现实意义。"[1] 难能可贵的是，在这一时期，人们保护非物质文化遗产的法律意识有所提高，从主观上促进了文化保护事业的健康发展。2000年5月，云南省颁布了

---

[1] 朱兵："文化遗产保护与我国的实践"，载《湖北行政学院学报》2002年第3期。

《云南省民族民间传统文化保护条例》，这是我国第一部保护民间传统文化的地方性法规。该条例主要通过行政手段对民族民间文化予以保护。[1]随后，福建、贵州、安徽等地相继制定了一些保护民族民间文化遗产的法律法规，从而积累了通过法律保护民族民间文化的有益经验。国家立法机关也修正了一些与文化遗产相关的法律法规，如于2017年修正了《文物保护法》，于2020年修正了《著作权法》。2002年8月，文化部和全国人民代表大会教科文卫委员会组织起草了《民族民间传统文化保护法》，并上报全国人民代表大会常务委员会。此外，2004年12月28日，国务院发布《著作权集体管理条例》；2004年，文化部、财政部联合印发《关于实施中国民族民间文化保护工程的通知》，提出了"政府主导，社会参与，统筹规划，分步实施"的原则，要求"全面普查，摸清家底，突出重点，抓紧抢救"，制定了《民族民间文化保护工程实施方案》。相关法律法规的修订与出台促进了对该时期文化遗产（尤其是非物质文化遗产）的保护。第四个阶段是非物质文化遗产保护的繁荣时期，时间是从21世纪初至今。2001年5月18日，联合国教科文组织首次宣布"人类口头和非物质遗产代表作"名单，我国的昆曲榜上有名。从此，我国对非物质文化遗产的法律保护进入了一个崭新的历史时期。自2001年联合国教科文组织开始进行"人类口头和非物质遗产代表作"申报与确认工作以来，昆曲艺术、古琴艺术、新疆维吾尔族木卡姆艺术和蒙古族长调民歌（与蒙古国联合申报）已经成功入选，使得中国非物质文化遗产被作为中国的文化符号展现给了全世界。2002年5月16日，为了进一步推动"人类口头和非物质遗产"的工作，中国正式启动"抢救和保护中国人类口头和非物质遗产工程"。"2004年11月，中国民族学年会也开始关注中国民族民间文化保护工程，呼吁抓紧研究非物质文化遗产。"[2]2005年3月26日，国务院办公厅发布《关于加强我国非物质文化遗产保护工作的意见》，要求充分认识到我国非物质文化遗产保护工作的重要性和紧迫性，并由9个部委局联合建立非物质文化遗产保护工作部际联席会议制度，统一协调解决非物质文化遗产保护工作中的重大问题。2005年6月10日至11日，

---

[1] 付荣："西部大开发中民族民间文化的法律保护"，载《河北法学》2004年第4期。
[2] "中国民族学年会关注中国民族民间文化保护工程呼吁抓峨研究非物质文化遗产"，载中国非物质文化遗产网：http:// www. ihchina. cn/main. jsp，最后访问日期：2020年3月1日。

全国非物质文化遗产保护工作会议召开。2005 年 12 月 22 日，国务院发布《关于加强文化遗产保护的通知》，决定从 2006 年起，每年 6 月的第二个星期六为我国的"文化遗产日"，明确规定文化遗产由物质文化遗产和非物质文化遗产组成，并对其范畴作了界定。该通知明确要求积极推进对非物质文化遗产的保护，将非物质文化遗产的保护提升到了国家文化安全的高度。"加强文化遗产保护刻不容缓。地方各级人民政府和有关部门要从对国家和历史负责的高度，从维护国家文化安全的高度，充分认识保护文化遗产的重要性，进一步增强责任感和紧迫感，切实做好文化遗产保护工作。"[1]2006 年是我国非物质文化遗产保护工作取得突破性进展的一年。为了宣传和展示非物质文化遗产保护的工作成果，2006 年 2 月至 3 月，文化部联合非物质文化遗产保护工作部际联席会议成员单位举办了全面反映非物质文化遗产保护成果的中国非物质文化遗产保护成果展，并举办了展演文艺晚会。2006 年 5 月 20 日，国务院公布了第一批国家级非物质文化遗产名录，包括 10 类共 518 项，还建立了中国非物质文化遗产保护首个国家级门户网站"中国非物质文化遗产网·中国非物质文化遗产数字博物馆"，创办了《中国非物质文化遗产丛刊》。2006 年 6 月 10 日，我国迎来了第一个文化遗产日，在北京举办了"保护文化遗产，守护精神家园"大型文化遗产展演文艺晚会、中国非物质文化遗产论坛等活动。各省市关于"文化遗产日"的活动也开展得十分红火。系列活动的举办提高了我国人民对文化遗产保护的认识，保障了普查、试点、名录体系建设等非物质文化遗产具体保护工作的顺利推进。非物质文化遗产保护事业在我国的影响日益扩大。截至 2006 年底，我国有 18 个省（区、市）建立了省级非物质文化遗产名录。2007 年 5 月，我国承办了保护非物质文化遗产政府间委员会特别会议，并于 2008 年公布了第二批国家级非物质文化遗产名录，我国非物质文化遗产保护工作进入了一个新的发展阶段，形势喜人。[2]结合我国非物质文化遗产保护法律制度的建设过程，我们可以总结出其中的一些基本特点。

---

[1] 参见中国非物质文化遗产网：http://www.ihchina.cn/main.jsp，最后访问日期：2020 年 3 月 1 日。

[2] 参见中国非物质文化遗产网：http://www.ihchina.cn/main.jsp，最后访问日期：2019 年 12 月 20 日。

(一) 法律保护非物质文化遗产客体的转变

从文化遗产法律保护的发展历程来看，其大致经历了从物质到非物质、从有形到无形的渐进过程。文化遗产保护的历史过程本身就存在着文化遗产保护内容从物质到非物质的转变的基本规律。2002年9月，由联合国教科文组织召开的第三次国际文化部长圆桌会议通过了保护非物质文化遗产的《伊斯坦布尔宣言》，组织起草了《保护非物质文化遗产公约》，呼吁各国加强立法，建立保护民族民间传统文化的机制。2003年10月17日，联合国教科文组织在第32届大会闭幕前正式通过了《保护非物质文化遗产公约》，就对语言、歌曲、手工技艺等非物质文化遗产的保护作出了必要的规定。[1]人类保护文化遗产保护从最初的自然遗产、文化遗产、自然和文化双重遗产到文化景观遗产，一直到口头和非物质文化遗产。文化保护从对物的保护转向对非物质文化遗产的保护，最后拓展到对整个人类精神文明的关注。而且，这个过程还在深化，内涵还在不断拓展与丰富。这种经历及其趋势的发展对于包括河北省在内的全国非物质文化遗产的保护起到了巨大的推动作用。河北省文化遗产中的很大一部分，同时也是非常重要的一部分都属于非物质文化遗产。如在国务院公布的第一批国家级非物质文化遗产名录中，河北省非物质文化遗产占据了相当比例。文化部进行的非物质文化遗产保护工作，河北省非物质文化遗产也是其中的工作重点。对于河北省非物质文化遗产的法律保护范围在不断扩大，立法上的保护内容与措施在进一步完善。中华人民共和国建立以后，我国制定了保护抢救与开发利用民族优秀传统文化的相关政策，对传统文化进行搜集、整理、抢救、保护。随着时代的进步与社会的发展，对民间传统文化的保护开始专向非物质文化遗产，对非物质文化遗产的保护成了我国文化保护事业重要且不可或缺的组成部分。

(二) 法律保护非物质文化遗产模式的转变

最初，我国对文化遗产实施的是单独的、分类的保护。从文物古迹保护开始，我国对文化遗产的保护是一个从文物逐渐扩展至文化名城、历史文化区域，进而扩展到非物质文化遗产的不断放大的过程。保护的模式也随着时

---

[1] 宋才发："论民族民间传统文化保护立法的意义"，载《中央民族大学学报（哲学社会科学版）》2004年第3期。

代的进步由最初的单一、单调向整体、综合的保护模式转化。"以云南省为例,云南省于 2006 年 5 月公布的第一批非物质文化遗产保护名录对于保护内容有明确的分类和划定。习俗方面有西双版纳州傣族的泼水节,红河州的哈尼族长街宴等 16 项习俗。保护区方面有阿哲巡检司镇高甸村彝族传统文化保护区,河口县瑶山乡水槽寨瑶族(蓝靛)传统文化保护区等 27 个传统文化保护区。"〔1〕这些非物质文化遗产从类别上来讲采取的都是单独保护的范式,形成的是分类管理的机制。不过,分类保护机制实施的前提是《云南省民族民间传统文化保护条例》建立的法律机制。高位阶的法律机制是原则的、整体的、综合性的规定。随着法律保护工作的不断完善与落实,系统的、整体的保护会成为非物质文化遗产法律保护中的基本模式。《条例》第 5 条规定:"县级以上人民政府应当加强非物质文化遗产的保护、保存工作,推进优秀传统文化传承体系建设,将非物质文化遗产保护、保存工作纳入本级国民经济和社会发展规划,将非物质文化遗产保护专项资金列入本级财政预算,并随着非物质文化遗产项目的增加而增加。……"可见,河北省对省内非物质文化遗产的保护遵循的也是整体原则,即将其纳入各级国民经济和社会发展规划之中。

(三)非物质文化遗产法律保护方式的转变

随着非物质文化遗产法律保护进程的推进,相应的法律保护方式也开始发生改变。其主要表现在两个方面:一是立法位阶提升,从部门法保护升级为基本法保护。我国非物质文化遗产的法律保护最早多见于各部门法,例如《著作权法》对文学艺术作品的保护,《文物保护法》对文物和不可移动文物以及民间收藏文物的保护等。但是,在非物质文化遗产分布广泛的地方开始制定文化遗产的地方法规以后,基本法位阶的相关立法时有出台。如 2004 年 8 月 28 日,第十届全国人民代表大会常务委员会第十一次会议决定批准《保护非物质文化遗产公约》。根据我国《立法法》的相关规定,国际公约经批准后可以在国内适用。2011 年 2 月 25 日,第十一届全国人民代表大会常务委员会第十九次会议通过了《非物质文化遗产法》。从此,非物质文

---

〔1〕 "云南省人民政府关于公布云南省第一批非物质文化遗产保护名录的通知",载觅法网:http://www.34law.com/lawfg/law/1797/2820/law_ 8943343424.shtml,最后访问日期:2019 年 3 月 1 日。

遗产的法律保护进入到了国家立法层面。《非物质文化遗产法》第1条规定："为了继承和弘扬中华民族优秀传统文化，促进社会主义精神文明建设，加强非物质文化遗产保护、保存工作，制定本法。"二是制度建构从分散开始转向综合。对非物质文化遗产的保护不仅是文化层面的事情，同时关系到文化保护、社会和谐等政治性课题。《非物质文化遗产法》第4条规定："保护非物质文化遗产，应当注重其真实性、整体性和传承性，有利于增强中华民族的文化认同，有利于维护国家统一和民族团结，有利于促进社会和谐和可持续发展。"《非物质文化遗产法》对于继承和弘扬中华民族优秀传统文化，促进社会主义精神文明建设，加强非物质文化遗产保护、保存工作起到了十分重要的作用。多年来，在非物质文化遗产法律保护制度构建方面，从国家到地方，立法机关全面研究和完善有关法律、法规，构建系统完善的法律保护制度。目前，这项工作进展顺利，对于民族非物质文化遗产进行法律保护的体系已经基本形成。2014年3月21日，河北省第十二届人民代表大会常务委员会第七次会议通过了《条例》。其第1条规定："为了加强非物质文化遗产保护、保存工作，继承和弘扬本省优秀传统文化，根据《中华人民共和国非物质文化遗产法》等法律、法规的规定，结合本省实际，制定本条例。"第4条规定："本省对非物质文化遗产采取认定、记录、建档等措施予以保存，对体现本省优秀传统文化且具有历史、文学、艺术、科学价值的非物质文化遗产采取传承、传播等措施予以保护。非物质文化遗产的保护、保存，应当正确处理传承、发展与开发、利用的关系。"

第二节　非物质文化遗产法律保护

一、非物质文化遗产法律保护的正当性

（一）非物质文化遗产的法律属性

非物质文化遗产具有自身的法律属性，符合法律保护模式要求，其法律属性的独特性决定了其法律保护模式与路径选择的特殊性。

1. 权利主体不确定性

非物质文化遗产的创作主体具有族群性，基本上都是创作族群在长期的

生产生活中积累总结的智力和文明成果，是一种集体智慧，具有与生俱来的集体属性。而且，随着历史的进步与发展，非物质文化遗产创作主体（包括创作内容）也会发生变化，具有特殊的活态性和变异性。自然人要想成为非物质文化遗产的创作主体，需要具备特定的历史条件与机会。基于这种法律属性，费安玲教授认为，非物质文化遗产的权利主体包括社会民众型、团体型、个人型三类。在特定的条件下，非物质文化遗产权利主体具有极大的不确定性，可以是国家、民族、族群、地区等群体，在特殊的情况下也可以是个人。[1]

2. 客体多元性

根据不同标准，非物质文化遗产可被划分为不同种类，不同种类需要不同位阶、不同的部门法予以保护。《非物质文化遗产保护公约》将非物质文化遗产保护的客体分为：口头传统和表现形式；表演艺术；社会实践、仪式、节庆活动；有关自然界和宇宙的知识和实践；传统的手工艺。《非物质文化遗产法》确定的保护客体包括各种传统文化表现形式，以及与之相关的实物和场所。《非物质文化遗产法》第2条规定："本法所称非物质文化遗产，是指各族人民世代相传并视为其文化遗产组成部分的各种传统文化表现形式，以及与传统文化表现形式相关的实物和场所。包括：（一）传统口头文学以及作为其载体的语言；（二）传统美术、书法、音乐、舞蹈、戏剧、曲艺和杂技；（三）传统技艺、医药和历法；（四）传统礼仪、节庆等民俗；（五）传统体育和游艺；（六）其他非物质文化遗产。属于非物质文化遗产组成部分的实物和场所，凡属文物的，适用《中华人民共和国文物保护法》的有关规定。"

3. 权利内容复杂性

非物质文化遗产保护客体的多元化特点导致非物质文化遗产权利多样化。非物质文化遗产权利是一种新型权利。关于非物质文化遗产权利属性，有"积极说"和"消极说"之分。"积极说"认为，应赋予特定主体对非物质文化遗产的绝对权。"消极说"认为，要阻止未经许可使用以及将非物质文化遗产据为己有的"剽窃"等滥用行为，对非物质文化遗产权利的确认采取无须登记和进行登记并文献化的两种形式。非物质文化遗产权利内容包括财产权

---

[1] 费安玲："非物质文化遗产法律保护的基本思考"，载《江西社会科学》2006年第5期。

利和精神权利。财产权利主要包括控制权、披露和使用权、许可商业开发权、利益分享权。精神权利主要包括署名权、保护非物质文化遗产完整权等。[1]

（二）法律保护是非物质文化遗产保护的必然选择

针对河北省非物质文化遗产的保护方法有很多，法律手段是其组成部分。与其他方法相比，法律方式基于自身法律属性，在方法科学性和保护成效等方面独具功效。针对河北省非物质文化遗产的保护要求与特点，法律途径成了实现保护的必然选择。

1. 法律保护体现了宪法的基本原则

我国《宪法》第5条第1款明文规定："中华人民共和国实行依法治国，建设社会主义法治国家。""就'治国方略'这一层面来说，我国的法治意味着：依照表现为法律形式的人民意志来治理国家，法律是社会控制的主要手段。"[2] "法治是人类文明的标志之一，法治包含着法律至上、权利本位、权力制约、正当程序等精神。"[3] 河北省非物质文化遗产保护是河北文化事业健康发展的重要内容，同时也关系到该地区的经济发展、社会稳定和民族团结。无论从哪个方面看，河北省非物质文化遗产保护都应当被纳入法治范畴。河北省非物质文化遗产是对历史上各民族精神财富的总结以及民族文化的沉积，对其加以保护不仅是文化多样性的要求，也是基于文化传承发展的需要。为此，探寻科学有效且规范持久的保护范式是我国政府（包括各级保护单位）一直以来的工作目标。无论是在制度设计上还是在实际操作上，法律方式显然都是首选。而且，依法治国的基本方略也要求相关保护工作实现法治化。我国正在为建设现代新型法治国家而努力奋斗，将各项事业纳入法治体系，利用法的规范化、良序化构建保护范式不仅是国家实施综合法治化的整体要求，也是实现相关工作规范化、长期化的必然选择。尤其是就河北省非物质文化遗产而言，随着保护模式商业化运作的推进，在分享文化产业商业化利惠的同时，多课题、多项目的组合带来的相互排斥甚至是相互抵制也开始显现消极方面。文化产业进入市场是一种新生事物，通过文化遗产拉动旅游经济也是

---

[1] 齐爱民："非物质文化遗产系列研究（二）保护非物质文化遗产的基本法律问题"，载《电子知识产权》2007年第5期。

[2] 孙笑侠、夏立安主编：《法理学导论》，高等教育出版社2004年版，第331页。

[3] 孙笑侠、夏立安主编：《法理学导论》，高等教育出版社2004年版，第350页。

一个新的课题。这些新现象、新事物目前都是河北省各级政府在区内非物质文化遗产保护过程中正在面对的难题。如何对其进行规制,如何平衡其中的各种利益关系实际上都是非常难以解决的问题。而且,过程中遇到的相关阻碍、利益平衡只有通过法律途径才能得到解决。比如,对非物质文化遗产内容的确定离不开法律。在河北省存在着大量不同区域、不同民族的非物质文化遗产,如果确定保护内容没有先置的法的明确,这项工作根本就无法进行。例如,河北省存在一些历史悠久的文化存在(如传统宗教习俗),其受众不在少数,其中还有一些合理文化因素的存在,如对原始图腾的崇拜和一些传统民风习俗。但是,根据现有法律规定,缺乏合法性的文化现象不能被收录进非物质文化遗产名录。再如,现有法律对非物质文化遗产有明确的目录与层级分类,但同属相同文化存在的遗产却可能没有被纳入名录,这需要一个合理的解释。所以,《条例》的出台(尤其是《非物质文化遗产法》的实施)最先解决的问题就是确定概念,明确非物质文化遗产的内容涵盖。概念、保护原则、保护方式的确定与施用内含明确化、恒久性要求,满足相关要求的途径唯有法律这一条。所以,对河北省非物质文化遗产进行法律保护是我国基本法的根本要求,也是适应河北省特点和要求,促进文化遗产保护的优化抉择。

2. 法律保护是综合法律保护体系中的刚性需求

"法是由国家制定或认可并有国家强制力保证其实施的,反映着统治阶级(即掌握国家政权的阶级)意志的规范系统,这一意志的内容是由统治阶级的物质生活条件决定的,它通过规定人们在相互关系中的权利和义务,确认、保护和发展对统治阶级有利的社会关系和社会秩序。"[1]法本身的作用在于"通过对人们思想的影响,实现对人们行为的评价、指引、预测,实现对合法行为的保护和对非法行为的谴责、制裁、警戒和预防的作用"。[2]在河北省非物质文化遗产保护过程中,初期主要采取的方式是行政保护。不可否认,行政保护或政策保护在河北省非物质文化遗产保护事业中发挥了巨大功用。但是,随着时代的进步与非物质文化遗产保护范式及内容的调整,法律方式在河北省非物质文化遗产整体保护体系中的作用逐渐凸显,需求不断

---

[1] 孙国华、朱景文主编:《法理学》,中国人民大学出版社1999年版,第50页。
[2] 孙国华、朱景文主编:《法理学》,中国人民大学出版社1999年版,第55页。

提升。这与法律自身的相关属性密切关联。按照传统观念，非物质文化遗产保护属于文化建设的范畴，对其进行调整的主流方式理应是文化政策。但与政策相比，法律具有更强的稳定性和刚性。"法律规定得比较具体，一般来说，一个法律规范所涉及的权利义务的主体、内容和客体以及违法行为的法律责任都比较明显。""它对我国主权所及的范围内的人具有普遍的约束力，并由国家强制力保证其贯彻实施。违背国家法律的行为都要依法受到制裁。"〔1〕此外，"法律通过使权利人获得法律救济、义务人明了自己的行为限度的规则机制而实现法律的正义"。〔2〕在许多情况下，政策是法律的先导，法律是政策的条文化、规范化。也就是说，政策和法律不可偏废，特别是法律可能成为政策的最终归宿。在此理念之下，"从人类社会历史发展的更长时段考察，'非遗'保护是人之所以为人的更基本的问题，理应上升到法律的高度使之具有刚性的约束"。〔3〕政策往往是应时性的、具体问题式的规定解决，在操作上执行保障力相对较弱。与政策不同，法律则是规范性的、恒久的、刚性的、原则性的规定，在执行上有否定性制裁的强制作为保障。在河北省非物质文化遗产保护方面，这种强制性、刚性的特点是保障相关工作顺利推进的基础，具有政策性措施不可比拟的优势。如在河北省非物质文化遗产保护过程中民企资金引进问题的解决，其中的法律适用即为解决相关纠纷、确保引进成功的保障，同时也是推进保护工作顺利前行的根本，如河北省一些优秀的工艺技术（如年画、剪纸和酿酒等传统工艺）。将民企资金引进遗产保护事业对于当地政府部门而言无疑是一件好事，既可以解决资金紧张难题，同时又可以实现对非物质文化遗产的有效保护与传承。但是，民企资金存在逐利本性，在引进利用资金的同时对非物质文化遗产进行有效保护需要法律时刻看守。同时，对于注资方来讲，将资金投入文化公益事业，如何保证利益的获得，公益活动中的民事履约、依法签约、合法履约是其需要考虑的重要前提与最后底线。

3. 法律保护是国际法义务的国内践行

根据我国《立法法》，经过全国人民代表大会常务委员会批准我国缔结

---

〔1〕 沈宗灵主编：《法学基础理论》，北京大学出版社1988年版，第209页。
〔2〕 费安玲："非物质文化遗产法律保护的基本思考"，载《江西社会科学》2006年第5期。
〔3〕 杜晓："中国'非遗'保护立法面临冲关之战"，载《法制日报》2009年6月28日。

或加入的国际条约是我国的法律渊源。到目前为止,在非物质文化遗产保护方面,我国已经加入了《保护世界文化和自然遗产公约》《保护非物质文化遗产公约》和《保护和促进文化表现形式多样性公约》,均获得了全国人民代表大会常务委员会的批准。国际条约作为全人类共同的智慧结晶,在保护非物质文化遗产方面有不少先进经验和成型模式值得我们借鉴和参考。但是,国际条约在国内适用方面仍然还有许多问题需要认真思考。"实践中,一项国际条约是否具有直接的国内效力,各国的做法大体上可分为三种。第一种做法是:一国参加的国际条约自动成为该国国内法的一部分,并对该国发生普遍的直接的适用效力,无须另行制定专门的实施法律,此即'一元论'的观点。第二种做法为:国际条约一般并不具有自动执行的特点,而是需要借助于国内的单行实施性法律,对该国来说,可适用和具有直接效力的是该国的国内立法,而非国际条约本身,此为'二元论'观点。第三种做法是兼采上述'一元论'和'二元论'的观点,认为对国际条约须作具体分析,有些条约被视为可自动执行的,而另一些条约则不具有自动执行性,如需执行,则需通过国内立法转化,方可实施。究竟是'自动执行'还是'非自动执行',则要根据该条约本身的内容与性质而定。"[1]这三种做法依次分别以法国、英国和美国为典型代表。[2]针对国际条约在中国的具体适用,我国《宪法》并未作明确规定,其需要经历一个转化过程,即相关国际条约只有转化为国内立法或立法精神被国内立法吸收后方可进行适用。河北省非物质文化遗产的保护工作从区域上反映在我国境内,从民族上反映在中华民族之中。但是,从全人类的角度思考,对河北省非物质文化遗产的传承与保护是整个人类社会的共同任务。因为,文化是没有国界的、不分民族的。河北省的许多优秀非物质文化遗产在国外受欢迎的程度并不亚于国内。如吴桥杂技作为河北省的传统民俗杂技艺术,其不仅被国务院列入了第一批国家级非物质文化遗产名录,而且深受世界人民的喜爱,在国际杂技演出中饱受青睐,在各项国际赛事上屡屡获奖。武强年画是河北省武强县的传统民间工艺品之一,其以深厚的文化底蕴、独特的艺术风格享誉国内、驰名海

---

[1] 孙南申等:《进入WTO的中国涉外经济法律制度》,人民法院出版社2003年版,第14页。
[2] 万鄂湘等:《国际条约法》,武汉大学出版社1998年版,第189页。

外。杨氏太极拳作为一种体育竞技项目，为人类连接过去和现在架设了特色桥梁，通过体育活动传承和昭示着中国人民的民族性格和文化传统，可以让外国人在学拳习武的过程中品味中华文化、了解中华文明。所以，做好对河北省文化遗产的保护工作其实是我国政府及人民履行国际法义务，维护人类文化多元性、多样性的基本要求。

4. 法律是保护目标实现的有效途径

要有效地实现河北省非物质文化遗产的保护目标、建立健全法制体系，完善法制工作是必由之路和最佳选择。与其他地区的非物质文化遗产有所不同，河北省非物质文化遗产具有鲜明的区域性、民族性等方面的特点。在保护过程中，保护方式和路径的选择不仅可以决定保护任务能否圆满完成，也可以决定整个保护历程能否顺利推进。所以，对河北省非物质文化遗产的保护不仅是一项文化保护事业，同时也是一个方式选择的过程。理论和实践证明，法律途径是最佳选择。首先，法律方式能够满足河北省非物质文化遗产保护的特殊要求。河北省非物质文化遗产本身具有的特殊性决定了对其加以保护需要满足许多特殊要求。在地域性方面，河北省面积较大，不同地域的非物质文化遗产各具特点。在民族性方面，河北省民族众多，非物质文化遗产的高度繁杂与其多民族的构成密切相关。方方面面的特点塑造了河北省非物质文化遗产自身的多特点和多性征。对其实施保护最为有效的方式就是要树立恒一标准，即设定底线之上的基本原则，不因地域、民族或宗教的不同而异变扭曲。能够符合这种要求的只有法律方式。实践证明，多年来，河北省非物质文化遗产保护工作推进比较顺利的重要原因之一就是法制化进程始终稳步前进。通过立法，在非物质文化遗产保护过程中设立唯一的、恒定的保护客体、原则、方式、目标等内容。然后，依法取舍、依法推进，既彰显了法律的权威，又维护了民族间的平等与公正。其次，法律途径不仅实现了文化保护，也促进了文化宣传。法律具有保护与制裁双重属性。通过对权利的保护维护合法、合格主体的法定权益。通过否定制裁，救济受侵害的法益、阻却非法施动的意图。这就是法的教育性功能。不仅是在对河北省非物质文化遗产的保护中，对全中国甚至全世界非物质文化遗产的保护相对于对物质文化的保护而言都是新生事物。人们在这个过程中既无经验可循，也无先例可依。不断摸索、逐步总结是到达彼岸的唯一方式。在探索过程中，依靠法的强制与强力，可以使破坏或阻碍河北省非物质文化遗产保护事业的违法行为被制止、制裁，让人们明确法的态度。同时，法律的褒贬也可让人们看到守法与违法的不同后果。人们在非物质文化遗产的保护过程中要约束自身参与的主观意图与客观行为，让守法、依法行为得到张扬，让违法、犯法行为得到严惩，从而使河北省非物质文化遗产保护事业得以顺利推进。

二、非物质文化遗产法律保护模式

法律的制定要实现两个目的：一个是设立行为规范和统一标准；另一个是明确实现标准的手段和程序。这种手段程序不仅要完善，同时还要附以违背之后的惩戒，目的是保证手段的正确。对于非物质文化遗产，法律保护的目的尤其明确。这不仅是因为非物质文化遗产具有不可再生性，同时也是因为对非物质文化遗产的保护涉及一个国家的文化安全、社会和谐发展和民族文化血脉相传。在社会经济高度发展的今天，对非物质文化遗产的保护还要关注文化资源向经济资源的成功转化，这不仅事关非物质文化遗产的经济利益性，更是其自身得以传承延续的根本保障。但是，就对非物质文化遗产应当适用哪种法律保护模式，国际社会并未形成一致意见。"但对法律保护模式理解不同，给予何种法律保护，是否以知识产权保护，什么是合适的保护理念及方式等方面尚存在严重的分歧。"[1]美国学者主张利用"合同方式"进行保护，欧盟和大多数发展中国家学者则支持建立非物质文化遗产的国际保护模式。针对我国的非物质文化遗产究竟要采取什么样的法律保护模式，到目前为止尚处于探讨之中。

（一）传统知识产权保护模式

非物质文化遗产作为人类智力活动的成果和产物，其信息性、知识性决定其存在适用知识产权模式的可能。从保护客体决定保护模式的角度思考，非物质文化遗产自身的法律属性也赋予了知识产权模式合法性。从非物质文化遗产的保护实践来看，世界上的许多国家都将非物质文化遗产纳入了知识

---

[1]［阿根廷］卡洛斯：《传统知识与知识产权——传统知识保护有关问题与意见》，文希凯等译，法律出版社2006年版，第78页。

产权的保护范围,民间文学艺术作品就是其主要代表。如果我们对知识产权的法律本质加以分析,可知它是一种私权,而非物质文化遗产并非完全的私权,它介乎于私权与公权之间,需要私法和公法共同保护。结合包括行政在内的公法保护,发挥知识产权私权利保护的特长,可以更好地发挥非物质文化遗产的资源价值,平衡"传统"与"创新"之间的利益关系。当然,基于知识产权保护原则的私有性,它在对非物质文化遗产进行保护时不能涵盖所有非物质文化遗产保护客体,会存在一些无法逾越的法律障碍。从保护范围和权利性质上讲,现有知识产权制度只能保护非物质文化遗产中可以进行法律适用的"私"权部分,如著作权只保护民间文学艺术作品。对于需要也只能由"公"权实施保护的非物质文化遗产,知识产权保护模式则会显得"力不从心"。所以,从权利属性上分析非物质文化遗产的保护模式,非物质文化遗产知识产权面临公权、私权的必然选择。在客体认定标准方面,非物质文化遗产在很多方面难以满足知识产权法律保护客体的要求。比如,独创性是衡量作品是否能成为知识产权保护对象的标准,但是非物质文化遗产创作与传承的群体性和不确定性导致其难免会与成果的独创性发生冲突。此外,非物质文化遗产权利主体无法确定、保护期限无法确定等问题也导致其不符合知识产权法律保护的相关要求。

(二) 特别法保护模式

有学者认为,当今世界对非物质文化遗产保护不力的根本性原因是没有出台对非物质文化遗产实施专门保护的法律,缺乏对非物质文化遗产资源的全方位、成体系的法律保护。进行专门立法实现特写保护是一种很好的愿望,如能实现势必会大大促进非物质文化遗产的保护进程。但是,纵观人类社会保护非物质文化遗产的历史,除了《保护非物质文化遗产公约》之类的原则性法律文化外,还没有任何一个国家能够制定出全面、专门保护非物质文化遗产的法律,这种现实充分说明制定非物质文化遗产保护专门性法律这一特别法保护模式可能并非实现非物质文化遗产有效保护的必然选择。当然,基于非物质文化遗产自身的特性,在现有的法律框架内通过专门法律对其进行保护难度太大,条件也不具备。

(三) 综合保护模式

综合保护模式是现今受支持最多的一种保护方式。这种模式的特点是具

体问题具体对待,针对不同客体采取不同的方式加以保护。概括来讲,当今世界各个国家和地区大致采取了四种保护模式:

第一,法国模式,特点是以保护物质文化遗产为主,对非物质文化遗产进行间接保护。法国对文化遗产的保护起步较早,是最先进行历史文化遗产保护法律建设的国家,也是最早设立"文化遗产日"的国家,通过法律对非物质文化遗产实施保护已经有二百多年的历史。1840年,法国颁布了世界上第一部关于文物保护的法案——《历史性建筑法案》。1941年,法国单独制定《考古发掘法》,于1962年通过《历史街区保护法》,要求对历史街区进行保护。在保护机构设置方面,法国政府专门设有全国文化遗产司,隶属文化部,每年的预算高达几十亿法郎。但是,迄今为止,法国还没有制定专门保护非物质文化遗产的法律。

第二,日本模式,特点是建立非物质文化遗产登录制度。日本是世界上较早关注非物质文化遗产保护的国家。早在1950年,日本就颁布了《文化财保护法》,提出了"无形文化"概念,开始以法律形式对无形文化进行保护。1954年、1996年,日本又相继修订《文化财保护法》,制定无形文化财保持人认定制度、文化财登录制度。此外,日本还借鉴欧美国家的"文化财登录制度",对国内非物质文化遗产进行注册、登记,通过登录认定非物质文化遗产的资格和文化价值,以法律形式对整个认定过程和认定后的"文化财"加以保护。"人间国宝"制度也是日本保护非物质文化遗产的制度贡献。对于那些身怀绝技的艺人,通过相应程序的认定与登记,赋予其法律权利与义务,确认其为文化财产的传承人,要将技艺传人,同时在经济上给予补助、在税收上给予优惠。这一制度很好地促进了日本非物质文化遗产的保存与传承。

第三,韩国模式,特点是对传承人进行重点扶持。1962年,韩国制定《文化财产保护法》,建立文化传承人制度,规定了非物质文化遗产传承者的责任和义务。同时还规定了公示制度。1962年,韩国成立"文化财产委员会",1964年启动"人间国宝"工程,[1]向具有重要价值的无形文化遗产

---

[1] "人间国宝"是指那些在艺术表演领域具有突出的表演才能、精湛的表演技艺并愿意将自己的这些技艺传诸后人的杰出表演艺术家,而在工艺制作领域则特指那些身怀绝技并愿意通过带徒方式将自己的技艺传诸后人的著名艺人、匠人。

的传承者或保持团体授予"人间国宝"荣誉称号并确定其责任和义务。获得认证之后，无形文化财，特别是具有传统文化技能的人——人间文化财，都能得到中央和地方政府的大力保护和财政支持。

第四，版权模式，代表国家是意大利。从法律角度讲，版权保护是一种知识产权保护方式。意大利是世界上第一个用知识产权法保护非物质文化遗产的国家，授予民间文学作品著作权，规定保护期不受时间限制，任何人以营利为目的使用民间文学作品都要征得文化行政部门的许可，同时需缴纳一定的使用费。除此之外，意大利还采用专利、商标、合同、隐私、商业秘密、不当得利等方式对非物质文化遗产进行保护。

总体来讲，综合保护模式在非物质文化遗产保护进程中广受推崇，但同时也存在一些问题。如日本、韩国倾向于对非物质文化遗产施以行政保护，更看重"公"权力的保护作用，对民间文学艺术知识产权和持有者的民事权利考虑不周。但是版权模式又过度考虑了非物质文化遗产被滥用的问题，并不利于非物质文化遗产自身的生存和发展。

（四）我国法律保护模式

我国开始对非物质文化遗产进行法律保护的时间比较晚。1982年出台的《文物保护法》主要是对文物进行法律保护，明确了进入文物序列的民间文学艺术的法律地位，开启了我国非物质文化遗产的法律保护进程。国务院发布的《关于加强文化遗产保护的通知》首次对包括非物质文化遗产在内的文化遗产保护工作作出了具体规定。《关于加强我国非物质文化遗产保护工作的意见》指出要在我国建立非物质文化遗产的名录体系。2005年，我国公布了第一批国家级非物质文化遗产名录（518项），由此开启了非物质文化遗产名录时代。2006年，文化部发布《国家级非物质文化遗产保护与管理暂行办法》，明确了对国家级非物质文化遗产进行有效保护和传承的具体措施。2011年《非物质文化遗产法》的出台具有里程碑式的意义，标志着我国非物质文化遗产保护工作正式迈入依法保护的新阶段，这是我国第一部关于非物质文化遗产保护的法律。总体来讲，我国对非物质文化遗产的法律保护采取的也是综合保护模式，以公法为主、私法为辅，符合中国国情，结合了中国实际。所谓公法为主，指的是更倾向于开展行政性质的保护。我国《非物质文化遗产法》在法律性质上属于行政立法性质的公法，主要规范和调整政府、国家在非物质文化遗产保护中的职责，如普查、建档、研究、保存、传承、弘扬以及为实现这些保护行为而提供的财政、行政、技术等措施。[1]公法保护具有其自身优势，可以利用其公权力更好地开展对非物质文化遗产的保护、保存工作。同时，因为强制性与惩戒性可以有效提前遏制违法者的行事动机，因此其对于非物质文化遗产法律保护而言更具及时性、有效性。当然，这种方式也存在权利主体不明、部门之间相互扯皮、权责不分、公益诉讼缺位等问题。私法为辅强调的是非物质文化遗产的民事保护，重点是要增加知识产权法的法律介入。私法保护通过规范和调整非物质文化遗产权利人的民事权利来保护非物质文化遗产持有人（保有人）的合法利益。在此过程中，主要是防止对非物质文化遗产的不当利用，由此保障民事权利人的精神权利和财产权利。客观上讲，非物质文化遗产保护涉及很多私权利，如非物质文化遗产主体的创造权、所有权、继承权、处置权、阐释权。这些权利与知识产权保护的权利内容高度契合，借鉴知识产权的法律保护模式存在合理性与可行性。而且，《非物质文化遗产法》是一部行政法规，并不能完全涵盖非物质文化遗产需要保护的客体。所以，我国采用公法为主、私法为辅的法律保护模式是基于当前社会条件的必然选择。摒弃单纯采用行政手段或知识产权制度对非物质文化遗产进行保护的片面性，进行全面、实用的综合保护对我国非物质文化遗产的存续与传承而言意义重大。

三、非物质文化遗产法律保护路径

针对非物质文化遗产法律保护，世界各国目前采取的路径不尽相同。总体来讲大致包括以下几个方面。

（一）非物质文化遗产的习惯法保护

美国著名文化人类学家克利福德·吉尔兹曾经说过："法是一种地方性知识。"习惯作为传统群体长期反复博弈的结果，尽管是一种非正式制度，但是存在一定的合理性。在特定地域、特定的历史时期，习惯法对一定区域内的人们的行为影响更为深远和现实。长期以来，在乡土社会发挥着普遍的

---

[1] 赵方：《我国非物质文化遗产的法律保护研究》，中国社会科学出版社2009年版，第201页。

约束作用的传统道德和社会习俗在一定程度和区域内，对纠纷处理具有指导作用。这种指导作用有时甚至高于法律，是一种与国家正式的法治秩序同时存在的规范体系。比如，在我国的一些地区，习惯法早已成为当地包括非物质文化遗产在内的文化保护的路径选择。习惯法是西部民族地区普遍存在的一种传统机制，这种机制是在社区的历史中创造、传承的，维系着社区的秩序与生计、生存与发展。[1]在世界范围内，对非物质文化遗产的保护，习惯法都发挥了巨大功用。如菲律宾的遗传资源获取制度规定，在土著祖传的土地和文化社区内，勘测遗传资源必须"符合该社区习惯法并事先取得该社区的同意"。美洲国家组织（OAS）于1997年批准《美洲土著人权利宣言（草案）》，承认了土著习惯法。我国最后一支枪不离身的部落——贵州省黔东南从江县岜沙人——自古崇尚生物。在岜沙人的习惯法中，保护森林、保护植物资源及其有关的非物质文化遗产是每个岜沙人应尽的义务，破坏森林者将被按村规民约处罚。目前，只有极少数国家承认传统社区习惯和惯例的法律效力。其实，只要习惯法不违反国家宪法、法律，不违反人性以及社会道德和秩序，在保护合法合规的大前提下，若能有益于对本土非物质文化遗产的保护，我们便应该在合理、合情的基础上尊重其对非物质文化遗产的保护，坚持法律与习俗相结合，"双管齐下"做好非物质文化遗产保护工作。

（二）民间社会团体组织保护

对于民间力量介入非物质文化遗产保护，我国政府一直以来的指导原则是"政府主导，各种社会团体参与"。实际上，对非物质文化遗产的保护是我们全社会的共同责任，是一项全民性活动，需要社会各界的积极参与和共同努力。从我国非物质文化遗产保护实践来看，民间力量的参与尤其是专业性民间社会团体组织的进入，对于非物质文化遗产的保护具有独特的、不可替代的重要意义。"如可以起到专业技术指导；传承创新示范；帮助协调支持；经济转化协调；社会监督保障等作用。"[2]我国《非物质文化遗产法》明确指出，国家鼓励企业事业组织、社会团体以及其他组织和个人依法设立非物质文化遗产专题博物馆，支持博物馆开设专门展室，集中展示非物质文

---

[1] 李发耀：《多维视野下的传统知识保护机制实证研究》，知识产权出版社2008年版，第127页。

[2] 谭宏："民间组织在非物质文化遗产保护中的作用"，载《民族艺术研究》2009年第5期。

化遗产代表性项目;鼓励企业事业组织、社会团体以及其他组织和个人依法设立非物质文化遗产传承场所,传承非物质文化遗产代表性项目。在现实中,利用民间组织开展文化遗产保护已经成为国内外的成功经验和做法。如法国通过委托民间社会组织——古迹托管组织——对各类古迹进行古迹托管,以托管的方式实现对文化遗产的保护。英国文化遗产保护民间组织分为两类:一类是负责文化遗产维护的组织,如"历史和自然景观国民信托"。另一类是负责文化遗产咨询的组织,如英国考古评议会、古建筑保护学会、古代遗址学会。美国也有从事文化遗产保护的民间组织,主要职能是:教育国民增强文物意识,接受重要文化遗产及遗产地的馈赠,对文化遗产及遗产地进行科学、严格的保护和管理,确保文化遗产保护计划的实施。[1]在我国,各省、市、区都活跃着一批民间社会团体。他们以保护文化遗产为主要职责,定期或不定期按照学会章程开展学术交流、研讨,有针对性地对相关文化遗产开展调查研究,有效地保护了非物质文化遗产。我国目前非物质文化遗产保护任务十分繁重,工作涉及面广、内容众多,单凭政府部门一己之力很难支撑,也很难照顾周全。因而发挥民间社会团体组织在技术上、学术上的专业指导作用,为政府职能部门文化遗产保护与利用出谋划策,可以使政府的决策更加精准、执行更为彻底。另外,基于非物质文化遗产的专业性与学术性,需要懂行的民间社会团体组织作为独立的第三方力量对政府的保护行为实施监督。在一定条件下,甚至可以作为维权主体通过公益诉讼等方式就政府在保护工作中实施的违法违规行为寻求法律救济。

(三)公益诉讼保护

公益诉讼是指特定的国家机关、相关组织和个人,依据法律的授权,对违反经济法律法规,侵犯国家利益、社会利益或不特定的他人利益的行为,追究其法律责任的活动。这种诉讼方式最早起源于古罗马法,当时设置这个制度的目的是维护社会公共利益。当公共利益受到侵害时,任何公民或其他相关社会主体都可以以维护"公益"为出发点,作为公益代表人对侵权主体提起诉讼。此时,国家将以司法权的名义保障社会公共利益免受不法侵害。之所以在非物质文化遗产保护过程中引入公益诉讼保护模式是基于其具有的

---

[1] 麻勇斌:《贵州文化遗产保护研究》,贵州人民出版社2008年版,第145页。

公共产品属性，适合采取公益诉讼的方式予以保护。公益诉讼不仅是保护非物质文化遗产的一条有效途径，同时也存在学理合理性。现代基本权利保护理论认为"有权利必有救济""无救济即无权利"。公民文化权利作为基本权利的重要内容，是其中基础性的权利。作为基础权利的文化权利遭受侵害势必需要救济权的参与，以保障原生权利的完整性，否则基本权利的源头就会被破坏。法律是维护社会正义的最后一道防线，非物质文化遗产受到侵害时需要法律的回应与保护，尤其是在当前我国提出能动司法理念的大环境之下。"司法能动要求法官面对新型权益纠纷，在司法过程中秉承正义的法律价值和理念，遵循法律原则，并充分运用司法经验，正确地适用法律，在理性地对案件的事实问题和法律问题做出判断的基础上行使裁判权，以解决纠纷，维护社会公平正义和秩序。"[1]能动司法理论来源于美国，但在我国非物质文化遗产保护过程中已经成为公益诉讼制度介入非物质文化遗产法律保护的理论支撑。依据传统的诉讼原则（如《民事诉讼法》第108条），起诉必须符合相应条件——"原告是与本案有直接利害关系的公民、法人和其他组织"。但是，非物质文化遗产具有它的自身特性，如创作或传承主体的发散性、群体性和不确定性。即便存在对非物质文化遗产的侵害事实，如果依据传统诉讼原则也很难找到适格诉讼主体，后果便是非物质文化遗产权利主体的合法权益无法得到救济。但是，如果基于公益诉讼原理——"检察机关或与案件无直接利害关系的组织和个人对于违反法律，侵犯非物质文化遗产的行为，可以向法院起诉"——这个问题就能得到解决。公益诉讼制度的设立就是为了维护公共利益。凡被依法确认为非物质文化的遗产，只要受到不法的侵害，任何团体、个人乃至国家均有权提起诉讼。当然，利用公益诉讼保护非物质文化遗产的时机目前还不是很成熟，存在法律依据、权利主体、诉讼主体等难以确定的问题。但这并不妨碍其成为非物质文化遗产法律保护的一条路径选择。

---

[1] 罗东川、丁广宇："我国能动司法的理论与实践评述"，载最高人民法院官网：www.court.gov.cn，最后访问日期：2010年5月4日。

第三节　河北省非物质文化遗产法律保护的基本原则

《保护非物质文化遗产公约》对于非物质文化遗产"保护"而言是一种措施，即通过这种措施保护非物质文化遗产的生命力，包括遗产的确认、归档、研究、保存、保护、宣传、弘扬、传承和振兴，增强其持续发展的能力，以实现世界各族人民的文化多样性。我国学界对非物质文化遗产法律保护原则持有不同观点。齐爱民教授主张将国家主权原则[1]（national sovereign）、知情同意原则[2]（pre informed consent）与利益分享原则[3]（benefit sharing）三大法律原则贯彻到非物质文化遗产保护中。[4]刘永明教授将权利原则与发展原则作为非物质文化遗产保护原则。[5]朱祥贵教授独辟蹊径地从生态法范式角度出发提出了以"生态主体平等原则、生态利益公平原则、生态权利公正原则、生态秩序安全原则"为中心的可持续发展立法原则。[6]学者们的观点是人本主义与生态主义法律理念在文化遗产领域的反映，试图将人的权利置于核心地位，试图对人与自然的关系在法律上重新予以审视和定位。

一、依法保护原则

非物质文化遗产概念的界定是一个非常复杂且漫长的过程，期间经历了大约半个世纪。导致这个问题产生的重要原因就是定义主体对于什么是非物质文化遗产难以作出界定。仔细分析现有概念，联合国教科文组织以及我国《非物质文化遗产法》采取的都是列举或定义，即尽可能穷尽可能想到的内

---

[1] "国家主权原则"是指国家对本国的非物质文化遗产享有管辖权的原则。
[2] "知情同意原则"是指在非物质文化遗产的利用和开发过程中，应该取得所在国和权利主体知情同意的原则。
[3] "利益分享原则"是指在非物质文化遗产的开发过程中，依据公平合理的理念在开发者和权利人之间分配开发和利用非物质文化遗产所获得的惠益的原则。
[4] 齐爱民："非物质文化遗产系列研究（二）保护非物质文化遗产的基本法律问题"，载《电子知识产权》2007年第5期。
[5] 刘永明："权利与发展：非物质文化遗产保护的原则（上）"，载《西南民族大学学报（人文社会科学版）》2006年第1期。
[6] 朱祥贵："非物质文化遗产保护立法的基本原则——生态法范式的视角"，载《中南民族大学学报（人文社会科学版）》2006年第2期。

容，并在概念最后以"其他"囊括没有或将来可能出现的内容。如我国《非物质文化遗产法》就设置了"其他非物质文化遗产"这一兜底条款。即使这样，随着社会的进步与发展，非物质文化遗产的概念仍然会放大、增容，要求界定主体随着形势发展对其进行不断的修正和补充。除了范畴上的不确定性，对非物质文化遗产具体内容的难以确定是导致定义工作进展艰难的另外一个主要原因。非物质文化遗产包括很多方面的内容，如文学、艺术、技术、习俗等各种表现形式与文化空间。其中有一些内容与时代进步发展要求并不相符，不具有保护意义。

非物质文化遗产概念界定的过程充分反映了界定主体在保护内容方面的考虑。世界各国对非物质文化遗产都采取认定的方式，即通过特定的程序与特定的标准对非物质文化遗产进行筛选。认定机制对于非物质文化遗产保护工作而言具有巨大的促进作用。在认定过程中，一些不健康的、与社会发展和时代主题不符的内容被排除在外，保证了健康、有益的非物质文化遗产得以被保护与传承。在没有更好选择的情况下，当前最佳的方式就是目前最优的选择。在我们还未找到更好的工作方式时，目前具备的可能就是最优化的答案。

从目前的情况来看，坚持认定前置原则对于非物质文化遗产的筛选与保护至关重要。这项制度具有突出的优越性：可以认定什么是非物质文化遗产，哪些内容是非物质文化遗产。对于非物质文化遗产的认定，不同国家、不同地区都有当地的实际要求与标准，在认定过程中也存在着一些标准与要求存在歧义的问题。如在河北省有很多价值很高且濒临失传的非物质文化遗产仍然没有进入认定序列。这些文化遗产没有进入保护序列并不是因为其不优秀，也不是因为其缺乏保护价值，而是基于保护容量、保护经费、保护人才等多方面的客观原因。当然，在河北省也存在一些具有非物质文化遗产表现形式但因实质内容与时代主题不符而不能进入保护名录的项目。比如，在个别地区还存在一些历史遗留的陋风陋习。在将民族风俗认定为非物质文化遗产的过程中，我们需要通过认定的方式对这种内容加以取舍。这种习俗作为民风民俗可能在相当长的历史时期内存在。但是，进入非物质文化遗产序列却并不合适。其中，认定机制发挥着至关重要的筛选作用。我们可以通过认定有选择地将需要保护也确实值得保护的文化遗产纳入保护体系，同时将没有用益、与时代进行主题不符甚至是相悖的内容排除在外。所以，坚持严肃的评选工作是河北省非物质文化遗产保护的必经之路。2005年3月26日，国务院办公厅发布《国家级非物质文化遗产代表作申报评定暂行办法》。目前，我国已经建立有国家级、省级、地市级、县级四级非物质文化遗产保护名录体制。2006年6月2日，国务院公布第一批国家级非物质文化遗产名录，共计518项。2008年6月7日，国务院公布第二批国家级非物质文化遗产名录，共计510项；第一批国家级非物质文化遗产扩展项目名录，共计147项。2011年5月23日，国务院公布第三批国家级非物质文化遗产名录，共计191项；扩展项目名录共计164项。2014年7月16日，国务院公布第四批国家级非物质文化遗产名录，共计153项；扩展项目名录共计153项。[1]我们目前保护的主要是进入名录的非物质文化遗产，河北省的相关工作标准也以名录为基本依据。所以，非物质文化遗产名录的评选认定工作至关重要。

以河北省当地的风俗为例。石家庄井陉县申报的丧葬习俗目前已经进入河北省非物质文化遗产保护名录。井陉县地处河北省西北部山区，与山西省毗邻，境内有百余里古驿道穿越，是历代战争之要塞、经济文化流动之通道。千百年来，随着各地过往流民的寄居，多种文化在这里沉淀聚集，形成了井陉独特的民风习俗。其中，井陉的丧葬习俗有着鲜明的地方特色。井陉人民素有"厚葬"老人的传统习俗，事前"择地扎坟"，事后"掘土造墓"，葬礼仪式繁杂而隆重。当地有"生在北京，长在天津，死在井陉"的俗语。井陉丧俗一般包括装裹、停尸、戴孝、收殓、出殡、下葬等程序。但是，随着社会的发展和时代的进步，尤其是随着社会主义精神文明建设步伐的加快，土葬的习俗已经不再被提倡。1997年7月11日，国务院第60次常务会议通过的《殡葬管理条例》第2条明确规定："殡葬管理的方针是积极地、有步骤地实行火葬，改革土葬，节约殡葬用地，革除丧葬陋俗，提倡文明节俭办丧事。"随后，这一条例在2012年11月9日由国务院进行了修改。其第20条被修改为："将应当火化的遗体土葬，或者在公墓和农村的公益性墓

---

[1] "国家级非物质文化遗产名录"，载百度百科：https://baike.baidu.com/item，最后访问日期：2019年12月20日。

地以外的其他地方埋葬遗体、建造坟墓的,由民政部门责令限期改正。"可以看出,国家法律规定和提倡的是火葬方式。如果还是坚持历史上的"厚葬"习俗,势必会违反国家的法律规定。所以,对待井陉丧葬习俗这样的非物质文化遗产,一定要把好法与非法的界线,不能因为是非物质文化遗产或打着非物质文化遗产的名号就逾越法律界线。在非物质文化遗产保护过程中,依法保护是基本前提。基于此,井陉县近年来也在大力推行火葬,成立了农村"红白事理事会",对丧葬礼俗进行改革。文化部门积极参与和组织新的丧葬仪式,将原有的"铺张浪费、封建迷信"部分取缔,保留了"敬老、孝道以及传统文化特色"的形式,加进了"吊唁、追悼、送花圈、戴黑袖标"等内容,使井陉丧俗朝着健康文明方向发展,为社会主义新农村建设和构建和谐社会做出了积极贡献。同时,井陉丧葬习俗对于非物质文化遗产的评选而言也是一个很好的提示:在今后的非物质文化遗产评选工作中,要注意摒弃那些内容与社会主流相异甚至是相悖的文化产品。但是,这些文化产品存在一些值得学习与传承的历史遗留,只是主题不被当今社会所接受。面对这样的项目,我们应该如何抉择。在现实生活中,我们基于对历史传统和风土人情的尊重,对于相关习俗也要给予充分尊重。所以,在进行非物质文化遗产保护的过程中,我们需要明确一个基本原则,即依法保护受到认定、于社会与人类发展有进步意义的非物质文化遗产。当然,河北省肯定有一些极具文化特色、符合保护要求的非物质文化遗产尚未进入保护名录,这或是由客观原因导致的疏漏,或是因为文化遗产本身还存在某种问题。对此,我们可以针对这种现象查缺补漏,针对具体事件灵活变通。但是,只要该项文化产品没有进入保护名录,其就不能享有法律保护。现实中,这种现象和问题会引发创作地域、创作族群的不满与非议,甚至会在某种程度上会触及民族平等、民族团结等问题。不过,从社会稳定、政治大局建设的基本原则出发,短期的、由具体事件引发的矛盾不会影响社会发展的根本和终极目标的实现。这也是法的功用以及法的魅力所在。

多年来,为了解决非物质文化遗产的评选与认定问题,河北省政府认真分析问题原因,想方设法地寻找解决思路,取得了较好的成果。2012年,河北省文化厅对《河北省省级非物质文化遗产项目代表性传承人认定与管理办法》进行了修订,制定了《河北省省级非物质文化遗产项目代表性传承人年度审核认证实施细则》，在全国率先尝试实施代表性传承人动态管理，建立代表性传承人评审答辩与有效期限资格认证制度以及退出机制。从 2013 年起，河北省正式实行省级非物质文化遗产项目代表性传承人年审认证制度。上述办法和细则进一步明确了代表性传承人的申报条件、申报范围、申报程序，制定了代表性传承人资格审核认证制度和时效管理制度。主要内容有：①评审省级非遗项目代表性传承人时需提交其对所传承项目的"四项认知"（即对价值点、价值量、保护要点和存续环境的认知）材料，以此确认传承人对项目技艺和内涵的掌握水平，了解其传承能力；②通过评审会现场面试答辩程序，确认其本人具备传承能力，防止上一环节的代笔行为；③规定首次领取传承人证书的使用年限为 2 年；④对命名的省级代表性传承人每年进行年审认证，第一年年审不合格者记录在册并予以警告，连续两年年审不合格的传承人证书失效。河北省通过这样的制度改革：一是鼓励代表性传承人积极开展传承、展示活动；二是监督代表性传承人履行传承义务，不履行义务的取消其代表性传承人资格，便于掌握传承人的动态传承情况，进行科学管理；三是通过对代表性传承人进行审核认证，建立了退出机制，实行了动态管理制度。

二、切实保护原则

河北省是一个文化大省，对省内非物质文化遗产的保护任重道远。保护是非物质遗产的诸流之源、重中之重。没有了保护，河北省的非物质文化遗产便会失去生存和传承的可能。随着现代社会发展的日新月异，"追新"的时代潮流对非物质文化遗产的"守旧"特征在传承方面构成了严重挑战，处理不好就会导致一些非物质文化遗产受到损害甚至是走向消亡。结合河北省多年以来的实践经历，目前相关挑战主要集中在以下几个方面：一是社会大环境的变化让很多非物质文化遗产的生存传承遭遇危机。作为一种文化产品，非物质文化遗产也需要赖以生存和发展的社会环境。但是，随着经济的飞速发展，现今的社会环境（包括文化和生态环境）都发生了巨大变化。人们的生活方式开始变得现代化，节奏也变得越来越快。来源于传统慢生活时期的非物质文化遗产开始跟不上人们的生活节奏，面临全面危机。比如，原本作为农闲时休闲方式的传统民俗活动、口述文化、传统艺术，在充斥着电视、广播、互联网等媒体的大背景下无疑会丧失竞争力，慢慢淡出人们的视野，这是社会发展的自然规律。二是资金短缺的压力造成河北省对非物质文化遗产保护工作有心无力。尽管河北省有专项资金用于支持保护工作，但是非物质文化遗产保护工作是一项长期的、持续的历史性工程，尤其是河北省作为一个非物质文化遗产资源大省，省内非物质文化遗产种类繁多、内容丰富，需要大量的经济支持。但是，资金缺乏问题长期以来一直存在，导致一些非物质文化遗产保护工作难以落实到位。例如，武强木版年画的征集和收藏情况就不容乐观，一些珍贵的古版和年画散失民间或者流传海外。然而，由于政府经费不足，致使这些宝贵的文化遗产很难得到搜集和整理，进而影响到了全省普查工作的顺利开展。此外，经费不足还使得许多抢救工作只停留在口头上，无法落到实处。同时也使得非物质文化遗产保护人员的素质无法提高，在一定程度上影响了保护工作的有效性。[1]三是商业开发过度破坏了非物质文化遗产的精神特质。对非物质文化遗产进行适度的商业开发不仅可以挖掘非物质文化遗产自身的经济利益性，同时也是遗产"活态"保护的路径选择。多年来，河北省提倡对非物质文化遗产进行商业开发，将其与旅游业相结合，以拉动旅游经济的发展。但是，由于操作的不规范，加上相关法律的不完善，某些地方对非物质文化遗产做了过度的商业开发，片面强调市场效益与经济利润，一味迎合游客的口味，放弃了非物质文化遗产本身的精神实质。有些商家为了满足游客的消费需求，甚至会对非物质文化遗产进行胡编乱造，有时还和外来文化、流行文化任意掺杂在一起，完全破坏了非物质文化遗产本身的文化实质，变成了一种商业表演。一些非物质文化遗产属于较为严肃的民间仪式，如女娲祭典，它承载着敬畏天地、教育下一代的社会功能。但商家为了取悦游客会对其百般"扭曲"，让人们误以为只是观赏它漂亮的服饰和热闹的场面即可，而忽略了其本身所含有的丰富文化内涵。随意的篡改不仅会冲击非物质文化遗产的严肃性，也会使人们对文化的敬畏精神减弱，从而对非物质文化遗产造成极大的冲击与破坏。四是传承人断代、后继无人。河北省很多的非物质文化遗产在传承方面都面临一个共同问题，即传承断代问题。目前，河北省非物质文化遗产的传承人基本上都是

---

[1] "专家谈河北非物质文化遗产的保护与发展"，载《燕赵都市报》2007年6月9日。

老年人，高龄者占有很大的比重。非物质文化遗产是一种"活态"文化，人在其中发挥着至关重要的作用，他们直接关系着非物质文化遗产各种技艺的存续。目前，河北省很多非物质文化遗产的传承人都存在年龄老化的问题。邢台梅花拳、女娲祭典等几十年来都是同一批艺人或者组织在做传承工作，他们基本上都是六七十岁的老人。今天的一些年轻人对古老的传统文化不感兴趣，认为本民族传统知识及祖辈沿袭下来的生活形式已经过时，更崇尚时代文化特别是西方文化。长此以往，势必会造成非物质文化遗产传承的断代与消亡。对于原来在河北省民间十分流行的易水砚制作技艺、草编传统技艺，现在的年轻人基本很少加以传承。基于这种情况，河北省一定要高度重视对非物质文化遗产的传承保护，要把保护意识真正贯彻到保护工作之中。要知道，作为一种文化遗产，这种财富不具有再生性，一旦失去就永远没有再生的可能了。所以，包括河北省在内，全国、全世界都应尽最大努力做好非物质文化遗产保护工作，尽一切可能拯救这些宝贵的文化遗存。

三、可持续发展原则

1987年，以挪威首相布伦特兰为主席的联合国"世界环境与发展委员会"发表了一份报告《我们共同的未来》，首次清晰地表达了可持续发展观，即"可持续发展是既满足当代的需求，又不对后代满足需求能力构成危害的发展"。1992年在巴西里约热内卢召开的联合国环境与发展大会通过了《里约热内卢宣言》和《21世纪议程》两个纲领性文件。这标志着可持续发展观被全球持不同发展理念的各类国家所普遍认同。保护非物质文化遗产是一项长期且浩大的文化工程，在此过程中要时刻秉承可持续发展的基本原则。我国非物质文化遗产保护工作的指导方针是"保护为主、抢救第一、合理利用、传承发展"，其中就包含有可持续发展保护原则的理念。非物质文化遗产保护是一种动态保护，不能仅停留在静态保护的层面，应当边开发利用边传承保护，而实现两者平衡的关键就是要坚持可持续发展的基本原则。

对于河北省非物质文化遗产而言，实现保护与利用的平衡是必须完成的工作目标，既要维持非物质文化遗产的原生性，使其顺利传承延续，同时又要发挥其文化价值，让其经济社会价值有所体现。一方面，要客观对待非物质文化遗产项目的活态流变性，维护其生存环境的延续，延展其原生性，避免颠覆式的基因突变；另一方面，不绝对化地排斥创新发展，在尊重自然流变规律的前提下，鼓励利用非物质文化遗产中的某些元素、内涵、外延或符号进行商业开发，实现其经济价值。在此过程中，仅靠单个部门实现以上"两方面"的平衡存在很大的困难。河北省在2008年提出了"快、慢车道并行""分道行驶"的概念，两条"车道"各自有相应的实施主体、基本要求和工作机制，互相促进、平行发展、互不否定、互利双赢。[1]河北省提出的"慢车道"保护的内容是非物质文化遗产的核心内涵和传统形式，旨在保护其精神实质的传承与完整。采取的方式是发挥政府的主导作用，通过确认、立档、研究、保存、保护、弘扬、传承等措施实现非物质文化遗产保护。在这方面，河北省近些年来做了大量工作，包括开展非物质文化遗产名录体系建设、代表性传承人队伍建设、基础设施（传习所、民俗博物馆、专题博物馆）建设；开展了一系列创建活动，公布了52个非物质文化遗产传承示范基地、16个非物质文化遗产研究基地、11个文化生态保护实验区、5个民族传统节日示范地。同时，建立开通了河北省非物质文化遗产保护网、河北省非物质文化遗产档案资料数据库，抢救、整理、保存和出版了一大批珍贵的实物资料、非物质文化遗产项目图文及影音资料等。[2]所谓的"快车道"，则是针对非物质文化遗产的价值利用，让河北省非物质文化遗产的文化价值在当代社会得以体现，并得到发挥利用。据此，河北省创建了以省内大专院校为主的13个非物质文化遗产传播基地、1个传统文化推广基地、1个非物质文化遗产保护传承示范企业；举办了河北省民俗文化节、吴桥国际杂技节、蔚县国际剪纸艺术节、中国（永年）吹歌节等一系列品牌文化活动。[3]"快慢分道"的保护方式在河北省非物质文化遗产的具体项目保护方面收获

---

[1] 彭卫国："博弈与共赢——非物质文化遗产保护与利用的新探索"，载河北非物质文化遗产保护网：http://www.hebfwzwhyc.cn/Show.asp? id=411&info=1201，最后访问日期：2020年3月1日。

[2] 彭卫国："博弈与共赢——非物质文化遗产保护与利用的新探索"，载河北非物质文化遗产保护网：http://www.hebfwzwhyc.cn/Show.asp? id=411&info=1201，最后访问日期：2020年3月1日。

[3] 彭卫国："博弈与共赢——非物质文化遗产保护与利用的新探索"，载河北非物质文化遗产保护网：http://www.hebfwzwhyc.cn/Show.asp? id=411&info=1201，最后访问日期：2020年3月1日。

了良好成效。河北省目前已经公布了十多个省级非物质文化遗产生产性保护示范基地，其中衡水习三内画公司、曲阳宏州石业公司已入选国家级非物质文化遗产生产性保护示范基地。曲阳宏州石业公司在扩大曲阳石雕的机械化加工规模和科技含量的同时，还保存了仅能够使用少量手持电动工具甚至不使用任何电动工具进行石雕加工的生产区域。该公司为传统的核心技艺建立了"慢车道"，设立了专门车间和区域保持非物质文化遗产项目的"原风貌生产"，开展原生性保护传承；适应社会和市场需求，让需求量大的非物质文化遗产进入"快车道"行驶，引入先进生产设备和技术，扩大生产规模和产品供应以满足市场和客户需求。通过这种"快慢"分道的方式，河北省在非物质文化遗产保护过程中积累了大量的先进经验，也取得了非常显著的成果。一方面，对价值点、价值量、存续环境的研究与成果利用使得一大批珍贵、濒危的非物质文化遗产项目得到了有效的抢救性记录、整理、建档、保护，以及原汁原味的传承；使得非物质文化遗产保护、传承体系逐步建立完善，让优秀民族传统文化得以弘扬发展。目前，河北省 38 个重点项目的研究论证任务已基本完成。为了进一步推动工作，河北省文化厅还研究制定了《关于开展非物质文化遗产项目价值点、价值量及保护要点研究的指导意见》，要求每个设区市组织完成部分非物质文化遗产项目的研究成果；中国（唐山）评剧艺术节、河北省民俗文化节等非物质文化遗产项目展示展演活动蓬勃开展；河北梆子、评剧、吴桥杂技等项目没有过多变形，基本上保持了其非物质文化遗产原貌，为非物质文化遗产向社会各行业开放提供了丰富和真实的历史文化资源。另一方面，各个非物质文化遗产项目积极融入社会生产生活，回归民间，展现出了蓬勃的活力，得以有效开发利用，丰富、活跃了人民群众的精神文化生活，发展了文化产业，带动了地方经济结构转型升级，得到了社会各界的普遍关注。各级人大代表、政协委员纷纷提出建议和议案，促使各级政府不断提高对非物质文化遗产保护的重视程度，加大了投入力度。此外，河北省通过开展非物质文化遗产生产性保护实践，既推动了传统技艺的有效、全面保护与传承，还促进了文化资源优势向经济资源优势转换，促进了经济社会协调发展，涌现出了一批实力很强的成长型非物质文化遗产企业。目前，衡水习三内画公司的从业人数已超过 5 万，年产值 10 亿元；蔚县剪纸专业户达 1100 户，从业人员 3 万余人，2012 年生产剪纸 600

多万套，产值 4 亿多元，已占到全县 GDP 的近 5%，成了县域特色经济的拳头产品和重要富民产业。曲阳石雕辐射全县 9 个乡镇 40 多个村，从业人员 10 万人，2010 年产值达到 40 亿元，产品远销 80 多个国家和地区。[1]

四、原真性与价值保护并举原则

原真性（Authenticity）又称本真性，1964 年《威尼斯宪章》提出"将文化遗产真实地、完整地传下去是我们的责任"，原真性理念自此被引入遗产保护领域，后逐渐被世界各国接受。1994 年 12 月，日本通过了涉及原真性原则的《奈良文件》。原真性原则要求保护原生的、本来的、真实的历史文物，保护它所遗存的全部历史文化信息。保护非物质文化遗产的原真性存在一些困难：第一，非物质文化遗产是在农耕时代特定的文化生态中产生和发展起来的文化，随着现代社会转型，非物质文化遗产的文化生态发生了变异。第二，保护非物质文化遗产的背后隐藏着不同的动机，正确认识和处理好保护、开发的关系是非常困难的。所以，立法时应注意保护非物质文化遗产的原真性，树立正确的保护理念和实践方式。另外，在保持非物质文化遗产原真性的同时还要结合社会发展，遵循价值保护原则。

对事物的保护出于用益与利用的初衷，这是一个最为朴素的道理。如果一种事物与社会主流思想或文化相冲突，它的存在或承袭带给人们的便不是用益，没有使用或感受方面的价值，进而丧失存在（至少是沿袭）的理由。在非物质文化遗产方面，这个问题表现得尤为突出。因为非物质文化遗产是历史传承的产物，期间经历了漫长的历史过程，其中又经过众多创作主体的琢磨与丰富，从而不可避免地带有各个时期、不同民种或种族、不同文化甚至是不同宗教的特点。各种纷繁复杂的因素糅合在一起导致非物质文化遗产发展到今天，其中有些内容已经丧失了时代进步性，有的甚至属于应该摒弃的内容。以井陉县申报的丧葬习俗为例，不可否认，这种习俗延承了千百年，经历了漫长的历史时期，是对当地人民独特的民风习俗的遗留与继承，记载着当地装裹、停尸、戴孝、收殓、出殡、下葬等一系列复杂的丧葬程

---

[1] 彭卫国："博弈与共赢——非物质文化遗产保护与利用的新探索"，载河北非物质文化遗产保护网：http://www.hebfwzwhyc.cn/Show.asp?id=411&info=1201，最后访问日期：2020 年 3 月 1 日。

序，对于研究丧葬礼仪和丧葬习俗而言弥足珍贵、不可替代。但是，随着社会的发展和时代的进步，包括井陉地区在内的丧俗已经有了不同程度的演化，火葬、简葬已经成为当今社会丧葬的主流。井陉传统丧葬习俗的部分内容的价值性在衰减，我们也不可能为了延续这种民俗而违背社会进步的进程，与当前的法律规定背道而驰。所以，对于这样的非物质文化遗产的传承与保护，价值性是我们首先要考虑的因素。当然，我们在适用价值原则保护非物质文化遗产时也要充分尊重河北地区当地的民风民俗与民族习惯，不能完全以社会进步或时代进步的尺度去衡量当地的非物质文化遗产。因为一些包括风俗习惯在内的非物质文化遗留已经成了当地人民群众生活的重要构成，去除或改变至少在很长的历史时间内并不能够实现。工作做得不好还会引发宗教文化和传统文化方面的论战，影响民族团结和社会稳定。而且，从研究角度出发，类似的文化遗产的研究价值也确实很大。同时，非物质文化遗产的项目价值也关系到对其自身的保护与传承。在河北省非物质文化遗产整体保护进程中，存在着保护意识贯彻不够深入、保护手段不够完善、保护经费不够充裕的问题。在这种大背景下，势必存在项目保护的轻重缓急，不可能做到面面俱到，实现对全部项目的完全保护。基于此，对于价值重大、情况濒危的项目我们要进行优先保护，对于价值相对较小、保护急迫性没有那么强的项目我们就可以相对缓一下。这有助于我们将保护工作做得更有层次、更有步骤，不至于"眉毛胡子一把抓"，导致非物质文化遗产保护工作不细致、不扎实。所以，找到每一类非物质文化遗产（包括每一项非物质文化遗产）的"价值点"至关重要。从保护角度来讲，这关系到该类或该项非物质文化遗产在河北省保护进程中的规划及排序。"这些价值点也许有很多，但是权重是不一样的，我们按这些价值点对这一非物质文化遗产项目性质规定性担负分量的不同排列它们，对保护该项目的着力点、对发展的容许度是很有意义的。"[1]一项非物质文化遗产总是由若干要素构成，比如京剧有唱腔、脸谱、道白、服饰、道具、专用乐器等；皮影戏有制作皮影的专门用皮，同时还要有演放过程中的手工操控、配音演唱及舞台灯光等；木版年

---

[1] 彭卫国："博弈与共赢——非物质文化遗产保护与利用的新探索"，载河北非物质文化遗产保护网：http://www.hebfwzwhyc.cn/Show.asp? id = 411&info = 1201，最后访问日期：2020 年 3 月 1 日。

画要有制画版材及专用的刀具，现时还要配备染料、纸张及专用的印刷方法等。这些元素在非物质文化遗产的制作中缺一不可，也就是我们所说的非物质文化遗产的"价值点"。这些价值点反映了某类或某个非物质文化遗产项目的特性。这些特性决定着该类或该项非物质文化遗产项目与众不同的特征。但是，"价值点"在每个非物质文化遗产项目中的重要性和稳定性都是不同的。有些"价值点"是相对核心和稳定的；有些则比较边缘化、变化性比较强。从非物质文化遗产的保护角度看，我们首先要保护非物质文化遗产项目中最为核心的内容。当然，对核心内容的稳定程度的要求也是最高的。因为核心内容就是非物质文化遗产项目的"基因"所在；只有保护好了"基因"，我们才能保证非物质文化遗产项目的"原汁原味"，才能实现非物质文化遗产保护的根本宗旨。对于那些价值不够核心，稳定性要求不是很高的元素，我们可以加入现代技术，在保证核心实质不改变的前提下稍做调适。以唐山乐亭申报的皮影为例。乐亭皮影均用驴皮雕刻，所以又被称为"驴皮影"。唱腔源于境内的民歌、民谣、俚曲等乡土韵唱，分为平调、花调、凄凉调和还阳调。基本板式有大板（4/4）、二板（2/4）、三性板（1/4）；角色分为生、小（旦）、大（净）、髯（末）、花生（丑）等。这些元素是乐亭皮影作为非物质文化遗产特有的"核心"内容，是乐亭皮影的"基因"，不可改变。一旦改变，乐亭皮影便不再是皮影或变成了其他地区的皮影戏剧了。所以，在保护过程中，对于这些"核心"元素，我们一定要将之排在保护系统的前列，急迫程度也是最高的。配合皮影戏演出的还有其他元素（舞台灯光及相关配饰），与以上的核心内容相比，对于这些元素的保护在程度上可以稍微放缓。河北省根据价值点要素距离核心价值点的远近和重要程度，依次划分出相应的保护层级：A级、B级、C级、D级、E级，保护的重要程度依次递减。[1]这种保护层级划分的方式对于推动河北省非物质文化遗产保护进程具有非常重要的作用。

---

〔1〕 彭卫国："博弈与共赢——非物质文化遗产保护与利用的新探索"，载河北非物质文化遗产保护网：http://www.hebfwzwhyc.cn/Show.asp? id = 411&info = 1201，最后访问日期：2020年3月1日。

第四节　河北省非物质文化遗产法律保护的重要意义

非物质文化遗产保护对全人类的生存发展意义重大。《保护非物质文化遗产公约》认为，非物质文化遗产是人类创造力的源泉和日后可持续发展的根本保障，是人际交流及相互了解的不可或缺的重要途径。《伊斯坦布尔宣言》认为，非物质文化遗产是文化多样性的熔炉，保证了人类社会的长期发展。长期以来，国际社会一直将非物质文化遗产保护视作一项关乎全人类整体人权与发展的科学工作，努力帮助其在危机面前少受或不受损害，使之得以继承、传承下去。2000年，联合国教科文组织总干事松浦晃一郎将保护非物质文化遗产和保护文化多样性工作的性质概括为"既是一项科学的工作，又是一项和平、发展与人权的基础工作"。[1] 非物质文化遗产保护的哲学基础是保持文化特性、维护文化多样性、实现可持续发展和促进特定文化权利实现。河北省拥有众多价值突出、极具特色的文化遗留和文化成果，在促进中华民族文化整体发展、加强民族文化认同与沟通、保持文化多样性等方面都具有重要作用。保护河北省非物质文化遗产对于发扬传承区域内的优秀文化、保护和推动河北地区及我国文化的多元化发展而言意义重大。

一、文化多样性的需要

全球化是当今世界的发展潮流。通过全球化，国家间的空间距离被拉近，不同民族、不同文化之间的信息沟通与传达变得更为便捷。但是，任何事物的发展都是辩证的。在普惠人类的同时，全球化也给人类文明带来了一些消极影响。"文化产业的单向流动为西方资本带来了巨额利润，也带来了文化的'繁荣'，但这种'繁荣'是以美国以外的国家，尤其是发展中国家民族文化的快速湮灭和趋向西方的同质化为价的。"[2] 随着全球化进程的推进，人类文化出现了趋同的苗头。长期发展下去会导致全世界人民物质生活和精神生活的单一化，引发人类多元文化的枯竭。"在这个时代，民族的差

---

[1] 蔡建芳、刘雪斌："论非物质文化遗产法律保护的哲学基础"，载《中共山西省委党校学报》2008年第6期。

[2] 王希恩：《全球化中的民族过程》，社会科学文献出版社2009年版，第262页。

异将被抹去,所有的民族都共享一种肤浅的单一文化,看肥皂剧、吃麦当劳、喝可口可乐、把孩子送到迪士尼乐园——与其说是一个乌托邦,不如说是一个噩梦。"[1]"毋庸置疑,人类并不是创建了一个全人类共有的文化,而是分别由不同地区的不同人群(民族或族群)为自己创造了各不相同的文化。"[2]正是文化多样性和多元性塑造了人类文明今天的多主题、多格局和多重特点,避免了文化的单一与单调,为人类文明提供了丰富的发展延续渊源,阻却了文化枯竭的发生。多年以来,保护与保持文化多元、多样性已经成为联合国追求的目标。《保护非物质文化遗产公约》在强调非物质文化遗产的重要性时指出,非物质文化遗产"既是文化多样性的熔炉,又是可持续发展的保证"。[3]文化多样性是"指各群体和社会借以表现其文化的多种不同形式。这些表现形式在他们内部及其间传承。文化多样性不仅体现在人类文化遗产通过丰富多彩的文化表现形式来表达、弘扬和传承的多种方式,也体现在借助各种方式和技术进行的艺术创造、生产、传播、销售和消费的多种方式"。[4]正如联合国教科文组织在《保护和促进文化表现形式多样性公约》序言中谈到的:"文化多样性是人类的一项基本特性;文化多样性是人类的共同遗产,应当为了全人类的利益对其加以珍爱和维护;文化多样性创造了一个多姿多彩的世界,它使人类有了更多的选择,得以提高自己的能力和形成价值观,并因此成为各社区、各民族和各国可持续发展的一股主要推动力。"[5]"在民主、宽容、社会公正以及各民族和各文化间相互尊重的环境中繁荣发展起来的文化多样性对于地方、国家和国际层面的和平与安全是不可或缺的。"[6]

---

[1] [以色列]耶尔·塔米尔:《自由主义的民族主义》,陶东风译,上海世纪出版集团2005年版,第172页。
[2] 罗康隆:《文化适应与文化制衡》,民族出版社2007年版,第15页。
[3] 参见"保护椎物质文化遗产公约",载文化部外联局编:《联合国教科文组织保护世界文化公约选编(中英对照)》,法律出版社2006年版。
[4] 参见"保护和促进文化表现形式多样性公约",载文化部外联局编:《联合国教科文组织保护世界文化公约选编(中英对照)》,法律出版社2006年版。
[5] 参见"保护和促进文化表现形式多样性公约",载文化部外联局编:《联合国教科文组织保护世界文化公约选编(中英对照)》,法律出版社2006年版。
[6] 参见"保护和促进文化表现形式多样性公约",载文化部外联局编:《联合国教科文组织保护世界文化公约选编(中英对照)》,法律出版社2006年版。

丰富多彩的少数民族非物质文化遗产是我国文化多样性的集中体现。"保护好少数民族非物质文化遗产，是守护住中华民族文化多样性精神家园的历史使命。"[1]河北省非物质文化遗产保护不力、中华民族文化多元格局被打破、文化多样性特点缺失会让我国的文化事业走向单一和单调。从这个意义上说，包括河北省在内的我国各民族非物质文化遗产保护的成功均意味着文化多样性在我国得到了切实的保护与促进，意味着中华民族文化事业的健康与完整。河北省地处我国中原腹地，历史上各民族、各种文化盘桓交融于此，有着不同文化融适交汇的传统与积累。非物质文化遗产的丰厚与多样同该地区多元文化的历史传承密切相关。从这个角度上讲，文化多元性不仅是河北省非物质文化遗产的特点，同时也是文化产业发生发展的基础。河北省民族众多、地域文化发育良好，各民族及各区域人民在漫长的发展历程中都形成了各自独特的民族和区域文化，在民族和区域融合过程中都发挥着重要作用。民族区域间文化的交汇融合凝聚了河北省的文化主题。各族及各区域人民通过经济交流、文化交往、人口流动、族际通婚等不同方式相互了解、相互学习，相互帮助、共同进步，形成了"你中有我，我中有你"的格局。这种民族区域文化多样性的存在不仅使中国多元一体格局生机勃勃，而且也为保护世界文化多样性做出了贡献。世界原本就是生物多样和文化多样的集合体，当今全球文化不可能"同质化""均质化"，全球化情境下应该存在多种文化，各种文化之间相互吸收、学习、进步，"创建一个各美其美、美人之美、美美与共、天下大同的社会"。[2]

从文化的民族性角度讲，保持文化多样性是我国文化事业整体性与协调性的必然要求。"文化是民族的重要特征，是民族生命力、创造力和凝聚力的重要源泉。少数民族文化是中华文化的重要组成部分，是中华民族的共有精神财富。"[3]中国文化是一种内容庞博、兼收并蓄的体系文化，是各民族文化的融合体与集成。中华民族成员广布，由56个民族组成，分布呈现出

---

[1] 金星华、张晓明、兰智奇主编：《中国少数民族文化发展报告（2008）》，民族出版社2009年版，第114页。

[2] 费孝通：《费孝通民族研究文集新编》，中央民族大学出版社2006年版，第559页。

[3] 中华人民共和国国务院新闻办公室：《中国的民族政策与各民族共同繁荣发展》，外文出版社2009年版，第40页。

"大杂居，小聚居"的特点。对于民族分布格局，费孝通先生曾经提出过著名的"中华民族多元一体格局"理论。他认为："中国56个民族已结合成相互依存的、统一而不能分割的整体，各民族具有高一层次的民族认同意识。其次，形成多元一体格局有一个从分散的多元结合成一体的过程，在这个过程中必须有一个起凝聚作用的核心。汉族就是多元中的一元，但它发挥凝聚作用把多元结合成一体。"[1]在几千年的历史长河中，各民族为伟大祖国的缔造、辉煌中华文明的创就都做出了巨大的努力与付出，投入了各自的辛勤劳动和高超智慧。中国文化体系今天的繁荣是各民族共同创造的优秀成果。中国文化今天的普适观是各民族共同遵从的价值观念，这些共同的文化价值观念构筑起了中华民族文化的体系框架。"地球提供给人类的生存环境本身就是千姿百态的，生活在不同环境中的人们出于有效利用自然资源的需要，不得不构建起千差万别的异种文化，以便维护其自身的稳定、延续和发展。"[2]中华民族有史以来一直是一个文化共同体，各民族在这个体系之中以整体的民族文化作为共同信仰，并以这种共同的文化传统为纽带，打造了中华民族共同遵守的文化规范、伦理道德、人文精神、价值观念，也就是中华民族的民族凝聚力。"中华民族的这种凝聚力，并不是简单的经济利益聚合力，更不是表层的意识形态信念力，也不是单纯的种族血缘认同力。它的核心，应当是长期历史积淀下来的对本民族文化的价值认同。"[3]当然，中华民族文化"一体"格局并不排斥各民族优秀文化的独特性。因此也就有了"一体"格局之下"多元"性的特点，而"一体"与"多元"共同构成了博大精深的中华民族文化。作为区域社会实践所创造的文化符号和价值积累，河北省的非物质文化遗产在中华民族文化的有机体中同样不可或缺。重视对少数民族文化的保护，是完善中华民族文化整体性的必然要求，是巩固中华文化根基的必经之路。对河北省非物质文化遗产的保护必将增强中华文化的凝聚力。这种凝聚力的打造和保持在河北省尤显重要。河北省是一个多民族聚居区域。每个民族在长期的历史发展过程中都形成了自身独特的价值取向、习

---

[1] 费孝通主编：《中华民族多元一体格局》，中央民族大学出版社1999年版，第13页。
[2] 吴正彪、李永皇："论民族文化多元一体格局的实质与价值"，载《贵州民族研究》2009年第1期。
[3] 阮纪正："中华民族凝聚力：民族文化的价值认同"，载《开放时代》1991年第3期。

俗、伦理及相对稳定的文化模式。这种模式实际上就是对民族优秀传统文化的高度认同。所谓"文化认同",简单地说就是"人类对于文化的倾向性共识与认可。这种共识与认可是人类对自然认知的升华,并形成支配人类行为的思维准则与价值取向"。[1]文化认同既具有趋同性,也具有差异性。趋同性是针对创作民族本身而言的。每个民族、每个区域的文化都经历了一个漫长的历史过程,记录了这个民族和区域历史上的辉煌与苦难,刻画了民族和区域的发展历程与现状。这种趋同与认可成了民族和区域团结的黏合剂、凝聚力。差异性则表现在文化创作之外的其他民族的差异上。每个民族和区域都有着不同的历史经历,有着各自不同的文化构成。这种文化构成凸显了各民族、区域的文化特征,塑造了不同民族、区域的民族区域性格、气质及价值观念。所以,从文化角度来看,差异性是民族区域文化的根本属性。但是,在民族区域分支之上还存在着高层级的民族和国家概念,即中华民族和我们伟大的祖国。中华民族作为一个民族体系,体量庞大、包含广泛。各民族、各区域文化都是中华民族文化的内容构成,中华民族文化体系的搭建需要各民族、各区域文化差异性之上的文化趋同。实际上就是对中华民族整体文化的认同。各民族、各区域通过文化将认识逐级上升,塑造共同的价值观取向,从体系角度建造中华民族的文化凝聚力,打造整体的中华文化。通过中华文化增强中华民族文化价值观和认同感,推进我国国家文化事业建设的繁荣昌盛。

二、文化传承的需要

2001年11月2日,联合国教科文组织大会第31届会议通过了《世界维护文化多样性宣言》。该宣言指出,文化在不同的时代和不同的地方具有各种不同的表现形式。这种多样性的具体表现是构成人类的各群体和各社会的特性所具有的独特性和多样化。文化多样性是交流、革新和创作的源泉,对人类而言就像生物多样性对维持生物平衡那样必不可少。从这个意义上讲,文化多样性是人类的共同遗产,应当从当代人和子孙后代的利益出发予以承认和肯定。2005年10月20日,联合国教科文组织第33届大会以压倒性多

---

[1] 陈辉:"全球化时代之现代性与文化认同",载《黑龙江民族丛刊》2009年第2期。

数通过了《保护和促进文化表现形式多样化公约》(以下简称《文化多样性公约》)。这意味着文化多样性原则被提高到国际社会应该遵守的伦理道德高度,并具有国际法律文书的性质。文化多样性是客观存在。它涉及以下基本认同：每种文明和文化都是在特定的地理环境和特定的人群中产生和发展的,它不仅包括语言文字、文学艺术,还包括生活方式、价值体系、宗教信仰、工艺技能、传统习俗等极其丰富的内容。尊重多样性就是尊重文化的异质性。文明和文化有发展先后之差别,却无优劣高下的区分。它们都应获得同等的尊重和人类共同的保护。文化多样性是可持续发展的源泉。如同生物多样性是一个关系到生命在地球上续存的根本问题。美国人类学家博克认为,多样性的价值不仅体现在对社会生活的丰富上,还体现在为社会的更新和适应性变化提供了资源上。一种文化如同一种基因,多基因的世界具有更大的发展潜力。2002年9月,在联合国约翰内斯堡"可持续发展首脑会议"上,法国时任总统希拉克提出,文化是"与经济、环境和社会并列的可持续发展的第四大支柱"。会议宣言指出,文化多样性是人类的集体力量,在可持续发展思想体系中具有重要价值。《文化多样性公约》的诞生是对经济全球化的逆向思考的结果。经济强国的文化产品在"自由贸易"的旗帜下,伴随资本在全球的流动和扩张,冲向世界的每一个角落。其势之猛,使世界上的许多国家猝不及防。它造成的后果是文化产品的标准化和单一化,致使一些国家的"文化基因"流失。如同物种基因单一化会造成物种退化,文化单一化将使人类的创造力衰竭,使文化的发展道路变得狭窄。《文化多样性公约》生效后,各国自主制定保护文化表达方式多样性政策有了保障,在多边国际组织框架内推动文化多样性的交流与合作有了保障,尤其是为支持弱势文化的发展提供了极大的空间。

就河北省非物质文化遗产保护而言,保护非物质文化遗产既是河北省文化传承和发展的义务要求,也是维护中华文化独特性和复兴中华民族文化的义务要求。结合河北省非物质文化遗产保护面临的紧迫性,省内非物质文化遗产保护已经是"箭在弦上,不得不发"。目前,河北省有大批极具历史、文化和科学价值的非物质文化遗产正遭受不同程度的破坏,大批非物质文化遗产因为传承人断代而面临消亡危机。大量珍贵文物与历史数据遭到毁弃,一些承载河北地域和历史符号的传统风俗、民间手工艺和其他形式的非物质文化遗产正与我们渐行渐远。"河北省非物质文化遗产传承人中,达到普通退休年龄,在 61 岁以上的占到 50%左右,71 岁以上的非物质文化遗产传承人达到 20%以上。此外,通过调研发现,有些非物质文化遗产项目,尤其是在一些市场较窄,无销售或演出市场、传承人收入低的项目,传承人具有年龄的断层,年轻传承人很少,多是老一代传承人在支撑。对于高龄的非物质文化遗产传承人没有相应的社会保障,高龄非物质文化遗产传承人的社会保障问题日益严重。尤其是省级以下的非物质文化遗产传承人社会影响力弱且社会地位不高,非物质文化遗产传承人的社会保障问题更加凸显非物质文化遗产正面临着历史上前所未有的急剧变迁。因此,强调非物质文化遗产的重要性,在一定意义上也是对河北省各民族非物质文化遗产传承的保护的需要。"〔1〕

2005 年 7 月,一场关于保护非物质文化遗产的文化论坛在苏州举行。在这次论坛上,针对我国非物质文化遗产保护工作取得的成绩及存在的不足,文化部时任部长孙家正进行了深入浅出的分析,对相关问题作了几个方面的总结。孙部长认为,当前我国对非物质文化遗产的保护存在很多问题与不足。一是我国非物质文化遗产存在的整体环境恶化,传承遭遇困难。二是法制建设相对滞后,非物质文化遗产缺乏深度与广度层面的法律保护。三是人民群众保护文化遗产的意识不强,政府单位的宣传力度不够。四是保护机制存在严重缺失,制度建设需求较大,情况比较严峻。孙部长就加强非物质文化遗产保护工作提出了具体希望与要求。其认为,对非物质文化遗产进行保护首先要从认识层面做起。要结合当前社会与现阶段非物质文化遗产保护的新特点和新要求,有针对性地解决具体问题。而且要明确一个基本前提,那就是对非物质文化遗产的保护已经成为国家整体发展战略的基本构成,要与其他各项工作同时进行,齐纲并举。其次,要结合时代特点与地域特色,灵活地、有针对性地对各项非物质文化遗产进行保护。在保护态度上要从被动转向主动;在保护层面上要从单一转向全面;在保护方式上要从静态转向活态。此外,孙部长强调"要注重制度的建立和机制的完善"。〔2〕具体到河北

---

〔1〕 陈慧娟:"河北省非物质文化遗产传承人社会保障现状及提升研究",载《文化创新比较研究》2017 年第 32 期。

〔2〕 "孙家正部长 2005 年 7 月在非物质遗产苏州论坛的讲话",载中国网:http://www.china.com.cn,最后访问日期:2006 年 3 月 18 日。

省非物质文化遗产,我们很庆幸也很骄傲,在河北地区,我们拥有着种类繁多、内容丰富的非物质文化遗产。但是,我们也要承认一个严峻现实,那就是很多非物质文化遗产都面临着传承不能、消亡遗失的巨大危机。以河北耿村民间故事为例,这是让河北地区乃至全中国引以为豪的遗产文化。耿村因故事资源丰厚、讲述人集中而被命名为"故事村"。该村传承的故事内容涉及社会学、伦理学、历史学、宗教学、哲学和文学,有很高的学术价值。耿村故事表现出的审美观、价值观以及科学认识、道德教化和娱乐功能对建设社会主义精神文明、丰富人民群众的文化生活、提高人民群众素质、构建和谐社会有着积极的现实意义。耿村故事不仅在国内著名,还曾引起过国际关注。1991年,十几个国家的六十余名专家学者参加了中国耿村国际学术讲座会。他们一致认为,耿村文化现象是世界民间文化的奇观。自1996年始,耿村先后3次共接待了150余名国内外专家、学者考察访问和文化交流。1995年,耿村被文化部命名为"民间故事之乡"。但是,随着市场经济的发展、河北省开发脚步的加速,河北地区的生活内容与经济体制发生了快速变化。这种变化带来了河北省社会的进步与经济的发展,但是在引导不力或体制规范不到位的情况下就却产生一些"副作用"。比如,人们对文化事业或文化产品开发利用的功利性要求。知道是文化财富,也懂得是文化遗留,但如果在传承保护中不能产生即时效益,不能迅速带来经济财富,便打击一个传承主体保护传承文化遗产的热情与主动性,甚至磨灭传承主体的历史责任感、催生破坏性利用的念头。这种变化对于某些非物质文化遗产来讲是致命性的破坏。在今天的河北地区,大量的非物质文化遗产已经走在了濒临灭绝的边缘。像耿村民间故事,随着现有故事家年事渐高,新一代对故事的兴趣越来越淡漠,耿村民间故事面临传承断代的危险,亟须抢救、保护。展示历史题材,与近现代社会发展主题相异或相离较远的非物质文化遗产主要表现为民间文学、民间美术、民间音乐、民间舞蹈、传统戏剧、民俗等,因为缺乏社会生存氛围和基础,不被当今社会所理解和接受,它们的生存状况更是令人担忧。如果没有政令性的干预和保护很容易消失。比如可以从某一角度宣示河北地区历史性的区域特点的鼓乐(如藁城战鼓、赵奢战鼓)源自战鼓。而这种文化遗产是其他地方所不具有的。但是,在流行电子乐、西方音乐的今天,让年轻人再次拿起鼓槌敲响战鼓是十分困难。除了不喜欢这种传统乐器,最重要的是年轻一代很难体会其中的音乐内涵,没有进入与参与的主观能动性。而非物质文化遗产最关键的传承就是传承人的这种进入性和主观能动性,单纯依靠外界的强制命令很难从根本上保证非物质文化遗产的传承。这样的现象在河北地区有很多,包括民间文学、民间美术、民间音乐等各种题材都因为同样的原因而面临传承断代的危机。

三、经济发展的需要

丰富的非物质文化遗产体现了河北文化资源的优势,彰显了河北地区的历史文明。做好省内非物质文化的"活态"保护,将保护与开发利用进行有效结合,必将推动和完善河北省非物质文化遗产的建设体系,实现非物质文化遗产文化优势向产业优势的转变,大幅提升河北省的文化实力。河北省在加强非物质文化遗产保护的过程中也清楚地看到了非物质文化遗产的经济价值,在价值转换方面做了大量卓有成效的工作,也取得了非常好的效果。"河北省通过开展非物质文化遗产生产性保护实践,既推动了传统技艺的有效、全面保护传承,又促进了文化资源优势向经济资源优势转换,促进了经济社会协调发展,涌现出了一批实力很强的成长型非物质文化遗产企业。目前,衡水内画从业人数已超过 5 万,年产值 10 亿元;蔚县剪纸专业户达1100 户,从业人员 3 万余人,2012 年生产剪纸 600 多万套,产值 4 亿多元,已占到全县 GDP 的近 5%,成为县域特色经济的拳头产品和重要富民产业;曲阳石雕辐射全县 9 个乡镇 40 多个村,从业人员 10 万人,2010 年产值达到40 亿元,产品远销 80 多个国家和地区。"[1]同时,值得一提的还有安国药市。作为全国最大的中药材市场,安国药市已经成为河北省乃至全国文化遗产转化的先进代表。历经多年的发展,安国药业经济形成了种植、加工、销售一条龙,科技、工商、贸易一体化的经济格局,药业经济已经成了安国市的经济支柱产业。安国中药材种植面积达 13 万亩,种植的种类达 300 多个。其中祁薏米、祁菊花、祁白芷等"八大祁药"以及沙参、花粉等品种的种植量在全国居第一位。安国市每年可提供商品药材 2500 万公斤,其生产的山

---

〔1〕 彭卫国:"博弈与共赢——非物质文化遗产保护与利用的新探索",载河北非物质文化遗产网:http://www.hebfwzwhyc.cn/Show.asp? id=411&info=1201,最后访问日期:2020 年 3 月 1 日。

药、知母等药材销往日本、西欧和东南亚各国。中草药的精深加工在安国也有悠久的传统。1995年，安国辟地3000亩建成了以中药加工制药企业为重点的祁州工业城，建成了中药加工和饮片加工企业17家。其中，安药集团、药都制药厂、光明药行生产的药品都已是全国知名品牌。与此同时，工业城还吸引了韩国、美国等国家的客商来此投资办厂，美威制药等外资企业建成投产，药城总投资8亿元。安国东方药城位于安国市区东北部，是国家认定的17家中药材专业市场之一，被评为全国百强市场第二名，为安国市政府拥有和经营。它占地1.5平方公里，建筑面积60万平方米，分上下两层，于1994年建成，总投资8亿元（港币7.44亿元），规模为全国之最。整个药城由4条大街构成，内分为9个区，100多条街巷道路纵横交接。其中有商楼1100多座，中药材经营企业1300多家，来自北京、天津、上海、内蒙古、西藏等全国各地的医药经销企业有80多家。中心交易大厅是东方药城集中交易场所之一，占地15亩，经营面积12 000多平方米，有固定商位4000多个，分为杂药区、饮片企业展销区、精细药材区，设施和交易环境在全国同类市场中堪称一流。东方药城是经国家批准的中药材专业市场，经营品种有2800多个，日客流量3万余人，日吞吐中药材500多吨，经营范围遍及全国各地，辐射东南亚及欧美等20多个国家和地区，是以中药产业为龙头，集经销加工、医疗保健、科研、信息、购物、娱乐、参观于一体的大型中药材专业市场。1995年6月，东方药城与韩国最大的中药材市场"汉城汉药商街"缔结为姊妹市场，进一步加强了中药材国际贸易。1999年，安国东方药城的交易额达到45亿元，市场规模和档次居全国同类市场之首。东方药城年成交额超过60亿元，年药材吞吐量10万吨，日交易客商超过1万人。中药材年交易额超过60亿元。每年5月，安国市政府都要举办国家级规模的药交会，每年的交易额在12亿元人民币左右，客流量在50万人次左右，全国各地、东南亚及欧美等20多个国家和地区的客人都来此参加交易会。[1]仅仅是一个药城就创造了这么大的经济效益，可想而知非物质文化遗产的经济转换价值是多么的巨大。

---

[1] "安国东方药城"，载百度百科：https://baike.baidu.com/item/安国东方药城/1414210? fr=aladdin，最后访问日期：2020年3月1日。

除了安国药市，衡水老白干传统酿造技艺、板城烧锅酒五甑酿造技艺等传统手工技艺在经济转化方面也都取得了极大的成功，带动了当地经济的发展，创造了大量工作机会，收获了极大的经济效益。但是，从河北省数量庞大的非物质文化遗产的基数来看，目前成功实现经济转化的项目只是少数。绝大部分的非物质文化遗产还没有（甚至是没有机会）获得转化，或者是在转化过程中没有成功，要么是没有被市场所接受，要么是破坏了非物质文化遗产的精神实质，变成了完全现代化的通俗商品。比如，河北省非物质文化遗产保护名录中的民间音乐和民间舞蹈，在进入市场过程中就遭遇了这样的问题。2006年5月20日，井陉拉花经国务院批准被列入第一批国家级非物质文化遗产名录。但是，在进入市场和商业化演出过程中，拉花失去了原有的韵味，变成了一般性舞蹈。为此，井陉拉花的传承人武新全老人深有感触。"他越来越感觉到拉花必须回归原生态……不论在什么时候做什么样的创新，古老的原生态的拉花艺术不能丢。"[1]事实上，非物质文化遗产的文化意义远大于其能带来的经济利益。但在市场经济主导的今天，许多人看重的实际上是其经济效益，出现了"非物质文化遗产异化"现象，只是片面追求非物质文化遗产的经济利益，从而把非物质文化遗产当成摇钱树。这种做法绝对要不得。因为这会破坏非物质文化遗产的精神实质，导致这种文化财富永久性消失。这种代价是巨大的、不可弥补的。所以，在推动非物质文化遗产商业化过程中保护其精神文化的传承是做好这项工作的题中之义、万流之端。

---

[1] 武新全："原生态的拉花不能丢"，载燕赵都市网：http://www.yzdsb.com.cn，最后访问日期：2008年3月7日。

第三章

河北省非物质文化遗产法律保护现状及完善

非物质文化遗产保护是一项综合性的社会系统工程,内容广泛、涉及部门众多。法律途径只是其中较为重要的一种保护形式。20世纪80年代以来,包括河北省在内的各省区纷纷开始通过立法对区内非物质文化遗产进行法律保护并取得了较大成绩。但是,在法律施行过程中也暴露出了很多问题。

第一节 河北省非物质文化遗产法律保护的现状

一、河北省非物质文化遗产的一般性保护

随着全球化的发展和社会现代化进程的加快,河北省包括非物质文化遗产在内的文化存留与其他省份一样都遭遇了生存和传承方面的冲击,对它们的保护已经变得刻不容缓。原因主要来自于几个方面:一是由于社会生产生活的大环境发生改变,千百年来依靠口头和行为传承的非物质文化遗产赖以生存的条件被破坏,导致许多传统技艺濒临消亡。在物质遗产方面,大量拥有高度历史文化价值的珍贵实物与资料遭到毁弃或流失境外。在非物质文化遗产方面,随意滥用、过度开发的现象时有发生。一些传统技艺、传统表演艺术遭遇传承困难,面临后继无人、断代灭绝的危机。二是非物质文化遗产保护不到位。非物质文化遗产保护工作目前主要由政府主导,但是法律规定过于原则、缺乏操作性,行政工作落实不到位等方面的原因导致保护工作成效不显,这也是造成大量非物质文化遗产流失的一个重要因素。三是非物质文化遗产保护还存在保护机构不健全、保护资金匮乏、专业人员短缺、社会

教育和学校教育滞后、社会自觉保护意识淡薄等突出问题，亟待通过立法使政府有关职能部门、保护机构、科研院所、新闻媒体、广大群众明确各自的角色定位和职能作用，提高全社会的文化遗产保护意识。

从20世纪80年代开始，河北省对省内非物质文化遗产的保护高度重视、积极布置，大致经历了三个发展阶段。第一个阶段是文化作品编纂集成阶段，时间为1979年至2003年。1979年，文化部、国家民族事务委员会、中国文联有关文艺家协会共同发起并主办了10部"中国民族民间文艺集成志书"的编纂出版工程。该工程是中华人民共和国成立以来首次大规模的、整体性的文化基础建设工程，也被誉为"中国文化长城"。经过全国数十万文艺工作者近30年的努力，2009年10月，4.5亿字、298部省卷（400册）的鸿篇巨制10部"中华民族民间文艺集成志书"终于全部出版。在编纂过程中，共调查民歌30万首；收录戏剧剧种394个，唱腔17 402段；收录曲艺曲种591个，唱腔11 108段；收录器乐曲曲目20 698首；普查舞蹈节目26 995个；普查民间故事30万篇；收录民间歌谣44 941首；收录民间谚语576 546条。[1]"中国民族民间文艺集成"是改革开放以来我国在民族民间文化抢救与保护方面所取得的标志性成果，全面反映了我国各地、各民族戏曲、曲艺、音乐、舞蹈、民间文学状况。20世纪80年代以来，配合"中国民族民间文艺集成志书"的编纂出版，河北省各级文化部门积极开展对民族民间艺术的抢救、挖掘、整理、研究、展示和交流活动，取得了可喜成绩。在"中国民族民间文艺集成志书"中，河北省的歌谣收录了1项、民间歌曲收录了2项、民间故事收录了1项、民间音乐收录了2项、民间舞蹈收录了1项、曲艺音乐收录了2项、曲艺志收录了1项、戏曲音乐收录了2项、戏曲收录了1项、谚语收录了1项。[2]第二个阶段是政府主导的保护阶段，时间为2004年至2013年。2004年5月，河北省文化厅、财政厅实施了河北省民族民间文化保护工程。2005年10月18日，河北省政府办公厅发布《关于加强全省非物质文化遗产保护工作的意见》，这标志着全球化语境下的"非

---

[1] "十部'文艺集成志书'为我国非遗保护奠定坚实基础"，载网易网：http://news.163.com/10/0415/17/64B28G6P000146BC.html，最后访问日期：2020年5月12日。

[2] "中国十部民族民间文艺集成志书"，载剑桥大学图书馆：http://www.lib.cam.ac.uk/mulu/shibu.html，最后访问日期：2020年5月12日。

物质文化遗产"概念取代了"民族民间文化""民间文化"等中国语境下的称谓,也标志着由"政府主导、社会参与"的非物质文化遗产保护全面启动。2005年以来,以制度建设、名录项目、传承人保护为重点,以抢救性、整体性、生产性保护为理念的河北省非物质文化遗产保护格局初步确立。第三个阶段是立法保护阶段,为2014年至今。2011年6月1日,《非物质文化遗产法》正式施行。2014年6月1日,《条例》正式施行。不同层面的立法完善标志着河北省非物质文化遗产法律保护新阶段的开始。从此以后,河北省非物质文化遗产保护开始从工作自觉走向法律自觉、保护手段由行政措施转向法律规范。法制建设的进步极大地促进了河北省非物质文化遗产事业的完善。

(一)设立了专门的保护机构

为了更好地开展河北省的非物质文化遗产保护工作,2008年,河北省成立了以副省长为组长,由省文化厅、发展和改革委员会、财政厅、教育厅、民族宗教委员会、建设、旅游等8个厅局级单位为成员的河北省非物质文化遗产保护工作领导小组。为进一步提升领导力度,2009年6月,又成立了以副省长为组长,省委宣传部、文化厅、人民代表大会教科文卫委员会、政协教科文卫体委员会、发展和改革委员会、财政厅等工作部门领导为成员的河北省非物质文化遗产保护领导小组,并在省文化厅设立了办公室。同时,省委省政府还成立了专家委员会,并率先在全国成立了独立编制的、专职从事非物质文化遗产保护工作的处级文化事业单位,即河北省民族民间文化研究保护中心。保护中心是一个经费独立核算、具有独立编制的机构。随后,各市也成立了相应的组织机构和工作部门。以石家庄为例,2006年6月,河北省成立了以市政府副市长任组长,市文化局局长任副组长,市财政局、文化局、文物局、文联、发展和改革委员会、建设局、教育局、民族宗教局、旅游局、信息产业局、广播电视局、新闻出版局、石家庄日报社等13家单位负责人组成的全市非物质文化遗产保护工作领导小组,负责全市非物质文化遗产保护长期规划和年度计划、抢救保护项目编制、专项资金管理和使用等。领导小组办公室设在市文化局。同时,成立石家庄市非物质文化遗产研究保护中心,在市群艺馆办公。同时,还成立了专家委员会。

（二）对省内非物质文化遗产开展了稳步有序的普查

按照中央政府和省政府的指示精神，河北省文化厅牵头对省内非物质文化遗产进行了整体普查。其不仅制订了切实的普查方案，还明确了普查目标和任务，同时培训普查人员、落实普查资金，并编辑印发《河北省非物质文化遗产保护普查工作手册》及《普查登记表》作为河北省非物质文化遗产普查的工具书。为了提升普查人员的素质，河北省还举办了多期普查工作专题培训班，通过各种培训提高普查人员的道德素养和业务能力，以更好地完成普查工作。2006年，河北省文化厅专门下发了《关于开展全省普查试点工作的通知》，全省普查试点工作全面展开。这次普查采用的是以点带面的方法，首先确定了16个普查试点，通过试点积累工作经验，为日后的全面普查奠定良好的基础。16个试点分别是：耿村民间故事、石家庄丝弦、固安屈家营音乐会、胜芳花灯及元宵灯会、磁州窑烧制技艺、女娲祭典、乐亭大鼓、直隶官府菜系烹饪技艺、周公与桃花女婚俗文化、沙河藤牌阵、昌黎地秧歌、吴桥杂技、盐山千童信子节、武强年画、蔚县古民居建筑技艺、满族服饰文化。这次普查极大地促进了河北省非物质文化遗产保护工作，取得了非常不错的成绩。如立基于对民家古乐工尺的普查整理编发的《河北民间古乐工尺谱集成》成了我国第一部全面反映整个河北省民间古乐面貌的印刷体工尺谱大全。通过普查得以出版发行的《河北省非物质文化遗产图典》，让河北省成了全国首个拥有非物质文化遗产图典的省份。此外，通过这次普查，河北省还成功出版了图书《河北戏剧》《河北皮影木偶》《河北杂技》《定州秧歌》、耿村民间故事《一千零一夜》以及光盘《民间二人台》等。

（三）完成了省、市、县三级名录体系的建设

按照国务院办公厅《关于加强我国非物质文化遗产保护的意见》的要求，河北省根据各类非物质文化遗产的生存环境和保护工作的轻重缓急，认真开展了科学认定，建立了省、市、县三级非物质文化遗产名录体系。目前，河北省的非物质文化遗产已有39项在我国第一批国家级非物质文化遗产名录中榜上有名，在第二批国家级非物质文化遗产中有29项。2006年和2007年，省政府分别批准公布了130项第一批省级名录项目，97项第二批省级名录项目。石家庄、邯郸、承德、廊坊、邢台等市级名录，沧县、昌黎

等部分县级名录也已公布,其中石家庄已公布了两批市级名录。[1]

(四) 扩大了非物质文化遗产保护的影响及宣传

提升非物质文化遗产的保护意识是促进与完成保护工作的前提与基础。围绕这条主线,全省各级文化部门开展了各种形式的宣传活动,通过营造浓厚的保护氛围激发了人们对非物质文化遗产进行保护的热情与主动性。2007年,河北省开通了"河北省非物质文化遗产保护网"。通过建设省级门户网站宣传保护非物质文化遗产的做法在当时实属罕见,此前只有江西省做过。学校是宣传非物质文化遗产保护的阵地,河北省各高校对宣传保护自己家乡的非物质文化遗产下了很大力量,通过课堂讲课或组织夏令营、主题培训等方式引导非物质文化遗产走进校园。河北科技大学在这方面起到了表率作用。同时,河北省还动员各界新闻媒体对非物质文化遗产进行积极宣传。如河北电台的"阳光热线"栏目曾经举办过一期"非物质文化遗产保护与传承论坛",不仅邀请了各文化部门的相关领导以及工作人员,还与听众开展了互动交流。此外,河北省还举办了多种形式的保护成果展演活动,包括民俗博物馆免费向民众开放等。这些活动收获了很好的宣传效果,引起了社会各界的极大反响,推动了河北省非物质文化遗产保护工作的顺利开展。

二、河北省非物质文化遗产的法律保护

(一) 法律保护的理论探索

多年来,河北省非物质文化遗产的立法保护在学界是一个有争议的问题,说法不一,观点存在分歧,主要表现在以下几个方面:

1. 保护范围

针对河北省非物质文化遗产保护范围问题,有的学者建议严格依照《保护非物质文化遗产公约》规定的范围进行保护;有的学者认为应该结合河北省自身发展状况来确定保护范围;有的学者主张仅针对河北省活态性的非物质文化遗产进行行政法保护。争论直到《非物质文化遗产法》及《条例》出台才得以缓解。但是,基于《非物质文化遗产法》及《条例》的相关规

---

[1] 该数据由河北省非物质文化遗产保护中心提供。

定过于抽象与原则，到目前为止，河北省非物质文化遗产的保护范围的框定还没有得到完全明确。

2. 保护内容

河北省非物质文化遗产有文学、美术、音乐、舞蹈等多个分类。其中涉及河北人民从古到今的生产生活方式、风俗习惯、民族信仰、价值观等多方面内容。很多文化遗产按照当今社会标准已经丧失了社会进步性，如石家庄市井陉县申报的丧葬习俗。随着当今火葬、简葬政策的出台，传统的丧葬习俗不仅不合时宜，在某种角度上已经违背了当今社会主流甚至是法律规定。之所以将其纳入保护名录，考虑的是要研究、了解该地区的历史文化和习俗，包括井陉丧葬习俗的地方特色及其承载的历史文化内容。像丧葬习俗这样的文化遗产还有很多，如河灯习俗、火神信仰等，在提倡科学世界观的今天，这些文化遗产包含了一些迷信内容，同时又包含一定的文化精华。如何"去其糟粕，保护精华"在立法保护方面需要相关部门认真考虑。

3. 保护原则

针对河北省非物质文化遗产保护的原则问题，有的学者主张重点保护原则；有的学者主张主动全面保护原则；有的学者主张分别保护原则。产生不同意见与河北省非物质文化遗产的分布现状不无关系。河北省非物质文化遗产具有数量众多、种类庞杂的特点。有些文化遗产存在传承人年龄老化、后继无人的情况。有些文化遗产因现代社会适用空间狭小、年轻人对它不感兴趣而处于一种传承断代的状态。有些文化遗产因存在巨大的商业利益而被透支性开发，导致其中传统的精神实质被歪曲甚至发生了根本性蜕变，完全变了味。基于不同的情况，学界包括政府保护部门和人士提出了不同的保护原则。每个原则的背后都隐藏着加强保护的初衷，但是在法律保护统一的大背景下，如何实现原则的一致还需要我们努力思考。

4. 保护方针

非物质文化遗产需要文化原生态的保持。但是，原生态的非物质文化遗产并不是要专职守旧不出新，非物质文化遗产所追求的"原真性"是一种要以发展的眼光进行看待的"原真性"。《保护非物质文化遗产公约》特别强调"各个群体和团体随着其所处环境、与自然界的相互关系和历史条件的变化不断使这种代代相传的非物质文化遗产得到创新，同时使他们自己具有一种认同感和历史感，从而促进了文化多样性和人类的创造力"。按照公约精神，非物质文化遗产的原生态并不排斥创新，而是反对脱离所处环境、脱离传承区域文化认同、破坏非物质文化遗产精神实质的胡乱创新。对于与其所处环境、与自然界的相互关系和历史条件的变化相适应的创新在非物质文化遗产保护过程中是需要的。这种创新不仅能促进人类文化的多样性和人类的创造力，同时也能够促进非物质文化遗产的传承、发展。所以，在保持河北省非物质文化遗产的原生性与创新性方面，学界的观点不尽统一。但这又是非物质文化遗产保护的一个前置问题。

5. 保护方式

针对河北省非物质文化遗产的法律保护，理论界提出了多种保护模式，争论的焦点主要集中于公法与私法两个方面，即采取行政法保护还是依靠知识产权法进行民事保护。有的学者主张，将非物质文化遗产保护作为河北省政府部门的专有职责，着重于队非物质文化遗产开展"公"权保护。与此相反，也有学者认为，私法保护对于对河北省非物质文化遗产的传承及维护而言更加有利，河北省应将工作重心放在"私"权的法律维护上。也有学者主张，采用综合模式，即结合公法和私法的双重模式保护河北省非物质文化遗产。基于非物质文化遗产的特殊性，非物质文化遗产法律保护的主要工作是对其进行确认、认证、建档和传承，会涉及多方面的公共领域问题，如对相关社区、群体利益的选择和尊重，发展民族文化，促进文化多样性发展等。当前，河北省对非物质文化遗产的法律保护主要还是以行政法（也就是公法）保护为主。但是，有一部分学者认为，对于非物质文化遗产，河北省应该适用知识产权进行私法保护，鉴于我国的非物质文化遗产被滥用的现象比较严重。用著作权法对其加以保护可以防止无偿使用，杜绝外国人歪曲作品原意和损害民族形象。[1]但是，用民事的方式来保护非物质文化遗产也存在很多问题。一是非物质文化遗产知识产权的归属确定问题。鉴于非物质文化遗产的活态性，非物质文化遗产应该由谁来主张权利、行使权利目前仍是一个有争议的问题。二是"私"权保护的及时有效性问题。非物质文化遗产目前面临生存危机，很多非物质文化遗产均处于濒临灭绝的状态，如果仅有民

---

[1] 邱平荣、李勇军："论民间文学艺术作品的著作权保护"，载《江淮论坛》2003年第4期。

事手段而没有行政手段的保护，会有大量珍贵却缺乏市场适容性的非物质文化遗产因得不到有效保护而消亡。三是非物质文化遗产创作主体的确定问题。非物质文化遗产基于其民族性、地域性、延续性而使得权利主体的范围既可以是整个民族，也可以是该民族或多个民族居住在某地的一个团体（部落、村寨），还可以是该民族或团体的若干代言人。由于其主体存在难以界定的"集体性"，非物质文化遗产与知识产权相比，具有了更多的公权性质。[1]四是保护期限问题。现行的知识产权法都实行期限保护，但是非物质文化遗产处于不断的发展演变之中，不能（也不应该）限定它的保护期限。因此，与知识产权体系之下的私权保护相比，对非物质文化遗产的保护更应该注重长期的、可持续的利用。[2]所以，知识产权法对非物质文化遗产的保护存在缺陷，并不能取代行政法等公法保护方式。反过来说，采用单一的公法保护、摒弃私法保护又会冲击非物质文化遗产权利人的合法权益，打击其传承热情。应该说，两种方式各有利弊，导致河北省非物质文化遗产的法律保护方式成了学界热烈争论的焦点。

（二）河北省非物质文化遗产保护的法制工作

一直以来，河北省委省政府高度重视非物质文化遗产的法律保护问题。自2003年以来，相关立法工作持续推进。为了进一步将《国务院关于加强文化遗产保护的通知》落到实处，也为了有效保护传承区内非物质文化遗产，河北省大力推进非物质文化遗产法制建设的进程，确保非物质文化遗产的各项工作做到有法可依。2005年10月18日，河北省政府发布了《河北省人民政府办公厅关于加强全省非物质文化遗产保护工作的意见》（冀政办[2005] 26号）、《河北省非物质文化遗产代表作申报评定暂行办法》《河北省非物质文化遗产保护工作领导小组工作制度》；2006年6月1日，河北省政府发布了《河北省人民政府关于加强文化遗产保护的实施意见》（冀政[2006] 41号）。除此之外，河北省文化厅有针对性地研究起草了《河北省省级非物质文化遗产保护与管理暂行办法（征求意见稿）》《河北省非物质

---

[1] 吴烈俊："我国民族民间文学艺术的法律保护"，载《西南民族学院学报（哲学社会科学版）》2003年第5期。

[2] 刘筠筠："民间文学艺术保护的立法探索与比较研究"，载《贵州师范大学学报（社会科学版）》2005年第6期。

文化遗产保护专项资金管理暂行办法（征求意见稿）》和《河北省非物质文化遗产代表性传承人命名与资助暂行办法（征求意见稿）》三个配套条文。相关法规的出台明确了非物质文化遗产的含义、范围、保护目的和具体的操作措施，对具体的保护工作提供了指引，使河北省非物质文化遗产的法律保护工作有法可依，也为日后《条例》的成功出台奠定了良好的基础。

21世纪以来，包括人大代表、政协委员在内的社会各界人士对制定河北省非物质文化遗产保护专门法律的呼声不断高涨，为此也提出了许多建设性的意见和建议。出台专门法律对非物质文化遗产进行保护已经变成大势所趋。2003年以来，随着河北省非物质文化遗产保护工作的不断深入，河北省文化厅根据立法形势的需要，开始着手《条例》的调研和起草工作。《条例》被河北省人大和政府法制办列为2007年重点立法调研计划项目。2007年1月，河北省人大教科文卫委员会还组织有关河北省人大常委、代表、省文化厅等有关负责人及专家开展了非物质文化遗产立法调研。2007年9月，河北省人大教科文卫委员会组成文化遗产保护法制建设交流代表团，对法国、意大利的文化遗产立法情况进行了考察，吸收、借鉴了国外的非物质文化遗产立法保护经验，就河北省非物质文化遗产保护的一些重点和难点问题达成了共识。在起草过程中，河北省文化厅还收集了国内外保护文化遗产的法律法规等资料，借鉴了兄弟省份以及一些国家和地区、国际组织保护文化遗产的立法经验。在此基础上，形成了《河北省非物质文化遗产保护条例（征求意见稿）》。[1]最终，2014年3月21日召开的河北省第十二届人民代表大会常务委员会第七次会议表决通过并颁布了《条例》，于2014年6月1日起正式施行，开启了河北省非物质文化遗产保护有法可依的新阶段，对于河北省非物质文化遗产法律保护进程具有极大的推进作用。《条例》集多年来河北省法律工作者的整体思考之大成，体现了河北省委、省政府对于非物质文化遗产进行法律保护的坚定决心与积极努力。

1.《条例》契合河北省非物质文化遗产的属性要求

不同的法律调整不同的法律关系，因为每种法律都有其自身特有的调整

---

[1] 马维彬、张雪燕、魏静："关于我省非物质文化遗产保护立法的几个问题"，载《大众文艺（理论）》2009年第12期。

对象。同样，不同的调整对象对于法律也有特有的属性要求，需要配置与之相适应的法律机制。调整对象的性质与其在社会发展中的地位与功用密切相关，决定着因调整对象而产生的社会关系是否需要法律进行调整，依据何种法律进行调整。河北省非物质文化遗产是千百年来河北人民积累和传承的文化成果和智慧结晶，对其进行专门法律保护不仅必需而且必要。《条例》的出台满足了河北省非物质文化遗产传承性与价值属性方面的要求。

第一，传承属性方面。河北省非物质文化遗产的存在和传承主要依靠代表人进行，依靠主体记忆，通过口传心授进行。同时，河北省非物质文化遗产的存在、传承、传播及发展又同孕育它的人文环境及生态环境密不可分。在这种情况下，"由于传承人具有特殊性与特指性，以及他们本身的意识、水平的差异，还有受到传统的局限，加之生活与生产方式的变化及限制，使得很多非物质文化遗产被排挤在社会主流文化之外，加之非物质文化遗产自身的弱势性，导致其传承链的错接或断裂，最终造成某些河北省非物质文化遗产的消失"。[1]这也就是河北省部分非物质文化遗产面临消亡困境的主要原因。另外，由于河北省某些非物质文化遗产并不具有直接经济利益性，与现代社会主流商业观和市场观存在一定差异，因此造成一些非物质文化遗产走进了传承的"死胡同"。很多非物质文化遗产的权利人（包括所有人、传承人和其他相关权利人）被迫或主动放弃其所传承的非物质文化遗产，任其消逝于历史长河之中，导致了这些珍贵文化瑰宝的消失。比如，丰宁满族吵子会的传承人迫于生计，忙于生意，对于吵子会既无时间也没有精力加以传承。类似问题在河北省非物质文化遗产传承领域十分广泛，阻止本省非物质文化遗产传承链条的断裂已经成为河北省政府的应有职责，需要政府部门采取行之有效的措施加以解决。《条例》就是在这种大背景下应运而生的，这决定了其不仅是河北省区域文化特定属性的体现，也背负着保护非物质文化遗产的历史重任。

第二，价值属性方面。河北省非物质文化遗产作为一种传统文化，社会意义与现实意义极其重大。作为河北省文化的重要组成部分，非物质文化遗产是保障河北省文化生态平衡的重要因素，是实现河北省可持续发展的重要

---

[1] 杨艳、肖京雨："非物质文化遗产的法律思考"，载《法学杂志》2007年第5期。

内容，对其加以保护不仅必需而且重要。但是，非物质文化遗产具有独特性，并不是所有的非物质文化遗产都具有市场适应性，会产生相应的物质财富。有些非物质文化遗产会因为缺乏市场融适性而在社会的发展过程中因传承不能而最终走向消亡。受效益主义思想与利益驱动观念的影响，急功近利的人们通常只会对具备直接经济价值的非物质文化遗产进行开发利用，对于不产生直接经济价值的部分予以摒弃、搁置。"但长此以往，倘若不约束人们开发、利用这些具备直接经济价值的非物质文化遗产的行为，那么有些人势必会在个人利益的驱动下，无所顾忌地对这部分非物质文化遗产进行肆意的发掘与使用，将他们自身所需要的维护和传播完全置于脑后。"[1] 而对于其他不具备直接经济价值的非物质文化遗产，因为人们不愿继承和宣传，如果又没有必要的、有效的保护措施，慢慢地，不具备直接经济价值的非物质文化遗产就会走向自然消亡的绝境。以河北玉田泥塑为例，随着现代工艺的发展，人们的审美观点和价值理念发生变化，从客户接受度来看，这种手工泥塑作品的市场占有逐渐萎缩，最终可能被迫退出市场。一旦丧失市场需要，泥塑就会逐渐淡出人们的视野，其传承人也会放弃对其的继承与弘扬，最终导致玉田泥塑这种非物质文化遗产灭失。在这种情况下，政府作为保护性政策法规的制定者，作为非物质文化遗产及其赖以生存的生态环境的捍卫者，必须要进行主动干预与保护，运用公权力加以引导、限制针对具备直接经济价值的非物质文化遗产的过度发掘和使用行为。同时，在公权力的指引下，通过探寻行之有效的途径保护其他不具备直接经济价值、有消亡之虞的非物质文化遗产。总之，河北省非物质文化遗产的价值属性决定了对其开展有效的保护不仅需要河北省政府运用公权力去引导和限制，更需要公权力的前期干预。《条例》的出台就是该目标实现的必然选择。总而言之，河北省非物质文化遗产的价值属性表明，《条例》的实施是十分有益且必要的。

2.《条例》符合河北省非物质文化遗产保护的法律要求

《条例》的颁布不仅适应了社会发展的时代要求，同时也满足了河北省非物质文化遗产保护的法律要求。

---

〔1〕参见高轩：《我国非物质文化遗产行政法保护研究》，法律出版社2012年版。

首先,《条例》能够满足河北省非物质文化遗产保护责任主体方面的要求。河北省非物质文化遗产保护是河北省全省人民的共同责任。从保护主体责任角度看,目前河北省非物质文化遗产保护的最重要主体是政府。河北省各级政府承担着省内非物质文化遗产保护工作的主要责任。这样的设置结合了非物质文化遗产目前的生存现状与保护效益思考,也是世界各国普遍采取的成熟做法。河北省拥有种类丰富、数量众多的非物质文化遗产,如衡水老白干传统酿造技艺、承德清音会、青龙猴打棒、保定老调、黄骅渔鼓、井陉拉花、涿州十不闲和丰宁满族吵子会等。这些非物质文化遗产都彰显着鲜明、浓郁的河北地方特色。在对非物质文化遗产进行保护的过程中,各级政府肩负着主要职责,而行政机关在保护非物质文化遗产过程中所产生的各种法律关系即为《条例》的调整、对象。作为调整、保护河北省非物质文化遗产专门性的行政法规,《条例》最主要的工作就是调整各级政府保护非物质文化遗产的行政行为。

其次,《条例》能够满足河北省非物质文化遗产特殊调整的要求。这里讲到的特殊调整就是《条例》通过自身特有的制度满足河北省非物质文化遗产对其载体之一的"人"的调整要求。人身在传统法律关系中,作为法律关系之客体时,其范围十分有限。人的身体在法律上不能被视为"物",所有人不得把身体当成"物"进行买卖和有偿的经济交换,且不得转让,禁止权利主体利用自己的身体从事交易。但是,基于非物质文化遗产特殊的集合形式,对其进行保护时又无法排除"人"的存在,二者作为整体不可分割。法律不能因为法律保护客体的物质性而将非物质文化遗产以及非物质文化遗产借以传承和传播的"人"排除在法律保护之外。[1]因为非物质文化遗产之相关权利人往往是同非物质文化遗产融为一体的。人作为法律关系的主体,融适于非物质文化遗产保护的实践中,包含于所形成的法律关系之内。权利人既是重要的客体,更是非物质文化遗产的重要载体,做好权利人的保护工作是河北省做好非物质文化遗产法律保护的前提和基础。《条例》对非物质文化遗产中的"人"进行了充分的考虑。权利人被该法规通过行政认定确认为非物质文化遗产之传承人,并给予特殊保护。这样既没有违背"人"不能成为法

---

〔1〕 尚书成:"非物质文化遗产的知识产权保护研究",黑龙江大学 2014 年硕士学位论文。

律关系客体的基本准则,又很好地、有效地保护了与非物质文化遗产息息相关的权利人。[1]"《条例》利用行政确认、行政许可、行政指导等具体行政法制度,运用国家行政权力,通过行政确认、行政许可等方式有效地保护非物质文化遗产之所有者、传承人。"[2]因此,《条例》可以满足河北省非物质文化遗产对作为其载体的"人"的特殊调整。

再次,《条例》符合河北省非物质文化遗产整体保护的要求。《条例》具有针对公共管理关系的调整功能和针对公益的保护功能,使其可以更全面、更立体地保护非物质文化遗产,在整体性保护河北省非物质文化遗产的生存与传承方面具有私法不可替代的作用。《条例》站位高远,着重于行政管理关系的调整,视野更为开阔。同时,《条例》的保护对象还包括河北省非物质文化遗产整体的生存及传承环境。河北省非物质文化遗产保护工作的目标是通过对非物质文化遗产的保护实现河北文化的多样性保持,前提是实现河北省非物质文化遗产生存和传承环境的整体保护。这种整体保护要求相关立法不能过于微观与具象,而应该关注更宏观、更全面的问题,应结合河北省的公共利益保护主线对非物质文化遗产进行规范保护。"《条例》能够始终保证行政权行使之公益性目的,在保护个别地市具体非物质文化遗产时,能尊重非物质文化遗产内在的多元性内容和活态性的生命特点。真正做到在保护河北省非物质文化遗产自身的同时,更加重视保护它们所产生、所成长的结构性环境;在注重河北省非物质文化遗产非动态价值的同时,更加关注不同文化事项具体的存在形态与发展历程。总之,既要保护文化事项本身,也要保护它的生命之源。"[3]同时,《条例》能够解决河北省非物质文化遗产传承和传播过程中出现的垄断问题,站在更高的视角来调整河北省非物质文化遗产的传播行为。河北省有很多非物质文化遗产跨市、跨区域,权利主体群体性很强。比如,河北省的剪纸艺术就是被多个地市所共有与传播的。《条例》约束和推动的主要内容是非物质文化遗产的行政权管理,目的是维护整体的社会公益。如果某个区域、某个主体对于非物质文化遗产进行垄断

---

[1] 参见高轩:《我国非物质文化遗产行政法保护研究》,法律出版社2012年版。
[2] 雷建连:"论非物质文化遗产的行政法保护",中央民族大学2013年硕士学位论文。
[3] 刘魁立:"论全球化背景下的中国非物质文化遗产保护",载《河南社会科学》2007年第1期。

性占有，便会成为《条例》调整的对象。《条例》排除河北省非物质文化遗产保护过程中的文化垄断现象，否定非物质文化遗产权利人为了获取利益而寻求对文化进行垄断的行为，以免在保护个别地市非物质文化遗产的同时损害其他地市对非物质文化遗产的共有和共享利益。

最后，《条例》符合河北省非物质文化遗产抢救性保护的要求。基于各方面的原因，河北省非物质文化遗产的法律保护形势异常严峻。首先，非物质文化遗产的社会环境遭受了破坏。受社会发展思潮的影响，当今的人们喜欢"追新"，对于"守旧"的非物质文化遗产缺乏热情，有时甚至会为了适应时代发展潮流而人为地改变非物质文化遗产的精神实质，一些非物质文化遗产同其赖以生存的人文环境一同遭到了极大破坏。其次，生活方式与生产模式的变迁致使很多非物质文化遗产逐渐流失或消亡。例如，目前河北省的一些农村民间工艺类非物质文化遗产就面临断档、失传的危机。如河北省承德市丰宁满族自治县的丰宁剪纸，社会对剪纸技艺关注度低、受众群体减少导致丰宁剪纸艺术遭遇了传承困境。最后，经济的发展导致一些非物质文化遗产被过度开发利用。随着经济社会的发展，人们更加关注事物的经济利益性。但是，有些非物质文化遗产尽管具有高度的文化效益，但却缺乏相应的利益属性，结果是被市场、被今天的社会所遗弃。这些问题的存在导致河北省非物质文化遗产的法律保护工作变得十分紧迫。"保护为主，抢救第一"成了河北省政府保护非物质文化遗产的根本出发点，同时要求对基础性工作加以落实。通过普查甄别出那些濒危的非物质文化遗产项目，运用全面、高效的抢救性保护措施，使这些濒危遗产能够得以保存和传承；利用一切有效手段保留住河北省非物质文化遗产的精神实质，保证其不因时代主题更迭而丧失其"原汁原味"；打击各种违法违规行为，维护非物质文化遗产赖以生存的整体环境；所有这些努力的实现都要借助《条例》的贯彻落实。在法治时代的大背景下，法律是这些保护措施能够切实、有效实施的最有力保障。《条例》具有积极主动和及时高效等方面的属性，这决定了必须（也只能）由其肩负起抢救性保护河北省非物质文化遗产的重任。

第二节　河北省非物质文化遗产法律保护的不足

多年来，河北省在通过立法保护区内非物质文化遗产方面取得了显著成绩，但也存在一些不尽如人意的地方。在今后的工作中，河北省需要认真分析存在的问题，总结经验教训，加强非物质文化遗产保护地方立法，针对相关问题探索解决思路。这项工程意义重大，但工作难度大、周期长。

一、立法不完善

随着我国整体经济的高速发展，包括河北地区在内的中国经济取得了突飞猛进的进步，经济、科学、文化等各项事业也都取得了长足进展。但是，由于相关规范的缺乏或不完善，包括非物质文化遗产在内的各种文化存在受到了严重冲击。《条例》作为保护河北省非物质文化遗产的专门规定，对于省内非物质文化遗产保护工作而言至关重要。通过近年来的实施，笔者发现《条例》也存在一定问题，需要加以改进完善。

（一）立法过于原则不够细化

包括河北省在内，我国目前对于非物质文化遗产实施保护的依据主要是《非物质文化遗产法》。但是，《非物质文化遗产法》中的一些法律条文规定得过于原则、笼统，不够细化，缺乏操作性。比如，《非物质文化遗产法》第5条规定："使用非物质文化遗产，应当尊重其形式和内涵。……"但对于具体应该怎样尊重非物质文化遗产的形式和内涵，《非物质文化遗产法》并没有作出明确规定。该法第9条规定："国家鼓励和支持公民、法人和其他组织参与非物质文化遗产保护工作。"但是，对于怎样鼓励、支持公民、法人和其他社会组织参与到非物质文化遗产的保护工作之中，《非物质文化遗产法》的规定并不明确。该法第42条规定："违反本法规定，构成犯罪的，依法追究刑事责任。"但是，对于哪些行为构成犯罪，《非物质文化遗产法》并未说明。所谓"依法追究刑事责任"，应该是指依据《刑法》追究责任，但在《刑法》中直接规定保护"非物质文化遗产"的条款几乎没有，有些相关的规定散布在一些法条之中，适用起来非常困难。此外，《非物质文化遗产法》对于非物质文化遗产调查的具体规范，境外组织和个人在我国境内开展非物质文化遗产调查的审批程序，对新老传承人更替的认证及传承人资格的丧失等问题都规定得过于宽泛，需要进一步的细化。

《条例》也存在同样的问题。相较于其他省份或地方，河北省的非物质文化遗产法律保护立法进程相对缓慢、滞后。直到 2014 年 3 月 21 日《条例》才颁行。而且，《条例》本身所作的规定相对原则、不够细化，存在适用困难。如针对非物质文化遗产的范围，《非物质文化遗产法》第 2 条以列举的方式原则性地框定了非物质文化遗产的内容，对与传统文化表现形式相关的实物和场所只作了附带性的保护。其作为上位法，基于宜粗不宜细的立法原则，只作了概括性规定。但是，《条例》作为下位法，本应对上位法加以细化，但其对非物质文化遗产内容的界定却完全套用了《非物质文化遗产法》的规定，在非物质文化遗产相关范围甄别上完全采用了《非物质文化遗产法》所界定的范围标准，导致河北省非物质文化遗产的区域性特点没有得到很好的体现。又比如，针对传承人认定的标准，《条例》第 16 条规定："县级以上人民政府文化主管部门对本级人民政府批准、公布的非物质文化遗产代表性项目，可以认定代表性传承人。"这一条文规定过于原则化，没有给出具体的认定标准，影响了政府认定的权威性，相关职能部门难以发挥正确的示范作用，给实际的传承人认定工作制造了困难，甚至会损害传承人的合法权益。如果河北省某一传统技术的载体涉及众多相关权利人，这项传统技术同时又具有商业价值，那么在巨大的商业利益面前，如果法律没有给出细化的认定标准，传承人的认定极有可能引发争议，从而不利于保护非物质文化遗产和相关传承人。如刘伶醉酒酿造技艺，目前的传承人是刘伶醉酿酒有限公司。如果酿酒文化遗址周边的百姓提出传承方面的异议，政府部门如何答复？就刘伶醉酿酒有限公司作为传承主体的合适性能给出什么样的合理解释？它的合法性又在哪里？

(二) 立法架构失衡

河北省地方级别的立法存在物质文化遗产与非物质文化遗产的立法保护失衡问题。涉及物质文化遗产保护的法律法规较多，而涉及非物质文化遗产保护的法律法规则较少。在立法主题上，通过立法保护物质文化遗产特别是自然或文物遗产的情况比较普遍。但是通过立法保护非物质文化遗产的情况则较少。在具体的保护措施或手段上，地方政府比较偏重行政措施，其他方面的法律救济手段较少，造成在法律救济方式上表现为长短不一、结构失衡。这种失衡问题在法律适用过程中不仅会引发司法上的引据不能、司法真空，同时也会造成法律保护手段的偏颇与单调，影响人们保护和合理开发利用非物质文化遗产的主观能动性。以保护主体及其调整法律关系为例，《非物质文化遗产法》《条例》等一系列法律文件在立法架构上都存在失衡问题。这些法律基本上只关注政府职责，缺乏对其他相关主体及侵权人责任的规定，这对于非物质文化遗产法律保护而言是不利的。实事求是地讲，政府在非物质文化遗产保护中具有不可替代的作用，强化政府的职责与法律责任能够更好地实现非物质文化遗产的法律保护。但是，非物质文化遗产的保护不仅仅是政府的责任，同时也是其他社会主体的责任，必须鼓励和支持其他主体参与到非物质文化遗产的保护工作之中。因此，如何调动其他相关主体的积极参与（包括参与进来以后产生的法律关系如何调整）是相关法律必须要面对和思考的问题。河北省作为一个非物质文化遗产资源大省，对于那些作为公共文化领域关键成员的非物质文化遗产，首先要思考公法的介入与保护，其中主要是行政法的调适。行政法作为法律的一个部门，属公法范畴。规范和调整国家的行政管理行为、约束和保障国家行政权力的行使是行政法区别于其他法律部门的显著特征。行政法的法律效能就是调整公权行为，特别是调整国家行政权力的行使。《条例》属于行政法序列，法律位阶居于《非物质文化遗产法》之下，但二者的立法目标与功能指向基本相同。包括行政法在内的"公"法多年以来在包括河北省在内的各省市非物质文化遗产保护工作中发挥了非常重要的作用，也成了立法与司法实践的首选项。但是，单一依靠公法并不能实现对非物质文化遗产的全方位、立体化保护，其他保护主体的进入是必需的、有益的。因为非物质文化遗产既关涉公益性，也涉及私权性。对其进行私权性保护，即通过知识产权法与民事法律赋予非物质文化遗产权利人以"私"权益，通过利益的得失激发权利人保护传承非物质文化遗产的热情与主动性，在某种程度上将保护工作从"自发"转变为一种"自觉"，从根本上实现保护目标。从《条例》的立法内容来看，对于"私"权保护路径立法部门做过思考，但是没有通过条文加以规范，也没有对具体适用进行相关指引，导致立法架构失衡。比如，《条例》第36条规定："县级以上人民政府及其有关部门应当鼓励、支持有关单位和个人有效保护、合理利用非物质文化遗产资源，开发具有地方特色和市场潜力的文化产品、文化服务，并可建立非物质文化遗产代表性项目生产性保护示范基地。合理利用非物质文化遗产代表性项目的，依法享受国家规定的税收优惠。"可以看出，《条例》对于非政府主体进入非物质文化遗产保护序列持支持、鼓励态度。但是，究竟什么是"有效保护、合理利用非物质文化遗产资源，开发具有地方特色和市场潜力的文化产品、文化服务"？这种规定过于原则，很难进行法律适用。例如，沧州河间申报的驴肉火烧制作技艺。目前全国乃至全世界都有驴肉火烧。但是，并不是每一家驴肉火烧都能秉承当年万贯人制作火烧时所使用的原料、所遵循的流程与工艺。味道也与真正的非物质文化遗产驴肉火烧完全不同，唯一相同的是都叫驴肉火烧。有的还专门打起了河间驴肉火烧的幌子。这种行为无疑是对驴肉火烧制作技术的开发利用，但是对其中滥用非物质文化遗产的行为的规制，不仅需要公法的介入，要想从根本上解决问题还要引鉴私法的立法精神和原则。

（三）可操作性差

从目前非物质文化遗产的法制建设来看，无论是上位法还是下位法都缺乏相衔接的法律法规。《非物质文化遗产法》作为非物质文化遗产保护领域的专门法，释明了之前存在的一些法律困惑，有效地推进了非物质文化遗产法律保护的进程。但是，从法的适用方面来讲，单一的《非物质文化遗产法》并不能实现法律保护的全部目标，需要其他配套法规和制度的落实，需要法律体系的形成。目前，尽管存在一些非物质文化遗产保护的法律法规，但制定时间都在《非物质文化遗产法》颁布之前，在具体制度设计上与《非物质文化遗产法》的相关规定存在一定的差异，衔接性不足。而《非物质文化遗产法》有效作用的发挥离不开其他配套法规和制度的配合、协调与支持。《非物质文化遗产法》对此提出了相关的法律要求。其第44条明确规定："使用非物质文化遗产涉及知识产权的，适用有关法律、行政法规的规定。……"但查阅我国现行的知识产权法律，涉及非物质文化遗产的规定并不多，遇到相关问题时很难与《非物质文化遗产法》配套使用。同样的问题在《条例》的法律适用中也存在。《条例》规定的对非物质文化遗产的保护以公法为主，强调提高对非物质文化遗产的行政保护力度，诸如明确职能部门、分级管理机制、设定奖励机制、保障经费制度等。可是，对于非物质文化遗产的私权利及其和相关私法规范的衔接制度却没有作出相关规定。在河北省非物质文化遗产中，一些内容带有保密性质，比如安国药膳、驴肉火烧制作技术等，对这些非物质文化遗产的维护传承需要采取特殊方式，强行运用行政手段不能实现保护目的，还可能会损害该非物质文化遗产权利人的合法权益，影响其传承和延续。但是，《条例》并没有设置保密性法律条文，也没有就权利人的民事权益受损作出相应规定。究其原因就在于《条例》和其他私法保护规则没有衔接，缺乏相应的规则衔接制度。同时，《条例》针对民法、刑法的规定相对较少，对于在涉及民事、刑事法律问题时如何做好司法承接工作没有作出明确规定，这种衔接错位势必会造成司法受阻，阻碍法律保护目标的实现。同时，现行《条例》主要是一部行政法规，很多规定都是框架性和指导性的，要想实现法律适用还需要制定和完善与《条例》相关的配套法规。

二、司法存在不足

（一）立法"缺项"导致司法不能

就河北省文化遗产司法保护而言，目前存在立法"缺项"的问题。在实体法上，相关立法存在缺失，包括相关立法内容的不全面或不协调。问题的存在会造成文化遗产保护陷入司法不能的尴尬境地，导致无法可依这类窘迫局面的出现。例如，对于非物质文化遗产原生境人的权利规定。所谓"原生境"，是指非物质文化遗产赖以产生和发展的周围环境，原生境人就是和非物质文化遗产来源地和传播地密切联系的民族、群落及个人。其涵盖范围比较广泛，同时包含非物质文化遗产持有人、传播人、传承人以及相关区域的其他权利人。原生境人与非物质文化遗产存在千丝万缕的联系，关系到非物质文化遗产的保存、发展和传播，对其权利加以保护至关重要。但是，《条例》对于原生境人的法律地位未作任何规定，仅在第19、20条提到了代表性传承人拥有的权利和义务。从归属来看，代表性传承人是原生境人的子集，属于原生境人之一，两者不能混同。如果用代表性传承人狭义地代表河北省非物质文化遗产的原生境人，势必会造成代表性传承人对河北省非物质文化遗产相关权利的垄断，会给其他相关权利人的合法权益造成侵害，给法律保护工作制造困难。另外，对于破坏非物质文化遗产违法犯罪行为的责任追究也是一例。法的功效的实现源于其惩戒性的法律责任。任何违法行为都要承担相应的法律责任，在非物质文化遗产保护上道理也是一样的，这是法的原则性规定。但是，《条例》就破坏非物质文化遗产的行为人所应承担的法律责任作出的规定过于简单、原则。如《条例》第 39 规定："县级以上人民政府及其有关部门和非物质文化遗产保护工作机构、保护单位的工作人员有下列行为之一的，依法给予处分；构成犯罪的，依法追究刑事责任：（一）不履行非物质文化遗产保护、保存监督管理职责的；（二）在非物质文化遗产代表性项目和代表性传承人认定工作中不作为或者弄虚作假的；（三）不采取有效措施，造成濒危的非物质文化遗产代表性项目失传的；（四）截留、挪用、侵占非物质文化遗产保护专项资金的；（五）其他玩忽职守、滥用职权、徇私舞弊的行为。"但是，对于上述违法行为达到什么程度构成刑事犯罪，构成刑事犯罪会处以什么程度的刑罚，无论是《条例》还是《非物质文化遗产法》都没有作出明确的法律规定。法的实施需要准据，法的基本属性是规范、明确。约定不清不仅会造成于法无据、无法可依，还会造成适用混乱、司法不力。

（二）规定不明导致司法缺据

立法上的不完善会引发司法不准确等连锁反应。当然，我们可以灵活司法。"根据相关法律的立法精神和《民法通则》的原则判案，但与民族成员利益密切相关的物质权利却无法得到主张。"[1]在程序方面，相关立法不完善包括法律保护手段的片面性会引发法律适用难题。例如，对非物质文化遗产私权利的保护。如出现诉讼争端，权利主体的确定就是当前一个亟须解决的难题。问题无解影响的不仅是具体案件的办理与完结，更为重要的是会影响对相关权利体合法利益的维护与传承人保护传承文化遗产的主动性与热情，进而因为司法问题造成非物质文化遗产法律保护进程的中断。以河北省非物质文化遗产权利人保护为例，在一般的法律、法规中，都有一个明确、具体的权利主体，也就是我们平常所说的权利人。但在非物质文化遗产成果中，确定具体权利主体的难度是相当大的。因为现行的法律所保护的主体一

---

[1] "饶河县四排赫哲族乡政府诉郭颂等侵犯民间文学艺术作品著作权纠纷案"，载《中华人民共和国最高人民法院公报》2004 年第 7 期。

般是个人或者是特定的自然人、法人或其他组织，主体的范围和权利依据很明确。但是河北省非物质文化遗产的形成和发展是河北省某个民族或者某个地区连续创作的结果，权利主体具有不特定性和群体性，很难在实践中确定为某个自然人或者具体的组织所有。这就使权利主体难以确认，给河北省非物质文化遗产的法律保护制造了困难。又比如，河北省非物质文化遗产的申报问题。《条例》第 10 条规定："公民、法人或者其他组织认为某项非物质文化遗产项目体现当地优秀传统文化且具有历史、文学、艺术、科学价值的，可以向县级以上人民政府文化主管部门提出列入非物质文化遗产代表性项目名录的建议。"[1]第 11 条规定："县级以上人民政府应当将本行政区域内体现当地优秀传统文化，具有历史、文学、艺术、科学价值的非物质文化遗产项目经认定后列入本级非物质文化遗产代表性项目名录，并报上一级人民政府文化主管部门。"[2]第 12 条规定："县级以上人民政府可以将本级非物质文化遗产代表性项目向上一级人民政府文化主管部门推荐，经认定后列入上一级非物质文化遗产代表性项目名录。"[3]通过上述条文我们不难看出，其仅仅针对申报流程给出了粗略界定，对于每个申报环节的具体细节问题，如具体时间、截止期限、申报过程中的争议解决办法以及职能部门滥用权力申报或是怠于申报的法律责任都未作规定。条文过于原则化，不利于在具体实践中开展保护工作，可操作性差，甚至影响到了河北省非物质文化遗产代表性项目申报工作的权威性和公正性。

（三）司法意识与能力不强

除了立法原因，司法能动性与司法能力也是河北省非物质文化遗产法律保护工作进展艰难的重要原因。在具体司法过程中，法律只是一个纲目和底线，为具体事情的解决提供原则与依据。其中，司法人员的能动性与执法能力至关重要。与立法混乱问题类似，在文化遗产丰厚、通过文化遗产保护工作带动经济发展且尝到其中"甜头"的地方，各级司法部门在司法、执法过

---

[1] 参见河北网：http://www.he-bei.cn/hebei/minsheng/201404/03158191-2.html，最后访问日期：2020 年 6 月 1 日。

[2] 参见找法网：http://china.findfa/v.cn/fagui/p-l/379752.html，最后访问日期：2020 年 6 月 1 日。

[3] 参见河北非物质文化遗产保护网：http://www.hebfwzwhyc.cn/show.asp，最后访问日期：2020 年 6 月 1 日。

程中的主动性非常强，也会在具体工作中研究法律，利用法律途径实现工作目标。反之，在资源缺乏、文化遗产保护工作与当地经济关联不强或施行难度较大的地方，司法机关以及司法人员自身的主动性就比较小，存在得过且过甚至是放任自流的情况。比如，多年来，为了保护和管理安国药市，安国市委、市政府下发了大量关于安国药市的管理规定，事无巨细，对安国药市的保护与管理非常到位。这是因为安国药市已经成了当地的主导产业，为地方经济创收做出了巨大贡献，带动了其他产业的共同发展，创造了大量的工作机会。通过对安国药市的保护，我们看到了当地立法和行政部门希望通过法律途径保护区内文化遗产的决心与态度。只有有了这种热情与意识，河北省非物质文化遗产保护工作才能有希望。但是，在缺乏这种利益推动的情况下如何规范非物质文化遗产保护工作是一个需要我们加以认真思考与解决的问题。其中涉及利益疏导和政策指引方面的工作。如何优化河北全省的资源配置，如何在经济发展板块与模式的引领下进行调配是解决这个问题的基础与关键。

同时，司法能力不足也是影响河北省非物质文化遗产法律保护进程顺利推进的重要原因。与其他保护客体有所不同，对非物质文化遗产的法律保护更具专业性，要求执法和司法人员具有更强的司法能力。河北省的非物质文化遗产分为文学、美术、音乐、舞蹈等多个种类。每个种类都具有各自领域的专业特点。而且，能够进入非物质文化遗产保护名录的非物质文化遗产与其他同类产品相比具有更高的艺术性与更大的价值。对于该产品的保护除了需具备较高的司法水平外还要对遗产内容有充分的了解。毕竟这是一种对精神实质的保护。专业知识的欠缺、司法能力的不足会影响司法质量的提升，影响最终的司法效果。所以，如何提高人们的法治意识、提高司法人员的司法水平成了做好河北省非物质文化遗产法律保护工作的重要前提和必由之路。

三、法律机制动态保护不足

对非物质文化遗产的保护，目前河北地区实施的还是分级管理、作品申报、保护奖励等基本措施。在过去很长的一段时间里，这些保护措施对于河北省非物质文化遗产保护而言发挥了巨大的功用。但是，这些措施大多都是传统意义上的、静态层面上的保护措施。随着社会的进步与时代的发展，以及非物质文化遗产保护工程的行进，这些措施已经呈现出明显的滞后性与不协调性，已经无法满足非物质文化遗产立体保护的要求。"保护非物质文化遗产不只是有形文化遗产保护所需要的'整旧如旧'，而更多的是要在继承中发展，在发展中继承。"[1]随着河北省非物质文化遗产保护工作变得越来越重要，以往重开发、轻传承，重静态保护、轻动态保护的方式已经远远不能满足现实需要，亟须加大动态层面的保护力度，提升法律的可操作性。特别是在经济发展大潮中，对非物质文化遗产的合理开发不仅仅是基于利用的需要，在某种程度上还是基于遗产自身生存与延续的必需。在开发利用过程中的法制建设需要动态层面的内容，既要保护遗产的本身特性，同时还要紧跟时代特点，实现一种动态的即时保护。另外，也正是由于动态保护不足，河北省在保护非物质文化遗产的法制建设方面还存在法律操作上的问题。《条例》第11条规定："县级以上人民政府应当将本行政区域内体现当地优秀传统文化，具有历史、文学、艺术、科学价值的非物质文化遗产项目经认定后列入本级非物质文化遗产代表性项目名录，并报上一级人民政府文化主管部门。"但是，对哪些项目体现了当地优秀传统文化，具有历史、文学、艺术、科学价值的标准是什么，《条例》并没有释明。又比如，《条例》第7条规定："对在非物质文化遗产保护、保存工作中做出突出贡献的组织和个人，由县级以上人民政府按照国家和本省有关规定予以表彰、奖励。"但是却没有明确突出贡献的具体标准。如何确定相关组织和个人是否做出了突出贡献完全依靠评定机构和个人的主观判断，这种规定过于原则和模糊。这在具体执行中至少会造成两个方面的问题：一是操作困难；二是容易滋生司法腐败。

非物质文化遗产的动态性是它的一项基本属性。正是因为这种属性让非物质文化遗产拥有了一种特殊的魅力，提升了它的社会适应性与价值。但是，这种属性也使得非物质文化遗产保护工作的难度进一步提升了。目前，河北省的很多地区都建有生态博物馆，有的地方还建有生态村、生态乡。在这些特定的区域里，非物质文化遗产得以大展身手，通过制造与旅游等多种

---

[1] 陈庆云："非物质文化遗产保护法律问题研究"，载《云南财贸学院学报》2005年第5期。

途径展示着资源优势,带动了当地经济的发展,但也催生了法律保护方面的新问题。这些问题是我们在开展非物质文化遗产动态保护工作时必须要面对的问题,但在法律保护领域有时无解。如河北省的剪纸,目前在河北省非物质文化遗产的省级保护名录中就有 10 种剪纸在列,包括有乔杖子、玉田、邯郸、晋州、丰宁满族、无极、蔚县等。为了传承这种文化遗产,各个地方都将该项美术产品引入了当地的文化旅游市场,成了广大游客势必会参观和参与的重要项目与环节。在这个过程中,难免会遭遇法律保护方面的问题。同样是剪纸,同样是非物质文化遗产,无极剪纸与蔚县剪纸有什么样的不同?对于传承人来说这个问题应该不是难题,他们很容易就可以把各自的特点讲述清楚。但是对于只是出于好奇和喜爱的一般游客而言,回答这个问题却是十分困难的。如果只是一般性的比对,问题并不严重。但是如果要考察哪种剪纸美术更能代表河北地区整体的剪纸水平,哪种剪纸更有资格进入更高级别的非物质文化遗产保护名录,便会引起法律适用上的争议。当然,这个问题只是假设,因为蔚县剪纸作为河北省第一批进入国家级保护名录的美术作品已经给出了答案。但是,我们是否可以说蔚县剪纸作为一种旅游文化产品同样具有最大程度的接受度?其他几个地区的剪纸传承人可能会就这个问题给出不同的回答。同时,在同一个地区,邯郸复兴区和磁县都申报了剪纸项目,也都成功进入了保护名录。如果其中一个想在邯郸市的层面上申请地域商标,势必会引发知识产权方面的争议。这些问题都是在非物质文化遗产活态保护过程中客观存在的,而且相关问题还有很多,但相关法律规定却并没有作出明确解释。至少在河北地区,目前存在或无解或解释混乱的问题。而这种情况的出现会导致法制本身的混乱,从而影响法的权威性与公信力。而相关问题的出现影响的是河北省非物质文化遗产的整体保护进程。

四、民事法律保护相对缺失

非物质文化遗产保护涉及社会制度与利益分配等方面的内容、构成十分复杂,既有保护公民人格、人身权利等公权利方面的内容,也有保护著作权、肖像权等私权利方面的内容,具有公权利与私权利的双重属性。在法律性质上,河北省现行的立法体系的主要构成是行政法律法规,规范与调整的客体和保护的对象主要集中在政府在文化遗产保护方面的职责或行为或法定义务表述方面。比如，为保护工作提供财政上的支持、行政方面的管理，以及保护技术等手段上的保障。作为民事或私权规制手段，规范和调整文化遗产所有权人的民事权利和行为规范的法律规制体现得并不充分。例如，在知识产权保护方面，现行的《著作权法》明确规定民间文学艺术作品受到法律保护，并授权国务院制定具体的操作细则。但是，迄今为止，国务院仍未出台相关的适用办法。结合河北省非物质文化遗产法律保护的客观现状，在进一步完善行政立法的同时，河北省还需要在加强非物质文化遗产的民事保护方面多下功夫。"非物质文化遗产物质权利和精神权利及法律救济渠道的缺失，不利于非物质文化遗产的继承、发扬和传播。"[1]针对非物质文化遗产民事保护，《非物质文化遗产法》只是作了原则性的规定。如该法第44条规定："使用非物质文化遗产涉及知识产权的，适用有关法律、行政法规的规定。……"《条例》中也没有关于河北省非物质文化遗产民事保护的规定。如何利用民事保护手段激发非物质文化遗产地区人民群众保护非物质文化遗产的主动性与能动性成了推动非物质文化遗产保护进程顺利前行的关键。

  法律机制的创设是权利与责任的平衡。单纯地靠行政权力的管束并不能够真正实现法制构建的初衷，对民事权利的法律保护是河北省非物质文化遗产法律保护机制不可或缺的组成部分。我们可以通过法律设置形成一种机制，将某种非物质文化遗产与某一地域或某一民族的民事权利进行勾连，对该种非物质文化遗产的使用或开发利用除了遵守国家强制性的法律规定外，还要经过特定区域或传承主体的同意或许可。这对于非物质文化遗产保护而言无疑会起到巨大的促进作用。同时，也增加了一道保护安全阀。事实上，就河北省非物质文化遗产来讲，这种可能性是客观存在的。地方立法可以就在使用或利用非物质文化遗产的过程中进行事先申报作出规定，并可以在相关规定中增加署名或受益的具体规定：只要你使用了我的产品，适格权利人就有权依法行使署名、要求受偿的权利。这种机制可以激发权利人保护非物质文化遗产的主观热情与能动性。同时，在民事权利上也是对权利人权利的一种合法救济，体现了法律的公平良允。从长远发展的角度来看，其会促进

---

[1] 高永久、朱军："城市化进程中少数民族非物质文化遗产的法律保护研究"，载《西北民族大学学报（哲学社会科学版）》2007年第6期。

法律保护机制的良性循环，卸载公权力的司法成本与压力，实现法律配置上的平衡。

五、开发利用缺乏法律规范

对河北省非物质文化遗产资源的开发与利用是当前亟须解决的重点问题。结合保护现状与河北省非物质文化遗产的民族特色、地域特点，如何通过法律途径解决非物质文化遗产开发与利用过程中遇到的问题成了河北省各级政府需要思考与面对的重要课题。

随着社会发展的日新月异，对非物质文化遗产的开发利用乃大势所趋，也是其自身的生存发展之道。一是通过对非物质文化遗产的开发和利用复活了许多优秀的传统文化。在商业化开发过程中，许多优秀的非物质文化遗产得以重获新生。同时，非物质文化遗产带来巨大的经济效益也促使当地政府和民众更加重视对非物质文化遗产的开发与保护。二是对非物质文化遗产的开发与保护增强了人们对自身文化的认同，自觉保护本区域传统文化的思维意识逐渐得以树立。三是非物质文化遗产与当地旅游的结合提升了旅游附加值，也提升了当地旅游品牌的知名度，形成了一种双赢的局面。旅游业通过非物质文化遗产的加入提升了市场占有率，非物质文化遗产在商业化的市场运作中得到了"活态"保护。但是，对非物质文化遗产开发利用的管理不善也会带来诸多问题，甚至会导致非物质文化遗产的毁损或灭失。一是过度商业化的开发模式会使非物质文化遗产丧失精神实质。比如，河北省非物质文化遗产中的"驴肉火烧"。"驴肉火烧"是河间传统饮食文化的重要元素，也是华北地区餐饮界所追捧、效仿的目标，对区域范围内的饮食文化影响重大。"民以食为天"，驴肉火烧不但满足了人们对"食"的需求，同时，对中华传统饮食文化的传承与发展也起到了积极作用。积极发掘驴肉火烧饮食文化对于提高河间乃至华北地区餐饮业的服务水平，推动全民饮食文化水平的提高具有重大的促进作用。河间"驴肉火烧"在驴的品种选择、宰杀，驴肉的处理、驴肉的煮制、面粉的选用、和面的技巧、面剂的擀制、香焖的制作、汤汁的调制等方面无不精益求精。在制作过程中，一个人通过熟练地把十六七斤面粉擀片、抹油、押条、卷条、揪剂、两面包皮、烙制、烘烤、出锅、加肉，一次可做出一百多个火烧。但是，现在的"驴肉火烧"遍布包括河北省在内的全国各大城市乡间的大街小巷,其中有几个是曾经的"万贯"味道,[1]我们已经很难说了。该类食品的唯一卖点就是"驴肉火烧"四个字。文化遗产在某种角度上成了促进销售的一个符号。这种滥用现象亟须法律加以规制和调整,时间一长,"驴肉火烧"不仅会丧失作为非物质文化遗产深邃的精神实质,更有打着非物质文化遗产旗号招摇撞骗的嫌疑,会给文化遗产的整体保护造成非常坏的影响。

另外,资金引入也是河北省非物质文化遗产保护的一个难点问题。《文物保护法》规定,国有文物作为国家资源不得由非国家主体进行经营管理。但是,在具体的保护过程中,各级政府又面临着资金严重缺乏的难题,需要多种形式的资金的注入与支付。因此,如何找到一种既可以实现民间资本进入文化遗产保护事业又不冲击法律的原则性规定就成了一个必须要解决的问题。在这个过程中,"除了要告诉企业和政府这样做不行之外,还要告诉他们怎样做才行,不能只是简单地禁止"。[2]民间或个体性质的企业进入文化遗产保护事业的主体定位与利益分配问题目前也缺乏法律上的明确规范。当前,在河北省,无论是在物质遗产领域还是在非物质文化遗产领域,这种现象都比较普遍。比如,刘伶醉酒酿造技艺保护过程中的企业注入。刘伶醉酒酿造技艺本身就由企业申报,目前认定的传承人是刘伶醉酿酒有限公司。国家、省、市、县文物部门通过发掘和研究,发现了金元时期酿酒文化遗址。刘伶醉酿酒有限公司对该遗产进行了申报并获得了传承认定。该遗址已经被国务院列为第六批全国重点文物保护单位,被国家文物局纳入了中国世界文化遗产预备名单重设目录,被国家文物局、中国食品工业协会联合公布为中国食品文化遗产。目前,刘伶醉系酿酒仍然采用传统老屋甑工艺进行生产,除将直火蒸馏改为蒸汽蒸馏,将人工打提挑水改为机井供水,粉碎、照明倒酒等使用机械设备和酒泵外,其他基本上均延续着传统工艺生产。刘伶醉的酿造工艺是宝贵的非物质文化遗产,是享誉国内外的"中华老字号"。刘伶醉酿酒有限公司在抢救和保护刘伶醉酿造技艺、弘扬民族品牌、传承中华文

---

[1] "驴肉火烧制作技艺",载河北非物质文化遗产保护网:http://www.hebfwzwhyc.cn/MuLu_Content.asp?id=516,最后访问日期:2019年12月20日。

[2] 李艳、高游:"新疆南疆文物景点经营权收归文物部门",载《中国文物报》2006年7月28日。

明方面发挥了重要作用。但是，从法律层面上分析，刘伶醉酿酒有限公司是否是一个适格的遗产申报和传承主体仍然有值得商榷的地方。金元时期酿酒文化遗址是徐水地区人民在漫长的历史时期内集体智慧的累积、技术雕琢的提炼，并非某个人、某个群体甚至是某个民族独有的财产。现由刘伶醉酿酒有限公司进行申报并传承是否合法？在刘伶醉的酿造工艺中存在很多商业秘密是秘不可宣的，现由刘伶醉酿酒有限公司独占，周边地区的商家及百姓无权知情，这样的做法是否合法？刘伶醉酿酒有限公司通过古法酿酒获利颇丰，目前这些利益仅由公司享有，周边地区和百姓不能共享收益是否公平？这样的问题在河北省非物质文化遗产保护领域大量存在，需要法律上的释明与规范。

第三节 国内外先进法制经验的河北借鉴

在非物质文化遗产保护方面，国内外有一些较为成功的立法经验。如国内较早出台保护传统文化专门性地方法规的是云南、贵州两省，在国外有日本、韩国制定的文化财保护法。国内外相关立法的成功经验对于保护河北省非物质文化遗产非常具有借鉴意义。河北省可以吸收前人的成功经验，结合区内现实状况，构建河北省非物质文化遗产法律保护体系框架。

一、国内保护非物质文化遗产的相关立法

在我国，云南、贵州两省是最早出台专门性法规对区内非物质文化遗产实施保护的省份。2000年5月26日，云南省第九届人民代表大会常务委员会第十六次会议审议通过了《云南省民族民间传统文化保护条例》。该条例共7章40条，是我国首部专门保护民族民间传统文化的地方法规。该条例就区内民族民间文学艺术的开发和利用工作作了明确与指导，并对民族民间传统文化的内容、范围、工作方针等问题做了明确规定。例如，鼓励民族民间文化的传承和传播；建立分级保护制度和民族民间文化保护名录；建立民族民间文化传承人（团体）和民族民间艺术之乡的申报、审核和命名机制等。《云南省民族民间传统文化保护条例》首先对"民族民间传统文化"进行了界定。该条例第2条规定："本条例所保护的民族民间传统文化是指：

(一) 各少数民族的语言文字；(二) 具有代表性的民族民间文学、诗歌、戏剧、曲艺、音乐、舞蹈、绘画、雕塑等；(三) 具有民族民间特色的节日和庆典活动、传统的文化艺术、民族体育和民间游艺活动、文明健康或者具有研究价值的民俗活动；(四) 集中反映各民族生产、生活习俗的民居、服饰、器皿、用具等；(五) 具有民族民间传统文化特色的代表性建筑、设施、标识和特定的自然场所；(六) 具有学术、史料、艺术价值的手稿、经卷、典籍、文献、谱牒、碑碣、楹联以及口传文化等；(七) 民族民间传统文化传承人及其所掌握的知识和技艺；(八) 民族民间传统工艺制作技术和工艺美术珍品；(九) 其他需要保护的民族民间传统文化。"第4条规定："民族民间传统文化保护工作，实行'保护为主、抢救第一、政府主导、社会参与'的方针。"第6条规定："县级以上人民政府的文化行政部门主管本行政区域内民族民间传统文化的保护工作，其职责是：(一) 宣传、贯彻国家有关保护民族民间传统文化的法律、法规和方针、政策；(二) 会同有关部门制定本行政区域内民族民间传统文化保护工作规划，并组织实施；(三) 对民族民间传统文化的保护工作进行指导和监督；(四) 管理民族民间传统文化保护经费；(五) 对违反本条例的行为进行处罚。……"第15条规定："对于符合下列条件之一的公民，经过推荐批准，可以命名为云南省民族民间传统文化传承人：(一) 本地区、本民族群众公认为通晓民族民间传统文化活动内涵、形式、组织规程的代表人物；(二) 熟练掌握民族民间传统文化技艺的艺人；(三) 大量掌握和保存民族民间传统文化原始文献和其他实物、资料的公民。"第16条规定："民族民间传统文化传承人经本人申请或者他人推荐，由县级文化行政部门会同民族事务部门初审，地、州、市文化行政部门会同民族事务部门审核，省文化行政部门会同民族事务部门批准命名。"民族事务、教育、旅游、规划、建设、新闻及其他有关部门应当在各自的职责范围内，协助文化行政部门共同做好民族民间传统文化保护工作。第17条规定："具有优秀民族民间文学艺术传统或者工艺美术品制作传统的地方，可以命名为云南省民族民间传统文化之乡。云南省民族民间传统文化之乡应当以其有代表性的文艺形式或者传统工艺美术品冠名，其文艺形式或者工艺美术品应当符合下列条件：(一) 历史悠久，世代相传，技艺精湛，有较高艺术性、观赏性的；(二) 有鲜明的民族风格和地方特色，在国内外享有声誉的;(三)在当地有普遍群众基础或者有较高开发利用价值的。"《贵州省民族民间文化保护条例》于 2002 年 7 月 30 日经贵州省人大审议通过,共 6 章 37 条,分别就民族民间传统文化保护工作的原则、职责部门、抢救和保护的要求、民族民间传统文化传承人和传承单位的命名、开发和利用的原则、保障措施和法律责任等进行了规定。该条例在 2012 年 5 月 1 日被废止。

继前述条例之后,福建、宁夏、江苏、浙江等省区也相继出台了相关法律规范。2006 年 7 月 21 日,宁夏回族自治区审议通过了《宁夏回族自治区非物质文化遗产保护条例》;2006 年 9 月 27 日,江苏省颁布了《江苏省非物质文化遗产保护条例》;2007 年 5 月 25 日,浙江省颁布了《浙江省非物质文化遗产保护条例》;2012 年 3 月 30 日,贵州省出台了《贵州省非物质文化遗产保护条例》。州、县一级制定非物质文化遗产保护条例做得比较好的是四川省。2008 年 5 月 21 日,北川县出台了《北川羌族自治县非物质文化遗产保护条例》;2010 年 5 月 28 日,凉山彝族自治州出台了《凉山彝族自治州非物质文化遗产保护条例》;2011 年 5 月 27 日,阿坝藏族羌族自治州出台了《阿坝藏族羌族自治州非物质文化遗产保护条例》。[1]各省市结合自身区域特点制定的保护非物质文化遗产的法规极具地方特色,有很多先进的经验和成熟的做法值得借鉴。如 2006 年《宁夏回族自治区非物质文化遗产保护条例》提出了建立传统文化生态保护区和传统文化艺术之乡的理念。该条例第 13 条规定:"符合下列条件的村落或者特定区域,可以命名为宁夏回族自治区传统文化生态保护区:(一)有保存较为完整的非物质文化形态;(二)有与非物质文化形态相适应的建筑、设施或者标志;(三)有鲜明的民族风格或者地方特色;(四)有较高的研究、旅游、经济开发价值。"《浙江省非物质文化遗产保护条例》要求对天然原材料实行限量开采。其第 27 条规定:"对与非物质文化遗产密切相关的天然原材料,县级以上人民政府及有关部门应当采取限量开采、提高利用率等措施予以保护。"《贵州省非物质文化遗产保护条例》提出申请设立文化生态保护区。其第 29 条规定:"非物质文化遗产

---

[1] "法律图书馆",载法律图书馆:http://www.law-lib.com/law/lawml-df.asp,最后访问日期:2012 年 4 月 17 日。

资源丰富、保存较完整、特色鲜明、历史文化积淀丰厚、存续状态良好,具有重要价值和广泛群众基础的特定区域,可以申请设立文化生态保护区,实行区域性整体保护。"第 30 条规定:"设立文化生态保护区,由所在地县级人民政府组织有关部门编制保护规划,听取保护区内村(居)民的意见,提出申请,经上一级人民政府审核后,报省人民政府批准、公布。文化生态保护区跨两个以上县级行政区域的,可以联合申报。申请设立国家级文化生态保护区,按照国家有关规定办理。"第 31 条规定:"县级以上人民政府应当划定文化生态保护区保护范围,并设立保护标志。文化生态保护区内对列为非物质文化遗产代表性名录项目所涉及的建(构)筑物、场所、遗迹等,文化生态保护区所在地人民政府应当在城乡规划和建设中采取措施予以保护。"第 38 条规定:"广播、电视、互联网、报刊等新闻媒体应当宣传非物质文化遗产保护工作,普及非物质文化遗产保护知识,培养全社会非物质文化遗产保护意识。鼓励和支持教育机构以开设相关课程等形式开展传播、弘扬优秀非物质文化遗产活动。鼓励和支持中小学校将本地优秀的非物质文化遗产项目内容纳入素质教育。鼓励和支持科研机构、高等院校开展非物质文化遗产保护的研究和专门人才培养。"较低行政级别(如州县一级)的地方政府制定的保护条例则更具地方特点与可操作性。如四川省北川县制定的《北川羌族自治县非物质文化遗产保护条例》。该条例结合红军长征的历史,将"反映红军长征途经北川时的故事、歌谣及形成的特色文化"作为该县的非物质文化遗产。该条例第 2 条第 2 款明确规定:"本条例所称非物质文化遗产,是指自治县各族人民世代相承、与生产生活密切相关的各种传统文化表现形式和文化空间。包括:(一)古语言文字、少数民族语言文字以及口头传说和表述;(二)具有代表性的戏剧、曲艺、山歌、民谣、音乐、舞蹈、绘画、杂技等表演艺术;(三)有民族民间特色和代表性的传统节日、礼仪、习俗、体育竞技、民间游艺;有关大禹的民俗活动及其他有研究价值的民间传统文化活动;(四)民间文化传承人及其所掌握的传统制作技艺和代表作品;(五)气象、历法等有关自然界和宇宙的民间传统知识与实践;(六)反映红军长征途经北川时的故事、歌谣及形成的特色文化;(七)民间传统医药医学和保健知识、技能;(八)与上述传统文化表现形式相关的资料、实物、自然场所和文化空间等。"《凉山彝族自治州非物质文化遗产保护条例》提出了标志说明保护非物质文化遗产的新办法。该条例第17条规定："自治州、县（市）人民政府对列入各级名录的非物质文化遗产所涉及的建筑物、场所、遗迹及其附属物，应当建立数据档案，并在城乡规划和建设中采取有效措施，划定保护范围、作出标志说明。标志说明包括：非物质文化遗产名录的名称；级别；保护范围；简介；公布机关；公布日期；立标机关；立标日期等内容。"阿坝藏族羌族自治州在认定非物质文化遗产方面采取了列举方法，尽管可能会存在疏漏，但至少在操作上更具可能性。如《阿坝藏族羌族自治州非物质文化遗产保护条例》规定，当地人民政府鼓励、扶持和利用相关优秀非物质文化遗产资源项目，包括民族民间传统工艺品、美术品、医药品等手工制作技艺都在保护范畴之内。该条例第30条规定："自治州、县人民政府鼓励、扶持和利用下列优秀非物质文化遗产资源项目：（一）民族民间传统工艺品、美术品、医药品、标识、服饰、刺绣、编织、版画、唐卡、坛城、奇石、根雕、碉楼、器皿、雕塑、雕刻、壁画、用具、漆艺、食品等手工制作技艺；（二）有民族民间传统文化特色的设施、民居、高碉、佛塔、城堡、桥梁、建筑物、古村寨、传习所、茶马古道等手工营造技艺；（三）具有民族民间特色的民俗节庆活动表演；（四）具有学术、史料、艺术价值的手稿、经卷、典籍、文献、乐谱、谱牒、碑碣、楹联、图经以及口传文化；（五）民族民间文学（含口头文学）、故事、传说、戏曲、山歌、锅庄、乐舞、梵音、古乐、唱经、美术、治疗、体育、游艺、杂技等。与非物质文化遗产密切相关的天然原材料，应当限量开采、捕猎，严禁乱采、滥挖、盗猎、盗卖。"

二、国外非物质文化遗产保护的法制情况

在保护非物质文化遗产方面，国外一些国家（如日本、韩国、法国、意大利等国）的相关工作起步较早，经验比较丰富，相关做法值得河北省学习与借鉴。

（一）日本

1. 立法方面

在日本，对非物质文化遗产进行法律保护的工作开始得比较早。在这一过程中，日本积累了不少先进经验。相对而言，日本在文化遗产保护方面（尤其是在通过法律手段保护非物质文化遗产方面）较中国着手更早、工作更为细致、获取的经验也更为丰富。日本早在明治维新时期便开始保护非物质文化遗产。其取得的最为突出的成绩就是制定通过了综合性的《文化财保护法》，提出了"无形文化财"的概念。"无形文化财"是一个综合性的概念。"财"的内涵指向比较广泛，包括文化的各种存在形式，类似于我们所说的遗产。作为前期铺垫，在《文化财保护法》出台前，日本政府曾经先后颁布三部有关立法，包括 1871 年颁布的《古器旧物保存法》、1919 年颁布的《史迹名胜、天然纪念物保存法》和 1929 年颁布的《国宝保存法》。《文化财保护法》正是以这三部法律为蓝本制定的。1950 年，《文化财保护法》正式得以讨论通过。随着时代的进步及社会的发展，《文化财保护法》历经多次修订。1954 年 5 月，日本政府第一次修改《文化财保护法》，增设了重要无形文化财指定、文化财保持人确定、记录保存无形民俗资料等方面的内容。1968 年 6 月，日本政府对《文化财保护法》进行了第二次修订，对行政主管层级设置与主体名称进行了修正。采用文化厅的行政设置，废除了文化财保护委员会。1975 年 7 月，日本政府对《文化财保护法》进行了第三次修订。1996 年 10 月，日本政府对《文化财保护法》进行了第四次修订。这次修订规模较大，成绩比较突出，最大的特色就是确立了"文化财登录制度"。《文化财保护法》作为日本在法律保护文化遗产工作中最为重要的法典，是日本保护历史文化遗产工作中最为系统、最基本性的法律文件。与过去的法律法规相比，《文化财保护法》显得更为全面和系统，理论广度与深度较强，同时又不泛化、不抽象，具有较强的可操作性、可适用性。具体来讲，我们可以对日本的《文化财保护法》做几方面的特点总结：①文化遗产保护内容比较宽泛、范围较广，创造性地提出了"大文化财"的理念。《文化财保护法》除了对之前被法律纳入的物质文化形式（包括自然或文化遗产或遗址）等基本内容给予保护，也将无形文化资源、传统工艺技艺，甚至是一些风俗习惯、民风曲乐一并纳入了文化遗产的保护范围。"大文化财"理念的提出代表的是文化遗产由有形向无形，由物质文化遗产向非物质文化遗产的拓展与延伸，开创了传统文化遗产在法律理解与保护上的先河，让当时的日本人更加全面、系统地了解了自身的文化遗产。②为推进文化财保护工作的顺利进行，日本政府在原有行政设置上增设了相关部门。在日本的行政设置上，原有文部省专司国内文化遗产的保护工作，但随着《文化财保护法》的不断修订与完善，日本又有针对性地增设了"文化财保护委员会"。这种行政设置对日本文化遗产的保护更为系统、更为全面。③明确划定了文化财保护工作中中央与地方政府之间的行政权限，消除了不同层级行政单位间相互推诿、相互扯皮的弊症。日本对国内文化遗产的行政保护非常全面，对于国家、地方政府乃至民间团体与公民个人都进行法定规制，各自责任十分明确。同时各主体间又需要彼此相互配合，相互协作。值得一提的是，《文化财保护法》在后期修改过程中专门提出要加强日本国民对于文化遗产的保护参与，提升国民在这项工作中的意识与热情，这种做法为世界其他国家通过立法进行文化遗产保护工作提供了非常有益的思考。④在立法中对指定制度进行详细规定，"明确指定工作由国家与地方政府层级负责"。[1]《文化财保护法》具有一个非常鲜明而又重要的特点，那就是对本国的文化遗产进行全面、整体的保护，不仅对物质文化遗产的内容展开保护，同时也注重对精神遗产和无形文化的保护。日本政府对文化财的保护，既包括一般有形民俗文化财，也包括民俗文化财中的无形民俗文化财。相关法律内容包括文化财保存技术方面的相关规定，是同时期各国中的佼佼者。

2. 传承人保护

在传承人保护方面，日本首创了"人间国宝"制度。日本将"重要无形文化财保持者"称为"人间国宝"。所谓"重要无形文化财保持者"，是指在历史或艺术以及传统技术等方面具有重要价值的传统戏剧、民俗艺能、音乐、工艺、技术及其他无形文化的载体或传承者，亦即无形文化财的保持者和保持团体。[2]根据日本媒体的相关报道，此种认定非物质文化遗产传承人或保持者的制度设立半个世纪以来，经历年多次认定的"人间国宝"全都是在工艺、技术或艺能表演等方面身怀"绝技"、拥有"绝艺"或所谓"绝活儿"的表演者、艺人、匠人或手艺人。除了那些所谓比较"雅"的无形文化（歌舞伎、能乐、雅乐、文乐、组踊等），陶艺、染织、漆艺、金工、木竹工、人形、截金、和纸等传统工艺甚至铁匠也都可以入选"人

---

[1] 苑利："日本文化遗产保护运动的历史和今天"，载中国非物质文化遗产网：http://www.ihchina.cn/main.jsp，最后访问日期：2006年8月21日。

[2] "日本'人间国宝'认定制度"，载人民网：http://www.people.com.cn/GB/paper39/7979/757005.html，最后访问日期：2019年12月27日。

间国宝"。[1]针对"重要无形文化财"的认定和"人间国宝"的命名,日本设定有严格的法定程序。对于经过国家认定的重要无形文化财,政府需要采取具体措施进行保护,"人间国宝"的认定就是出于保护的目的。将那些具有高超技能和技艺的表演者、艺人、匠人或手艺人认定为"人间国宝"有利于促进无形财的保护传承。根据《文化财保护法》的规定,认定一般有"个别认定""综合认定"和"保护团体认定"几种类型。[2]"人间国宝"认定采取个别方式,针对不同品类和不同内容的技艺传承人作出了专门认定。被认定后的"人间国宝",其技艺或绝技和作品会得到全社会的共同认可,不仅享有较高的社会地位,还会从政府那里获得一定的经济资助。当然,"人间国宝"同时也背负着对其特殊技能的振兴和传承义务。在日本非物质文化遗产保护过程中,"人间国宝"的认定和扶持制度对日本传统文化的保护传承发挥了极其重要的作用,很多传统的艺术表演(如"能乐""歌舞伎""狂言""讲谈"等)都是通过这种方式得到了有效的保护和延承。

3. 田野调查

日本的田野调查类似于我国的非物质文化遗产普查工作。普查工作是抢救与保护非物质文化遗产的重要基础与前提,日本在这方面积累了丰富的经验和技巧。今天日本非物质文化遗产保护工作取得的重大成就实际上与他们先期开展的详尽的田野调查和厚实的学术积累密不可分。针对非物质文化遗产,日本政府和日本学术界先后组织了多次各种规模的民俗调查,记录、沉积了大量非物质文化遗产资料。目前,所有的村、町(镇)、市、县基本上均有较为详尽的地方史记录和民俗的相关记载。1950年日本政府颁布《文化财保护法》以后,通过全国范围内的"文化财调查",在全国范围内形成了大量《文化财调查报告书》。这些报告书先是根据有形文化财、无形文化财和民俗文化财进行分类,之后再做合订。日本政府多年来所做的调查及成果记录为日本非物质文化遗产的认定、登录、保护及开发利用打下了坚实

---

[1] 周星、廖明君:"非物质文化遗产保护的日本经验",载中国艺术人类学学会官网:http://www.artanthropology.com/n902c7.aspx,最后访问日期:2011年5月10日。

[2] 周星、周超:"日本文化遗产的分类体系及其保护制度",载《文化遗产》2007年第1期。

的基础。[1]

4. 机构设置

在非物质文化遗产法律保护方面，日本政府在行政管理部门方面采取的层级划分做法非常值得学习借鉴。在日本的文化遗产法律保护体系中，中央一级的政府负责的是全国范围内最为重要的部分。其他的文化遗产则由地方各级政府通过立法或相应措施进行确定和保护。举例来讲，日本政府于1966年通过《古都保存法》，该法适用的对象是京都、奈良、镰仓等一些传统古都内有关历史风土的大的环境。但是，同样处于该区域内，非历史风土保存区并不由《古都保存法》实施保护与监管，相关工作由地方政府负责。接续《古都保存法》的实施，为了补充地方政府保护的工作内容与下位立法，日本政府制定了《历史环境保护条例》《传统美观保护条例》等细则性的施行条例。其中，明确了除"历史风土保存区"外的被保护地区，它们的名称指定、保护内容、保护方法、资金筹措等工作都由地方政府另行制定地方性的法规加以明确和规范。再比如，对日本传统建造物的保护。《文化财保护法》明确规定，地方政府可以编制各自地区的相应保护规划，明确保护内容，制定地方的保护条例。在此基础上，国家从中选择重要地区、重要建造物群，纳入中央政府的保护范畴，由国家进行整体保护。除此之外的地区由地方政府加以确立和保护。日本历史文化遗产立法保护层级划分的实质就是以国家立法为纲、为指引，以地方立法为细则、为具体内容。这种立法体系通过中央与地方立法权限的明确划分既可以明确不同层级政府的立法与司法责任，同时又可以充分调动地方政府保护文化遗产的能动性与积极性，对日本的文化遗产保护工程具有巨大的推动作用。而且，相对而言，日本立法对于非物质文化遗产的保护，在法律上的可用性、能用性较强。相关法律文件在体系构建上宏观性与具体性相搭配，原则与细则兼具。对于法律的适用对象和适用范围，法律保护的方法与手段，日本的《文化财保护法》只作了原则性的规定。但是，在地方或部门立法中，对于保护工作的具体程序规范，不同层级政府部门的保护权责、施政单位的具体工作内容、保护措施的具体实施，

---

[1] 周星、廖明君："非物质文化遗产保护的日本经验"，载中国艺术人类学学会官网：http://www.artanthropology.com/n902c7.aspx，最后访问日期：2011年5月10日。

违法行为或行为失当的法律追责等内容，有专门的下位立法或具体细则加以明确和规范。日本在保护历史文化遗产立法上兼具的原则性与操作性、总体性与具体性齐备的特点是推动其文化遗产保护事业顺利进展的有力保障。

日本在文化遗产保护中实行的平行管理体制也是该国法律建设中的一大亮点。日本的文化遗产保护在机构设置上分别为文化部门和城市规划部门。两类部门在权责划分上各自独立、权利平行，只是工作内容各有偏重。具体来讲，对文物资源（包括物质文化遗产和非物质文化遗产）的保护主要由文化部门负责。在层级设置上，文化部门有中央与地方的层级划分。在中央，由设在文部省中的文化厅担任文化主管机构。在地方，地方的教育委员会是地方主管文化遗产保护的机构。城市规划部门的任务非常具体，主要负责日本的古都保护及城市景观的保护。制订有关古都保护的详细规划，对历史传承的城市景观进行维护与保护，并对其中的文化遗产进行整体性保护和管理。在层级设置上，规划部门在中央层面的主管机构是在建设省管辖下设置的城市局，在地方层面则是地方城市规划局。为了避免两个部门间的施政冲突，结合各部门的工作侧重点，在具体的保护过程中，根据遗产保护的内容特点、层次等级，明确其中保护管理的行政主管部门，"其他相关部门在自身职责范围内协助或监督该主管部门工作"。[1] 这样的机构设立从根本上明确了各部门的工作职责，避免了在工作中因两头或多头管理造成的权责不清、互相推诿扯皮等问题，节约了行政成本、提高了办事效率。

（二）韩国

1. 立法方面

与日本相似，韩国在保护文化遗产方面也专门制定了《韩国文化财保护法》，时间是在1962年1月。韩国的"文化财"与我们所说的文化遗产的内容大致相同。《韩国文化财保护法》主要包括四个方面的内容：一是明确了"有形文化财"。将具有重大历史和艺术价值的建筑物、建造物，包括文化技艺的承载体（如书籍、工艺品）等都划定在有形文化遗产的范畴之中。二是"无形文化财"。将具有重大历史、艺术和学术价值的（包括音乐、曲乐、传统工艺等）遗产都被划定为无形的文化遗产。三是纪念物或纪念品。包括

---

[1] 王乾："历史文化遗产应分清保护层次"，载《中国建设报》2005年3月7日。

具有重大历史和学术价值的古寺院、陵墓等历史遗迹，凡是承载文化传承的历史遗址都被规划在这个范畴之中。同时，包括一些自然现象及景观，在历史和学术价值方面达到相应重要程度，对韩国文化彰显与传承有一定意义的也被包括在内。四是民俗遗产。主要包括韩国历史上传承下来的与人们生产生活、吃穿住行密切相关的各类民风民俗，包括进行相关活动时需要使用的设施设备（像服装、道具等）都属于民俗遗产。除了对遗产内容进行详细分类，韩国政府还根据各类遗产的价值对相关遗产进行了等级划分。

2. 传承人保护

为了摸清本国文化遗产的规模数量及价值情况，韩国于 1964 年启动了"人间国宝"工程。韩国的"人间国宝"概念和日本很相似，但是其将"人间国宝"的范围由个人扩展到团体。"人间国宝"是指那些在艺术表演领域具有突出的表演才能、精湛的表演技艺并愿意将自己的这些技能传诸后人的杰出的表演艺术家，而在工艺制作领域则特指那些身怀绝技并愿意通过带徒方式将自己的技艺传诸后人的著名艺人、匠人。向具有重要价值的无形文化遗产的传承人或保持团体授予"人间国宝"荣誉称号并确定其责任和义务。获得认证之后，这些个人或团体会得到中央和地方政府的大力保护和财政支持。针对"人间国宝"的演出等各种活动，国家会根据演出规模等具体情况提供 200 万韩元（约合人民币 1.4 万元）至 500 万韩元的资助。对于被认定的"人间国宝"，政府按每人每月 100 万韩元提供补助。[1]对于能培养出代表性传承人的大师级人物，不仅给予其补助，支持其提高技艺，而且还会为其提供研究经费和传承费用。对学习这些技艺的最优秀的学生，政府也会为其提供研究经费，一旦其老师去世，就马上由其来传承。这种制度设计保证了非物质文化遗产的代代相传。

3. 机构设置

韩国对非物质文化遗产的规范管理与该国完善的管理体系不无关系。韩国非物质文化遗产管理机构呈层级分布，包括国家总统、文化观光部下属的文化财厅和各地政府。但是，这些部门只是负责韩国文化遗产管理和执行的

---

[1] 任敦姬、沈燕："'人间国宝'与韩国非物质文化遗产的保护：经验和挑战"，载《民间文化论坛》2016 年第 2 期。

机构，真正享有决策权的是由韩国文化财厅负责组建的文化财委员会。1962年3月，韩国成立文化财委员会，下设有形文化财、无形文化财等8个分课，各分课均由各文化财保护团体、大学、研究机构的专家组成。除专家外，韩国政府还聘请了180名各界文化财专门委员。一旦发现值得保护的文化项目，委员们便会提出报告，经过论证后将该项目确立为国家重点保护项目。按照《韩国文化财保护法》的规定，文化财委员会的委员必须由德高望重、学识广博的专家学者组成，行政官员不得介入。委员会委员分为文化财委员和文化财专门委员两种。前者可参与全面咨询，而后者只能参与小范围的专业咨询。文化财委员的人数不得超过60人。[1]韩国的文化财委员会也是文化遗产保护工作中唯一的一个专门负责提供咨询审议服务的顾问机构。同时，韩国还设立有专门的研究机构，称为韩国文化财研究所。[2]

4. 商业运作的保护模式

韩国之所以能在非物质文化遗产保护方面取得重大成就，除了保护政策得力、保护措施到位之外，还得益于非物质文化产业本身的商业化运作和旅游业的参与。随着非物质文化遗产活动的扩展，韩国资本的触角也慢慢伸向了这块效益可观的领域。韩国非物质文化遗产商业化发展是该国的一大特色。在韩国，很多非物质文化遗产项目的传承发展均与商业的介入关系紧密。在韩国，商人们把被指定为韩国文化财和无形文化财的东西开发成商品，做成面具、戏装、玩偶并四处销售。在地铁站、广告栏、香烟盒甚至飞机的座背上，宣传韩国非物质文化遗产的广告随处可见。在韩国，针对非物质文化遗产进行的展演更是十分普遍。那些被韩国指定为国家级文化财的表演者要做好随时随地进行表演的准备，每天都要忙于应付各种表演。场地有可能是露天剧场，也有可能是宾馆酒吧，也可能会是电视媒体，但节目内容基本不变，就是他们所掌握的被认定的非物质文化遗产。尤其是随着旅游业在韩国的兴起，多姿多彩的文化遗产和非物质文化遗产成了吸引游客的重要旅游资源。韩国人通过民俗村的建设打造旅游胜地。比如，在首尔城南有一个古代民俗村，村里用韩、中、英、日四种文字对本村的民俗进行介绍。在

---

[1] 苑利：“韩国文化遗产保护运动的历史与基本特征”，载《民间文化论坛》2004年第6期。
[2] 李晓秋、齐爱民：“非物质文化遗产系列研究（四）商业开发和非物质文化遗产的'异化'与'反异化'——以韩国'人类活的珍宝制度'设计为视角"，载《电子知识产权》2007年第7期。

村内，游人可以看到李朝时期韩国先民的衣食住行、建筑景观和祭祀活动。宗庙的祭祀礼仪被韩国指定为第 55 号重要无形文化财，祭祀时所演奏的音乐被韩国指定为第 1 号重要无形文化财。每年的春、秋季节，韩国的旅游部门都会举办各种民俗活动来招徕来韩旅游的游客。如在当地举办盛大的旅游活动，吸引了国内国际百万人次参与观光，极大地推动了韩国旅游经济的发展。[1]客观地讲，韩国的商业化运作模式在促进韩国非物质文化遗产的保护传承与延续发展方面功不可没，让国人甚至是外国人对韩国非物质文化有了一定的了解与认识。这符合非物质文化遗产活态性、传承性的属性要求。但是，基于非物质文化遗产的原真性、传统性特点，韩国的相关做法会引发人们的担忧与疑虑。商业化会让非物质文化遗产丧失它原有的文化意义和应有的文化价值，进而变成纯商业性的演出。尽管非物质文化遗产的样式与外观还在，但其实质内容的商业化蜕变会导致非物质文化的消亡与灭失。

（三）法国

1. 立法方面

法国是世界上第一个制定历史文化遗产保护法的国家。1793 年"共和二年法令"问世，该法规定法国领土内的任何一类艺术品都应该受到保护，这使得大量文化遗产在那个动荡的年代得以保存。1830 年，法国政府成立"历史古迹处"，正式将遗产保护工作提上了工作日程。1840 年，法国颁布《历史性建筑法案》，这是全世界第一部针对文物保护的法律。1887 年，法国颁布《纪念物保护法》，组建古建筑管理委员会，专门负责开展法国传统建筑的认定和保护工作。1906 年，法国颁布了《历史文物建筑及具有艺术价值的自然景区保护法》。1913 年，法国颁布了世界上第一部保护文化遗产的现代法律《保护历史古迹法》，目的是对国家具有历史价值和艺术价值的历史文化遗产（包括动产和不动产）进行保护。方式是对历史文化遗产登记造册，重点是通过建立保护名录进行保护。1930 年，法国制定了《景观保护法》。这部法律除了对自然纪念物进行保护外，还将人们熟知的艺术上、历史上、学术上、传说中的自然景观和人文景观纳入了保护序列。1941 年，法国为了强调对地下文物的保护工作，专门制定了一部《考古发掘法》。为

---

[1] 飞龙："国外保护非物质文化遗产的现状"，载《文艺理论与批评》2005 年第 6 期。

了对历史街区中的人文景观进行保护，法国于 1962 年和 1973 年先后颁布了《历史街区保护法》和《城市规划法》，有效地促进了法国历史文化遗产的整体性保护。系列法规的出台让我们看到了法国在法律保护物质和非物质文化遗产方面所做的努力。而且，随着人们保护意识的提升，法国文化遗产保护工作的内容与范围也在逐渐扩展。不过，仔细分析法国制定的这些法律法规，主要的保护对象还是历史文物古迹、自然景观及物质文化遗产。对于非物质文化遗产的保护工作，法国的法律制度体现得还不是那么充分。

2. 公众参与

与韩国经验相似，法国在保护非物质文化遗产方面也吸引了大量人群参与。与韩国有所不同的是，法国更侧重于公众参与，商业化气息没有那么浓。法国的公众参与制度主要体现在"文化遗产日"活动的举办上。法国拥有众多的文化保护团体与历史文化保护区。据不完全统计：目前法国有 1.8 万多个文化协会、91 个历史文化遗产保护区，保护区内的历史文化遗产多达 4 万处，有 80 万居民生活在其中。而且，不少城市会向法国政府申请在市内确立历史文化遗产保护区，而法国政府每年只能批准 2 个到 3 个保护区。[1] 历史文化遗产保护区的确立成了人们了解法国民族历史与文化的窗口，相关文化在保护区内集中展示，让人们拥有了了解和学习历史传统与文化的更直接的通道。"文化遗产日"则是法国人的首创。每年 9 月的第三个周末，法国所有的公立博物馆都将会向公众免费开放，包括卢浮宫、凯旋门等著名的博物馆和历史古迹也在免费开放之列。私立博物馆的门票在该日则会降价。在"文化遗产日"到来的前几天，法国政府的相关部门和文化机构会向公众发放并推荐参观名录，为人们提供参观指导。"文化遗产日"当日，人们会举家出动，集中参观珍贵的历史文化遗产。通过这种方式，人们可以对法国的历史文化有较深的认识，也提升了保护本国非物质文化遗产的积极性与主动性。在法国"文化遗产日"活动的影响下，欧洲很多国家也开始效仿，推动了文化遗产保护活动在欧洲地区的整体性发展。1991 年，欧洲理事会确立了"欧洲文化遗产日"。当年，欧洲有十几个国家在本国举办了这项活动，"欧洲文化遗产日"活动有了一个很好的开局。现在，响应"欧洲文化遗产

---

[1] 飞龙："国外保护非物质文化遗产的现状"，载《文艺理论与批评》2005 年第 6 期。

日"的国家已经多达 40 个。每年 9 月的第三个周末,"文化遗产日"活动都会成为欧洲很多国家文化活动的中心,了解和学习非物质遗产文化成了人们文化生活的主题。

(四) 意大利

1. 优良传统

意大利人曾经自豪地说,全世界大约 4% 的历史艺术品出自意大利。也有这样的说法,整个意大利就是一件大文物。实际上,这种说法并不为过。意大利的土地上曾经存在过很多人类文明,当然也就有了异常丰富的文化沉积。在 1996 年,意大利还只有 9 处文化和自然遗产被列入《世界遗产名录》,但是到了 2005 年,意大利的世界遗产数目已提升到了 37 处。[1]除了拥有客观上的资源优势,多年来对文化遗产实施保护的优良传统也是今天意大利非物质文化遗产保护事业欣欣向荣局面的重要原因。从 1997 年开始,意大利政府将每年 5 月份的最后一周定为"文化与遗产周",并在该周举办相应的庆祝活动。在这一周,意大利的国家博物馆、艺术画廊、考古博物馆、文物古迹、著名别墅以及一些著名的建筑等国家级文化和自然遗产都会免费对公众开放。一些平时不对外开放的古迹在该周也一律向公众开放。目的就是要帮助年轻人增长历史文化知识、培养艺术修养,并且通过举办丰富多样的,与文化、历史有关的活动提升人们学习历史文化的热情与积极性。以意大利西西里傀儡戏为例,该项活动如今已经被联合国教科文组织确立为人类非物质文化遗产。西西里傀儡戏形成于 19 世纪,戏里的木偶比我国一般木偶戏的木偶大些,由专门工匠进行雕刻、着色和设计。表演者都拥有高超的技术,利用木偶和道具进行戏剧表演,故事内容多为史诗传奇、诗歌或流行的歌剧。西西里岛上的木偶艺人们一直都为自己拥有这样的传统艺术表演而感到骄傲,并以家族的方式代代相传。但是,到了 20 世纪 50 年代以后,随着娱乐方式的增多和游乐主题的变化,西西里傀儡戏呈衰落趋势,大量的木偶艺人被迫放弃了他们的职业。现在,通过意大利政府的不懈努力与抢救,西西里岛傀儡戏又呈复兴势头。今天,我们在西西里岛的商店和街头都可以看到各类木偶。这些木偶制作精美、造型各异,成了西西里岛著名的

---

[1] 飞龙:"国外保护非物质文化遗产的现状",载《文艺理论与批评》2005 年第 6 期。

纪念品。意大利政府还制订了专门规划，为青年木偶艺人开办培训场所，举办西西里木偶节并设立奖项，在国内外举办木偶展览，兴建木偶戏学校。相关措施的出台是意大利政府保护、传承本国非物质文化遗产系列举措的重要内容。也正是这种保护文化存在与传承的优良传统让今天的意大利能够享有丰厚的文化财富，拥有众多的文化遗留。

2. 知识产权制度的引鉴

到目前为止，人类社会制定专门非物质文化遗产保护法的工作还处于进行状态中。尽管日本、韩国和我国政府都针对相关工作出台了法律，但是针对非物质文化遗产进行专门法律保护的情况并不多见。尤其是综合非物质文化遗产的公、私法制，从刑事到民事进行全方位法律救济的法律搭建还处于尝试、探讨阶段。在这方面，意大利的做法比较靠前，其是世界上第一个使用国内知识产权法保护民间文化的国家。1889年，意大利制定了《文学艺术版权法》，同时还制定了关于文化遗产及传统手工业保护的法律，构建了较为完备的传统文化遗产的保护制度。意大利针对非物质文化遗产制定的保护制度的主要特点是民间文学作品的著作权享受无限期的法律保护。而且，如果以营利为目的使用民间文化及其产品，不仅要征得文化行政部门的许可，同时还要缴纳一定的费用。对于收取的费用，政府部门会以基金的形式进行管理和使用。

3. 机构设置

在机构设置方面，意大利政府的做法也很有新意。意大利专门设有文化遗产部。多年来，意大利在遗产保护和利用方面已经形成了独特的"意大利模式"，[1]即由公共部门负责保护古迹，由私人和企业来经营管理和利用这些古迹。这种模式在调动私人和企业保护文化遗产的积极性方面极具意义，同时也促进了对文化遗产的统一管理。

三、先进经验的河北启示

河北省的非物质文化遗产法律保护实践还处于初级阶段。尽管制定了相关的法律法规，但无论是在立法方面还是在司法方面都还存在较大问题。国内

---

[1] 飞龙："国外保护非物质文化遗产的现状"，载《文艺理论与批评》2005年第6期。

外先进的法制经验对于河北省开展非物质文化遗产法制建设具有一定的借鉴意义。

（一）结合区域特点加快立法进程

河北省地理位置重要，从古到今一直是一个民族交融、文化交集的会冲之地。经过数千年的文化积累与整合，在这片地域上形成了民族聚居、文化共存的生存特点。与之相适应，对河北省非物质文化遗产的保护也变得极为复杂且困难。要想实现对全省非物质文化遗产的有效保护，河北省必须立足地区的客观现实，根据本地区民族传统文化的地域特色与文化特点，在宪法基本原则之下充分行使立法司法权力，开展体现河北省区域特色的法制建设。首先，明确立法指导思想和立法的基本方针。坚持科学发展观点，充分认识河北省非物质文化遗产的保护工作是一项动态的、长期的、时刻变化的工程。在这项工程中，既要照顾政治、经济、民族、文化多种因素的合理配置，也要实现经济与文化的双向发展与平衡前进，不能顾此失彼、不得跛足前行。其次，在立法机制上做好法律统筹与地方需求、法制划一与地方立法的协调工作。河北省拥有相应的立法权力。在对省内非物质文化遗产进行立法保护过程中，如何充分行使省级立法权，制定符合地区要求的法律法规，有的放矢地对文化遗产进行法律保护，同时又不违背国家整体立法的协调性与整体性，是一个值得思考的问题。最后，在具体内容设置上如何将最重要的、最具特色的、最濒危的非物质文化遗产纳入法律保护体系也是值得思考的。

要实现这个目标，就要立足河北省的实际情况，结合自身文化遗产特点，进行制度创新。"地方立法之所以应该具有自身的领域和特色，一个重要的方面，就是地方立法有着独特的立法根基。"[1]河北省的非物质文化遗产具有自身特点，具有鲜明的濒危性、地域性及利益性。对省内文化遗产进行保护不仅要遵行法律的原则规定，还要结合区域特色，尊重当地的民俗民风，根据当地的实际情况展开工作。只有这样才能将非物质文化遗产的保护工作真正贯彻、落实下去，真正实现区内非物质文化遗产的有效和合法保护。要想体现河北省非物质文化遗产保护工作的区域特色，我们需要实现过

---

[1] 参见汤唯等：《地方立法的民主化与科学化构想》，北京大学出版社2006年版。

程中的制度创新。立足于河北省的实际情况，结合各民族传统文化的历史和现实，运用宪法赋予河北省的地方立法权实现河北省非物质文化遗产立法保护的制度创新是体现区域特色的重要途径。尽管河北省的非物质文化遗产保护工作难度较大，但要实现制度创新并不是不可实施。《条例》的出台就体现了河北省政府在这个方面的努力与决心。

文化保护，立法先行，这是国内外保护非物质文化遗产首要的经验总结。目前，河北省存在的最大问题就是没有形成非物质文化遗产资源全方位法律保护的综合体系。横向上，如何推进单个领域法律保护的深化与细化，提升可操作性。纵向上，如何合理配置刑事、行政、民事法律手段，填补法律保护的真空地带。这些问题都直接关系到河北省非物质文化遗产法律保护的有效性与时效性。针对非物质文化遗产的脆弱性与不可复性，必须加快河北省的立法进程。通过法律途径对民间非物质文化加以保护，这是基于我国政府乃至全世界人民文化多样性保持的需要，更是基于河北省民间文化独立和交流的需要，同时还具有政府稳定与文化和谐方面的深远意义。结合自身的实际情况以及河北省非物质文化遗产的自身特点，借鉴兄弟省区对非物质文化保护的成功经验，河北省需要加快非物质文化遗产保护工作的立法进程，做好以下几方面的工作。

（1）明确立法基本原则和方针。在立法过程中，运用什么样的方针政策不仅是立法法定性的要求，也是国家统治与国家和谐的要求。河北省非物质文化遗产保护立法要明确几个方面，即要以保护工作为主线，同时做好抢救工作。在传承与发展的同时还要做好文化产品与成果的合理开发利用，在动态中寻求有效保护模式。也就是说，在这个过程中要时刻明确这样一个概念，即保护并不同于保存，但是保护也不能不做保存。基于非物质文化遗产的特殊性，对其实施法律保护是我们时刻要坚守的基本原则。但是，与物质文化遗产、历史景区、古代遗址有所不同的是，对非物质文化遗产的保护要适用动态保护原则，要在开发利用过程中对其进行保护。只有通过这种保护模式，非物质文化遗产才能健康存续、保持旺盛的生命力。在开发利用过程中，既不能无序也不能滥用，要保护好非物质文化遗产的历史传承与传统韵味。严格的认定、明确的法规就是实现这种动态保护模式的核心要求。

(2) 确定具体的权利主体，不能因为主体不明确导致司法不能或混乱。在河北省存在这样的情况：某种非物质文化在创立之初可能（而且在很多情况下）是由创作地区、创作族群中的某一个人完成的。随着历史的发展演变，这种文化通过延承人不断的学习、修改、丰富、完善，慢慢地成了某一地域、某个族群共同的价值观念与认知标准，成了一种集体性的产品，成了共有的财富，具有了"群体性"。有学者将"群体性"视作非物质文化遗产的最主要、最基本特征。在保护过程中，明确权利主体不仅涉及权利人确权问题，而且关系到对非物质文化遗产本身的保护。这在刑事、行政和民事等多种法律领域都是法律适用的前置问题。另外，在确定权利主体之后要做好主体与措施的联系工作。河北省要建立相应的工作机制和规范标准。确保由政府主导、社会参与的工作机制能够做到职责明确、运转协调。相应的规范标准应该明确划一，具有可执行性。同时，河北省政府还要注重科研成果和现代技术的具体应用，提升非物质文化遗产保护工作的宣传教育力度，培养专业人才，加强科技队伍建设。

(3) 明确客体范围。为河北省非物质文化遗产划定范围是一项非常困难的工作。联合国和世界上的许多国家都采取了列举式的定义方法。原因就是客体内容无法界定与把握。河北省非物质文化遗产在这方面的特点尤为突出。《非物质文化遗产法》也只是以列举的方式对非物质文化遗产的概念进行了归纳总结，《条例》也只作了相应列举。之所以会出现这种情况，是因为非物质文化遗产历史传承久远、沉淀的内容丰富。对于这样大体量的文化遗产而言，要通过简单的普查去摸清筛明是不现实的。而且，非物质文化遗产的动态性决定了其会通过不断的适应调整产生新的内容与产品，并对既定非物质文化遗产概念构成冲击。即便这样，要想做好河北省非物质文化遗产的法律保护工作，我们仍然需要对保护客体有一个明确的界定与框划。当中势必会有遗漏，我们可以通过各种方式进行补足。一个时刻开放的客体范畴不利于司法的进行，也不利于法制建设的系统化与规范化。

(二) 完善现行法律保护体系

在非物质文化遗产初建时期，对它的保护往往难以与物质文化遗产区分开来。在日本界定了"无形文化财"之后，保护非物质文化遗产的法律法规才相继出台。综观日、韩等国，都是首先通过制定国家法律对非物质文化遗产进行综合保护。两国均首先对法律保护的内容和范围、保护机构的设置、行政部门的层级划分、具体的保护措施和途径等基本问题进行了明确界定。在立法位阶上，相关立法都是保护非物质文化遗产最核心、最基本的法律规定，并且会跟随时代的进步对相关立法内容进行修改和完善。从中我们可以得出一条基本经验，对一国文化遗产的法律保护，要想从根本上加以法律规制，便只能从国家层面着手，如此相关的规定才能得到真正的贯彻落实。中国是单一制国家，法律执行尤其要求立法层级与效力推递。地方政府，包括河北省的各级政府虽有相对的立法权，甚至是一定的自治权，但在立法过程中，无论是从法的位阶还是从法的效力来讲，都无法与国家根本性立法相提并论。这是因为地方立法存在着一些立法权限与立法内容方面的问题。以河北省为例：首先，河北省各地立法规定差异较大，全省范围内非物质文化遗产保护的法制建设十分不均衡。而且，很多地方的非物质文化遗产又存在着管辖冲突或交叠。地方立法保护中的工作内容不明确，执法层级混乱势必导致非物质文化遗产保护工作参差不齐。有的地方做得很好，有的地方则存在明显不足。所以，消除非物质文化遗产保护地区间的差异与冲突、结合地区特点实现当地非物质文化遗产的有效保护成了河北省立法的根本与目标。要解决这个问题，国家立法的出台是最为有效的途径。2011年出台的《非物质文化遗产法》填补了我国非物质文化遗产专门法律保护方面的空白。随着2014年《条例》的出台，河北省非物质文化遗产保护工作实现了有法可依。其中详细列明了有关非物质文化遗产保护、传承、利用与管理、保护措施等方面的内容，以及违反非物质文化遗产保护规定应当担负的法律责任，为省内非物质文化遗产保护提供了可以依据的政策法规，提出了长远的规划。但是，结合国内外的立法经验，该条例在法律规定的宽度与深度上仍显不足。比如，可否将河北省非物质文化遗产的内容也以列举方式加以规定，以提升保护的操作性；可否结合某种非物质文化遗产（如年画、剪纸等优秀的传统手工艺）在河北省设立文化生态保护区或文化艺术乡；可否像贵州省那样将优秀的非物质文化遗产项目内容纳入素质教育，将一些非物质文化遗产通过教育方式进行传承。这些问题的深度思考与合理解决势必会推进河北省非物质文化遗产保护工作的健康发展。

  法律体系的搭建首当其冲的是对保护模式的选择。公权力的保护对非物质文化遗产的传承、保护而言具有极其重要的作用。但是，从时代发展的角度看，仅仅依靠公权力保护并不足够，也不充分。私权利保护手段的介入可以弥补这方面的缺憾。通过将非物质文化遗产的部分因素私权化，给予权利人以相应的经济回报，不但可以激发创作非物质文化遗产原始族群保护、传承和发展自身文化的积极性，同时也是一种对效能机制建构的彰显与示范。一个民族或地区的民俗、传统常常为该民族或地区所独有，是一种群体性、地域性特征很明显的"公有领域"，也可以被看作是一种"集体私权"。[1]目前，在河北省非物质文化遗产保护过程中，除了公权力具体表现为行政权力外，整个法律体系的搭建还存在失衡与偏颇的问题，即公权力保护与私权利救济的不对称，公权保护内容和手段与私权保护内容和手段的不对称。具体来讲，就是公权部分大、私权部分少。公法保护基于国家机器的支撑、巨大强制力的保障，实施起来工作力度大、效率高。一直以来，这种模式在河北省非物质文化遗产保护中发挥了巨大的效用，目前主要表现为行政管理。但是，随着历史的快速发展，单一公权力保护模式已经充分暴露了保护手段的单一性与不足。河北省作为一个文化大省，拥有丰富的非物质文化遗产。这些遗产分布范围广泛、类型众多且民族风格各异，单一依靠公权力保护不够全面，也难以完成保护的历史任务。以财政资金问题为例，由于河北省整体经济发展水平并不是很高，各地方经济发展又不够均衡，因此在资金筹措、政府投入等方面都存在较大差异。但是，对非物质文化遗产保护工作的财政支持十分必要，仅靠政府保护又远远不够。在这种情况下，如何吸引民间资本（包括其他性质的资金注入）就成了资金筹措中的一个必然思考。但是，私有资金势必与投入回报的市场属性不可分割。要成功吸引民间资本，就需要设立行之有效的利润回报机制。这种机制的设立需要法律的介入，借助其规范性、保障性、稳定性等属性帮助相应机制规范不同投资主体间的权利与义务。再如，解决非物质文化遗产传承保护群众积极性的问题也需要法律机制、法律原则与精神的支持。在目前的市场经济大潮中，通过各种形式的回报刺激、调动传承人传承保护非物质文化遗产的积极性是一种有益思考。但是，这种方式势必会涉及政府的补贴与利惠，也会涉及权利主体的确

---

[1] 徐辉鸿、郭富青："非物质文化遗产商标法保护模式的构建"，载《法学》2007年第9期。

定、权利内容的界定及利益的分配问题。这些私权利问题都是需要民法、经济法加以法律规制的问题。

(三) 引鉴知识产权保护机制

非物质文化遗产的保护涉及的主题及内容十分广泛。一直以来,引鉴知识产权制度对非物质文化遗产实施保护引起了学界各类专家学者的广泛兴趣。目前,"世界上明文以知识产权法保护民间文学艺术的国家已有50个左右"。[1]《非物质文化遗产法》第44条第1款规定:"使用非物质文化遗产涉及知识产权的,适用有关法律、行政法规的规定。" 2014年6月1日,《条例》开始施行,其中没有直接适用知识产权制度保护的法律规定,但是从立法精神上看,《条例》并不排斥知识产权制度在非物质文化遗产保护领域的适用。但是,基于非物质文化遗产的特点与属性,要将两者进行无缝对接也是一项难度很大的工作。首先是权利主体问题。非物质文化遗产是一种历史产品,其产生与发展经历了漫长的历史时期,是某一地域或某一族群的智力凝聚,是一种集体财富。从现实情况来看,目前很少存在归属于个人的非物质文化遗产。但是,从法律角度讲,尤其是做私权利方面的维护,确定适格的权利主体是前提与基础。但是,对非物质文化遗产进行明确的主体界定是一项非常困难甚至是完不成的工作。其次是权利内容方面的问题。非物质文化遗产产品知识产权保护模式目前已经成为非物质文化遗产法律保护的有效途径。但是,对于权利主体享有何种以及如何享有相关知识产权的权利这一问题,学界至今仍未形成统一意见。以著作权为例,著作权包括精神和经济两方面的基本内容。"精神权利有发表权、署名权、修改权与保护作品完整权。经济权利有复制权、演绎权与传播权。"[2]然而,适用著作权的法律规定对非物质文化遗产产品进行保护目前存在根本性障碍。以著作权与非物质文化遗产关于作品"新""旧"的冲突为例。著作权保护机制设立的初衷是要推动文化创新,推动文化不断发展更新。但是,文化创新与非物质文化遗产的"保护作品完整权"之间会发生本质冲突。非物质文化遗产是一种历史产品,要求作品保持"旧"以保证其完整权,而著作权推动的是文化创

---

[1] 郑成思:"传统知识与两类知识产权的保护",载《知识产权》2002年第4期。
[2] 参见郑成思:《知识产权法》,法律出版社1997年版。

"新"。这是一对本质矛盾，不加以解决会影响非物质文化遗产知识产权保护模式的顺利推进。最后是权利保护期限问题。在一般情况下，知识产权只保护法定期限内相关成果的合法权利，过了保护期限该成果就会进入公共领域，公众可以无偿使用。但是，非物质文化遗产作为一种时间产品，经历了漫长的历史时期，如果对其加以期限保护，只在相对较短的期限内给予其合法保护，对其权利主体来讲是不公平的，也会导致保护期限解除后市场对它的滥用与破坏。这对于非物质文化遗产来讲是不可承受之痛。

（四）加强专门保护机构的设置

综观国内外，设置专门负责文化遗产保护的政府部门是各国的通行做法。比如，意大利设立有文化遗产部专门对本国包括非物质文化遗产在内的文化遗产进行保护。遗产部之下又设置有历史艺术人类学遗产局、建筑与景观遗产局、考古遗产局、现代建筑艺术局、档案管理局、图书遗产与文化协会管理局。文化遗产部在各地设置相应的文化遗产监督署，通过垂直行政管理的方式，监管地方政府对中央文化遗产保护政策的执行与落实。在法国，文化遗产保护工作的最高决策机构是文化部。文化部下设文化遗产司，专司文化遗产保护工作。该司既配备有行政管理人员，也包括专职的科研人员。文化部同时还管理着相关的基金会。基金会掌握基金动作，资金主要用于文化遗产的维修、出版、展演等文化活动。此外，各行政区的政府内部同时设有文化事务部，专门负责本辖区文化遗产的保护及管理工作。在英国，"文化遗产保护的最高责任机构是文化、媒体与运动部，但真正负责具体实施工作的是其下设的两个非政府法人机构英格兰遗产和英格兰皇家历史遗迹委员会"。[1]美国政府文化遗产保护的最高权力机构是史迹保护联邦理事会和国家公园司。美国在各州也都相应设立了史迹保护办公室，地方县市则设有专门负责文化遗产保护的历史街区委员会。[2]国际上的成熟经验值得河北省加以参考、借鉴。目前，在河北省的具体实践中，非物质文化遗产的法律保护主要实行的是由县级以上人民政府文化行政部门负责、其他部门配合的综合管理，《非物质文化遗产法》及各地的保护条例基本上也都遵循这个原则。

---

[1] 王焯："国外非物质文化遗产保护的理论与实践"，载《文化学刊》2008年第6期。
[2] 王焯："国外非物质文化遗产保护的理论与实践"，载《文化学刊》2008年第6期。

《非物质文化遗产法》第7条规定，全国范围内非物质文化遗产的保护、保存工作由国务院文化主管部门负责。在地方上，县级以上地方人民政府文化主管部门负责本行政区域内非物质文化遗产的保护、保存工作。《新疆维吾尔自治区非物质文化遗产保护条例》第6条规定，本行政区域内非物质文化遗产的保护工作由县级以上人民政府文化行政部门主管，包括发展和改革、财政、民族与宗教等部门按照各自职责，做好非物质文化遗产的相关保护工作。由文化行政部门牵头管理可以解决保护过程中涉及的不同领域、不同专业的问题，协调性强、效率高。但是，众多管理部门管理同一事项也会造成管理中的权力冲突或是困难问题的搁置无解。在具体工作中，对于"利好"问题，大家一哄而上；对于"棘手"问题，大家推责退让。无论是哪种情况都不利于对非物质文化遗产的有效保护。因此，如何将非物质文化遗产管理体制中的多头管理转变为单一部门管理、实现权责单向归属、明确施政终点成了河北省乃至全国各级政府在处理非物质文化遗产保护法律工作时必须要思考解决的难题。日韩等国的机构设置为我们提供了相应的思路。如日本设置的"文化财保护审议会"，同时在国家和地方政府文化行政机构中配置。韩国设立的"文化财委员会"，也在不同层级行政管理体制上配置。由这些专门或专业部门负责非物质文化遗产保护工作能够更好、更完整地发挥行政职能，保护工作也会做得更为专业化、精细化。通过对这种认识的理解、结合现实情况、优化现有部门机构的设置，推进河北省非物质文化遗产的法律保护工作是一项重大而艰巨的任务。

（五）拓宽公众参与保护通道

自2006起，每年6月的第二个星期六是我国的"文化遗产日"。期间，我国各地（包括河北省）都会开展非物质文化遗产成果或产品的展览和表演活动，对非物质文化进行推广与宣传，提高人们学习与保护非物质文化遗产的热情与热度。然而，要想真正将非物质文化遗产的保护工作落实到实处，不仅要吸引人民群众参与非物质文化遗产活动，更为重要的是提升人民群众对于非物质文化遗产的掌握品次，不能让公众永远停留于了解与感兴趣的层面，要让人们懂得或基本懂得非物质文化遗产的内涵与价值。只有这样才能真正调动人们学习保护非物质文化遗产的热情，让这项工作长期、系统地坚持下去。因此，如何调动公众参与的热情，完善公众参与非物质文化遗产保护的方式和途径仍然是河北省需要解决的难题。借鉴国内外先进经验，河北省可以做以下几方面的工作：首先，需要做好非物质文化遗产保护的普及教育工作。如贵州省将本地优秀的非物质文化遗产项目内容纳入素质教育的做法就非常值得借鉴。河北省也可以在课堂上（尤其是当地学校的课堂上）对中小学生进行教育，实现非物质文化遗产保护传承工作从"娃娃"抓起。其次，在相关学术和教育科研机构方面，设立非物质文化遗产研究部门。在研究保存非物质文化遗产的同时，通过这些科研单位对非物质文化遗产进行宣传、教育。同时，尝试建设其他性质的宣传教育场所。河北省可以借鉴江苏省吸纳个人的保护方式，在合适的条件下创办民间参与的非物质文化遗产保存与教育基地。江苏省鼓励单位和个人捐赠其所有的非物质文化遗产或者实物，或者是采取委托的方式，将所属非物质文化遗产或者实物交由政府设立的收藏、研究机构或其他文化部门管理，并由这些部门或单位对受托的文化遗产进行收藏、保管或者展览。对于捐赠者，当地政府或有关部门会给予相应的物质奖励，颁发荣誉证书。对于委托者，政府部门或相关机构在展出、使用时会注明委托单位和个人的名称和姓名。江苏省还鼓励有条件的单位和个人成立专门的研究机构，开办专题性博物馆和展览室，对非物质文化遗产开展专门性研究。组织专门性的展览，对有代表性的非物质文化遗产进行展示。最后，河北省可以学习韩国的先进经验，结合区域特点及文化遗产的自身特色，建设各种民俗博物馆。在法制建设过程中，有针对性地制定相关规定，定期或不定期地组织各种民俗活动，通过群众的亲身体历激发大家保护区内非物质文化遗产的热情与主动性。在国家保护的大原则和基本主线之下，河北省可以尝试在非物质文化遗产保护工作中吸收民间力量，让公众组织、民间团体类的民间力量在保护非物质文化遗产工作中有所成就。实际上，民间力量在文化传承及推广过程中的作用巨大。比如，在全省开展非物质文化遗产普查工作时，就完全可以吸纳民间文化团体。河北省面积广大、民族众多、文化内容复杂、民俗民风各异，单纯依靠政府的力量，或者说公权力的力量完全将区内的非物质文化遗产的生存、传承状况搞清楚难度很大。利用民间团体、民间力量既能节省成本开支，同时又能提升工作效率，且该方式本身又是一种宣传教育的途径。而且，扩大公众参与路径会让更多的人了解河北省宝贵的非物质文化遗产，提高保护意识。尽管《条例》对以上部分内容作了规定，但是从实践角度出发，国内外的先进经验仍然值得我们借鉴与学习。

(六) 加强传承人的法律保护

对于传承人保护，河北省可以借鉴国际国内的成熟经验。日本、韩国两国在加强传承人保护、推动国内非物质文化遗产保护工作方面取得了显著成效。韩国政府提出的"人间国宝"制度可谓是独树一帜，成了世界非物质文化遗产保护工作的亮点。相较而言，我国政府针对非物质文化遗产传承人权利、义务的法制建设还相对不足，存在大量立法空白或规范不系统、不具体的问题。韩国政府创立的"人间国宝"制度着重于对人的保护，特别是对传统技艺类非物质文化遗产的传承和保护。日本吸收借鉴了这项制度。尽管在具体操作上日韩两国的做法有所不同，但制度所追求的目标却是一致的，即通过对传承人的特殊保护实现对本国文化遗产的有效传承，同时利用这种方式教育、引导国民，提高人民群众保护传承文化遗产的热情与积极性。在法律体制的具体设计上，"人间国宝"制度通过资金补助或资助特定传承人的方式在物质利益上给予传承人以惠益，配合相关资助在社会保障方面给予传承人以特殊照顾以及生活、医疗等方面的特殊保障。这种机制的设立会极大地激发传承人保护传承文化遗产的热情与积极性，不仅有物质获利，同时还享有较高的社会地位，获得精神上的愉悦与满足。当然，"人间国宝"的制度设计按照权利义务对等原则同时也要求传承人履行文化遗产宣传和传承的法定义务。结合"人间国宝"制度的先进经验，河北省在保护遗产传承人方面可以尝试设置相关法律制度。比如，对于优秀的、极具代表性且达到国家级别的非物质文化遗产的传承人，可以通过命名的方式进行特别保护。如可以将其命名为"艺术大师"或"民间艺术大师"等。在评选"艺术大师"的过程中，河北省可以借鉴韩国的做法，衡量相关标准（如价值大小、濒危程度等），优先推荐高级别（如国家级）的非物质文化遗产代表作品和传承人参选参评。在评选过程中，评选规则要公开、公平，程序和标准要客观、透明，认定模式与规则要科学合理。既要保持非物质文化遗产的原真性，又要合理、合法地维护传承人的权利。对于入选"艺术大师"或"民间艺术大师"的传承人，河北省可以设立非物质文化遗产传承人政府专项补贴，当地政府可以通过拨付专款的方式补贴相关传承人，激发传承人的保护热情和主动性。甚至可以借用学术领域的职称评审规则，通过职称评级的方式让传承人享受相应的职称待遇和社会保障。同时，通过法律明确传承人需要履行的宣传和传承文化遗产的义务，比如要求传承人定期或不定期地进行公开表演、教授学生或徒弟，让相应技能与艺能得以延续。

第四章

河北省非物质文化遗产的行政法保护

多年来,行政保护手段作为一种基本方式,在保护河北省非物质文化遗产方面取得了显著成绩。各级政府制定了一系列法规条例,在立法主体、法律客体、司法内容等多方面做了有益的思考与探索。但是,与河北省非物质文化遗产保护工作的迫切性与重要意义相比,行政保护的任务仍然很重,还有大量工作需要完成。

第一节 非物质文化遗产行政法保护概述

我国一个作为传承千年的文明古国,一直以深厚悠久的历史文化基奠享誉世界。目前,非物质文化遗产公法保护与私法保护的关系问题成了当前理论界研究的重点。从河北省非物质文化遗产保护现状来看,公法保护的主要形式就是行政法保护。

一、行政介入非物质文化遗产保护的正当性

(一)理论基础

洛克《政府论》认为:"在进入文明社会之前的自然状态下,每个人都是自由的、平等的;但自然状态是缺乏法律规范的,缺乏权力裁判的,因而是充满恐惧和危险的。"[1]所以,政府的天职是保护公民的自然权利。政府作为国家政权体系中的组织体系,负有依法享有行政权力、维护和实现公众

---

[1] 参见[法]让·雅克·卢梭:《社会契约论》,杨国政译,陕西人民出版社2004年版。

特定公共利益的责任。非物质文化遗产属于社会公共资源，是一种公共文化。文化权利作为人与生俱来的权利，是人权的重要组成部分。政府对非物质文化遗产的保护也是对人民文化权利的保护，是在履行保护基本人权的义务。在对非物质文化遗产行政保护的研究方面，目前理论界比较关注的问题集中于几个方面：第一，行政保护的原则问题。牟延林、吴安新主张实行积极主动的全面保护，应由政府主导，主动承担非物质文化遗产的抢救任务。章建刚主张重点保护原则，认为不管国家发展到哪一个阶段，财政收入累积到什么程度，公共投入都不会绝对充足，国家所能够投入的公共财产终究是有限度的。为此，需要按照濒危程度进行排序，确立重点保护办法。[1]吴汉东主张分别保护原则，认为应以传统文化的客体属性为出发点，建立对传统文化的双重权利保护制度，即对传统文化本身的权利保护适用行政制度，而对其表现形式，则由知识产权制度予以保护。[2]关于行政保护的立法模式问题，有的学者主张以基本法为核心，辅之以特别法来应对相关工作。姜言文、滕晓慧则认为，应对非物质文化财产实行全方位的综合庇护，不仅有国际法的庇护，还有国内法的庇护；既有公法、社会法作屏障，也有私法作屏障。为了全方位、多角度地做好我国非物质文化遗产保护工作，可以构建涉及各个部门法的综合一体的法律保护体系。[3]

（二）行政保护非物质文化遗产的法律规制

政府在非物质文化遗产保护中具有主导、核心的作用，是政府行使公共文化管理职能的重要体现。非物质文化遗产的行政保护是指行政主体依法定程序和职权或者基于相关权利人的申请，授予或者确认非物质文化遗产权利人、代表性传承人的权利，履行调查、认定、记录和建档的职责，对非物质文化遗产进行组织和管理，对相关的侵权违法行为进行制裁的行为。"行政保护的对象除行政相对人外，还包括与具体行政行为具有利害关系的相关权利人。"[4]实际上，广义的非物质文化遗产行政保护包括三个方面，分别是

---

[1] 章建刚："对非物质文化遗产立法保护的几点思考"，载《中国社会科学院院报》2008年5月8日。

[2] 吴汉东："论传统文化的法律保护——以非物质文化遗产和传统文化表现形式为对象"，载《中国法学》2010年第1期。

[3] 姜言文、滕晓慧："论国有非物质文化遗产的法律保护"，载《法学杂志》2007年第5期。

[4] 杨超："论我国非物质文化遗产的行政保护"，载《湖北警官学院学报》2014年第6期。

行政管理、行政执法和行政救济。行政管理是指行政机关及其授权部门，依法履行其管理职责，为相关权利人及其所在地区提供行政服务的行为。主要包括普查、更新名录，采取各种措施促进非物质文化遗产的传播与继承等。行政执法是指行政主体依照法律规定，为维护相关权利人的权利所实施的直接影响行政相对人利益的具体行政行为。主要包括行政指导、确认、许可、处罚和奖励等。行政救济是指行政相对人认为行政机关的具体行政行为侵害了其合法权益，请求有权机关对行政违法行为或者不当行为进行纠正并追究其行政责任，进而维护自身合法权益。其主要途径是行政复议和行政诉讼。总的来说，行政保护的手段不仅包括制定规范性文件等抽象行政行为，还包括行政确认、许可、处罚和奖励等具体行政行为。"政府的行政立法、行政检查、行政指导等行政行为，在遗产保护的事务中具有统帅的性质。"[1]"非物质文化遗产保护工作中政府主导问题，也必然伴随着责任问题，没有责任的约束，政府主导可能由于权力缺乏约束而异化甚至被滥用，变成政府'主宰'。保护工作可能就会陷入尴尬境地。"[2]作为一个复杂的利益整体，现代法治国家要求政府依法行政。在非物质文化遗产保护过程中，既要经过民主程序和相关法律的授权，同时又要对政府的权力进行合理的界定，规制可能出现的政府违法、渎职行为，使政府行为既合理又合法。政府的行政权力具有扩张性和一定的强制力，"而一切有权力的人都容易滥用权力，这是万古不易的一条经验。有权力的人们使用权力一直到遇有界限的地方才休止"。[3]现代法治社会要求政府依法行政，拥有相应的行政权力。在法治诉求下，如何控制和规范政府的行政行为是一个值得认真思考的问题。要解决这个问题，可以尝试在行政程序中设立听证制度对行政行为进行控制。同时，针对违法行为采取行政复议、行政诉讼的救济方式，进行行政机关内部的救济与纠错。

---

[1] 刘红婴、王健民：《世界遗产概论》（第2版），中国旅游出版社2005年版，第230页。

[2] 牟延林、吴安新："非物质文化遗产保护中的政府主导与政府责任"，载《现代法学》2008年第1期。

[3] [法]孟德斯鸠：《论法的精神》（上册），张雁深译，商务印书馆1982年版，第153页。

(三) 非物质文化遗产行政保护的必要性

1. 行政保护是非物质文化遗产法律保护的主导

我国目前的法制体系还存在其他法律规范为非物质文化遗产提供保护。但是从非物质文化遗产法律保护角度出发，行政保护是其中的主力军。基于保护法益、条件和标准等各方面的差异，其他部门法对非物质文化遗产直接进行司法保护的非常少，大多数都只是针对某一个或者某几个方面的问题作出相关规定，内容单薄且过于原则，法律保护效能很低。具体来讲：首先，宪法规范中就有包括非物质文化遗产在内的保护公民文化权利的内容。《宪法》第47条规定了我国公民有从事文化事业的自由，政府对此提供支持和帮助。《宪法》作为我国的根本大法，在法条中更多地作出原则性规定，不会涉及对具体法益的维护，这是宪法本身的属性要求。要想将其中的立法精神真正地进行法律适用需要借助更具体的规范，作为下位法的行政法首当其冲。其次，知识产权法等民事法律也对非物质文化遗产保护作出了规定。《著作权法》明确提出要对著作权相关权利主体予以知识产权保护，内容涵盖了民间文学艺术及相关作品。为了更好地实现保护目的，还授权国务院制定具体细则落实相关保护措施。客观地讲，知识产权制度及立法精神对维护非物质文化遗产中部分传承人、传承群体的利益非常有帮助。但是，非物质文化遗产与知识产权保护客体并不完全吻合，仍有一些传承主体或者遗产因不符合知识产权的保护标准而无法由知识产权法律进行规制。因此，在知识产权法未作进一步细化，与非物质文化遗产客体对接没有完成之前，其仍不能满足相关保护工作的实践需要。再次，刑法规范中也有相应内容。《刑法》就物质文化遗产保护作出了明确规定，规定了故意损毁名胜古迹罪、走私文物罪，为了保护少数民族公民的文化权益还规定了侵犯少数民族风俗习惯罪等具体罪名。但是，相较于文化犯罪的大幅提升，《刑法》针对文化产品损害法益保护的法律规定相对不足，出现了立法缺失问题。而且，从现行《刑法》来看，《刑法》法条更多的是对传统法益的保护，更加重视对包括文物在内的物质文化遗产的保护，对非物质文化遗产遭受侵害的刑事犯罪规制很少。不仅如此，刑法的法律属性决定了它是一种事后救济，是对违法侵害行为发生之后的法律惩戒，结合非物质文化遗产具有脆弱性、易损性和不可恢复性的特性来看，《刑法》救济的滞后性导致就非物质文化遗产传承与保护而言，其发挥的功效不会很大。相较于以上这些法律规范，行政保护具有行政公益性、保护及时性和主动性等优势，对非物质文化遗产的保护更为直接、有效。

2. 行政保护能实现对非物质文化遗产传承人的有效保护

非物质文化遗产保护工作中的一个关键因素就是遗产的传承人，而且遗产与传承人合二为一、不可分割，这也是非物质文化遗产的一个显著特征。对于非物质文化遗产的传承人，诸如知识产权法之类的民事法律无法进行规制，因为人是不能作为司法客体进行调整的，只有涉及非物质文化遗产的具体权利（包括继承权、债权等权利）时才需要这些法律规制。但是，具备行政公益性的行政法可以实现对人的保护。行政法可以通过行政措施对相关权利人进行特别保护，比如授予传承人荣誉称号、为他们提供行政补贴等。而且，非物质文化遗产保护同时需要对作为载体的场所、实物、表演形式等内容，尤其是对当中流传多年的宝贵的精神文化价值进行承继和保护。而行政保护在有效地保护与其休戚相关的"人"的同时，还可以保护其产生和发展所依赖的生态和人文环境，以及其所弘扬的精神文化内涵。[1]故而，行政保护能够凭借其制度优越性，更好地满足其对传承人的特殊调整要求。

3. 行政保护对于非物质文化遗产是一种整体性保护

非物质文化遗产行政保护包括行政管理、行政执法和行政救济等多方面的内容，提供的保护包括事前、事中和事后几个方面。从程序上来看，行政保护措施更为全面、完整。从保护内容上看，行政保护不仅保护非物质文化遗产人传承主体，对于遗产赖以生存的环境、土壤（包括作为内涵的精神实质）都能进行全方位保护，内容相对完整。从保护目标设置上来看，行政保护能克服私法的利益追逐性，以公益的视角来调整非物质文化遗产的保护与传承。在市场经济飞速发展的今天，对于私利的追求覆盖了对公共利益的保护。特别是对于非物质文化遗产这种文化产品而言，基于它存在极大的经济利益性，同时又需要商业开发利用的"活态"保护模式，对它的保护往往聚焦于它的经济利益方面，遗产本身承载的文化公共性会被忽略，文化传承的使命和责任会被遗忘。要想实现非物质文化遗产的文化使命就需要发挥行政

---

〔1〕 张文显：《法理学》（第3版），高等教育出版社2003年版。

法的公共利益维护作用。

二、非物质文化遗产行政保护机制

行政保护是国家通过自上而下的方式，以国家执行力来推动非物质文化遗产的传承与发展，具体保护方式具有自身特点。

(一) 保存机制

保存是抢救与保护非物质文化遗产的基础性工作。保存机制包括调查和建档两项措施。调查的目的是摸清区域内非物质文化遗产资源的分布状况与构成，了解其生存和发展的现状。建档是为了巩固调查的成果并以特定的方式将其加以固定。

1. 调查措施

调查措施主要包括以下内容：①调查分为普查和专项调查两种。普查一般由政府组织实施，专项调查不局限于政府组织，可以由科研机构、民间社会团体等社会力量组织实施。普查的主要目的是对区域内非物质文化遗产的种类、数量、分布状况、生产环境、保护现状及存在问题等方面的内容进行了解，大多时候会采取经常性与抢救性相结合的方式。为了摸清非物质文化遗产的相关情况，政府相关部门或有关机构应该定期组织专业人员深入民间对区内非物质文化遗产进行搜集、整理和建档。必要时，可进行全国或某一区域的专项调查，对那些濒危的非物质文化遗产开展专项调查非常重要。②实施调查必须征得被调查对象的同意，不得侵害其合法权益。在调查过程中要尊重当地的风土人情和民族风俗，对传承人及遗产要给予充分的尊重，对于相关权利人的各项权利要给予全面保护。③为了保障调查工作的顺利完成，可以要求相关人员、社会组织、企事业单位予以配合。根据有关规定，鼓励相关单位和个人捐献其所有的资料、实物，但是有关部门要对捐献行为给予精神奖励和物质补偿。对于在调查过程中做出突出贡献的单位和个人，政府也应给予奖励。

2. 建档制度

建档制度是保存非物质文化遗产的重要措施和手段，最早由1989年联合国教科文组织通过的《保护民间文化创作建议案》提出。《保护民间文化创作建议案》要求各成员建立"国家档案机构"。联合国教科文组织设立有

"世界记忆工程"项目,在传统知识及传统文化表达资源丰富的国家设立"传统文化基因库",收录尽可能多的传统知识及传统文化表达,建立一个不断更新的数据库,使原先"不可确定"的客体有形化,通过这种方式对传统知识及传统文化进行保护与传承。对于非物质文化遗产,由政府组织普查或专项调查工作,由政府主导设立档案机构或指定博物馆、文化馆、科研机构等单位对普查或调查所得遗产进行保存。但对于保存机构的资格、责任、保存方式、方法,政府要作必要的规定。另外,政府还可以运用现代科技建立数据库,利用高科技实现非物质文化遗产保护。保存的档案在不涉及国家秘密的原则下可以对社会公众开放。

(二) 确认机制

《保护非物质文化遗产公约》第12条第1款规定:"一、为了使其领土上的非物质文化遗产得到确认以便加以保护,各缔约国应该根据自己国家的国情拟定一份关于这类遗产的清单,并应定期加以更新。"国务院办公厅于2005年颁布的《关于加强我国非物质文化遗产保护工作的意见》规定"设立名录体系,逐步形成有中国特色的非物质文化遗产保护制度"。自此,各省市开始开展非物质文化遗产保护名录确认与公布工作。

1. 确认主体

政府相关行政部门是对各级名录进行确认的组织实施者,对非物质文化遗产的认定是政府部门主动进行的具体行政行为。我国非物质文化遗产保护工作涉及很多部门。2008年国务院通过相关部门的"三定"方案,明确了非物质文化遗产保护的主要责任由文化部承担。为此,文化部专门成立了非物质文化遗产保护司。对非物质文化遗产的认定不是一项简单的行政行为,其是一项专业性、科学性很强的工作,需要相关专家的智力支持。如日本为了做好对非物质文化遗产的认定工作,设立了专家咨询机构委员会,利用专家的技术专长帮助行政部门进行相关确认工作,这不仅提升了确认工作的准确性与公正性,同时也大大消减了确认工作的行政成本,提高了行政效率。这样的做法值得我国借鉴,但是需要规范专家委员会的职能、认定条件、聘用程序以及相关责任,否则可能会影响行政确认的效率,提高行政成本损耗。

2. 认定程序

2005年3月26日，国务院办公厅下发了《国家级非物质文化遗产代表作申报评定暂行办法》。该暂行办法第14条规定："评审工作应坚持科学、民主、公正的原则。"第6条规定："国家级非物质文化遗产代表作的申报项目，应是具有杰出价值的民间传统文化表现形式或文化空间；或在非物质文化遗产中具有典型意义；或在历史、艺术、民族学、民俗学、社会学、人类学、语言学及文学等方面具有重要价值。具体评审标准如下：（一）具有展现中华民族文化创造力的杰出价值；（二）扎根于相关社区的文化传统，世代相传，具有鲜明的地方特色；（三）具有促进中华民族文化认同、增强社会凝聚力、增进民族团结和社会稳定的作用，是文化交流的重要纽带；（四）出色地运用传统工艺和技能，体现出高超的水平；（五）具有见证中华民族活的文化传统的独特价值；（六）对维系中华民族的文化传承具有重要意义，同时因社会变革或缺乏保护措施而面临消失的危险。"同时，该暂行办法还规定，国家级非物质文化遗产的确认要经过申报、初评、评审、公示、公布等环节。这是我国首次通过行政立法对包括认定在内的具体的行政措施进行明文规定，为日后下层非物质文化遗产的认定提供了很好的指导。

3. 保护名录

目前，我国已建立国家、省、市、县四级代表作名录体系。在保护过程中，由各级政府对名录进行管理与维护。对于列入名录的非物质文化遗产，要制订切实可行的保护规划并组织实施，加强对有关部门保护工作的监督，对名录的名单进行调整。

（三）对传承者的认定机制

非物质文化遗产是一种活态文化，依存于特定的环境，依靠特定的群体、个体心口相传得以传承延续。传承是非物质文化遗产保护的核心。非物质文化遗产的传承方式包括群体传承、家庭传承、社会传承、神授传承四种。以群体方式传承的非物质文化遗产有风俗礼俗类、岁令时节类、大型民俗活动类。社会传承一般包括两种情况，一是师徒传承，二是无师自通习得。神授传承主要指"托梦"。也有学者从传承实现方式入手，将传承形式分为自然性传承、社会干预性传承。传承方式决定了传承人的认定，为了研究方便，可分为个体传承和群体传承。[1]

1. 传承主体的认定

（1）个体传承主体的认定。人作为文化的创造者和传承者，是非物质文化遗产得以延绵不断的主体条件，决定着非物质文化遗产的流传与永驻。传承人是非物质文化遗产延续的核心与纽带。作为非物质文化遗产重要的承载者和传递者，传承人依靠自身的智慧和能力掌握着非物质文化遗产中的文化传统和精湛技艺，人的因素在非物质文化遗产的存续与传承中至关重要。特别是口头传统、民间表演艺术、传统手工技艺和民间传统知识这些类别的非物质文化遗产，其中的传承人因素尤为突出。文化部办公厅《关于推荐国家级非物质文化遗产项目代表性传承人的通知》指出，国家级非物质文化遗产项目代表性传承人必须符合的条件是：第一，完整掌握该项目或者其特殊技能；第二，具有该项目公认的代表性、权威性与影响力；第三，能够积极开展传承活动，培养后继人才。2007年6月和2008年2月，文化部相继公布了第一批、第二批国家级非物质文化遗产项目代表性传承人，包括民间文学、传统医药、民间音乐、民间舞蹈、传统戏剧、曲艺、民俗等10类，共计77名。2013年8月29日，河北省文化厅公布第一批省级非物质文化遗产项目代表性传承人，这对于促进非物质文化遗产保护工作、弘扬河北省优秀的传统文化具有重要意义。

（2）单位传承主体的认定。传承单位认定的出发点也在于代表性传承主体。传承单位可以是社区、社会团体甚至是企事业单位。《条例》第32条规定："非物质文化遗产代表性项目保护单位应当具备下列基本条件：（一）具有独立法人资格；（二）有该项目的代表性传承人或者具有较为完整的实物、资料；（三）具有实施该项目保护规划的能力；（四）具有开展传承、传播活动的场所和条件。"

2. 传承主体的权利义务

认定传承人的目的是促进非物质文化遗产的传承。通过各种方式（包括突出其传承价值、提高社会地位、改善传承人的生活环境等）对被认定的传承人给予相应惠益以激发其从事非物质文化遗产保护传承的热情与主动性。

---

[1] 刘锡诚："传承与传承人论"，载《河南教育学院学报（哲学社会科学版）》2006年第5期。

代表性传承主体拥有一定的权利，同时也需要承担一定的义务。

（1）传承主体的权利。《条例》第 19 条规定，代表性传承人的权利包括以下几个方面：①开展授徒、传艺、交流等活动并享受传承资助；②参加有关活动获得相应报酬；③向有关部门、单位提出非物质文化遗产保护、保存工作的意见和建议；④开展传承、传播活动确有困难的，可以向县级以上人民政府文化主管部门申请支持。

（2）传承主体的义务。从行政保护的角度看，代表性传承主体的义务因主体的性质不同而有所差别。《条例》第 20 条规定："非物质文化遗产代表性项目的代表性传承人应当履行下列义务：（一）采取收徒、培训、办学等方式传授技艺，培养新传承人；（二）妥善整理、保存相关实物和资料；（三）配合非物质文化遗产调查；（四）参与非物质文化遗产公益性宣传活动；（五）接受县级以上人民政府文化主管部门的业务指导和监督检查。"第 33 条规定："非物质文化遗产代表性项目保护单位应当履行下列职责：（一）收集该项目的实物、资料，并登记、整理和建立档案；（二）推荐该项目的代表性传承人；（三）拟定并实施该项目保护措施，定期向本级人民政府文化主管部门报告保护措施落实情况，接受文化主管部门的业务指导和监督检查；（四）组织开展该项目的研究和传承、传播活动或者为以上活动提供必要条件；（五）本级人民政府文化主管部门规定的其他职责。"第 34 条规定："县级以上人民政府对非物质文化遗产代表性项目相对集中、特色鲜明、形式和内涵保持相对完整的特定区域，可以设立文化生态保护区，对非物质文化遗产代表性项目实施区域性整体保护。在文化生态保护区内从事生产、建设和开发活动，不得破坏非物质文化遗产代表性项目及其依存的建筑物、构筑物、场所、遗址和遗迹。"

第二节　河北省非物质文化遗产行政保护前期工作效果显著

多年来，河北省采取了一系列行政保护措施，以对区内的非物质文化遗产进行保护，取得了很大的成效，对非物质文化遗产的保护传承发挥了重要作用。

一、保存整理工作

（一）普查工作

2005年5月，文化部发布了《中国民族民间文化保护工程普查手册》。这是我国第一部较全面、较规范的工具书，对于非物质文化遗产普查工作具有指南作用。该手册将我国非物质文化遗产分为十六大类，即"民族语言、民族文学、民间美术、民间音乐、民间舞蹈、戏曲、曲艺、民间手工技艺、生产商贸习俗、民间信仰、民间知识以及游艺、传统体育与竞技等"。[1]《条例》第9条规定："县级以上人民政府文化主管部门和其他有关部门进行非物质文化遗产调查，应当对非物质文化遗产予以认定、记录，采用接收、征集等方式收集属于非物质文化遗产组成部分的代表性实物，整理调查所得资料。其他有关部门取得的实物图片、资料复制件，应当汇交给同级文化主管部门。县级以上人民政府文化主管部门应当建立档案和相关数据库，并将电子档案报上一级人民政府文化主管部门备份。"县级以上人民政府应当组织文化行政部门及其他有关部门对本行政区域内的非物质文化遗产进行普查。为全面推进河北省非物质文化遗产保护工作，早在2004年，河北省文化厅就与省财政厅、省民宗厅、省文联联合启动了"河北省民族民间文化保护工程"，成立了由主管副省长为组长，省文化、发改委、财政、教育、建设、民族、宗教、旅游文物等部门为成员单位的河北省非物质文化遗产保护工作领导小组和专家委员会，以新设立的河北省民族民间文化研究保护中心作为具体工作的实施部门；确立了固安县屈家营古乐等16个省级保护试点项目，武强年画被列为国家保护试点项目；省政府办公厅出台了《关于加强我省非物质文化遗产保护工作的意见》（冀政办[2005]26号）及《河北省非物质文化遗产代表作申报评定暂行办法》；开展了第一批国家级代表作名录的申报和第一批省级代表作名录的申报评定工作；在全省部署了非物质文化遗产资源普查工作，首次命名了河北省民族民间文化百名传承人。多年来，在河北省委、省政府的领导下，在有关部门的共同努力和社会力量的大力支持下，河北省

---

[1] 张守刚："非物质文化遗产普查有了'指挥棒'"，载中国网：http://www.china.com，最后访问日期：2005年5月25日。

非物质文化遗产普查工作正在稳步、健康、有序地进行。通过普查，河北省非物质文化遗产保护进程中的一些问题也随之暴露了出来。比如，普查工作系统性不强、水平不高。主要原因在于对非物质文化遗产的理论研究跟不上形势发展、相对滞后，导致普查工作不够深入。工作方式与工作内容过于单一、单调，漏项与空档问题大量存在。通过普查发现，全省的非物质文化遗产保护基本上都以行政方式为主，手段过于单一，难以满足非物质文化遗产保护工作综合性的要求。另外，还存在着对非物质文化遗产保护的认识误区。一些非物质文化遗产中的民俗文化涉及宗教信仰、封建迷信，摒恶扬善，在既不影响社会与政治稳定的同时做好非物质文化遗产的保护传承是一项很艰巨的历史任务。

（二）存档工作

存档作为非物质文化遗产普查的后续步骤，涉及遗产的建档与保存等多项工作内容。目前，通过普查，河北省对区内非物质文化遗产存档工作中存在的问题做了梳理：一是对音像非物质文化遗产需要加大存储和利用力度。在非物质文化遗产申报中，人们的主要关注点集中在文字记载方面，声音档案往往不被重视。特别是当录音资料完成记录整理后，音像资料会被完全搁置。对声音档案的保存十分重要。比如，在对井陉拉花进行保护的过程中，这种艺术形式都是由流传地区的人们通过口头传唱的形式存在并传承的。有些内容尽管可以加以文字记录，但其中的曲调、曲风只能通过声音才能让听众感知和领会。实际上，河北省政府针对通过声音方式保存非物质文化遗产已经有所动作。《条例》第 4 条规定："本省对非物质文化遗产采取认定、记录、建档等措施予以保存，对体现本省优秀传统文化且具有历史、文学、艺术、科学价值的非物质文化遗产采取传承、传播等措施予以保护。非物质文化遗产的保护、保存，应当正确处理传承、发展与开发、利用的关系。"但是，这是一项长期的系统性工程。非物质文化遗产具有历史传承性质，其保存方式也有长期而且漫长的要求。二是要做好非物质文化遗产的"活态"保护。既要做到对非物质文化遗产的有效、有序利用，又要避免其被商业滥用和随意篡改。在这个方面，现代社会高端科学技术的发展给我们提供了更大的空间与更多的选择。随着科学技术的进步，存档保护已经从声像记录时代进入到了数据化保护时代。数据化的保存方式不仅增加了非物质文化遗产记载与存储的速度和容量。在遗产使用管理上，高科技手段的使用可以帮助我们更有效地对非物质文化遗产进行保护和使用。利用高科技手段，我们可以更有效地对非物质文化遗产成果的使用情况进行跟踪与记录，通过信息化手段实现即时管理，避免被盗用或滥用。

（三）申报工作

目前，对于非物质文化遗产的申报，世界各国通行的做法是采取四级申报方式。基本上都是将普查得到的各项非物质文化遗产，根据世界、国家、自治区、县四个等级逐级申报，建立各级代表作名录。《条例》第 11 条规定："县级以上人民政府应当将本行政区域内体现当地优秀传统文化，具有历史、文学、艺术、科学价值的非物质文化遗产项目经认定后列入本级非物质文化遗产代表性项目名录，并报上一级人民政府文化主管部门。"第 12 条规定："县级以上人民政府可以将本级非物质文化遗产代表性项目向上一级人民政府文化主管部门推荐，经认定后列入上一级非物质文化遗产代表性项目名录。"第 13 条规定："相同的非物质文化遗产代表性项目，其形式和内涵在两个以上设区的市、县（市、区）或者乡（镇、街道）都保持完整的，可以同时列入相应级别的非物质文化遗产代表性项目名录。"实践中，河北省非物质文化遗产申报工作的相关问题不断显现。一是低层级申报实施不规范，缺乏明确的评审标准和稳定的操作流程，这个问题在县级非物质文化遗产代表作名录的申报工作中表现得尤为突出。二是一些地区存在重申报开发、轻保护管理的问题。实际上，遗产申报只是遗产保护的开始，对其进行保护才是关键和终极目标。问题的存在不利于非物质文化遗产的可持续保护。三是个别地区为了增加本地区申报非物质文化遗产名录的数量，人为地把文化现象分割成多个小部分，极大地损害了非物质文化遗产的系统性和整体性。在河北省，存在很多跨区域的文化遗存。同一文化遗产或跨省分布，或跨市县分布，存在于不同省区的不同地方。一些地方为了增加文化遗产的总量，人为地对某种非物质文化遗产进行分割，如剪纸艺术、鼓乐等。对于非物质文化遗产，在不同时申报的情况下，人为地增加大项目中的子项目会破坏它的完整性和系统逻辑性。而且，还会引发跨区域文化遗产申报工作中不同地区、不同单位之间的矛盾，不仅会造成地域文化间的对立和管理上的交叉或真空，还会造成行政成本的极大浪费。四是关于申报项目轻重缓急问题的处理。申报和抢救的目的是保护和传承文化遗产。在这个过程中，应该优先申报最濒危的遗产、最具特色的遗产。但是，出于利益方面的考虑，目前很多地方、很多单位均倾向于把能够迅速产生收益，更能获取财政支持的项目列为申报的重点。比如，目前河北省濒危的文化遗产主要是农耕文明时期产生的文化遗产。"它们最能代表我们民族文化的特质，最能代表我们的民族精神。"[1]但是，社会转型导致农村转向都市、农民转变为市民、农业文明转变为工商业文明。这样的转变导致农耕文化遗产因为利益回报总量小、回收周期过长等方面的原因，在具体申报中并不被优先考虑，导致最濒危的遗产在申报序列中并没有被安排在最前端。另外一个是特色问题。按照相关理论与逻辑，申报本地区文化遗产应以能够代表本地区、本民族的特色遗产为优先项。在申报文化遗产时应拿出本地区、本民族最突出的东西去申报。这样一是因为申报缺少对手，可以提高中签率；二是能够实现本民族、本地区文化的流传与推广，实现文化遗产的延续与传承。但是，也是出于既得利益的考虑，河北省非物质文化遗产申报过程中，区域特色在申报项目选用时并没有被优先考虑。比如说，河北省作为一个以农业为主的区域，相对于其他行业，农耕文化更为发达，积累的非物质文化遗产也更为丰富，在申报过程中应该予以优先考虑。但是，在实际操作过程中，有关农耕文化的非物质文化遗产申报的项目数量却非常少，排位非常靠后。

二、资金落实工作

早在2006年，我国就设立了保护国家非物质文化遗产的专项资金。为了规范和加强河北省非物质文化遗产保护专项资金的使用管理，提高资金的使用效益，河北省下发了《河北省非物质文化遗产保护专项资金管理办法（试行）》（冀财教〔2013〕166号）、《中共河北省委办公厅、河北省人民政府办公厅关于改革财政资金使用管理的若干意见》（冀办发〔2016〕54号）、《河北省非物质文化遗产保护专项资金管理办法》等多个文件，就河北省非物质文化遗产保护专项资金的资金来源、使用原则、使用范围、资金

---

[1] 白庚胜："申报文化遗产的国内战略文化"，载中国战略网：http://www.chinaiiss.com，最后访问日期：2011年8月15日。

分配、各部门职责分工、专项资金的管理使用、监督检查和绩效评价等问题都作了详细的规定。利用专项资金，河北省非物质文化遗产的保护工作取得了显著成绩。但是，与非物质文化遗产保护的需求相比，政府资金供给并不能完全跟上文化遗产保护事业发展的步伐。河北省在资金供应方面也存在着短缺、不足的问题，而且问题还相对严重。为了解决这个问题，借鉴国内外相关国家或省区的先进经验，通过立法或法律规制建设，开发资金筹措的多元通道，引入市场模式吸引民间资本注入是当前一个值得思考的问题。例如，河北省可以借鉴韩国经验，通过发行地方彩票的方式募集资金。同时，可以扩大企业和个人为保护文化遗产提供资金或捐赠的通道，通过相关机制，建立某种模式，保障提供资金或捐赠的企业和个人的投资能够获得相应的利益回报。如果利润回收方式行不通或周期过长，河北省可以借鉴韩国的方式，采取减免税收的优惠政策或优先利用文化遗产资源等方式对投资者给予经济回报。《条例》第36条规定："县级以上人民政府及其有关部门应当鼓励、支持有关单位和个人有效保护、合理利用非物质文化遗产资源，开发具有地方特色和市场潜力的文化产品、文化服务，并可建立非物质文化遗产代表性项目生产性保护示范基地。合理利用非物质文化遗产代表性项目的，依法享受国家规定的税收优惠。"同时，做好相关立法工作，对开发利用非物质文化遗产过程中的保护与开发等问题进行规制，明确各方权利和责任，引导资金的有序、合法注入，综合保护各方的合法权益。即保证资金的多元筹集，同时实现对非物质文化遗产的有效保护。

在实践过程中，河北省委、省政府都有过程度不同的具体实践。比如，民间资本进入非物质文化遗产保护领域，如刘伶醉酒酿造技艺、衡水老白干传统酿造技艺及板城烧锅酒五甑酿造技艺等，还有公司参与非物质文化遗产的保护与传承。这些项目都取得了很大的成功，积累了丰富的经验。但是，也存在企业逐利与文化保护的冲撞问题。其实，两个问题各具道理。作为企业，逐利是本能，是企业存续的基本要求。对于政府来讲，保护非物质文化遗产不受侵害、不受破坏是职责所在、义务使然。当两者发生冲撞时，就需要政府部门对这个问题进行冷静思考，明确基本原则、设定底线、寻找方法。笔者认为，保护非物质文化遗产不受侵害是底线，是原则问题，不可以突破。对于为了融入资金而逾越了这一底线的任何事务我们都要加以否定、进行抵制。但是，根据实事求是的基本原则，我们可以在维护底线不被冲击的情况下进行现实变通。如在吸引民间资本时，民营企业在进入非物质文化遗产保护领域过程中可否从税费角度加以让渡。如借鉴招商引资政策，规定在一定期限内的税费优惠或补贴。或通过银行贴息的方式给企业以实惠，激发它们进入非物质文化遗产保护领域的热情。同时，在合作过程中明确合作各方的权、责、利，并做好相应的监管工作。一旦出现违法或侵害非物质文化遗产的事情立即叫停。而且，还要注意双方合作的延续，不能把合同的签订既当作合作的开始也当作合作的结束。基于非物质文化遗产保护工作的特殊性，企业或民间资本进驻后会面临很多意想不到的问题与困难。很多问题是民间主体无法解决的，这就需要政府部门的协调配合，从而共同推动非物质文化遗产保护工作的顺利推进。

三、确立文化部门的行政主管地位

非物质文化遗产保护涉及政府的诸多行政管理部门，如文化部门、文物部门、建设部门等。多部门的管理在一定程度上可以实现联动行政，实现部门无缝对接。但是，多部门同时管理也会带来行政成本的抬升，以及部门间就行政难题的相互推诿与扯皮。《非物质文化遗产法》将国务院文化行政部门列为全国民族民间传统文化保护的主管部门，这就从法律规定上解决了多年来管理混乱的问题。《非物质文化遗产法》第7条规定，国务院文化主管部门是全国非物质文化遗产的保护、保存工作的主管部门。地方行政区域内非物质文化遗产的保护、保存工作由县级以上地方人民政府文化主管部门负责。《条例》第6条规定："县级以上人民政府文化主管部门负责本行政区域内非物质文工作化遗产的保护、保存工作。县级以上人民政府其他有关部门在各自的职责范围内，负责有关非物质文化遗产的保护、保存工作。"但是，在实际工作中，非物质文化遗产保护工作是一项综合性的管理工作。尽管相关立法有明确授权，但是文化行政部门本身的执法内容与权限并不能完全保障其对非物质文化遗产的有效保护。以文化遗产开发利用问题为例。为了吸引投资，当地政府会给予投资者最优惠的政策，在此过程中可能会造成遗产的破坏。面对这种问题，文化行政主管部门势必会加以阻止和处罚，但从拉动经济、招商引资的角度来看，当地的招商部门会拿出当地的招商文件进行对抗。此时，作为平级行政设置，文化主管部门工作应如何开展？如果破坏行为已经实施，文化部门并无强制阻止的合法用权，千百年传下来的文化遗产有可能会毁于一旦。所以，如何进行合理且有效的行政设置决定了非物质文化遗产保护进程能否顺利推进。有人主张建立专门的保护部门。从目前整个国家的行政现状来看，建立专门保护部门的条件还不成熟。一是专门设置成本较高。需要专门编制、资金配置、人员配置，操作起来难度很大。二是会冲击现有行政体制，导致行政混乱。三是从事务本身来讲，会引发不良的衍生效益。如果每项具体事务的管理都需单设部门，势必会引起对现有行政体制的颠覆。实际上，经过半个多世纪的完善与调整，我国现有的行政体制具有了相当的科学性与适应性，不适合做根本性的改变与调整。在这种情况下，如何利用现有行政设置、优化行政结构、发挥各部门的最大效能需要我们作深度思考。比如，河北省企业进入非物质文化遗产保护事业后违法开发事情的处理，尽管文化行政部门没有强制阻止的合法用权，但是可否在各部门协调文件或相关规定中明确具有合法用权的单位第一时间出警，予以及时禁止？通过这种政策补充的方式逐渐完善各行政部门的行政职权，推进非物质文化遗产保护工作的顺利推进。

四、扩大非物质文化遗产保护中的群众参与

对非物质文化遗产的保护，群众参与是关键。韩国、法国、意大利等国在扩大群众参与方面积累了很多先进经验，这些国家的非物质文化遗产保护事业的蓬勃发展得益于人民群众的广泛参与。河北省也应该充分利用社会资源、网络媒体、学校教育等手段拓宽教育途径，让更多的人民群众参与到区内非物质文化遗产的保护工作之中。科学技术的进步推动了人类社会文化的进步，互联网把世界上各个国家、各个民族都紧密地联系在了一起，国家、民族间的物理时空限制被打破，文化交流变得更为通畅、快捷，全球文化事业的发展由此有了更大、更快的发展。在保护河北省非物质文化遗产方面，互联网在扩大宣传、拉动群众参与方面同样也可以发挥重要功用。比如，河北省各级政府可以在门户网站设置专门的综合性网页或做专题链接，将区内非物质文化遗产通过图片、视频的方式电子资料化，让人们在网页浏览的过程中体验河北省非物质文化遗产的精彩与丰富。"在用网页传播弘扬文化的

同时要体现民族文化的特色，显示中华民族几千年的文化底蕴，应当将其作为'超文本艺术作品'来建构。页面建构过程中的造型、结构、色彩等诸要素的选择与组织应从各种民族艺术形式中汲取营养、获得启示，将页面以民族特有的方式呈现出来，形成具有民族特色的形式美。"〔1〕利用网络进行宣传可以为非物质文化遗产保护奠定良好的受众基础。中国互联网络信息中心发布的《第26次中国互联网络发展状况统计报告》称，中国网民规模已冲破4亿关口。〔2〕随着互联网普及率的持续攀升，互联网成了宣传非物质文化遗产的首选。"将民族文化与视觉艺术和信息技术有机整合，从信息源、传播者、通道和信宿等大众传播系统的每个环节的建设着手，建立宏观系统策略与微观实施战术，全面系统协调有效地开发和建设文化资源，我们就能够紧紧抓住信息时代提供的历史机遇，创造出适合我国民族文化产业发展的良好外部环境和内部环境，使优秀的中华民族文化的传播畅通于全世界。"〔3〕

利用展演活动提升对非物质文化遗产的宣传保护力度也是拓展群众参与的有效途径之一。首先，做好"文化遗产日"庆祝宣传文章。国务院《关于加强文化遗产保护工作的通知》规定，自2006年开始，每年6月的第二个星期六被定为我国的"文化遗产日"。在这一天，人们会通过各种方式进行庆祝，学习宣传各类文化遗产。2006年6月10日，我国第一届"文化遗产日"顺利召开，围绕"保护文化遗产，守护精神家园"的主题开展了一系列庆祝活动。目前，就文化遗产保护，我国不仅设置了"文化遗产日"，还专门设立了"文化遗产标志"，谱写了"文化遗产保护公益歌曲"。为了使非物质文化遗产保护工作深入人心，河北省全省各级文化部门开展了各种形式的宣传活动，营造了浓厚的保护氛围，提升了人们保护非物质文化遗产的热情。河北省民俗文化节被正式命名始于2008年，活动的开展源自2006年我国第一个"文化遗产日"。2006年至今，每年"文化遗产日"期间，河北省文化厅都会举办以非物质文化遗产保护为主题的大型文化活动。为打造活

---

〔1〕 关晓乾、高小华："网络时代的视觉文化与民族文化保护"，载《南昌大学学报（人社版）》2003年第6期。

〔2〕 "中国互联网络信息中心发布《第26次中国互联网络发展状况统计报告》"，载百度文库：http://wenku.baidu.com/view/e2cbb923dd36a32d73758173.html，最后访问日期：2020年6月15日。

〔3〕 张舒予："论网络时代民族文化的发展与传播"，载《复旦学报（社会科学版）》2003年第4期。

动品牌，自 2008 年起，河北省文化厅正式命名了"河北省民俗文化节"，每年举办一次，至今已成功举办了 6 届，成了该省具有较大影响力和美誉度的知名文化活动品牌。自举办以来，河北省民俗文化节始终坚持"围绕中心、惠及大众、突出特色、打造品牌"的理念，一年一主题，一届一特色，组织优秀传统文化进校园、进广场、进社区、进旅游胜地，丰富、活跃了群众文化生活，弘扬了传统文化，促进了社会经济协调发展。各届民俗文化节继续实行"地方申办、省地联办"的运作模式。这种模式整合了地方非物质文化遗产资源，调动了各地的社会力量，使文化发展成果得以惠及更多民众。[1] 2007 年，河北省开通了"河北省非物质文化遗产保护网"，是继江西省之后第二个开通的省级门户网站。

  同时，河北省加强了非物质文化遗产保护专业教育。这是拓展群众参与，拉动群众参与的重要途径。所谓专业教育，就是要在学校课堂上加强非物质文化遗产教育。从中小学阶段开始，在课堂中增加非物质文化遗产保护相关内容。聘请非物质文化遗产传承人或者社会艺术团体进入学生课堂，对非物质文化遗产进行宣讲，让学生了解自身民族文化成长发展的全过程，体验民族精粹的绚丽多姿，让学生在学习的过程中产生保护传承民族文化的责任感与荣誉感。这种方式是提升河北人民群众传承保护本地区非物质文化遗产整体意识的有效途径。河北省各高校也十分重视培养大学生对自己家乡的非物质文化遗产的热爱和保护，学校领导积极引导非物质文化遗产走进校园。其中，河北科技大学在这方面起了模范作用。同时，新闻媒体在宣传非物质文化遗产保护的过程中也立下了汗马功劳，如河北电台的"阳光热线"栏目曾经举办了一期"非物质文化遗产保护与传承论坛"，不仅邀请了各文化部门的相关领导以及工作人员，还与听众进行互动交流。此外，河北省还举办了多种形式的保护成果展演活动，免费开放民俗博物馆，收获了很大的社会影响力，推动了保护工作的开展。通过一系列的宣展，河北省一方面提升了对非物质文化遗产的保护宣传力度，同时也提升了人们自觉保护非物质文化遗产的整体意识，促进了非物质文化遗产保护工作的顺利推进。

---

[1] "第七届河北省民俗文化节"，载百度百科，https://baike.baidu.com/item/第七届河北省民俗文化节/19 665796，最后访问日期：2020 年 6 月 15 日。

五、强化传承人保护机制

非物质文化遗产的传承工作需要由传承人完成。传承人作为非物质文化延续存在的纽带与桥梁，是非物质文化遗产的宣传者和传递者。对传承人的保护是非物质文化遗产保护工作的一项重要内容。《条例》第 16 条规定："县级以上人民政府文化主管部门对本级人民政府批准、公布的非物质文化遗产代表性项目，可以认定代表性传承人。"目前，对河北省非物质文化遗产传承人的保护还存在不少问题，主要表现在以下几个方面：一是非物质文化遗产传承人老龄化严重，存在极大的"断层"风险。通过调研发现，一些非物质文化遗产项目，尤其是一些市场较窄、无销售或演出市场、传承人收入低的项目，年轻传承人越来越少，多是老一代传承人在支撑。非物质文化遗产传承人普遍"高龄化"导致非物质文化遗产传承结构畸形，严重影响了非物质文化遗产的有效传承。一方面，大多数传承人由于年龄较大而难以支撑对传承技艺的保持与延续，同时高龄非物质文化遗产传承人相应社会保障的缺位也严重影响了非物质文化遗产的顺利传承。尤其是对于级别较低的非物质文化遗产传承人而言，社会地位不高、社会影响力较弱、相应社会保障欠缺导致其自身的传承热情与传承能力受到的冲击更为明显。二是社会大环境的变化给非物质文化遗产传承人社会保障造成的冲击较大。由于受经济发展、社会环境变迁、自然环境改变等因素的影响，人们的思想观念以及社会生活方式发生了巨大的变化。尤其是在当今这个网络信息时代，由于市场需求不足，传承人的经济收益较低，河北省非物质文化遗产的很多项目传承活动赖以生存的土壤遭到了破坏，传承活动和生存变得日益艰难，非物质文化遗产传承面临严峻考验。三是经费缺乏，补助不到位导致非物质文化遗产保障水平较低。河北省政府为相应级别的传承人提供相应的资金支持，但是因为资金缺乏等方面的原因补助资金数额较少，在补助过程中又存在资金下发滞后、部门克扣的情况，导致补助资金不到位。对于绝大多数非物质文化遗产的传承人来说，政府部门的资金补助是难以满足其现实生活需要的，这迫使他们不得不放弃对传统技艺的传承。这是河北省非物质文化遗产传承面临的一个很现实的问题。四是非物质文化遗产传承人的社会保障架构失衡，影响到了保障效果。河北省大部分非物质文化遗产传承人的社会保障长期以来一直都存在机制设计失衡问题。有一部分传承人社会保障较好,有的在被评选为传承人之前就拥有较好的保障条件,有的传承人还具有高级职称,工资收入和社会福利都很好。在这种条件下,对其进行资金补助便仅是锦上添花。还有一些非物质文化遗产项目(如传统医药、工艺美术、传统技艺等类别)因为具有广泛的市场需求,尤其是其中的一些老字号企业,因其项目本身市场需求性就很高,其项目代表性传承人也拥有很高的收入与社会地位。但是,河北省的一些非物质文化遗产项目本身不具有很强的市场需求,又面临社会大环境变化带来的剧烈冲击,对这些项目传承人的社会保障显得十分不足。一些级别较低、自身生存环境不好的传承人在社会保障不到位的情况下,不仅在主观上缺乏传承与保护的主动性,客观上也难以维系非物质文化遗产传承工作。

在这方面,河北省可以借鉴国内已有的先进经验。如江苏省对传承人的保护就比较全面。《江苏省非物质文化遗产保护条例》第11条规定对代表性传承人提供资助;第13条规定对非物质文化遗产传承人的生活条件进行改善;第20条规定开展传承活动有经济困难的非物质文化遗产传承人,可以申请政府资助;第22条规定获省政府授予的杰出传承人称号的可以享受地方政府津贴。[1]江苏省通过实践总结出的成功经验值得河北省借鉴。一是要提高对非物质文化遗产传承人社会保障问题的认识。对于非物质文化遗产传承人老龄化严重、物质生活贫困等问题,各级政府部门和社会各阶层要给予高度重视,提高对非物质文化遗产传承人社会保障问题的认识。尤其是对于农村和少数民族地区非物质文化遗产传承人问题,要结合河北省自身特点,建立相对完善的社会保障机制,将非物质文化遗产传承人的社会保障纳入农村和少数民族地区养老工作。二是完善非物质文化遗产传承人医疗保障制度。对传承人生命健康的保护是非物质文化遗产得以存续和传承的根本前提,河北省在这方面要提升工作力度,完善非物质文化遗产传承人医疗保险制度,定期组织和安排传承人进行身体检查。尤其是要重点关注和保障传承境况特别危急的非物质文化遗产传承人的身体健康,因为有些非物质文化遗

---

[1] 刘锡诚:"传承与传承人论",载《河南教育学院学报(哲学社会科学版)》2006年第5期。

产存在"人亡产灭"的特殊性。所以,保障非物质文化遗产传承人的身体健康是保证非物质文化遗产传承的首要条件,应控制和降低非物质文化遗产传承人生命健康问题给文化传承带来的风险。三是结合河北省地方特点建立特殊的非物质文化遗产社会保障机制和补贴办法。政府作为非物质文化遗产传承人保护工作中的管理者,在做好非物质文化遗产传承人生存状况摸排工作的前提下,可以根据非物质文化遗产项目和传承人的特点和级别向那些传承链条脆弱、市场需求低、缺乏自我生存和传承能力的项目类别及传承人倾斜,不搞"一刀切",根据非物质文化遗产传承人的具体情况给予不同的政策和资金扶持。这项工作得以落实的前提是建设相应的合理机制。同时,加强各级部门间的合作与协调,根据非物质文化遗产项目和传承人的特点建立长效社会保障机制,充分发挥河北省学术机构、企事业单位以及一些社会团体的作用,推动河北省非物质文化遗产社会保障工作深入进行。

六、加强生态保护区建设

对文化的保护要求文化传统与生活实践的结合。与传统博物馆不同,生态博物馆更加着重于对文化遗产原状地、动态地、整体地进行保护和保存。自然景观、建筑物、生产生活用品等有形文化遗产和风俗习惯、文化艺术等非物质文化遗产的所有文化因素都应被纳入保护范畴。生态博物馆的保护模式特点在于遗产基本形式、主要内容、风格和特点能够得到最原状化的保存,尤其是非物质文化遗产能够得到完整的、长久的存续。

1971年,法国人乔治·亨利·里维埃和于格·戴瓦兰提出了生态博物馆概念。与传统博物馆内涵不同,生态博物馆理念是指文化遗产应原状保存和被保护在其所属的社区及环境中。它顺应了当代人类生态环境保护日益觉醒和高涨的潮流,顺应了当代要求文化遗产产权和文化遗产的解释权应回归原地和原住民的呼声,顺应了当代要求协调和持续发展的愿望。[1]生态博物馆的特点包括几个方面的内容:[2]①它把文化遗产作为保护和展示的对象,突

---

[1] 王鹤云、高绍安:《中国非物质文化遗产保护法律机制研究》,知识产权出版社2009年版,第267页。

[2] 王鹤云、高绍安:《中国非物质文化遗产保护法律机制研究》,知识产权出版社2009年版,第268页。

破了传统博物馆仅仅注重文物保护的局限性。②它把地理位置、地形地貌、气候特征、土壤植被、各种物产等生态环境置于突出的展示地位。生态环境既是文化遗产的载体,也是文化遗产的一部分。③它强调文化遗产应被整体地、原状地保存在其所属社区及环境之中,这是既符合文化遗产的伦理道德又能有效保存和发展的方式。④它改变了传统博物馆依靠少数专业人员建设、管理博物馆的模式,提倡和强调社区力量参与管理,关注其社会功能的发挥,从而使其更有生机和活力。20 世纪 90 年代,生态博物馆的理念传入我国,经与我国实际相结合,先后出现生态博物馆、生态民族村、生态保护区等不同的模式。河北省拥有数量众多的非物质文化遗产博物馆,在传承非物质文化遗产方面发挥了重要功用。以安国市中药文化博物馆为例,自 2007 年 6 月投入使用以来,安国市中药文化博物馆已成为安国药业重要的文化品牌和药业宣传的重要窗口、国内外人士了解交流中医药文化的重要阵地。纵览中医药发展历史、品味祖国传统文化的博大精深,作为专题性博物馆,安国市中药文化博物馆在发挥专业收藏、保护、教学和信息传播等方面起了重要的促进性作用。该馆总面积 1500 平方米,总投资近千万元,是以中医药文化展览、收藏为主要内容的大型专业性博物馆。馆内有 500 余件实物,300 余张照片,上千种药材标本及大量文物资料、复古雕塑。展馆分为中医药简史、安国市药业发展史、中华人民共和国成立后的安国市药业、药文化与生活、药材标本、现代中药企业六个展区。展区内有《雷公炮炙论》《本草纲目》《伤寒论》等专著,十几本古代医药书籍、书影展示着中医药学的起源与历史;历代名医雕塑、画像、教学模具针灸铜人、研钵、药箱、串铃、各种药匙等营造出了浓浓的中医药文化氛围;安国市药业发展史展厅中的史料再现,述说着安国市与药文化的渊源及发展历程;药材标本室中的 243 种干制标本,80 种浸制标本,13 种动物标本,35 种矿物类标本普及了中医药知识,引起了参观者的兴趣。展览运用了先进的信息和电子展览方式,如影像播放、语音播放、触摸屏资料展示等多种手段,以系统的历史资料和文物展品再现了中国医药史和安国药业的发展进程。[1]

---

[1] "安国中药文化博物馆(一)",载梧桐子网站:http://www.wutongzi.com/a/7132.html,最后访问日期:2020 年 6 月 1 日。

2009年12月3日，河北省政府制定了《河北省省级文化生态保护区命名与管理暂行办法》。根据该办法，符合下列条件的特定区域，可以申报省级文化生态保护区：①传统文化历史积淀丰厚、存续状态基本良好，并为社会广泛认同；②非物质文化遗产资源比较丰富，价值突出，集中反映区域和民族特色；③建立了非物质文化遗产名录体系和传承人保护机制，制订了项目保护计划，为传承人开展传习活动提供支持，规划建立非物质文化遗产传习、展示场馆等基础设施；④当地群众具有较高的非物质文化遗产保护意识，积极参与非物质文化遗产保护活动；⑤建立了有效的领导协调机制，设有非物质文化遗产保护工作机构，配备了工作人员，并将保护经费纳入当地财政预算；⑥当地政府重视文化生态保护工作，保护措施有力，并取得了明显成效。该办法第10条规定："经批准建立的省级文化生态保护区所在地人民政府，应承担以下责任和义务：（一）制定《文化生态保护区总体规划》内容包括保护区的文化资源与生态的现状与分析、建设目标、保护方式和内容、保障措施和分期工作方案等；（二）指导、协调文化遗产保护与合理利用的关系；（三）有计划地开展文化生态保护的宣传、教育和培训工作；（四）按规定将文化生态保护建设进展情况报省文化厅备案。"建立文化生态保护实验区是对非物质文化遗产资源及其生存环境实施整体性保护的有效方式。文化生态是人类生态文明的组成部分，与自然生态有密切关联。建设文化生态保护区是维护人类自然生态和整个生态文明的重要措施，有助于提升非物质文化遗产保护的整体性、系统性和贯彻文化与自然相互协调发展观念，有助于在全社会营造尊重传承人的创造力、尊重传统的氛围，培养人们相互理解和尊重的意识，继承和发展传统的生态保护知识和经验。《条例》第34规定："县级以上人民政府对非物质文化遗产代表性项目相对集中、特色鲜明、形式和内涵保持相对完整的特定区域，可以设立文化生态保护区，对非物质文化遗产代表性项目实施区域性整体保护。在文化生态保护区内从事生产、建设和开发活动，不得破坏非物质文化遗产代表性项目及其依存的建筑物、构筑物、场所、遗址和遗迹。"

文化生态保护区建设是实现非物质文化遗产活态传承、整体性保护、可持续保护的重要方式。近年来，在河北省各级党委、政府的高度重视和各级文化部门的积极努力下，为加强对省内非物质文化遗产内容丰富、较为集中区域的整体保护，促进非物质文化遗产有效传承和发展，2008年9月，河北省文化厅部署了第一批省级文化生态保护实验区申报工作。经有关县（市、区）政府同意、文化部门申报、评审委员会认真审议、社会公示等程序，河北省文化厅决定将井陉太行民俗文化生态保护实验区等11个区域命名为首批"河北省文化生态保护实验区"。具体来讲，它们分别是井陉太行民俗文化生态保护实验区、永年广府古城及临洺关文化生态保护实验区、安新白洋淀文化生态保护实验区、邯郸市峰峰矿区磁州窑文化生态保护实验区、蔚县蔚州古城文化生态保护实验区、廊坊市安次区民间音乐文化生态保护实验区、吴桥县杂技文化生态保护实验区、正定古城文化生态保护实验区、魏县漳南传统棉纺织技艺文化生态保护实验区、大名县大名府故城和明城周边文化生态保护实验区、曲阳县文化生态保护实验区。2012年4月9日，河北省文化厅发布《河北省文化事业发展"十二五"规划》，总结了河北省在过去几年里取得的显著成绩，共建立了10所专题博物馆、16所民俗博物馆、121个传习所、12个非物质文化遗产传播基地及众多培训基地，建立了河北省非物质文化遗产档案资料数据库，出版了一系列研究成果。[1]

建立文化生态保护实验区是整体性保护非物质文化遗产资源及其生存环境的有效方式。河北省文化生态保护实验区认真贯彻"保护为主、抢救第一、合理利用、传承发展"的方针，坚持"政府主导、社会参与"的原则，研究制定了《文化生态保护实验区规划纲要》，经专家论证和当地政府批准同意后组织实施；各实验区建立健全保护区建设的组织领导机构和工作机构，探索长效的保护机制；结合本地实际，制定相关的政策法规，形成科学、规范的保护法规体系；建立政府投入与社会融资相结合的经费投入机制，为保护区建设提供必要的经费保障；依靠和发挥政府的主导作用，加强组织领导；各级文化行政部门是保护区建设的牵头单位，加强与相关部门的沟通协作，统筹协调好各有关部门和社会各方面的力量，切实加强对保护区各类非物质文化遗产的抢救、保护、传承和弘扬。在园区内，非物质文化遗产展示和相关产品的制作成了一大看点和亮点，吸引了广大游客的眼球，成了景区游览的一项重要内容。建立生态保护区或博物馆可以实现双赢，不仅

---

[1]《河北省文化事业发展"十二五"规划》。

七、加强与高校等科研机构的合作

《条例》第 28 条规定："学校应当按照国家和本省有关规定，开展相关的非物质文化遗产教育，提高学生保护和传承、传播非物质文化遗产的意识。"目前，通过学校保护传承非物质文化遗产的工作主要落在了河北省各高校及科研院所身上。地方高校在非物质文化遗产保护中具有较大优势。一是地方高校师生对于本地的非物质文化遗产更加熟识和热爱，地域黏合性强。地方高校的生源特点是当地人居多，这为当地的非物质文化遗产的保护提供了良好的认知前提。受当地长期的文化熏陶和民俗习惯的影响，当地人对于本地非物质文化遗产的认知和理解具有更强的思想基础和接受能力，对传承当地非物质文化遗产的热情更高。以河北省的地方高校为例，河北科技大学、河北师范大学、河北经济贸易大学历年在省内招生的比例都超过了半数，有的省内生源比例达到了 70%，可见地方高校中有相当大的一部分生源来自当地文化背景相似的地域。[1]多年来，河北省各高校在非物质文化遗产进校园工作上投入了很大的精力，取得了很好的成效。河北科技大学就是这方面的典范。河北科技大学是率先较系统地开展民间文化进校园活动的高校，并将非物质文化遗产的传承与教学实践紧密结合，学习、传承和保护河北省内有代表性的非物质文化遗产。如被列入国家级名录的井陉拉花和衡水内画，晋州官伞、沧州落子、常山战鼓等当地的民俗表演等项目都是河北科技大学大力宣传与保护的非物质文化遗产。自 2005 年以来，河北科技大学以学生活动为载体，将河北省民间特有的常山战鼓、井陉拉花等艺术形式引进校园，坚持学、演、练一体化，成了河北科技大学的一个文化品牌项目。2005 年 9 月，河北师范大学非物质文化遗产研究中心正式成立；2008 年 6 月 14 日，我国第三个文化遗产日非物质文化遗产进校园暨河北省首届民俗文化节在河北科技大学校园举行，受到了广大师生们的热烈欢迎。河北省文

---

[1] 范学亮："河北省地方高校参与非物质文化遗产保护工作的对策研究"，载《才智》2013 年第 11 期。

化厅正式确定河北科技大学为"河北省非物质文化遗产传播基地"。河北师范大学开设民间美术课程、成立非物质文化遗产研究中心，迈出了建立河北省高校保护非物质文化遗产长效机制的第一步。同时，部分高校通过开设学生实践项目，增强了学生对非物质文化遗产的保护意识，激发了大学生学习优秀传统文化的热情，让大学生爱上了民间艺术。2007年暑假，河北科技大学组织10个文化采风小分队，分别到邢台威县考察河北民间艺术——乱弹、到唐山学习唐山皮影、到隆尧县学习招子鼓等。河北师范大学音乐学院与省民族民间保护中心联合成立了"河北民间音乐大学生志愿服务队"，组织学生深入固安等地民间古乐班社实地采风、调研，促进了对非物质文化遗产的传承、保护。非物质文化遗产走进校园，青年学子主动承担起文化传承的责任，成了河北省非物质文化遗传承的新途径。在非物质文化遗产进校园的实践过程中，广大师生通过学习交流，对本地民间艺术的了解不断加深，学习接受的热情不断高涨，不仅掌握了一些非物质文化遗产表演展示的简单技巧，而且提升了学习、传承非物质文化遗产的主观能动性。对于缓解河北省非物质文化传承当前面临的传承人年龄结构偏大和知识层次较低的难题有很大的帮助。而且，这种示范的外溢效应会吸引更多的新生力量参与到非物质文化遗产的保护活动之中。二是地方高校师生有知识、有精力，具备非物质文化遗产传承保护的客观条件。高校学生是一群朝气蓬勃的年轻人，精力充沛、活力四射。高校中青年教师是教学及管理工作的主流，从人员构成来讲不仅有知识而且可以满足非物质文化遗产传承保护对体能的客观要求。从领导组织及参与者的综合素质方面来讲，高校师生眼界开阔、接受能力强，是保护非物质文化遗产的优势力量。三是地方高校具有更强的知识储备。高校拥有比较先进的图书馆资源，可以为非物质文化遗产的保存与研习提供更好的条件与场所。在采集、整理当地的民俗活动、表演艺术和传统知识技能以及与之相关的器具、实物、手工制品等内容方面，高校具有更好的智力平台。同时，从人力方面来讲，高校可以借助学校众多学生、学者、专家、教授的力量开展非物质文化遗产资料的采集和整理工作，具备收集和整理这些资料的人力保证和技术力量。所以，在保护河北省非物质文化遗产的实践中，高校尤其是高校图书馆拥有其他主体不可比拟的优越性。四是地方高校非物质文化遗产保护的目的是实现对遗产的长期保护。高校的主要工作是学术科研，与其他主体保护尤其是对遗产进行商业开发从中牟利的商业保护完全不同。在河北省非物质文化保护实践中，一些地区或个人打着保护的幌子，把非物质文化遗产当成赚钱的途径，盲目甚至是破坏性地对本地的非物质文化遗产进行开发利用，导致很多非物质文化遗产被破坏，有的甚至永远消失在了人类的历史长河之中。高校对非物质文化遗产的保护与商业保护完全不同，它更侧重于保护、整理和研究，经济利益并不是高校追求的终极目标。在当前河北省非物质文化遗产保护面临工作任务重、资金少、人员不足等众多难题的情况下，高校应当利用自身的优势，担负起非物质文化遗产保护使命，承担起保护和研究非物质文化遗产的科研任务和社会责任。

第三节 河北省非物质文化遗产行政保护现状及完善

河北省非物质文化遗产保护工作目前仍处在持续发展的过程中，整个社会对于民间非物质文化遗产的了解和重视程度还不高，还没有形成一种文化自觉，对本地区文化精粹的认同感和民族自豪感仍然较为缺乏。现阶段，还有很多非物质文化遗产因受困于资金匮乏、市场适应性差及保护措施落实不到位而面临保护不足或保护不能的问题，生存现状十分严峻。在行政保护方面，河北省现行行政保护并不能完全满足现实需要，还存在大量的立法空白和争议，很多具体制度措施也没有落实到位，相关保护工作还有待加强。

一、河北省非物质文化遗产行政法律保护现状

2006年，我国设立了第一个文化遗产日。多年来，中国在非物质文化遗产行政保护方面取得了长足的进步。2011年，《非物质文化遗产法》颁布实行，中国非物质文化遗产行政法律保护进入了加速期。到目前为止，"我国已出台《非物质文化遗产法》等国家级法律文件9件，文化部牵头下发的部级法规文件23项，江苏、云南等16个省制定的地方性法规16件，其他相关法律10余件"。[1] 在体系建构方面，河北省非物质文化遗产行政保护的法律规定并不理想，还存在一些问题。

---

[1] 雷建连："论非物质文化遗产的行政法保护"，中央民族大学2013年硕士学位论文。

(一) 立法层面

1. 理论困惑仍然存在

《非物质文化遗产法》的出台标志着中国非物质文化遗产保护实现了有法可依。但是，对非物质文化遗产进行法律保护的理论困惑并没有因此而得到解决。例如，关于非物质文化遗产传承权的理论探讨。虽然《非物质文化遗产法》确立了传承人这一拟制主体，但传承权利中主体的资格认定标准并不明确。从法律属性上讲，由于非物质文化遗产的公知公用性，它本身不仅具有私权利的内在性，还表现出了一定的公有性。所以，该权利应该被认定为公权还是私权，是目前学界争议的一个问题。很多学者认为，从私权性质引申出来的保护路径应该包括知识产权的保护方式。但是，非物质文化遗产知识产权的保护边界在哪里？它是否应和《著作权法》衔接以及如何实现衔接？另外，随着我国国际化全球化进程的加速，中国非物质文化遗产的域外侵权事件不断增多，也引发了学界的热烈讨论。随着非物质文化遗产商业开发热潮的高涨，很多商业机构瞄准了中国非物质文化遗产背后巨大的商业利益，开始对其进行大幅度的商业开发并获得了巨额利润。美国借用中国题材拍摄的好莱坞大片《花木兰》在全球热映就是其中一例。这种境外机构非法获取非物质文化遗产的行为是否属于我国《非物质文化遗产法》的规制范畴？非物质文化遗产保护的空间范围可不可以跨越领土边界？如果《非物质文化遗产法》有相应的管辖权，那么提起侵权之诉的主体应如何确定？管辖法院如何确立？对于这些问题，《非物质文化遗产法》并未作出明确规定，需要从理论及实践层面予以解决。另外，《非物质文化遗产法》的实际落实也是一个现实问题。目前，中国关于非物质文化遗产在行政法律层面的实施细则尚未出台，从而造成《非物质文化遗产法》的运行并不顺畅，很多制度设计有成为"具文"的危险。加之各地各类非物质文化遗产的不同特质，采用"一刀切"的保护方法显然也不尽科学。此外，从当前中国非物质文化遗产的保护动向来看，分区、分片、分类的普查与抢救保护已转向全面保护，而构建适当且完善的法律保护体系则是非物质文化遗产保护的当务之急。[1]

---

[1] 杨明："非物质文化遗产保护的现实处境与对策研究"，载《法律科学（西北政法大学学报）》2015年第5期。

2. 保护客体定位不够精准

"'非物质文化遗产'具有高度的概括性、不确定性、分层次性和发展属性,是由多种多样的文化形式组合而成,这些文化隐含在不同的事物之中,以必要的物质为依托或以相应的形式为载体而存在,是一种精神属性和智慧形态。"[1]与传统法律规制对象不同,非物质文化遗产的保护客体更多的是一种复合体,是蕴含精神文化的行为或权利。但这种精神文化同时又有对物质的依附要求,离开依附的载体,非物质文化遗产也将无法延续传承。例如,马头琴艺术是艺人演奏技术与马头琴紧密结合的综合体,如果将两者拆分,单个的"艺人"或"马头琴"都无法代表和涵盖马头琴艺术。但是,目前相关法律的界定存在人为割裂的问题。如《非物质文化遗产法》第2条采用了两分法的规定,就非物质文化遗产的类别和"实务和场所"进行了分别规定,这可能会造成对非物质文化遗产中"非物质"的误读,认为两者分属不同客体。将非物质文化遗产的物质属性与精神属性人为划界,忽略非物质文化遗产的精神属性对物质属性的依附要求,容易造成对行政法保护客体的错误认识,不仅会影响非物质文化遗产的认定工作,还会严重影响非物质文化遗产的申请、存档等工作。

3. 立法体系性差

相较于其他国家,我国对非物质文化遗产的法律保护开展得较晚,立法理念及技术相对落后。在立法进程上,往往是地方立法先于中央立法,这就导致我国行政法律保护制度缺乏统筹性。中央出台的法律或条例往往是迫于解决现行问题的紧迫性,具有一定的滞后性,立法预见性较差。同时,中国非物质文化遗产保护的立法规范还存在部门协调性不足的问题。目前,中国关于非物质文化遗产的立法主要是单行立法。这种单行立法的最大缺点在于,执法权力分散于不同的部门,执法对象重叠,重复执法问题十分突出。同样的一个保护问题,根据现有法律,不同层次、不同部门都拥有执法权,在具体保护措施落实前首先要解决的是执法主体和法律准据问题。另一方面,在立法协调上也会浪费较多的时间、精力和费用,国家保护政策实施过程中的协调成本非常高。这种体系性缺失在我国法制建设过程中不仅存在于

---

[1] 杨永芳:"非物质文化遗产保护问题的法学界定",载《行政与法》2007年第7期。

4. 部门法间的衔接不够顺畅

作为当前保护非物质文化遗产的"基本法",《非物质文化遗产法》主要发挥两方面的功用:一是统领和指引其他法律或条例的适用和运行;二是与其他法律或条例相互协调,推动、保障本法的有效实施。但从现行制度来看,《非物质文化遗产法》与其他部门法的衔接还存在很多问题。例如,《非物质文化遗产法》第44条对非物质文化遗产的知识产权保护采用了指向性规定,即"适用有关法律、行政法规的规定"。在涉及非物质文化遗产的知识产权问题时,《非物质文化遗产法》指引的方向是知识产权的相关立法。但是,我国的知识产权立法并没有关于非物质文化遗产保护的规定,因此并不能形成法律保护。再如,《非物质文化遗产法》第2条对中医药的知识进行了立法规定,且其14条规定了对该类知识的保护应遵循有关法律、行政法规的规定。显然,在涉及对中医药知识的保护时,指向的是《中医药条例》。但该条例关于中医药知识的保护方法及内容的规定相对缺乏。这些问题的发生都源于《非物质文化遗产法》与其他部门法的衔接不足。此外,《非物质文化遗产法》在统领其他法律方面的权威性也有待加强。对"非物质文化遗产"这一法律概念的表述,就存在地方性立法与中央立法不统一的情况。以云南省为例,2000年云南省颁布实施的《民族民间传统文化保护条例》目前仍然有效。在该条例当中,多以"民族传统文化""民间艺术"或"民族民间文化"指代非物质文化遗产。如果从立法统一性来讲,作为非物质文化遗产保护的"基本法",其应具有统摄其他具体制度的权威性,但从目前的法制现状来看,这种权威性还没有完全树立。另外,《非物质文化遗产法》要求各地方结合本地方特色制定属于本地方的非物质文化遗产保护条例。但时至今日,《非物质文化遗产法》已经颁行十年有余,部分地区依然没有制定相关保护条例,这也影响了《非物质文化遗产法》与其他部门法的有效衔接。

(二) 法律适用层面

1. 行政确认工作有待加强

目前,尽管我国政府已经出台了相应法律法规对非物质文化遗产代表性传承人的法律地位给予认定,但是对传承人的认定机制仍存在不少问题,其中一些是由机制体制自身的不足导致的，确认机构、确认条件、确认程序、退出机制等仍存在设置上的漏洞。通过实践我们发现，这些问题的存在会严重影响相关权利主体传承非物质文化遗产的积极性，阻碍相关保护工作的顺利开展。

2. 行政许可机制不够严谨

目前，我国相关政策法律对于非物质文化遗产推行活态保护方式，其中涉及很多行政审批业务。但是，因为机制设置及专业水准等方面的原因，对于非物质文化遗产的展示传播活动，特别是开发利用非物质文化遗产过程中的营利性活动，相关行政许可机制设置、不够严谨、不够规范，导致仿制、仿冒现象大量出现，这不仅会损害遗产本身的原真性和文化价值、影响遗产的社会声誉和认可程度，同时也会侵害相关传承人的合法利益。

3. 管理体制专业性不强

根据我国相关法律的规定，非物质文化遗产行政保护的主要工作由文化主管部门承担，但是对于保护的具体规范设定得相对原则，可操作性不强，这极大地影响了保护工作的高效开展。首先，机制设置权责不明，缺乏制约性，容易造成管理工作混乱。相关法律法规仅原则性地规定了文化部门的行政主管职责以及相关部门有配合的义务。但是，具体工作（包括非物质文化遗产的认定整理及市场开发利用等）普遍超越了单一文化部门的工作范畴，这就会导致多方管理或责任推诿的局面，解决不好就会影响相关工作的决策和执行。其次，管理工作专业性不强，影响保护实效。目前，我国在非物质文化遗产行政保护主体方面存在的最大问题就是专业知识不足。非物质文化遗产作为智力产品具有高度的知识性，管理部门工作人员难以全范围、多品类地掌握。但是，如果不真正了解管理对象，就会出现外行管理内行的问题。如非物质文化遗产的认定问题，尤其是该遗产如果存在跨区域又有不同分支的情况，对其代表性传承人的认定就是一项极具专业性的工作。认定不好不仅会影响非物质文化遗产的主导价值与主流传承，还会引发传承人甚至是传承区域与受众间的争端，引发文化大战，影响遗产的保护与社会的和谐稳定。

4. 商业开发规范性不强

近年来，对非物质文化遗产进行商业开发成了活态保护的一种重要方式。尤其是具有较强市场应用性的遗产，更是吸引了众多商人的关注，致使他们纷纷投资对非物质文化遗产资源进行市场开发。但是，从我国现行的行政保护体系建设来看，还存在行政监督和行政管理不到位、市场运作中的规范体系不够完善的问题。就对非物质文化遗产具体的开发利用而言，我国目前的法律法规还缺乏相应的规定，如开发程序、利益分配、相关主体的权责设定以及惩罚机制等方面都未作出详细规范。法制建设不足会导致非物质文化遗产本身商业化利用过度，而且基于当前大多数民间传承人法律意识相对缺乏等方面的原因，还会造成传承人利益受损。目前，我国非物质文化遗产市场开发利用的现实情况往往是传承人处于合同签约的弱势地位，有时会以极低的价格处置其所持有的非物质文化遗产作品或技艺，导致其合法权益严重受损。

5. 资金匮乏问题突出

我国目前非物质文化遗产人力不足的问题十分明显。导致传承人断代的原因有很多，最主要的是随着社会环境主题的变化，一些非物质文化遗产的社会、市场适应性不足。在市场经济的大形势下，人们的文化需求呈现多元化发展态势，一些历史气息凝重的非物质文化遗产的受众群体越来越小，市场需求不断降低，导致遗产本身面临存续危机。作为其传承人，传承这些非物质文化遗产的主动性与热情难免会备受打击。尤其是对于本身面临生活危机的民间传承人而言，虽然根据法律规定其作为传承人能拿到一些行政补贴，但数额极其有限，不足以弥补其日常的家庭开支。为了生存和生活，这些传承人往往会另谋生路，这客观上造成了非物质文化遗产的传承放弃与断裂。其次，资金不足问题也极大地影响了非物质文化遗产的传承。目前，对非物质文化遗产的资金补助由政府部门承担和供给，但是面临数额少、时间迟、补助不到位的现实情况。尽管相关部门和学界有引入民间资本的思考，但是对于民间资本引入的具体方式和渠道，相关程序和政策方针等目前还没有作出具体、明确的规定，这样就造成了非物质文化遗产资金补助渠道单一化的现状，也引发了资金严重匮乏的问题，影响了保护工作的顺利推进。

6. 公众参与意识不强

从我国非物质文化遗产保护公众参与角度来看，群众参与的意识还有待提高。非物质文化遗产从其产生到传承都是一项"人"的工作，时刻离不开人的因素。无论是其创作主体还是受众,都是人的集合体。所以,要想推动保护工作的顺利进行,做好"人"的工作在各个环节都至关重要。目前,政府部门与社会各界都深刻地认识到了这个问题,开始在非物质文化遗产保护进程中推动"人"这一因素的进入。为了推动非物质文化遗产在年轻群体中的传播,我国一些地区开始以学校教育的方式宣传、推广本地区的非物质文化遗产,由传承人对中小学生进行普及、宣传和教育,这种方式在理论界和社会实践中都得到了一定的认同和支持。但是,从法律机制方面看,相关建设还相对滞后。社会公众参与非物质文化遗产保护的具体操作程序、相关主体的权利和义务等都没有立法规范,缺乏法律约束,需要进一步挖掘和研究相关规则,并以立法的方式加以明确,以便更好地规范相关非物质文化遗产的传播活动,并保护好相关传承人的利益。

二、河北省非物质文化遗产行政保护完善

多年的保护实践揭示了包括河北省在内的我国行政保护非物质文化遗产体系存在的不足。针对这些问题,需要从行政立法、行政行为适用和行政救济三个层次进行完善,以推进非物质文化遗产行政保护工作的顺利开展。

(一) 明确法理支撑

作为行之有效的保护模式,《非物质文化遗产法》的颁行极大地推动了我国非物质文化遗产保护进程的发展,但是实践证明仍然存在很多值得改进的地方,明确法理支撑就是其中的前提和基础。

1. 非物质文化遗产保护主体的确定

从我国目前的实际状况来看,采用行政保护的方法无疑是非物质文化遗产保护的最佳路径。但是,行政行为具有天生的短板,即以行政机关保护为主导的保护模式容易失去对行政保护自身的制约,"一切有权力的人都容易滥用权力,这是一条万古不易的经验"。[1] 目前,我国对非物质文化遗产开展的行政保护其实是一个阶层递进的过程。先是确定保护对象,分级别将符合保护条件的非物质文化遗产列入各级保护名录,对列入保护名录的非物质文化遗产给予必要的资金支持,不符合条件的非物质文化遗产将被排除出保

---

[1] 刘红婴、王健民:《世界遗产概论》,中国旅游出版社2003年版,第30页。

护范围而任由其发展。但是，这种进阶式的保护方式存在自身设计上的问题：一是保护责任主体不明确。行政保护将国家（或政府）作为责任主体实际上只是一种虚设，遇有保护不力导致非物质文化遗产灭失，人们不可能将国家作为责任主体予以追究。实际上，这种主体确定方式明确了非物质文化遗产保护客观上并没有真正具体的保护责任人。二是措施单一、僵化，保护实效不佳。目前，行政保护的主要措施体现在对非物质文化遗产的资金补助上，即通过对进入名录的非物质文化遗产给予资金补助、实现行政保护。手段单一容易导致行政僵化，还会引发行政乱象，如目前比较频发的非物质文化遗产传承人的盲目选定、登录名单管理混乱等问题。这些问题的产生都源于行政主体界定不明确。因为主体不明导致责任不清，进而致使成效受损。为了明确非物质文化遗产的责任主体，韦伯的工具理性理论可以启发我们的相应思考。

依据韦伯的观点，任何行为都是有目的的，目的理性在社会的现代化过程中发挥着决定性的作用。但由于行动者将有利于自我目标实现所依托的人和物都视为"工具"，因此目的理性很可能会极端演变成"为达目的而不择手段"的工具理性。[1]具体到对非物质文化遗产的保护，行政主导下的形式沟通作为将形式理性推广到极致的危险倾向，有可能使形式沟通吞噬实质上的意思交往，将形式沟通变成压迫的工具，在家长式主义下，非物质文化遗产保护现状的紧张与失控就是最惨痛的教训。[2]根据工具理性，行政保护非物质文化遗产可能会引发手段覆盖目的的误区，最终保护只专注于保护方式本身。实践中，我国遭遇的很多困难反映的就是这个问题。但是，尽管韦伯发现了这个问题，但是他并没有给出解决问题的思考，只是围绕着"工具理性铁笼"不断叹息。哈贝马斯对韦伯的目的理性进行了深刻思考，批判了这种以自我为中心、"目中无人"的理性主义所导致的"生活的殖民化"，尝试用"交往理性"（或称为沟通理性）来破解工具理性铁笼，推动社会关系的"主体—客体"结构向"主体—主体"结构转换。[3]但是，哈贝马斯的这种

---

[1] 谭安奎编：《公共理性》，浙江大学出版社2011年版，第69页。
[2] 丁朋超："论公共理性视域下的民事诉讼"，载《河南财经政法大学学报》2016年第6期。
[3] 吴英姿："司法的公共理性：超越政治理性与技艺理性"，载《中国法学》2013年第3期。

结构转换需要两种原则的支撑，即普遍化原则和话语原则。哈贝马斯强调，普遍性原则应当遵循"选择—可接受"的范式。这种范式的选择需要引入商谈理论构造，主体应当遵循对某一认识公共性的论证与程序的选择，双方同时具有形成论证和交互的公共利益，通过商谈达到道德层面的共识。话语原则体现在"话语范式—赞同"的范式上。结合相关理论，具体到非物质文化遗产行政保护的主体，承认行政机关作为非物质文化遗产保护主体的存在，但为了避免行政权力保护下非物质文化遗产丧失自我保护的"基因"，可以导入私益商谈的因素，从而实现私益对行政方式的制衡。但是，私益主体又该如何界定？在我国目前的非物质文化遗产参与主体当中，存在着"国家—外力保护者—传承人"三元主体结构，[1]而我国对非物质文化遗产的保护呈现的是"行政主体—私益主体"二元结构。商谈理论中的私益主体应当包括外力保护者与传承人，而国家则只是行政主体一方。《非物质文化遗产法》选取了行政主体作为非物质文化遗产的"官方"保护主体，忽略了私益主体及其功能的发挥。由于私益主体被有意冷落，导致行政主体在功能发挥上失去了"商谈主体"，其决策的内容及程序因缺乏对抗机制的制约而变得恣意妄为，这也就解释了为什么非物质文化遗产认定过程中暗箱操作严重、非物质文化遗产生命力陷入了"越保护越疲软"的怪圈循环。[2]借用商谈理论重构非物质文化遗产的主体构成，增加行政保护中的私益主体因素，对改良我国非物质文化遗产行政保护会是非常有益的启迪。

2. 推进《非物质文化遗产法》与其他法律法规的对接

当前，作为非物质文化遗产保护"基本法"的《非物质文化遗产法》与其他法律法规之间的错位和脱节严重影响了保护实效的取得。要解决这个问题需要进行结构调整。美国著名学者欧文·费斯在论及美国司法制度时提出了"结构性改革"概念。他认为："结构性改革隐含着司法和官僚机构的冲突……除非对这一组织的现有结构进行根本性变动，否则宪法价值就无法获得保障。"[3]要对当下中国非物质文化遗产的行政立法进行"结构性的改

---

[1] 丁朋超："基于博弈论视角的非物质文化遗产保护探究"，载《创新》2014年第6期。

[2] 史青："为了什么而保护？——对构建非物质文化遗产特别权利制度的反思"，载《云南大学学报（法学版）》2014年第1期。

[3] [美]欧文·费斯："正义的形式"，载《哈佛法律评论》1979年第1期。

革",任务非常繁重,难度非常大。

首先要解决制度构建中元理论缺失的问题。《非物质文化遗产法》解决的是谁来保护、如何保护、违反后果(法律责任)以及救济方法的问题。这些规范内容构成了《非物质文化遗产法》的元理论,一旦出现上述问题,就需要运用元理论及现有规定予以协调解决。[1]但是,就目前的《非物质文化遗产法》而言,还存在很多元理论缺失的问题。如域外侵权问题,目前存在域外利用中国非物质文化遗产进行商业开发、赚取巨额利润的现象。这显然是对我国非物质文化遗产的侵权行为。《非物质文化遗产法》作为"基本法"应该遏制、阻止该类侵权的发生。但是,从目前的法律规定来看,《非物质文化遗产法》对此并未作出任何规制和指引。对于该类问题的解决,实际上我们可以寻求其他部门法元理论或制度的支持。如《民事诉讼法》第55条选定检察机关或者其他部门作为适格主体提起公益诉讼,同时可以依据长臂管辖原则确定非物质文化遗产聚集地法院为域外侵权诉讼的管辖法院。再如传承人认定问题,《非物质文化遗产法》中缺乏元理论支撑。以传承人的认定标准为例,《非物质文化遗产法》对此只作了原则性的规定,为行政机关的自由裁量留置了过大空间。由于没有具体标准,仅依靠政府的单方行为还不足以消弭公众对认定结果的猜疑和不满。[2]对于认定不准或其中的行政舞弊,目前的《非物质文化遗产法》并未提供其他的救济通道。实际上,要解决这个问题,可以有两方面的思考:一是立法赋权规定相关权利人可以就传承人认定问题提起行政复议或行政诉讼,将行政保护链条拉长,设立司法解决的最后防线;二是尝试将传承人资格认定的工作从政府机关工作职责中剥离出来,交由社会团体承担,政府部门只负责监管团体的认定工作,完善保护机制。

其次要解决《文物保护法》的立法指向问题。《非物质文化遗产法》存在指向法律规定不完善甚至错误的问题。《非物质文化遗产法》第2条第2款规定:"属于非物质文化遗产组成部分的实物和场所,凡属文物的,适用

---

[1] 丁永祥:"生态场:非物质文化遗产生态保护的关键",载《河南大学学报(社会科学版)》2012年第3期。

[2] 余慧华、曾艳:"我国地方非物质文化遗产行政保护研究——以天津时调为例",载《法学杂志》2014年第4期。

《中华人民共和国文物保护法》的有关规定。"非物质文化遗产具有复合的天然属性,就客体而言是一种包括有形与无形、载体与精神的复合客体。《非物质文化遗产法》在保护客体界定上人为地割裂了非物质文化遗产的复合性,势必会造成保护方面的不全面。第 2 条指明,如果属于文物需要适用《文物保护法》的相关规定。但是,文物上还凝聚有非物质精神文化,对此《文物保护法》却未作法律保护。另外,《非物质文化遗产法》进行指向适用的法律对非物质文化遗产并未有明确规定,会出现适用无据的现象。

最后要解决《非物质文化遗产法》与其他部门法在适用方面的协调问题。现行《非物质文化遗产法》更多的是一种原则性的立法,目的在于厘清保护方向、明确保护方法。要想实现非物质文化遗产保护的目标需要完成与相关部门法的有效衔接。如《非物质文化遗产法》与知识产权法的协调。在修订相关知识产权法时,应将法律规制的对象范围适当放大,将非物质文化遗产囊括进去。以《著作权法》第 3 条第 3 项为例,立法可采用"音乐、戏剧、曲艺、舞蹈、杂技艺术作品"等非物质文化遗产的表述,实现与《非物质文化遗产法》的衔接。当然,《著作权法》也可能存在原则化倾向的特征,对于立法无法概括规定的内容,也可以采用司法解释的方法予以规定。退一步讲,如果司法解释仍然解决不了,人们还可以求助于案例指导制度。[1]另外,还存在《非物质文化遗产法》与《民法典》的协调。如何实现《非物质文化遗产法》与《民法典》的对接是当前亟须解决的问题。《民法典》作为民事法律统摄性法典,其制定仍然以"宜粗不宜细"为指导原则,也不能完全实现对民事法律行为的所有规定,也存在着"法典化和解法典化的过程"。《非物质文化遗产法》尽管行政属性较为突出,但其规制对象很多也具有民事权利属性,其实施也面临"法典化与解法典化"的难题。如何理顺《非物质文化遗产法》与《民法典》之间的"法典化与解法典化"关系也是今后《非物质文化遗产法》具体适用中的重要问题。在实践中,可以考虑将《非物质文化遗产法》中涉及民事法律行为的部分提炼出来,从《非物质文化遗产法》中抽离并规定到《民法典》之中,这样会更好地实现对拥有民事权利的非物质文化遗产的法律保护。

---

[1] 李学成:"我国案例指导制度功能之反思",载《理论月刊》2015 年第 4 期。

(二) 提升保护意识，形成文化自觉

目前，非物质文化遗产的活态保护已经深入人心，成了主流保护方式。做好活态保护的核心要素是要做好"人"的工作，不仅要提升保护主体的保护意识，变自发为自觉，同时还要完善客体方面的保护工作，真正实现"以人为本"。具体到非物质文化遗产的行政保护，要做好以下几个方面的工作：

1. 增强文化自信

所谓"文化自信"，根据云杉先生的观点，是指"一个国家、一个民族、一个政党对自身文化价值的充分肯定，对自身文化生命力的坚定信念"。[1] 对于非物质文化遗产而言，文化自信是指政府和人民群众对本国本地区非物质文化遗产文化价值的充分肯定，具有学习、传承的极大热情，对其延续传承的重要意义深度理解。要做到文化自信，首先要对非物质文化遗产具有科学的认知。要对本土的非物质文化遗产进行理性的审视和科学的分析，既不夜郎自大也不妄自菲薄。其次，在多元文化的背景下对其他文化包容、借鉴、吸收。[2] 文化自信是一种信念和信心，由文化自觉拔高抽象而来。对非物质文化遗产的认识和态度是否正确、科学关系着非物质文化遗产的保护现状，也决定着非物质文化遗产保护进程日后的发展走向。就非物质文化遗产的行政保护而言，保护意识和观念的树立至关重要。这就要求地方政府对所保护的非物质文化遗产有足够深入的认识和了解，肯定它在多元文化中的正确位置，对于自身所承担的保护工作拥有自豪感和荣誉感，如此才能积极主动地探寻符合非物质文化遗产传承规律且行之有效的保护途径，制定切实可行的保护措施。在保证非物质文化遗产文化价值原真性的前提下将其与社会现实进行紧密结合，实现"旧"与"新"的有效传承。这也是《"十二五"时期文化改革发展规划纲要》对当前我国文化改革发展的基本要求。

2. 推动文化自觉

所谓"文化自觉"，根据费孝通先生的观点，是指"生活在一定文化中的人对其文化有自知之明，明白它的来历、形成过程、所具有的特色和它的

---

[1] 云杉："文化自觉 文化自信 文化自强——对繁荣发展中国特色社会主义文化的思考（中）"，载《红旗文稿》2010年第16期。

[2] 云杉："文化自觉 文化自信 文化自强——对繁荣发展中国特色社会主义文化的思考（中）"，载《红旗文稿》2010年第16期。

发展趋向"。[1]文化自觉的过程"是一个艰巨的过程,首先要认识自己的文化,理解所接触到的多种文化,才有条件在这个正在形成中的多元文化的世界里确立自己的位置,经过自主的适应,和其他文化一起,取长补短,建立一个有共同认可的基本秩序和一套与各种文化能和平共处、各抒所长、联手发展的共处条件"。[2]2003 年,联合国教科文组织通过了《保护非物质文化遗产公约》。该公约的目的是向全世界宣示文化多样性的重要性,要求各个国家和民族对国家传统文化进行反思,实现不同国家的"文化自觉"。我国已经加入了这个公约,并且遵行公约精神做了大量的保护工作,包括非物质文化遗产的普查、建档、研究、保存、传承、弘扬等工作,都是从行政保护层面进行的中华民族的"文化自觉"。通过非物质文化遗产认定、记录、建档等具体的保存措施,我们对中华民族非物质文化遗产以及相关的传统文化进行了重新梳理与认识。随后,我们开展了大量的传承和传播非物质文化遗产的活动,定位了非物质文化遗产在多元文化中的合适位置,在保证其文化价值的基础上探寻其与现代文化的融适点与结合部。作为传统文化,如果能发扬非物质文化遗产的现代性,发掘其现代需求,它就会被现代社会所接纳,就会长期存留,不会消亡。非物质文化遗产恰好又具有这方面的天然属性。当然,这需要各级政府部门和工作人员的刻苦努力,而且会是一项长期工程。在这一过程中,"文化自觉"是这项工作能否顺利推进与目标实现的决定性因素。因此,各地政府在出台有针对性的非物质文化遗产保护政策时,在研究和探索有效方式方法时,前提是要提高文化自觉。

3. 真正做到"以人为本"

除了遵循提高文化自觉、增强文化自信的指导思想,各地政府在非物质文化遗产保护过程中还要时刻践行"以人为本"的基本保护原则。对非物质文化遗产的保护存在固态与活态两种方式。固态保护主要是对非物质文化遗产成品进行保护,对非物质文化遗产的技艺、技术本身需要采取活态保护方式。两种方式的区分来源于非物质文化遗产不同的表现形式。对于非物质文化遗产产品,需要采用记录、建档或成立生态园区或非物质文化遗产馆等方

---

[1] 费孝通:"对文化的历史性和社会性的思考",载《思想战线》2004 年第 2 期。
[2] 费孝通:"对文化的历史性和社会性的思考",载《思想战线》2004 年第 2 期。

式进行保存。而对于以技艺技术为表现形式的非物质文化遗产，只能依靠人的口传心授进行传承和保护，无法对其进行固化，更多地需要智力支持。非物质文化遗产的最大特点是其具有"非物质性"，在成品形成之前，它通常只是作为一种知识、技艺或是技能存在于非物质文化遗产持有者的头脑中。[1]活态保护就是适应非物质文化遗产的这类特质应运而生的。活态保护更强调的是通过各种方式，为非物质文化遗产的传承人营造出适合其传承的环境。[2]实践证明，活态保护方式对于非物质文化遗产传承保护而言更具实效。活态保护方式具有其他方式不可比拟的保护优势，但是也时刻离不开"以人为本"的中心原则。不仅要做好受众的宣传推广工作，还要做好传承人的人文关怀工作。具体来讲，做好两方面的工作尤为重要。一是要着力改善现有传承人的生存状况。非物质文化遗产的活态保护大多要通过商业开发，经由市场接受来实现，在这一过程中，商业展示或市场利用回报决定着非物质文化遗产生命线的长短，影响着传承人的传承热情与保护工作的完成。所以，在商业开发过程中如何加强传承人的利益保护决定着非物质文化遗产活态保护工作能否完成。二是要加强对传承人的培养。包括河北省在内，我国非物质文化遗产面临传承断代危机的项目不在少数。2011年9月，文化部根据《非物质文化遗产法》的规定发布了《关于加强国家级非物质文化遗产代表性项目保护管理工作的通知》，明确指出对国家级非物质文化遗产项目因保护不力或保护措施不当，导致项目存续状况恶化或出现严重问题的，一经查实，将适用警告、退出机制。警告和退出机制的建立为各级地方政府保护非物质文化遗产工作的开展敲响了警钟，宣示着非物质文化遗产断代问题解决的迫切性。非物质文化遗产作为一种历史遗留，具有不可复原、不可再生的属性，一旦灭失便再无复生的可能。所以，做好对传承人的人文关怀，保障非物质文化遗产代代相传是非物质文化遗产保护事业的应有之义，也是这项工作开展的终极目标。

（三）做好行政许可工作

非物质文化遗产是一个国家和民族历史发展的见证，是民族精神的载体

---

[1] 苑利、顾军：《非物质文化遗产学》，高等教育出版社2009年版，第56页。
[2] 苑利、顾军：《非物质文化遗产学》，高等教育出版社2009年版，第60页。

和传统文化的象征。作为中华民族智慧和文明的结晶，非物质文化遗产反映了我国各族人民在长期的生产生活中形成的共同心理结构、意识形态、生产生活方式、风俗习惯、价值观念，是连接民族情感的纽带和维系国家统一的基础，更是实现中华民族伟大梦想的精神力量和动力源泉。行政许可作为非物质文化遗产保护过程中的一种重要机制，可以激发社会活力，调动公民、法人和其他组织的积极性和创造力，有利于增强依法保护和利用非物质文化遗产的平等性和竞争能力。

1. 行政许可是重要的行政管理手段

我国非物质文化遗产的行政保护目前实施的主要方式是依职权认定，引入行政许可可以为目前单一的保护模式提供有益补充，增强保护实效。对于非物质文化遗产代表性项目，我国行政法实施的是主动保护，赋予了传承人和保护单位许多"实惠"。《非物质文化遗产法》直接赋予传承人的权利有：①荣誉权。通过文化主管部门认定，获得传承人称号，从而得到精神享受。②传承场所使用权。文化主管有责任为传承人提供传承场所。③经费保障权。文化主管部门有责任为传承人提供必要的经费，以资助其开展授徒、传艺、交流等活动。④公益活动参与权。⑤其他权利。如讲学、讲演、表演等。间接的权利有：①代表性项目的使用权；②文物和其他实物及场所使用权；③知识产权（著作权、商标专用权、专利权等）；④税收等优惠权。保护责任单位的权利与传承人基本相同。利益性项目容易引发市场竞争，但现行政府机关依职权认定传承人和保护责任方式，受其封闭性的影响难以选定优秀的传承人和保护责任单位。引入行政许可可以改变选择方式的单一性，变文化主管部门的单方认定为社会力量的多方竞争，从而激发社会参与的活力，提升政府和社会的非物质文化遗产保护意识以及保护质量。

2. 行政许可契合非物质文化遗产的保护要求

对非物质文化遗产的行政保护，包括代表性项目、传承人与传承单位的确定都符合行政许可的特征。所谓行政许可，指的是行政机关根据公民、法人和其他组织的申请，经依法审查，通过颁发许可证、执照等形式，赋予或确认其从事某项活动的法律资格或法律权利的一种具体行政行为。从行政许可的性质、功能和适用条件的角度来说，其可以被划分为普通许可、特许、认可、核准、登记五类。所谓"认可"，指的是行政机关对公民、法人或者其他组织是否具有某种资格、资质的认定。主要适用于对为公众提供服务、与公共利益直接有关，并且具有特殊信誉、特殊条件或者特殊技能的公民、法人或者其他组织的资格、资质的认定。所谓特许，是指行政机关代表国家向公民、法人和其他组织授予某种权力或者对资源进行有效配置的管理方式。主要适用于有限自然的开发利用、有限公共资源的配置、直接关系公共利益的垄断企业的市场准入。非物质文化遗产代表性项目传承人和保护责任单位的认定实质上就是一种行政许可，具有认可和特许特征。目前，《非物质文化遗产法》只对被列入代表性项目名录的非物质文化遗产实施保护，而对没有进入名录的则只能进行保存。名录分国家级和地方级两大类，地方级又分为省、市、县三级。由于非物质文化遗产的数量众多，加之选择标准的多样性，因而不是所有的非物质文化遗产都能成为代表性项目从而进入名录。对此，法律规定了严格的条件和程序。关于条件，《非物质文化遗产法》作出了原则规定，进入国家级名录的条件是"体现中华民族优秀传统，具有重大历史、文学、艺术、科学价值"，进入地方级名录的条件是"体现中华优秀传统文化，具有历史、文学、艺术、科学价值"。关于程序，综合起来有七个步骤：一是申报材料；二是专家小组初审；三是专家评审委员会审议；四是文化主管部门公示；五是对异议的处理；六是政府批准、公布；七是年检。只有具备条件并且走完审批程序的非物质文化遗产才有资格进入名录。中华民族有5000年历史，所创造的非物质文化遗产浩如烟海，但真正能进入代表性项目名录的毕竟是少数。对于有限公共资源的配置和开发利用，根据《行政许可法》可以设置行政许可。

对传承人和保护责任单位的认定也是一种行政许可。《非物质文化遗产法》对传承人的资格和认定程序作出了规定。其资格是：①熟练掌握其传承的非物质文化遗产；②在特定领域内具有代表性，并在一定区域内具有较大影响；③积极开展传承活动。其认定程序虽没有明确，但规定参照非物质文化遗产代表性项目评审程序，同样要达到较高的标准。根据《非物质文化遗产法》的规定，认定非物质文化遗产代表性项目传承人和保护责任单位是县级以上人民政府文化主管部门的具体行政行为，不由公民、法人和其他组织自主决定或由行业组织或者中介机构自律管理。《非物质文化遗产法》明确了评审传承人和保护责任单位的实施机关、条件、程序和公示期限，除文化主管部门可以依职权直接认定外，还允许公民、法人和其他组织建议，允许单位和个人推荐，允许个人申请，规定了申请和推荐传承人应当提交的材料，规定了传承人和保护责任单位的权利、利益和职责、义务，规定了法律责任，这些都与《行政许可法》的要求相一致。获取非物质文化遗产代表性项目传承人和保护责任单位资格，完全可以通过行政许可来实现。也就是说，对非物质文化遗产代表性项目传承人和保护责任单位的认定存在行政许可。

(四) 完善行政听证制度

鉴于我国当前非物质文化遗产保护工作的严峻性与紧迫性，政府部门在非物质文化遗产保护中势必要发挥核心作用。"政府的行政立法、行政检查、行政指导等行政行为，在遗产保护的事务中具有统帅的性质。"[1]然而，"一切有权力的人都容易滥用权力，这是一条万古不易的经验"。[2]对于非物质文化遗产来说，行政权力的滥用会成为其不可承受之重，基于其不可再生、不可复原的特点，文化传承的纽带一旦断裂势必会给非物质文化遗产造成永久性的损失。因此，加强对政府行为的法律规制，引入行政听证制度成了完善非物质文化遗产行政保护的应有之义。政府是社会公共利益的代表，具有维护社会公共利益的职权和职责，同时也有能力调集一切社会资源开展非物质文化遗产挖掘、整理、保护和开发活动，是非物质文化遗产保护的主导力量。但是，如何保证政府权力的有效运作，避免行政权力被滥用成了机制程序设置的前提条件，听证制度就是一个很好的备选项。具体来讲，应当包括以下内容：

第一，听证的范围。听证最早源自英国普通法中自然公正原则之一，即"听取另一方证词"。由于现代行政权的不断扩张，每个人从"摇篮到坟墓"都与政府行政密不可分，个人权利受政府行政侵害的机会不断增加。在这种情况下，听证制度被引入行政领域。听证制度是指行政机关对涉及当事人重大利益或对涉及公共利益的重大事项做出行政处理行为时，就有关问题在平等基础上听取当事人评论与意见，同时予以说明和解释的制度。听证是行政

---

[1] [法] 孟德斯鸠：《论法的精神》，张雁深译，商务印书馆 1963 年版。
[2] 刘勉义：《我国听证程序研究》，中国法制出版社 2004 年版。

程序中的一项基本制度。具体到非物质文化遗产，表现在行政立法、行政决定、行政处罚等方面。

（1）在行政立法中，非物质文化遗产是一种公共文化资源与财富，哪些是非物质文化遗产，哪些可以进入保护名录，保护需要采用什么样的方式和方法等问题均涉及不确定多数人的利益，是公共决策问题。所以，在进行非物质文化遗产保护行政立法决策时，应当实现社会公众平等参与，需要事先听取相关利害关系人的意见。从立法实效上来讲，听证"泛指听取利害关系人意见的程序，虽然存在一定的弊端，但它能够促进立法和决策的民主化、公开化和科学化，促使行政机关公平、合理地做出决定，其重要社会意义不容否定"。[1]

（2）在行政决定给行政相对人造成不利影响时也有进行听证的必要。在非物质文化遗产的保护中，利害关系人可以主动申请启动听证程序，在听证过程中陈述自己的意见，并有权进行质证和辩论。

（3）对违法破坏非物质文化遗产行为的行政处罚（尤其是涉及对行政相对人重大的人身权、财产权利益进行行政处罚）时，当事人依法提出申请的，行政机关必须举行听证。设立行政处罚听证的目的是防止行政权被滥用，确保处罚事实认定清楚、证据确凿。

第二，听证的具体形式。听证的形式有正式和非正式两种。正式的听证需要举行专门听证会听取当事人的意见。听证会的举行一般按如下步骤进行：①由听证主持人宣布听证会开始，包括宣布听证事项、查明当事人身份、告知当事人有申请回避的权利等。②由案件调查人员宣读指控书，提出当事人违法的事实、证据和处理建议。③由听证主持人询问当事人、证人和其他有关人员并出示有关证据材料，以查清这些证据的真实性。④由当事人针对所指控的事实和相关问题进行申辩和质证。⑤由调查人员和当事人就本案有关的事实和法律问题进行相互辩论。辩论结束后，当事人还有最后陈述的权利。整个听证会的举行，应由专门的书记员制作听证笔录，这也是用作定案的重要证据之一。[2]非正式听证指行政机关在制定法规和作出有关行

---

[1] 周佑勇：《行政法基本原则研究》，武汉大学出版社2005年版，第127页。
[2] 参见应松年主编：《行政程序法立法研究》，中国法制出版社2001年版。

政决定时,只需给当事人机会进行口头或书面陈述意见,以供行政机关参考的程序。

第三,听证主持人。听证由听证主持人主持,听证主持人一般不能是本案的调查人员,是由行政机关指定的与本案没有直接利害关系的人员。

第四,听证参加人。基于非物质文化遗产的公益性,政府行政并不局限于个人利益,往往涉及某一群体乃至某一民族的利益,所以听证程序的参加人除了行政相对人,还应当包括利害关系人,这也是现代行政法治的基本要求。即"在一个正当的行政程序中,无论是行政相对人还是行政行为的利害关系人即行政第三人都享有同样的听证权利,他们都构成了听证程序的参加人"。另外,在行政听证程序中,听证参加人应当享有如下程序权利:①咨询与被通知权;②要求参加听证和放弃听证的权利;③要求回避的权利;④阅览卷宗的权利;⑤陈述与申辩的权利;⑥举证与质证的权利;⑦委托代理人或者律师来代表其参与听证的权利;⑧笔录审查和补充权。[1]

第五,听证的过程。根据各国的做法,听证的过程一般应当包括以下具体要求:①听证要公开进行;②听证前要及时、有效地通知听证参加人,除了告知被控当事人听证的时间和地点外,更重要的是通知其争议所在;③听证要及时举行;④当事人在听证过程中有权自己或通过律师发表意见和反驳对自己不利的事实和观点;⑤听证应当制作笔录;⑥通过听证而制作的决定必须以听证笔录为依据;⑦当事人对听证决定不服有权申诉。[2]

第六,关于听证的法律效力,应坚持案卷排他性原则。案卷排他性原则,作为听证的核心制度,是指行政机关的决定必须根据案卷作出,不能在案卷外以当事人不知道或者没有论证的事实为根据,否则行政决定无效。[3] 即听证笔录应当是行政行为的唯一依据。只有这样才能真正保障当事人的陈述和申辩权,实现听证程序的价值,保证行政行为的正当性。否则,"行政机关可以走形式,接纳堆积如山的证言和书证;但是,如果行政机关可以依据未在审讯中出示的材料作裁决,那么厚厚的案卷就成了掩盖真相的假面具。秘密证据或几分钟的秘密会议可以推翻长时间的审判。……如果没有排他原则,

---

[1] 参见应松年主编:《比较行政程序法》,中国法制出版社1999年版。
[2] [美]伯纳德·施瓦茨:《行政法》,徐炳译,群众出版社1986年版。
[3] 莫纪宏、张毓华:"诉权是现代法治社会第一制度性权利",载《法学杂志》2002年第4期。

受审讯的权利只是提出一方当事人的辩护意见的权利,审讯自身只不过是行政市政会议,而不是正当程序规定的两造对抗诉讼"。[1]

(五) 完善行政诉讼的事后救济

非物质文化遗产是中华民族共同的精神财富,但是"无救济即无权利",实体权利必须以切实有效的救济手段为依托,才能转变为现实的权利。"在现代法治社会中,公民所享有的诉权是国家为保证宪法和法律所设定的权利具有'实然性'而设定的权利救济权,没有诉权的存在,宪法和法律所规定的其他权利就不可能成为一种现实权利。"[2]另外,就保护非物质文化遗产而言,"有权力必有监督",任何权力的设定,如果没有完善的监督制约机制,权力都容易被滥用。而诉讼作为司法权对行政权的监督和制约机制,"是法院监督行政机关遵守法律的有力工具,没有司法审查行政法治等于一句空话,个人的自由和权利就缺乏保障"。[3]为此,鉴于"建立以保护国家和社会公共利益为宗旨的客观诉讼制度(或公益诉讼制度),是从制度上改进、发展和完善我国行政诉讼法律制度的一个基本方向"。[4]我国《行政诉讼法》已引入行政公益诉讼制度。因此,在制定《非物质文化遗产保护法》时应当顺应这一改革的趋势,引入行政公益诉讼制度。它是指公民、法人或其他社会组织,认为国家行政机关或法律法规授权的组织的行政行为损害非物质文化遗产而提起的行政诉讼。对它的具体建构应当包括以下内容:

第一,诉讼的提起以非物质文化遗产已经受到或将要受到行政行为的损害为前提,而不以发生实质性的损害为要件。基于非物质文化遗产的不可复原性,保护环节必须前置,尽量避免侵害的发生。"法律有必要在违法行政行为侵害尚未完全发生时就容许公民或相关组织利用司法手段加以排除,从而阻止国家利益和社会公益遭受无法弥补的损失或危害。"[5]

第二,起诉的主体包括公民、法人、具有社会公益职能的组织和社会团体、行政机关和检察院。另外,还应加强非物质文化遗产保护社会团体的建

---

[1] 参见王名扬:《美国行政法》,中国法制出版社1995年版。
[2] 唐宋:"公益诉讼何时不再尴尬",载《人民日报》2006年4月14日。
[3] 于安:"行政诉讼的公益诉讼和客观诉讼问题",载《法学》2001年第5期。
[4] 赵许明:"公益诉讼模式比较与选择",载《比较法研究》2003年第2期。
[5] 敖双红:"公益诉讼的反思与重构",载《中南民族大学学报(人文社会科学版)》2007年第2期。

设。社会团体作为政府与社会之间的"中间结构",它本身就具有公共管理和公共服务性质,主要是为了公益而存在。"由社会团体提起公益诉讼,其好处是明显的:社会团体力量大、专业知识雄厚、集思广益,克服单个成本大、搭便车、国家介入不经济、不合理以及积极性不足的问题。由社会团体提起公益诉讼,不仅是整合广大公民的利益和需求,也不仅是社团代表利益所有者直接参加诉讼,使公益诉讼常态化、专业化和集团化,而且也鼓励了'热心者'的公益诉讼。"正如霍布斯所说:"公私利益结合得最紧密的地方,公共利益所得到的推进也最大。"[1]因此,"在美国等较早确立公益诉讼制度的国家和地区,公益性组织和团体一直是提起公益诉讼的主力军"。[2]所以,我国在非物质文化遗产保护立法中应加强对非物质文化遗产保护社会团体的建设和管理。

第三,在举证责任方面,首先,应遵循行政诉讼法的一般原则,即由被告行政主体就行政行为的合法性和合理性承担举证责任,原告只就部分事实和程序性事项承担提供证据的责任。其次,在原告举证责任上,非物质文化遗产的行政公益诉讼表现出了一些自身的特点,主要有两方面:在针对具体行政行为提起的行政公益诉讼中,检察机关和具有非物质文化遗产保护职责的行政主体,相对于公民、法人和一般的组织而言,它们除了要证明被诉行政主体的违法行为存在,还要证明这种违法行为与被诉行政主体有关,因为检察机关作为公益利益的维护者与专门的法律监督机关和专司非物质文化遗产保护的行政主体都有责任和能力去收集这些相关的证据。但在针对抽象行政行为的行政公益诉讼中,由于检察机关和专司非物质文化遗产的行政主体无权主动调查被告的抽象行政行为,因此只需遵循行政诉讼法的一般举证原则即可,但应就规章以下的抽象行政行为可能与上位法存在抵触的方面作必要的说明。

第四,法院审理的内容除了行政行为的合法性,还包括行政行为的合理性。我国的非物质文化遗产是中华民族几千年来文化的积淀,种类繁多。为了能使它们完整地和真实地保存下来,相应的保护措施要针对特定对象的特

---

[1] [英]霍布斯:《利维坦》,黎思复、黎廷弼译,商务印书馆1985年版。
[2] [美]查理德·B.斯图尔特:《美国行政法的重构》,沈岿译,商务印书馆2002年版。

点来采取。因此，保护非物质文化遗产的行政行为不仅要合法，更要合理。相应地，法院既要审查行政行为的合法性，也要审查行政行为的合理性。

第五，对非物质文化遗产行政公益诉讼程序的限制。为提高非物质文化遗产行政公益诉讼的审判质量，有必要对诉讼程序给予一定的限制：①公益诉讼的提起必须有一个前置程序，即公民、法人或其他组织在提起行政公益诉讼前应当先向有关行政机关或检察机关申诉、举报，只有在规定期间内有关机关未作处理的情况下，举报人才能启动行政公益诉讼程序；②严格禁止二次起诉，即起诉人起诉后虽可以"自由"地撤回诉请，但是一旦撤诉，若没有新的证据和理由，则禁止其再一次提起诉讼；③可以考虑建立保证金制度，即规定原告在起诉时必须交纳一定数量的保证金，作为保证原告完整地参加诉讼过程的物质制约手段。只要原告积极履行相应的诉讼义务，在诉讼程序结束时，不论原告是否胜诉，法院都应如数退还保证金及相应的银行利息。

总之，《非物质文化遗产法》是当前我国非物质文化遗产保护工作的向导，而对政府行为的规范又是立法的重心。只有结合我国当前法治建设的实践和非物质文化遗产保护工作的特点，建立一整套完善的规范政府行为的行政程序和法律监督制度，才能充分发挥政府在非物质文化遗产保护中的主导作用，带领广大民众做好非物质文化遗产的保护、利用和传承工作。

第五章

河北省非物质文化遗产知识产权法律保护

针对河北省非物质文化遗产的保护现状及存在的问题，本书对于河北省非物质文化遗产公权力、私权利法律保护双轨制的配置问题进行了初步探讨。公权力方面，试图解决目前河北省文化遗产保护机构制度设置不明、立法缺失、司法不力等问题。私权利方面，借鉴知识产权法的立法精神，加强对文化遗产传承人的利益保护，尝试通过扩大收益的方式加强对文化遗产的保护与传承。两者在法律性质上具有相似性，在客体上存在交集，利用知识产权制度保护非物质文化遗产具有一定的可行性。知识产权制度的开放性使其能够为非物质文化遗产提供保护。当然，在具体适用上，知识产权制度对非物质文化遗产的保护也存在一定的障碍。如两者之间存在法律性质上的差异、独创性认定方面的问题、权利主体方面的问题、保护期限的问题等。要利用知识产权制度对非物质文化遗产实施保护，我们要做到具体问题具体分析，就著作权、专利法、商业秘密、商标与地理标志等制度的具体适用，结合河北省非物质文化遗产的具体内容，分门别类地进行区分和配置，对知识产权制度的适用及适用程度进行具体处理。不过，要实现这项工作的常态化、法治化，目前的时机还不成熟，仍需要时间与实践积累。但是，知识产权制度的保护机制与非物质文化遗产的结合是大势所趋，值得期待。

当然，本书对于在河北省非物质文化遗产保护过程中引鉴知识产权保护机制只是作了一些制度或理念借鉴或参考方面的思考。在实际操作过程中，目前的时机并不成熟。在这不仅与两种元素的融适存在性质、主客体、保护方式与期限等多方面的差异有关。而且，要实现实际操作，还需先解决一些前置问题。如非物质文化遗产权利主体的确定问题目前就无法解决。而权利主体的确定化是实现知识产权保护机制的前提与基础，是一种必然的要求。再如保护期限问题。作为历史发展的产物，保护的长期性是非物质文化遗产保护过程中的必然需要。这种需要与非物质文化遗产的创造经历与时间密切相关。但是，期限保护是知识产权保护制度的一种机制要求。这与非物质文化遗产法律保护的要求形成了对冲。相关问题的解决需要深度思考与路径设计。在这些前置问题没有解决之前，对知识产权保护机制的引鉴还只能作为一种经验或理念方面的参考。

第一节 非物质文化遗产知识产权保护的理论探索

基于非物质文化遗产的多样性与复杂性，在保护过程中，将所有涉及非物质文化的内容仅通过《非物质文化遗产法》进行保护并不足够。利用现代知识产权制度，从私权利方面进行非物质文化遗产保护不失为一种比较简便、快捷的方式。通过现代知识产权制度保护非物质文化遗产的问题引起了学者的热烈讨论。[1]有学者反对利用知识产权制度保护非物质文化遗产，并从法律保护客体、经济利益、遗产传承等多方面提出了质疑；还有学者从价值取向方面提出了不同意见，"认为西方知识产权概念与传统社区的实践和文化不相容，而且价值取向不一致"。[2]"但是，也有观点认为利用知识产权对非物质文化遗产进行保护具有正当性"，[3]并认为知识产权制度是一种变化的制度。随着社会的发展与演进，知识产权制度也在不断发展演变。目前，包括我国在内的世界各国鲜有通过知识产权机制保护非物质文化遗产的案例。除了两个主题不能实际融适外，时机与条件也还不具备。之所以要把这个问题单独拿出来讨论，目的很朴素，初衷主要有两方面：一是从非物质文化遗产保护途径扩容的角度出发，以使其更完备，更具有实效；二是非物质文化遗产与知识产权保护机制也确实存在融适的可能性，相关主张声音高

---

[1] 汤跃："传统知识保护学术研究发展态势论要"，载《贵州师范大学学报（社会科学版）》2005年第6期。

[2] [阿根廷]卡洛斯·卡瑞尔：《传统知识与知识产权——与传统知识保护有关的问题与意见》，文希凯等译，中国社会科学出版社2006年版。

[3] 齐爱民："论知识产权框架下的非物质文化遗产保护及其模式"，载《贵州师范大学学报（社会科学版）》2008年第1期。

涨确实有它产生和存在的道理。

一、知识产权制度保护非物质文化遗产的合理性分析

非物质文化遗产作为一种传统文化的表现形式，见证了世界各国的历史发展和社会进步，反映了各国人民世代传承的独有的精神价值和思想意识，是人类社会珍贵的文化资源。自20世纪50年代以来，世界各国逐渐开展非物质文化遗产保护行动，取得了较好的效果。多年来，我国在保护非物质文化遗产方面做了很多努力，也取得了很多成绩。但是相较于目前非物质文化遗产基于各种原因出现的消亡规模与速度，保护工作还需加快加强。在这一过程中，知识产权保护应该成为非物质文化遗产法律保护中的有益思考。

（一）知识产权制度保护非物质文化遗产的必要性

伴随着经济的快速发展和时代内容的不断丰富，对非物质文化遗产相关成果的市场化开发不仅成了促进当地经济发展、拉动旅游事业的有效途径，也成了河北省非物质文化遗产动态保护的必要手段。但是，在开发利用非物质文化遗产成果过程中，立法方面的缺失引发了一系列矛盾与问题。比如，行政管理中部门配置层级混乱、施政主体难以确定的问题会导致在非物质文化遗产开发利用过程中无法有效制止破坏行为或使侵害行为得以长时间延续。又如民间资本、民间团体在参与非物质文化遗产市场开发过程中的权利界定与利益分配机制问题。这个问题处理不清，一方面会导致企业逐利本性的无限放大，在损坏文化遗产的基础上过度开发，导致非物质文化遗产遭到破坏。另一方面会因为利益与权利界定不明而伤害企业开发利用的热情，影响后续参与的积极性及损害民事主体权利。法理认知层面的局限必然导致立法的滞后，因此我国知识产权法律体系至今依然缺乏对非物质文化遗产进行保护的具体规范，而《非物质文化遗产法》作为专门的非物质文化遗产保护法又强调行政法的公法保护，不足以应对现实中的多元利益保护需求。制度建设的欠缺影响了非物质文化遗产保护进程的顺利推进，致使一些传统文化资源消亡流失。我国民间传说中女扮男装、替父从军的花木兰的故事家喻户晓，这样优秀的文化资源却被美国迪士尼公司无偿拿去拍摄成动画电影，向全世界（包括作为电影故事蓝本的中国）电影市场发行，短时间内快速获取

了3亿美元的票房收入,[1]作为这一电影题材的发源地,我国不但没有从电影发行中获得任何利益,该影片在国内发行时我们还要向迪士尼公司购买电影版权。类似的情况还有很多,如《三国演义》作为我国四大名著之一,竟然被日本电脑公司做成了游戏软件,回头又在中国市场上销售。将包括非物质文化遗产在内的中国的文化资源作为免费的原材料,经过商业加工回头赚取中国人钱,不仅造成了我国文化资源的流失,也构成了对中国知识产权的侵害。在国内,近年来有关非物质文化遗产的知识产权诉讼案件也频频出现。包括"白某娥诉国家邮政局侵犯著作权案"和"苏州刺绣侵权案",乃至备受公众关注的"安顺地戏"署名权案等,都是非物质文化遗产知识产权受损的著名案例。实践证明,非物质文化遗产的知识产权保护已经成为迫切的现实需要。

从促进河北省非物质文化遗产保护事业长期和可持续发展的角度出发,引鉴私法保护精神,配合公权力的行使对于合法有效、合理有序开发利用非物质文化遗产是一种必要的选择。"在当前我国的法律体系中,知识产权制度应该是对非物质文化遗产进行私有权保护的最佳选择。"[2]知识产权制度进行客体保护的立法初衷是对智力成果实行一种"物权"模式的法律保护。通过设置法定期限、授权许可等方式,给予合法主体以特定期限内合法的法定保护。知识产权立法精神与法律保护机制的引用对非物质文化遗产法律保护而言是必需的。"通过对社区的知识授予法律上承认的权利将会提高这种知识的形象并有助于形成对这种知识的尊重。"[3]这不仅是基于文化遗产保护事业自身的需要,也是基于河北省的政治稳定、民族团结。

从保护河北省非物质文化遗产的角度分析,我们需要知识产权保护机制的进入。这项工作意义重大,不仅有维护政治稳定、发展经济的考虑,从保护中华民族文化多样性的角度出发,从文化促进的角度去思考也促使我们要抓紧推进相关进程。而且,将知识产权保护机制引入非物质文化遗产保护领

---

[1] 黄玉烨:"论非物质文化遗产的私权保护",载《中国法学》2008年第5期。
[2] 王光文:"非物质文化遗产知识产权保护初探",载《理论研究》2007年第4期。
[3] [阿根廷]卡洛斯·卡瑞尔:"传统知识与知识产权——与传统知识保护有关的问题与意见",文希凯等译,载http://yyknowhow.com/html/2006/0526/2386.html,最后访问日期:2006年5月26日。

域还是基于当前比较现实、具有可行性的工作需求。在当前情况下，不仅仅是河北省，全国甚至是全世界对非物质文化遗产实施的都是以公权为主的保护。民事保护、私权利保护机制的缺乏是整个法制体系、法制建设中体系不完整、体制不平衡的普遍问题。引入私权保护手段是完善法律保护机制，解决立法不平衡问题的关键步骤，也是基于完成这项工作的历史必然性。结合目前各国的法制建设现状，知识产权保护机制的立法精神与措施规定最具引鉴可能性与可行性，两者的结合可以实现成本最小化与成功最大化。

(二) 存在法律上的融适性

我国《非物质文化遗产法》和《条例》并未就定性问题作出明确的解释。当然，这种性质上的探讨与提炼难度很大。这与非物质文化遗产自身的开放性与复杂性不无关系。各地区在进行概念总结时都会结合自身区域的地方特色，对区内的非物质文化遗产进行归纳与概括。国家则从整个国家的角度考虑，给出的概念内容更宏观、分类更宽泛。但是，对比各地区和国家关于非物质文化遗产的总结与归纳，分类标准基本上具有很大的相同或相似性。这种分类背后反映的是非物质文化遗产在性质上的共同点，如文学、艺术、技术、民俗及文化空间的分类。这种分类为知识产权保护机制的进入提供了可能性。除了法律性质上的相同相通，以及个别内容的完全相似，分类标准的相对固定为知识产权机制的引鉴提供了可能。非物质文化遗产体系的内容可能会随着时代和社会的进步而有所变化，但分类标准的具体化和相对恒定仍为两者的融适提供了一个平台、一种契机。

在非物质文化遗产保护过程中，引鉴知识产权保护机制度的相关制度在具体操作上存在难度。但是，因此，完全将两者隔离开来也是不合适的。"不仅会造成法律之间的冲突，而且要承担额外的立法负担。"[1]而且，与其他保护相制相比，知识产权保护机制更具非物质文化遗产保护的融适性。在我们了解现有机制不完善、缺乏私权利保护的大前提下，相对最为适合或融适度最高的机制引鉴当然会是我们的最优选择。在适用过程中，司法成本也最低，同时也可以平衡甚至是弥补现有法制建设的不足。所以，在河北省

---

[1] 马治国、权彦敏："基于TRIPs框架下的传统知识保护问题"，载《西安交通大学学报（社会科学版）》2004年第3期。

非物质文化遗产保护过程中，如何引鉴知识产权保护机制成了一种探索的新思路。而对于其中可能性、可行性的分析成了引鉴、融适的前提与基础。利用知识产权保护非物质文化遗产在国际社会已形成共识。联合国人权委员会做出的一份有关公民基本权利的报告指出，面对知识产权保护和土著及本土社区知识的保护之间存在的紧张关系（例如未经知识持有人同意使用其知识，并且没有给予公平补偿），要对现存的知识产权制度进行修改、改变和补充以适应对非物质文化遗产的保护。[1]世界知识产权组织（以下简称WIPO）的主要职能就是通过国家间的合作促进对全世界知识产权的保护。2000年，为推动非物质文化遗产的知识产权保护，WIPO成立了"知识产权与遗传资源、传统知识和民间文艺政府间委员会"（Intergovernmental Committee on Intellectual Property and Genetic Resources, Traditional Knowledge and Folklore, WIPO-IGC）。该委员会的成立表明与会代表团就在知识产权制度框架下保护非物质文化遗产达成了基本的一致。

（三）法律性质存在相似性

"非物质文化遗产的法律保护模式取决于非物质文化遗产自身的法律属性。"[2]从法学理论上讲，物质文化遗产是物的种类构成，对其进行保护要适用物权制度。非物质文化遗产是创作主体的智力成果，成果精华在于智力创作，是精神意识方面的内容。"应划归知识产权客体范畴，对其保护要采取知识产权制度。"[3]这种性质上的分类决定了非物质文化遗产的文化产品与知识产权智力成果存在着法律适用上的可能性。首先是两者都是非物质性的产品。知识产权制度属于民事权利制度的体系构成。但与其他民事权利保护制度有所不同的是，知识产权制度保护的是非物产品的"物权"。非物质文化遗产中的智力创造成果部分，从存在的形式上来讲同样具有非物质性，与知识产权的客体具有表现形式上的相似性。其次是两者都可以进行复制。

---

[1] [阿根廷]卡洛斯·卡瑞尔："传统知识与知识产权——与传统知识保护有关的问题与意见"，文希凯译，载 http://yyknowhow.com/html/2006/0526/2386.html，最后访问日期：2007年3月10日。

[2] 齐爱民："论知识产权框架下的非物质文化遗产保护及其模式"，载《贵州师范大学学报（社会科学版）》2008年第1期。

[3] 齐爱民："论知识产权框架下的非物质文化遗产保护及其模式"，载《贵州师范大学学报（社会科学版）》2008年第1期。

知识产权制度的保护客体即智力成果，它的非物质性决定了其被复制使用的可能。也正是基于这种性质，知识产权产品才有收益权、许可权等权属方面的法定权利。非物质文化遗产中也有这方面的属性。如部分传统技术或工艺也可以被移植或者复制。最后是两者的权利内容都需要法律进行明确规定。正是基于知识产权智力成果的非物质性与复制容易的特点，对知识产权产品的保护才需要法律进行明确规定。因为权利人本身也不能对其实现"有效控制"。尤其是在信息技术飞速发展的今天，知识剽窃不再是什么技术难题。与此相同，非物质文化遗产的文化成果也有这样的"软胁"。而且，在某种程度上，创作过程的长期性、创作主体的不确定性、保护方式的时刻变化性导致非物质文化遗产的智力成果更容易被侵蚀。法律的授权与保护对于该项文化的保护而言尤为重要。"对于保护什么，保护谁的利益以及如何保护等问题都应当由法律直接作出明确规定。"〔1〕

在一定程度上，法律性质上的相似为非物质文化遗产保护借鉴知识产权保护机制提供了可能。这与二者法律性质存在的不同并不冲突。因为二分属不同领域，而且是在两个大的法制板块之中。一个是以行政或者说是以公权力为主的板块，一个是以民事或者说是以私权利为主的板块。法律性质存在不同是必然的事情。但是，不能因为存在差异就否认二者具有的相似性。这是一个很朴素的道理。水与火相克，但有时又要相伴而生。相生相克为常态，为存在的根本。所以，在尊重非物质文化遗产与知识产权保护机制法律性质不同的大前提下寻找二者的相似性是促进二者的融适，完善河北省非物质文化遗产保护机制，推进保护工作顺利前行的重要内容。

（四）知识产权制度具有高度开放的张力

知识产权制度本身具有高度的开放性。"知识产权是一个开放的领域。只要人类社会还在进步，知识产权的范围必然会不断扩大。"〔2〕非物质文化遗产文化成果与知识产权保护客体存在一定的差异，在内容与保护范围上具有不同。但这并不影响保护非物质文化遗产进程中知识产权制度的适用。因为，知识产权制度本身就是一种开放性的制度，它具有高度的调试性与吸纳

---

〔1〕 吴烈俊："我国民族民间文学艺术的法律保护"，载《西南民族学院学报（哲学社会科学版）》2003年第5期。

〔2〕 马晓莉："知识产权客体'学说'的比较分析"，载《中国知识产权报》2003年11月4日。

能力。这一点从知识产权制度本身的成长及内容的不断扩充方面都可以找到答案。在知识产权制度产生的当初，基本内容还只有文学作品和工业产权两个较大的类别。"工业版权制度是工业产权制度和版权制度长期交叉和渗透的结果，其结果是集成电路布图设计等纳入了工业版权客体的范畴。"[1]但是，随着社会的进步和科学技术的发展，知识产权保护体系的内容也在不断地扩展，不断地丰富。现今，知识产权制度已经成为一种综合性的法律保护体系，保护的内容不单独局限于文学或工作，著作权、专利权、商标权等多种权利内容都被吸纳其中。法律客体无限放大，保护内容极大丰富。其实，在知识产权制度创设之初，制定者便已经意识到该制度的高度包容性与开放性。如《成立世界知识产权组织公约》早就认为："公约所划定的广义知识产权客体的体系范围和知识产权保护的兜底条款，为以后新的知识产权入围提供了空间。"[2]同时，知识产权制度的开放性在其他方面也有所体现。以保护期限为例，知识的延续和传承等方面的原因导致非物质文化遗产保护期限无法确定，阻碍了知识产权保护机制在非物质文化遗产保护领域的适用。实际上，知识产权制度并不排斥保护期限的长期性或续展性。著作权期限保护的是权利人的财产权利，但是对权利人的人身权实施的却是永久保护，是一种无期限的保护。也就是说，知识产权制度本身具有较强的开放性，这种属性决定了它可以在保护非物质文化遗产方面发挥重要作用。

知识产权保护机制的吸纳能力和开放性的成长与形成是一个历史的过程。这个过程直到今天仍在进行。河北省的非物质文化遗产是一个开放的体系，其中的内容与构成也处于时刻的变化之中。两个主题在开放性上具有高度的相似度。而从保护方面讲，知识产权机制保护非物质文化遗产的开放性与吸纳性并不仅限于内容方面，在法律保护手段、法律保护期限上，知识产权机制也具备相应的可能性。认真分析知识产权保护客体的范畴与内容，相关规定其实没有作限性界定。尽管非物质文化遗产的整个主题或整个领域与知识产权保护机制存在不同甚至某种程度上的冲突，但其中有相通、相同的地方，有完全或部分适用的内容。以这一相同点或相似点作为契合点、作为

---

[1] 郑成思：《版权法》，中国人民大学出版社1990年版，第25页。
[2] 安雪梅："非物质文化遗产保护与知识产权制度的兼容与互动"，载《河北法学》2007年第12期。

基础推进两种机制的融适并不是不可能。缺乏的可能是时间、时机以及条件。一旦相关准备完成，两种机制完全有可能实现融适。

(五) 保护客体存在交集

在非物质文化遗产成果与知识产权智力成果表现同一的情况下，两种法律保护机制或立法精神完全可以互为转用。在法律领域有这样的理论，"在某种程度上，客体决定其保护模式"。[1]我国《非物质文化遗产法》定义的"非物质文化遗产"包括：传统口头文学、传统美术、传统技艺、传统礼仪等几个种类。在一定程度上，这些成果形式与知识产权的保护在内容表现上并无不同，完全可以适用知识产权保护机制的相关规定。具体来讲，就传统的口头文学作品而言，我国《著作权法》明确列举的受保护作品包括口述作品，所以口述文学作品理所应当受到著作权法的保护。就传统曲艺、传统歌舞等作品，它们的创作者尽管在著作权权利人适用方面存在一定困难，但作品和成果可以利用著作权和邻接权的保护机制进行司法保护。对于传统美术作品，知识产权保护机制则有相关特定权利的明确表述。非物质文化遗产中的传统技艺在适用知识产权权利机制中存在冲突，但是相关成果或产品可以引用专利制度进行保护。比如说，产品外观设计的专利或者是实用新型的专利。而"民族风俗、庆典活动及传统游艺等活动可以通过所借助的特定器具获得其他法律制度的保护"。[2]客体上的交集和重合为两种法律制度的跨领域适用提供了条件与可能。当然，在具体实施过程中，还是要具体问题具体对待。知识产权保护机制与非物质文化遗产的法律保护毕竟还存着诸多方面的差异与不同，其中的理念借鉴或制度只在某个层面、某个领域、某种程度上合适，不能全盘接受也不能全盘否定。

二、利用知识产权制度保护非物质文化遗产的司法现状

与现代知识产权制度保护客体表现形式有所不同，在非物质文化遗产产生与发展过程中，遗产载体表现相对单调，覆盖范围相对狭窄。"这些文化信息

---

[1] 齐爱民："论知识产权框架下的非物质文化遗产保护及其模式"，载《贵州师范大学学报（社会科学版）》2008年第1期。

[2] 安雪梅："非物质文化遗产保护与知识产权制度的兼容与互动"，载《河北法学》2007年第12期。

通常通过口传身授等方式延续,没有形成固定的知识集合或知识片段。"[1]"其自身存在着若干难以规范和保护的问题。"[2]利用知识产权的保护机制对非物质文化遗产进行法律保护还存在一定的司法困境。

(一)法律性质存在差异

总体来讲,知识产权属于私权利保护范畴。它的立法宗旨与司法目的在于协调智力成果或相关智力产品上私权利的运作,以及运作过程中相关权利主体间关系及利益内容的分配及处置。保护私权的法律规范只保护有市场价值或有潜在市场价值的对象。但是,非物质文化遗产的非物质性要素在特定情景下、一定程度上表现出了更多的公共性质。从表象上看,不属于特定区域的特定人群可以自由使用的产品。因此,有理论认为,这种外化表现已经超越了知识产权制度所要保护、所能保护的私权领域。对于公有领域的文化产品,任何人甚至是创作或沿承个体或族群都不得主张对其享有专有权。公权与私权在法律性质上是截然不同的,这种差异决定了两者的保护客体分属两个完全不同的领域。

这里之所以做"公""私"的分类是因为,一直以来,我国政府包括河北省政府更注重的是利用政府职权对区域内的非物质文化遗产进行保护,体现的是行政主体上位的考虑,进行的是垂直管理。从平行角度看,在相同的层面上针对出现的侵权现象或行为进行制止或维权,相应工作开展不多。而在平面上,同级主体或同位阶主体间的矛盾与争议是时常出现的,很多事件更能反映出非物质文化遗产保护过程中的真实问题与现实需求。在河北省,对于许多珍贵的、濒危的非物质文化遗产,公权保护存在一些问题。有一些非物质文化遗产或是在当前没有或者基本没有商业价值,或是其商业价值较小或没有当期体现。但是,如果对其不实施保护或不进行全方位的立体保护,不实行"公""私"权力(利)双轨制保护,会导致它们迅速走向灭亡。尤其是在经济全球化的大环境下,在河北省社会发展过程中,一些文化遗产会被侵蚀、被冲击,甚至消亡。基于机制保护全面性的需求和知识产权

---

[1] 安雪梅:"非物质文化遗产保护与知识产权制度的兼容与互动",载《河北法学》2007年第12期。

[2] 张术麟:"加强保护民族民间传统文化的意义及法律保护现状",载《前沿》2004年第4期。

制度保护非物质文化遗产的可能性，将知识产权保护机制引入非物质文化遗产领域是一种有益的尝试。因此，"在民间非物质文化知识产权保护立法中必然面临着是公权还是私权的定位和抉择"。[1]但是，也确实存在这样的矛盾。非物质文化遗产与知识产权保护机制分别属于不同的领域。在目前的司法大背景下，二者具有不同的法律性质。如前所述，目前对非物质文化遗产主要实施的是行政权保护，具有更多公权力行使的因素。但是，知识产权保护机制是一种私权利，在更大程度上是民事权利侵害后的法律救济。两种用法在法律属性上确有不同。

（二）独创性认定存在困难

对于知识产权产品能否成为知识产权制度的保护客体、能否被纳入知识产权法的保护体系，产品的独创性是一个关键性的衡量标准。"知识作品具有独立构思而成的属性，不是或基本不是与他人已经发表的作品相同。"[2]具有独创性的作品由知识产权法进行保护。但在独创性问题上，大多数的非物质文化遗产都具有认定方面的难度与困惑。以著作权为例，著作权的保护客体在一般情况下都是个人或合作独创的作品。但是，对于非物质文化遗产中的作品来讲，这种文化成果往往经历了千百年的沉积与雕琢，其中汇集和整合了几代、十几代甚至是几十代传承人学习、修改的智力填充。过程极其漫长，创作主体完全不能确定。而且，经过几个、十几个甚至是几十个世纪的时间，创作和延承主体都会有形式和实质上的变化。较为稳定的，只是非物质文化遗产群体性与不确定性的特点。但是，也正是这种不确定性，会让知识产权制度在适用过程中无所适从。因为，一旦出现纠纷，由于对独创性的认识不一致，会在权利主体认定方面引起麻烦、出现问题。在知识产权制度传统适用中，时间元素与知识产品独创性特点呈反比例的发展关系。当社会向前发展时，独创性会逐渐减弱。但这个比例公式在非物质文化产品中却刚好呈现相反关系。随着时间的推进，非物质文化成果的文化内涵不断丰富，价值不断增大，它的独创特性也会随之增强。其中会不断汇集、增加传承人的智慧。而传承人有时不仅仅是个个体，在大多情况下是某一区域或某

---

[1] 杨璐源："非物质文化遗产知识产权保护的理论思考"，载《金卡工程（经济与法）》2008年第6期。

[2] 参见吴汉东：《知识产权法》（第3版），北京大学出版社2011年版。

一创作族群的整体。人数众多,力量巨大,智慧结晶成果丰厚。"从这个意义上来说,非物质文化遗产不在于一味'革新'而专注'守旧'。"[1]以井陉拉花艺术为例,经过数千年的流转变化,今天的拉花实际上是不同历史时期、不同创作人群、不同地域、不同文化甚至是不同思想融合碰撞、修改创作的成果。其中体现或掺杂的因素、思想、文化各有不同。因为没有正式的文字记载,流传承袭以口头讲述或表演为主,这种艺术形式的表达与内容又与传承人个人的理解和传承能力直接相关。在这种情况下,找到拉花艺术真正的创始人、探寻其中的独创性的难度可想而知。毕竟,这是一件太久远的事情,时间跨度大,经历人群多。但是,独创性又是知识产权保护机制得以施行的基本要求。这样一来,非物质文化遗产与知识产权保护机制中间就存在着一条很深的沟壑,跨越难度很大。

(三) 权利主体无法确定

非物质文化遗产是集体创作的成果,创作主体可能以地域为标准,也可能是某一族群,唯一不变的是产品创作主体具有群体性、集体性的特点。由于其主体存在难以界定的"集体性"特性,"非物质文化遗产与知识产权相比具有了更多的公权的性质"。[2]知识产权法是一种保护私有权利的法律,它的最终目的是追求个人利益的最大化和个人利益的实惠,着眼点是经济因素。这种属性决定了知识产权法得以适用的前提条件是首先要明确资源所有权的主体。当然,知识成果保护主体的明确化并不排斥主体成员的群体性。如在著作权领域有合作者,在发明权领域有共同发明人。但是,从权利主体的群体性方面讲,无论是合作者还是共同发明人,这种权利主体在一定程度上还是相对确定的。我们根据一定标准可以将其主体数量与范围作明确框定。但是,在众多的非物质文化遗产智力创造成果中,作为集体智慧共同成果的非物质文化遗产在大多情况下个体特征极其模糊,更多地显现的是创作主体集体性以及个体不确定的特点。对于具有某一地区或某一创作族群鲜明特点的非物质文化遗产而言,将创作主体明确化、个体化是一件不可能完成的工作。"我们要在非物质文化遗产保护过程中引用知识产权保护机制,

---

[1] 吴烈俊:"我国民族民间文学艺术的法律保护",载《西南民族学院学报(哲学社会科学版)》2003年第5期。

[2] 吴烈俊:"我国民族民间文学艺术的法律保护",载《西南民族学院学报》2003年第5期。

主体身份不明必然造成作品具有的权利义务无可归属。"[1]也就是说，权利主体的不确定会带来法律适用上的问题。例如，河北省的民间传说、鼓乐，包括一些生产工艺和制造工艺，如酒酿工艺、缂丝、药膳、驴肉制作工艺等。一是因为这些艺术或工艺是各历史时期，不同人群或共同创作，或跨期跨代创作积累的共同成果，区分之中孰为主、孰为次不太现实。二是这种区分也不充分。因为艺术或工艺传承的方式决定了它们并没有正式的文字记载，走到今天很多完全依靠传承人的口传身授。虽然明知这种文化成果不可能是当期传承人个人的文化创作，但是要传承人告诉你它的产生与源头也并不可能。以剪纸为例，河北省的剪纸工艺很多，尤为有名的包括蔚县剪纸、玉田剪纸、邯郸剪纸等。就以其中单一地域来讲，要确定该剪纸技术的历史源头、确定这种技艺的创始人是不可能的。要把整个河北省剪纸技艺的来龙去脉搞清楚也就更不现实了。所以，在河北省引鉴知识产权的保护机制存在着权利主体难以确定的先置问题。

(四) 保护期限要求不同

知识产权产品在法律保护上有一定的期限，在法定期限内享有法律保护。过了法律规定的有效期限，这一权利的法律保护就会消失，知识产权的智力成果或知识产权产品就会进入社会的公共领域，"为全人类所共同使用"。[2]在当前的知识产权保护制度中，各国对于相关客体都设置有保护年限。非物质文化由于其自身形成的特殊性，笼统地规定一个期限不仅不能给予其有效保护，反而会使相关的权利形式被合法地侵害，原因就在于其创作时间上的续展性和主体资格的不确定性。非物质文化遗产具有创作上的延续性，是时间积累的沉积。而且，非物质文化遗产的智力成果还处于不断发展变化过程中，使用著作权制度的时间保护原则存在适应上的鸿沟。与普通的知识产权产品法律保护有所不同，"非物质文化遗产的保护更应注重长期的、可持续

---

[1] 刘筠筠："民间文学艺术保护的立法探索与比较研究"，载《贵州师范大学学报（社会科学版）》2005年第6期。

[2] 甘开鹏："论非物质文化遗产的知识产权保护——以景颇族目瑙纵歌为例"，载《湖北民族学院学报（哲学社会科学版）》2007年第1期。

的利用"。[1]而且，非物质文化遗产作为历史传承的结果，它所拥有的价值需要时间的注入与历史的经历，本身就是一种时间性产品。时间越长，价值越大。对于这种产品，即使给它几十年、哪怕是近百年的保护，与其形成发展的漫长的历史时期相比，也会显得不足。"某些非物质文化遗产经历了一代又一代人的辛苦与努力，其创作过程具有长期性与持续性的特点。"[2]以河北省的乐亭大鼓为例。乐亭大鼓的传统曲（书）目多达300个，长、中、短篇均有，《东汉》《隋唐》《三侠五义》《呼延庆打擂》《金陵府》《小上坟》《蓝桥会》《古城会》《玉堂春》《长生殿》等是其中的典型代表。可以想象，其中包含了多么海量的内容。这种庞大的创作不可能是个人或在很短时间内可以完成的，需要漫长的历史沉淀，需要几代、十几代甚至是几十代人不断的传承与创制才能有今天的成就。单单其中的某个章节或某段曲艺可能就有数百年不同传承的磨难与坎坷。传至今天，如果仅以50年或几十年的时间进行保护，之后放逐于公共领域，不仅是对创作人群的不尊重、不公平，也会影响当期和后期创作主体的传承与创作热情。毕竟，今天也只是历史长河中的一个点、一个过程，传承至今天的非物质文化遗产仍然处于传承与完善的历史节点。这是非物质文化遗产的活态性所决定的。从这个方面说，现行知识产权制度的期限性要求与非物质文化遗产长期有效保护的原则存有冲突，解决起来有一定的难度。

第二节　河北省非物质文化遗产知识产权保护现状及存在的问题

目前，对非物质文化遗产的保护，我国有公法和私法保护两种方式。实践中，这两种模式共同存在，相互补充，可以对非物质文化遗产开展更加充分、全面的保护。一方面，发挥具有威权性质的政府公权力的优势，将保护环节提前，阻却非物质文化遗产侵害行为的发生，更符合非物质文化遗产受损不可复原、不可再生的保护需求。另一方面，基于非物质文化

---

[1] 刘筠筠："民间文学艺术保护的立法探索与比较研究"，载《贵州师范大学学报（社会科学版）》2005年第6期。

[2] 田圣斌、蓝楠、姜艳丽："知识产权视角下非物质文化遗产保护的法律思考"，载《湖北社会科学》2008年第2期。

遗产智力成果的考虑，结合私权保护优势，从私权利的确认维护角度开展非物质文化遗产的法律保护。综合比较两种保护模式，公法保护方式着重于对非物质文化遗产的保全，私法保护方式更有利于激发权利人主动保护传承非物质文化遗产的积极性。所以，除强调公权保护方式外，借鉴私权保护模式尤其是利用知识产权对非物质文化遗产进行保护受到了社会各界的广泛认同。

一、非物质文化遗产知识产权保护现状

非物质文化遗产素有"活化石"之称，是人类社会文明不断向前的重要见证和文化动力，在社会的进展中占据着重要位置，实践中，世界各国纷纷从立法的高度对其进行保护。对于非物质文化遗产的立法保护，世界各国存在多种保护模式，但是从知识产权角度结合私权利保护非物质文化遗产的做法比较普遍，为河北省的立法保护提供了很好的指导与借鉴。

（一）国际条约对于非物质文化遗产的保护

早在20世纪60年代，国际社会便开始对非物质文化遗产实施立法保护。1977年颁布的《非洲知识产权组织班吉协定》首次提出了对民间文学艺术进行保护。[1] 1989年通过的《保护民间创作建议案》标志着国际社会无形遗产独立保护的开始。[2] 1992年，设立了处理与世界遗产有关的日常工作的世界遗产中心。1997年通过了《建立人类口头和非物质文化遗产代表作宣言》；2003年又通过了《保护非物质文化遗产公约》，该公约明确了非物质文化遗产的概念，结束了长期以来非物质文化遗产定位以及名称的混乱局面。2005年11月通过的《保护和促进文化形式多样性公约》代表非物质文化遗产保护进入了更深的层次。[3]

（二）国际社会对非物质文化遗产的知识产权立法保护

目前，国际上的很多国家都开始利用知识产权制度对非物质文化遗产进

---

[1] 根据《非洲知识产权组织班吉协定》附件七第二编第46条定义，受保护的民间文学艺术为"一切由非洲的居民团体所创作的、构成非洲文化遗产基础的、代代相传的文学、艺术、科学、宗教、技术等领域的传统表现形式与产品"。

[2] 施爱东："'非物质文化遗产保护'与'民间文艺作品著作权保护'的内在矛盾"，载《中国人民大学学报》2018年第1期。

[3] 参见杨建斌：《知识产权体系下非物质传统资源权利保护研究》，法律出版社2011年版。

行保护。突尼斯是最先开始利用知识产权法来保护民间文学的。早在1989年,突尼斯就出台了《文学艺术版权法》,同时还通过了相关的保护文化遗产和传统工艺的法律。在非物质文化遗产保护方面,突尼斯有几点突破:首先是在民间文学作品的著作权保护时间方面,它规定了其适用永久性保护。并且规定了在以营利为目的使用时,必须获得文化部门的许可,还需付出相应的使用费,对于该使用费的处理方式,提出了以基金方式进行管理。[1]美国的保护主要体现在两个方面:商标和专利。其中对于专利,美国提出了用于保障信息披露的 IDS 规则,在对非物质文化遗产以及传统文化使用说明书进行公开这个方面提供了法律保障和规范。对于商标保护,美国不但制定了《印第安艺术和手工艺法》来对其进行保护,还建立了数据资料库,以促进相关商标的申请和审查。[2]

(三) 我国非物质文化遗产保护的相关知识产权立法保护

我国是一个拥有悠久历史和独特文化的多民族国家,非物质文化遗产是国家和民族延续的精神血脉。加强非物质文化遗产知识产权保护,对于我国非物质文化遗产的传承和延续而言具有重要作用。现实中,适用知识产权法律规定开展非物质文化遗产保护的案例客观存在。2001年的"乌苏里船歌案"就是我国最早适用著作权法对非物质文化遗产进行保护的案例。当时法院就是依照《著作权法》第37条的有关规定进行判决的。多年来,我国从中央到地方,在非物质文化遗产知识产权保护方面做出了很多努力。2014年国家版权局发布的《民间文学艺术作品著作权保护条例(征求意见稿)》第5条规定"民间文学艺术作品的著作权属于特定的民族、族群或者社群";第6条规定"禁止对民间文学艺术作品进行歪曲或者篡改"。最高人民法院《关于贯彻实施国家知识产权战略若干问题的意见》(法发〔2009〕16号)第14条指出:"加强特定领域知识产权司法保护,有效保护特种资源,维护我国特色优势。根据现有法律规则和立法精神,积极保护遗传资源、传统知识、民间文艺和其他一切非物质文化遗产,根据历史和现实,公平合理地协调和平衡在发掘、整理、传承、保护、开发和利用过程中各方主体的利益关

---

[1] 韩晓恩:"对非物质文化遗产知识产权保护的思考",载《知识经济》2017年第20期。
[2] 参见李秀娜:《非物质文化遗产的知识产权保护》,法律出版社2010年版。

系，保护提供者、持有者知情同意和惠益分享的正当权益，合理利用相关信息。……"为了加强对非物质文化遗产的保护，各省市、自治区也都做出了努力。自2000年云南颁布《云南省民族民间传统文化保护条例》后，其他省份也陆续出台了各地的非物质文化遗产地方保护法规。例如，2006年11月，江苏省施行《江苏省非物质文化遗产保护条例》；2007年6月1日，浙江省施行《浙江省非物质文化遗产保护条例》；2012年12月1日，湖北省施行《湖北省非物质文化遗产条例》。特别是江苏常州于2018年1月1日起施行《常州市非物质文化遗产保护办法》。该办法第38条明确指出基于非物质文化遗产所产生的商标权、著作权等知识产权受法律保护。非物质文化遗产涉及国家秘密、商业秘密和个人隐私的，依照相关法律、法规执行。《非物质文化遗产法》第44条第1款对涉及有关知识产权的项目规定：使用非物质文化遗产涉及知识产权的，适用有关法律、行政法规的规定。目前我国有许多非物质文化遗产通过申请专利而得到保护。[1]《商标法》第16条第2款规定："前款所称地理标志，是指标示某商品来源于某地区，该商品的特定质量、信誉或者其他特征，主要由该地区的自然因素或人为因素所决定的标志。"

二、非物质文化遗产保护模式分析及存在的问题

（一）非物质文化遗产著作权保护模式的分析

1. 著作权保护模式分析

在知识产权保护制度中，各国利用著作权保护非物质文化遗产已经付诸了行动并取得了一定的效果。主要是利用著作权保护非物质文化遗产中的民间文学艺术。到目前为止，世界各国利用著作权保护非物质文化遗产中的民间文学艺术的数量在逐渐增加。[2]运用著作权保护非物质文化遗产是符合法律规定的。著作权法旨在为文学艺术领域内产生的凝聚人类聪明才智的创造性成果提供法律保护。而非物质文化遗产中也包含了大量的传统文学、传统音乐、舞蹈等文学艺术形式，其多种表现形式的形成是产生它的民族或族群

---

〔1〕 鲁甜："在文旅融合背景下旅游产业发展中的知识产权问题"，载《中国文化报》2019年第3期。

〔2〕 齐爱民："非物质文化遗产系列研究（二）非物质文化遗产的知识产权综合保护"，载《电子知识产权》2007年第6期。

的智力成果的体现，这就表明非物质文化遗产的部分表现形式符合著作权法保护客体的要求。就著作权的权利内容而言，著作权包括著作人身权和著作财产权，具体包括署名权、发表权、保护作品完整权、复制权、表演权、展览权等等。非物质文化遗产权利主体也享有人身权利和财产权利，具体包括发表权、传承与保存权、要求标明来源地权、使用权、改编权、获得报酬权等等。从权利内容来看，对非物质文化遗产进行著作权保护的目的是降低非物质文化遗产的不合理利用事件的发生概率，用法律手段保护传承人或所有人的利益。"乌苏里船歌案"就是用著作权保护属于赫哲族人民的非物质文化遗产，维护赫哲族人民权益的成功典范。它的判决依据就是用著作权中的署名权，向世人昭示赫哲族人拥有该权利，表明了权利主体与非物质文化遗产之间在身份上的联系。这一判决体现了对赫哲族人民这一传承主体的尊重，有利于赫哲族人民在原有资源基础上的再创造，也有利于激励其他非物质文化遗产传承人或持有人开展创新性活动。立法上主要是为民间文学、传统舞蹈、传统戏剧、民间美术等涉及民间文学艺术的演绎和汇编作品提供著作权保护，著作权保护模式可以为非物质文化遗产发源地的传承人创新创造民间文艺等非物质文化遗产提供著作权制度的激励，促进非物质文化遗产与新时代的内容相适应。但是，由于该模式涉及的保护范围较窄，不能为一些处在困境中的非物质文化遗产资源的传承人提供有效保护，同时我国在利用著作权保护非物质文化遗产的法律制度上也存在不完善的地方，保护力度不强。鉴于非物质文化遗产的实际情况，我国需要完善一系列制度。

2. 著作权保护存在的问题

用著作权法保护非物质文化遗产虽然具有很大优势，但是目前通过知识产权体系对非物质文化遗产实施保护还存在一定问题。

（1）权利主体方面。著作权法规定的作品的作者都是特定的，著作权属于有关的作者，而非物质文化遗产大多是由群体创作的或者找不到创作它的人，是属于一个民族或一个区域群体集体所有的，群体中的任何人都可以主张权利但是任何人皆无权独享权利，著作权的归属问题难以认定，著作权权利主体的不明确会造成作品内含的权利义务缺失。《伯尔尼公约》是一部关于著作权保护的国际条约，其规定对于作者身份不明确但有充足理由认定作品是由某一成员国的国民发表的,该国法律有权指定有关机构代表作者本人并据此维护和行使作者在各成员方的权利。该条针对的是作者身份不明且没有发表过的作品,但是非物质文化遗产中有一些是属于找不到创作它的人但又被大部分人广为知晓的情况,没有一部法律对此作出规定,流传千年的藏族史诗《格萨尔》就属于这种情况。

(2)保护期限方面。著作权法规定了作者基于作品享有的权利受到时间的限制,一般规定对著作财产权的保护期限为作者生前加上去世后50年,对于著作人身权法律没有规定明确的期限限制。著作权法对作品给予保护期限的限制是为了保护原创者的利益和促进作品的传播,但是对于非物质文化遗产来说,它作为促进文化多样性的珍贵资源,对其的传播和利用更要重视,如果对于非物质文化遗产的保护期限也如著作权法规定的那样是有期限限制的,那么将不利于非物质文化遗产的延续和传承。非物质文化遗产通常是一个国家、一个民族的历史见证,代表了优秀传统文化源远流长、不断传承的历史,如果对其的保护期限只有区区几十年,可能会降低非物质文化遗产潜在的价值。以我国的史诗类为例,我国少数民族英雄史诗数量庞大,分布广泛。就拿前面内容中提到的《格萨尔》史诗来说,它经过宋、元、明、清四朝和民国时期,是几代人共同创造的,是藏族历史、社会、生活、文化的百科全书,也在生活中为藏族人民的宗教信仰提供了精神指南,[1]若对其进行保护期限限制,对它的传承是有害的。

(3)保护客体方面。获得著作权保护的条件之一是作品必须具有原创性,著作权保护具有作品形式的民间文艺。非物质文化遗产一开始是原创的,但是它在世代相传的过程中会经过人们的再创造,由于内容不是一成不变的,因此也就不具有著作权所要求的原创性。那么对于民间文艺而言,有些达不到作品原创性要求的就不能被列入作品之列了。由于民间文艺作为非物质文化遗产的一部分,它的存在有其独特性,因而所有的民间文艺都应该获得著作权的保护。

---

〔1〕 参见吴晓东:《中国少数民族民间文学》(修订版),中央民族大学出版社1999年版。

(二) 非物质文化遗产专利权保护模式的分析

1. 专利权保护模式分析

由于非物质文化遗产是经过族群人民的智力活动生产出来的，它本身又具有一定的经济属性。随着现代经济的发展，人们利用非物质文化遗产资源获利的现象开始出现。非物质文化遗产发源地以外的地区会利用其拥有的经济优势和技术实力窃取资源丰富但经济落后地区的非物质文化遗产，在原有非物质文化遗产的基础上进行改造后申请新的专利反过来限制资源原有国家或地区的利益。他们往往会通过专利的方式获取更大的利润，创造更大的经济价值，这种行为习惯上被称为"生物海盗"现象。比如，在"南非仙人掌案"中，南非沙漠上生长着一种名叫 Hoodia 的仙人掌，原居民桑人用于消除饥饿和口渴。南非工业委员会利用其抑制食欲的功能申请了专利，后把该专利高价卖给美国一公司用于开发减肥药。桑人为了保护其传统知识资源，提出诉讼，虽然最后达成和解，但是桑人的维权之路的艰难可能并没有使桑人受益。这种情况的发生正在加剧国际层面知识产权利益分配的不平衡。由于越来越多的非物质文化遗产被滥用，发源地的人们在实践中开始运用专利权保护他们的权益。与其他知识产权制度相比，专利权最本质的特点在于以法律的手段实现对技术资源的垄断和以书面的方式实现对技术信息的公开。[1]专利权的存在对权利人创作的智力成果有了法律制度的保护支持，有利于维护权利人的物质和精神利益，推动社会上创造活动的再进行，从而带动科技的进步和社会的发展。为非物质文化遗产提供专利权保护是指通过把相关产品申请注册为专利，将非物质文化遗产作为发明、实用新型或外观设计的一种类型为其提供法律保护的方式。国际社会和一些国家也根据现代专利的特征并结合本国非物质文化遗产的分布情况，在相关立法中规定了对非物质文化遗产中的部分资源进行专利保护。法律规定了传统知识、传统手工技艺等非物质文化遗产可以受到专利法保护。在具体的实践中，专利制度主要对属于传统科技和传统手工艺领域的非物质文化遗产提供两种保护措施：一种是积极性保护措施，即非物质文化遗产权利人就符合专利法要求的非物质文化遗产积极申请专利，以获得在一定范围内的专有权利。在这种积

---

[1] 吴汉东主编：《知识产权法》（第2版），法律出版社2007年版，第135页。

极保护措施下,基于非物质文化遗产所具有的共享性和公开性特点,可以基于非物质文化遗产对物品形状、色彩、图案等方面所做出的贡献申请外观设计专利对其进行保护。另一种是消极性保护措施,是指以先权利或缺少申请专利所要求的新颖性和创造性为由,阻止相关专利的申请或使已有的专利无效。这种保护方式大多被用于应对"生物海盗"现象的发生。

综上所述,立法的明确化使越来越多非物质文化遗产发源地的人们使用专利权保护自身权利,维护自身合法利益。权利人运用积极性和防御性保护两种方式较为高效地解决了传统科技和传统手工艺领域的剽窃问题。专利权保护模式有利于促进非物质文化遗产在充分发挥其经济价值的基础上合理利用以及公平分配利用过程中产生的合理利益。就我国而言,虽然在运用积极性保护措施为非物质文化遗产申请专利方面取得了一定的成绩,但是还有相当一部分的非物质文化遗产因为自身存在的时间较长、年代久远而使得技术处于公开状态,无法达到授予专利的条件,不能获得专利权的有效保护。

2. 专利权保护存在的问题

尽管对非物质文化遗产中的一些传统资源可以进行专利保护,但是通过将非物质文化遗产与专利法要求取得专利必备的条件进行对比和分析,我们仍会发现非物质文化遗产在一些情况下还无法满足专利授予的条件,非物质文化遗产的创造者和传承人要想通过获得专利的方式对自身拥有的一些传统资源的相关权益进行保护还存在一定的困难。

第一,在新颖性方面,非物质文化遗产很难达到法律规定的要求。专利法一般用现有技术这一标准来衡量是否符合法律规定的新颖性。现有技术是指某一技术知识在规定的时间点之前就已经存在于某一领域并起着一定的技术作用。如果权利人要申请的专利的技术方案属于已有技术的范围,那么该技术方案就不具备新颖性。判断现有技术,关键是看该技术的内容是否已经公开,已被公众所知悉。一项技术是否处于公开状态要综合两方面进行判断,即在哪些地方公开和在什么时间公开才算符合现有技术规定的公开标准。[1]各国对专利法中的现有技术的判断标准不一样,就我国而言,在时间标准上,我国专利法将申请日之前已经被知悉的技术当作现有技术来对待。

---

[1] 吴汉东主编:《知识产权法》(第2版),法律出版社2007年版,第173页。

在地域标准上,我国《专利法》明确规定了采用较为严格的绝对新颖性标准,以相关技术是否在国内外公开使用过作为判断是否具有新颖性的条件。根据这一判断标准,我们可以发现一些非物质文化遗产很难满足专利法规定的新颖性条件。以非物质文化遗产中的传统知识为例,其是在世代相传、不断创新中形成的生产生活实践和技艺的积累,这些技艺在传承中大多已经处于公开状态。如我国的传统中医药历史久远,价值深厚,其是从古代一直传承发展到现代的,它们可能在古代就已经被撰写成书,用于后人的医学参考,传统医药知识的大量文献记载和在国际上广泛传播,许多传统医药知识已经进入公众公开状态,其在一定领域内早就为公众所知悉。由于其自身具有的价值性有的已经在国内外被广泛公开使用,因此它们不符合新颖性的标准,可能会导致其不能寻求专利法的保护。非物质文化遗产中的传统科技经历了长期的应用,也很难满足现代专利制度对新颖性的要求。

第二,在创造性和实用性方面,非物质文化遗产也与专利法的规定不相符合。我国《专利法》将创造性定义为,以专利法规定的申请提交日之前的现有技术为参照,通过对比,要申请专利的发明需有显而易见的本质特点和明显的进步性,申请专利的实用新型要有本质特征和进步性。《专利法》对本质特点和进步性作了进一步的规定。所谓"本质特点",是指发明创造与现有技术相比具有技术性方面的内在的能容易分辨出来的特征。所谓"进步性",是指发明创造与现有技术体现出来的技术水平相比应当有一定程度的提升。非物质文化遗产不是现代社会的产物,它是经过世代流传发展到当今社会的,它经历了历史的积累和时代的变迁,它是不同的社会时期的时代见证者,其中的传统科技和传统技术是与产生它的那个时期的技术水平和生产力息息相关的。与现代技术相比,很难说具有突出的本质特征和明显的进步性,难以达到专利法所要求的创造性。就实用性来说,专利法规定的实用性具体指具备实用性的发明创造应该能在产业化过程中被生产创造或加工使用且能够带来积极、有益的效果。而在非物质文化遗产中,有些是作为一种文化记忆传承下来的,只是保留它的文化价值来满足文化多样性的要求,它已经不具备大规模生产的价值,不能进行产业化生产。这也就说明了有些非物质文化遗产已不具备专利法中要求的实用性特点。例如,我国传统的农业技术、畜牧技术、狩猎技术等,它们与顺应现代生产力水平产生的技术相比谈不上显著的进步,甚至还有点落后,更不具有工业实用性。

第三,专利申请过程中的一些限制条件带来的难题。因为申请专利时,会要求申请人提供专利请求书、说明书、图片等必要文件以及类似于外观设计简要说明等附加性文件。这些文件比较专业、技术性较强,对长期生活在传统社区、信息闭塞的传承人来说,申请的难度较大。另外,对于专利的申请,要求要全面、清楚地公开信息,这样会对非物质文化遗产产生负面影响。非物质文化遗产申请专利时,其技术信息和权利内容会随之公之于众,这种信息的公开会给非物质文化遗产的收集者、利用者提供便利,从而导致对非物质文化遗产的不当利用,损害非物质文化遗产持有人或传承者的利益。

(三) 非物质文化遗产商标权保护模式的分析

1. 商标权保护模式分析

纵观各国对非物质文化遗产的知识产权保护,一些国家采取了利用商标权对其进行立法保护的模式。商标是指将不同的生产经营者所提供的可能具有类似特征也可能完全不同的商品或服务明显区别开来,并将其作为视觉感知的一种显著标记。[1]商标作为一种符号象征,具有标示来源、广告宣传和彰显特性的功能。由于近年来非物质文化遗产本身潜在的经济价值性被越来越多的人认识到,非物质文化遗产发源地的人们的维权意识也越来越强烈,非物质文化遗产的商标权保护方式也就出现了。非物质文化遗产的商标权保护是指某些商品或服务含有非物质文化遗产的因素,在经济交流中可以利用商标权为其提供法律保护。通过商品或服务的推广销售,在无形中宣传非物质文化遗产的价值,使非物质文化遗产被越来越多的人知晓和认同,有利于非物质文化遗产优秀文化基因的传承和弘扬,有助于非物质文化遗产更好地发展。由于非物质文化遗产是无形的,它通过有形的载体表现出特有的形式,这些载体的形状、色彩、图形要素的组合,只要可以被人类所感知,能传达出商品信息,符合可视性和显著性特征,而且在此之前没有任何人将其作为商业标志,都应该能够作为商标获得注册。本书查阅了国内外运用商标权对非物质文化遗产进行保护方面的国家立法,总结出此模式对非物质文化

---

〔1〕 吴汉东主编:《知识产权法》(第2版),法律出版社2007年版,第199页。

遗产的保护主要体现在以下几方面：

第一，通过专用商标的申请注册对非物质文化遗产进行保护。随着非物质文化遗产进入商业化市场，一些富含非物质文化遗产要素的商品被推出市场。非物质文化遗产权利人为了维护自己的权益，可以将这些商品的非物质文化遗产相关要素注册为专有商标，这样权利主体就可以就其注册的商标依法享有独占使用权，也可以许可他人使用自己的商标，并控制他人在同一商业领域的假冒行为。"茅台""同仁堂"等商品注册就是此种类型。

第二，通过为相关要素申请注册集体商标和证明商标的方式保护非物质文化遗产。所谓集体商标的注册，是指一般以具有法人资格的组织机构为申请注册的主体，其组织内部的所有成员都有权使用的一种商标。它是一种资格标志，用以说明使用者是集体组织中的一员。证明商标是指由某个特定的组织负责商标的注册，由注册人以外的人使用的一种商标，该特定注册组织一般是某些有监督能力的组织。它存在的目的是证明有关商品或服务的产地、原料、制造方法等符合品质要求。[1] 只要满足一定的条件要求，即可使用已经注册过的证明商标。在实践中，有些非物质文化遗产发源地的人民为了保护非物质文化遗产会成立相关民间团体或有关组织，并以其名义为非物质文化遗产申请集体商标或证明商标，以防止第三人对该商标的不当利用。重庆"铜梁火龙"商标的成功注册就是很好地利用商标权保护火龙舞这种非物质文化遗产的典型案例。将"铜梁火龙"通过申请证明商标的方式做出显著的标志，让公众将其与其他地方的火龙舞区别开来，也让外国游客可以更真切地感受火龙舞这一中国非物质文化遗产的魅力。

第三，将地理标志与非物质文化遗产的保护紧密联系起来，利用地理标志保护非物质文化遗产。地理标志就是一个地名，指标示某商品来源于某成员地域内或来源于该地域的某地方或某地区。该商品的质量、信誉与该地理来源息息相关。通俗点说，人们一看到一个商品就会想到产出该商品的那个地方。地理标志具有表明商品质量、信用的作用，一旦和产品结合起来就能够产生品牌效应，使产品的附加值增加，地理标志可以作为集体商标或证明商标使用。"新疆吐鲁番葡萄""烟台苹果"就是用地理标志作为商标使用

---

[1] 吴汉东主编：《知识产权法》（第2版），法律出版社2007年版，第208页。

的。非物质文化遗产的产生是与它所在的地理环境和人文环境相关的，凝聚着该地域的自然特点、生活方式、风俗习惯等因素，具有很强烈的地域特征。人们对于包含非物质文化遗产的产品除了依靠商标权进行判断，还可用地理标志代替商标。地理标志是特定领域内的生产者集体劳动和智慧的结晶，是当地人们的集体财产，与非物质文化遗产的权利属性相吻合，这就为利用地理标志保护非物质文化遗产提供了可能性。

商标权保护模式能够适用于对所有类型的非物质文化遗产的保护，商标法规定可以通过对商标申请的续展以延长保护期的方法来为商品提供保护，而非物质文化遗产又是代代传承不断发展的，要想为其提供长期的保护，利用商标权这一不同于著作权和专利权的特性是恰恰能够很好地解决非物质文化遗产的保护期有限这一问题的。许多国家、族群都在积极通过商标法对非物质文化遗产进行立法保护，我国在实践中虽然存在为非物质文化遗产注册集体商标和证明商标的做法和少数用地理标志保护非物质文化遗产的做法，但是对非物质文化遗产的商标权保护提及得较少。由于非物质文化遗产资源相当丰富，因此我国要通过不断完善此种模式的立法来为其提供保护措施。

2. 商标权保护存在的问题

对非物质文化遗产采取商标权保护诚然具有很多好的方面，但是它的保护也是不完善的，利用商标权保护非物质文化遗产存在一些问题。

第一，为非物质文化遗产注册商标会妨碍非物质文化遗产发源地的居民行使权利。根据《商标法》，注册商标具有专有性特点，也就是说，该商标属于注册人，归注册人所有。如果为非物质文化遗产申请了商标，则根据商标的专有性，对于该非物质文化遗产的商标除了注册人和注册人许可的主体外，任何人都无权使用，其中就包括非物质文化遗产发源地的人民。这与非物质文化遗产是属于发源地的所有人民的这一主体特性相矛盾，在一定程度上限制了产生非物质文化遗产所在地的那部分人民的权利的行使。例如，铜梁火龙作为一个广泛流传于铜梁地区的传统舞龙艺术，将独占使用权赋予高楼镇火龙文化服务中心，从而排除了包括高楼镇人在内的铜梁人民对"铜梁火龙"的注册商标使用权是不合理且缺乏事实依据的。

第二，为非物质文化遗产申请注册商标花费较大，违背经济原则。实践中，对非物质文化遗产进行商标权保护比进行专利权和著作权保护要容易实现得多。所以，有越来越多的非物质文化遗产通过商标权进行法律保护。如果对所有种类的非物质文化遗产都申请注册商标，虽然可以给予非物质文化遗产全方位的保护，但是由于进行商标注册必须缴纳一定的费用，这样做显然花费较大、成本较高，不是一种理智的处理方法。

第三，过度利用地理标志保护非物质文化遗产会与非物质文化遗产存在的理念和它所蕴含的意义相背离。虽然利用地理标志保护非物质文化遗产对那些具有重要经济意义的非物质文化遗产的保护而言具有积极作用，但是归根结底，地理标志是属于经济范畴的，重点在于实现一种事物的经济属性，而非物质文化遗产是属于文化范畴的，虽然其本身有经济属性，但是更重要的在于它的文化传承性。因此，在对非物质文化遗产进行商业化利用过程中，还应该注意保护非物质文化遗产存在的文化属性，不能丧失非物质文化遗产内在的重要文化价值性。然而，在非物质文化遗产的商业利用中难以避免的问题就是将其纯粹商品化，若过分强调非物质文化遗产的商品性，强调其经济价值性，将会使非物质文化遗产失去本来的意义，进而与实现文化多样性的目标背道而驰。用地理标志保护非物质文化遗产，正好就是在与地域依附性较强的相关的商品的经营过程中体现非物质文化遗产因素并宣传非物质文化遗产，进而产生巨大的经济利益的获利过程。它更强调经济价值性，过分体现非物质文化遗产的经济意义，这与非物质文化遗产长期存在并被代代相传所要展现给世人的价值理念存在一定的冲突性。

第三节 河北省非物质文化遗产知识产权保护的法律思考

知识产权保护模式及对法律原则与精神的借鉴适用已经成为世界各国保护非物质文化遗产的一种普遍做法。实践中，其对非物质文化遗产进程的推动也产生了良好效果。

一、权利主体问题

知识产权是一种私权利。"对于权利主体私权利的保护，不仅在国际公约中有所要求。"[1]在《专利法》《商标法》以及《著作权法》等系列法规中,对于权利人知识产权的保护也有明确规定。我国相关立法精神保护的享有知识产权的主体是"自然人(公民)、法人或其他组织","对于权利主体是自然人、法人或其他组织甚至是国家并无限制"。[2]非物质文化遗产具有其特定的性质,在很多情况下,我们不能准确确定该项文化的来源甚至是来路。能够了解和掌握的只是该项文化遗产民族或区域的从属,而不能确定具体的、唯一的创造主体甚至是传承主体。这种情况的存在与知识产权保护所要求的主体资格的确定性存在一定的冲突。为了解决这个问题,根据现行知识产权保护机制,我们可以尝试划分非物质文化遗产的权利人,并根据不同情况加以区别适用。

(一) 确定权利主体的界定

如果我们能够准确确定某项非物质文化遗产具体的创造者或合法传承人,在这种情况下,该项遗产的现有权利人就可以被确定为某个个体。在河北省非物质文化遗产中,那些掌握着独特技艺与技能,拥有非物质文化知识的个人在非物质文化遗产的保护传承中发挥着不可或缺的重要作用。河北省非物质文化遗产的产生是创作民族集体的智慧结晶,保护传承也多依赖群体的共同参与和集体保护。但是,这种群众性、集体性并不排斥河北省非物质文化遗产的个体特征。不可否认,在河北省非物质文化遗产的家庭中,有很多内容是由个人创造完成,或是由个人保存和传承的。当然,这里"个人"的概念要作宽泛性的理解,可能是单独的自然人,但有可能是对某个家族或某个家庭的泛称。"非物质文化遗产权利的团体型权利主体中有一些个体,由于其特有的天分或者独特的技艺,对本团体所拥有的非物质文化遗产的创作、传承或者发展做出了不同于其他一般个体的特殊、主要贡献或者具有突出的代表作用,那么在这种情况下,我们应当在确认团体型权利主体的同时,对这些有特殊贡献或代表作用的个体同样给予其应有的合适的权利的保

---

[1] 参见《与贸易有关的知识产权协定》(Agreement on Trade-Related Aspects of Intellectual Property Rights,TRIPs)第1条第3款及其注释1;《保护植物新品种国际公约》第4条第(1)款;《保护工业产权巴黎公约》第3条和第4条。

[2] 刘银良:《传统知识保护的法律问题研究》,中国方正出版社2006年版。

障,确认他们个人权利主体的地位。"[1]《保护非物质文化遗产公约》也明确规定了团体和个人在非物质文化遗产保护中的法律地位:"缔约国在开展保护非物质文化遗产活动时,应努力确保创造、保养和承传这种遗产的群体、团体,有时是个人的最大限度的参与,并吸收他们积极地参与有关的管理。"[2]如耿村民间故事,在耿村,已发现男女故事讲述者230余人,按照国际惯例,已确定67人为民间故事讲述家。其中,还有故事家庭、故事夫妻、故事兄弟、故事母子、故事父子。故事家中最具代表性的人物是靳正新,他能讲800多个故事,于1998年被联合国教科文组织和中国文联授予"中国十大故事家"称号。对于靳正新这样的个体,国家需要采用个体型权利主体的保护模式加以保护。[3]

实际操作中,河北省在引鉴相关机制时可以参考沈阳"故事王"谭振山的例子。在推荐我国第一批国家非物质文化遗产名录过程中,谭振山的口头文学进入了榜单。"作为民间文学作品具体的创造者和传承人,谭振山可以享有他创作或保存作品著作权上的相关权利。"[4]如果只是秉承传统文化但没有任何创新,也可以作为文化的传播者,如传统的民间说唱艺术的传承人,但传承人只享有相应作品的邻接权。在河北省,对于一些历史故事的传承讲述者,可以借鉴相应做法。但是,不可避免地会引发冲突的是,耿村民间故事的传承人是个体,而在更多情况下,传承人是群体,或者是某个地域或某个族群中的个体。所以,引鉴知识产权保护机制存在一定的难度,但适用的思路值得借鉴。个人精神权利的满足与实际利惠的实现是非物质文化遗产保护机制得以推进的关键步骤与核心要求。而这方面的法治思考与知识产权保护机制的设置与构成存在某种程度上的契合性。

(二)非确定权利主体的界定

如果不能确定非物质文化遗产具体的创造者或传承人,可以将创作地域或创作族群群体看作是权利人。根据河北省的具体情况,可以将作为权利人

---

[1] 参见乔晓光:《活态文化——中国非物质文化遗产初探》,山西人民出版社2004年版。
[2] 联合国教科文组织《保护非物质文化遗产公约》第15条。
[3] "耿村民间故事",载河北非物质文化遗产保护网:http://www.hebfwzwhyc.cn,最后访问日期:2019年9月23日。
[4] 王志东:"81岁故事大王成'国家遗产'",载《辽沈晚报》2006年3月15日。

的群体做如下划分。

1. 行政机关型权利主体

按照国家主权的基本原则，国家本身对本国内的非物质文化遗产享有主权，这从原则上赋予了政府作为非物质文化遗产权利主体的合法性。《宪法》第107条规定："县级以上地方各级人民政府依照法律规定的权限，管理本行政区域内的经济、教育、科学、文化、卫生、体育事业、城乡建设事业和财政、民政、公安、民族事务、司法行政、计划生育等行政工作，发布决定和命令，任免、培训、考核和奖惩行政工作人员。"可见，在非物质文化遗产权利人难以确定的情况下，当地的人民政府可以代表整体创作族群行使相关权利。在权（力）权（利）兼具的情况下，代表辖区内各族人民保护非物质文化遗产的合法施用，不仅是政府政治功能的根本要求，也是维护广大人民群众文化权利的法定义务。河北省在作相关引鉴的过程中可以参考饶河县四排赫哲族乡政府的做法。在"饶河县四排赫哲族乡政府诉郭某等侵犯民间文学艺术作品著作权纠纷案"中，"四排赫哲族乡人民政府当时就是以政府的名义对被告的侵权行为提起了诉讼，通过告诉方式维护了当地赫哲族群众的合法权利"。[1]四排赫哲族乡政府作为一级政府代行诉讼权开创了遗产权利人维权的先河，该做法很值得借鉴。具体到河北省非物质文化遗产，以地域、地区政府或行政部门为代表的非物质文化遗产保护模式大有可为。如安国药膳，自清朝同治年间（1862年至1874年），安国城内有酒楼饭馆30余家，较大规模的酒店有宴宾楼、三义馆、顺兴、仁和饭庄，均有药膳菜谱。这种地域性特点比较突出的非物质文化遗产在保护过程中就可以通过地方组织或权力机关进行代表维权的方式。这些文化遗产分布比较分散，同时又存在创作主体，权利主体难以确定的问题。在当前情况下，最为可行、司法成本最低的权利代表可能就是非物质文化遗产所在地的行政权力部门了。当然，在有些情况下，当地的民间或相关组织也可以为相关非物质文化遗产权利保护出头，以确保非物质文化遗产的法定权益不受侵害。

---

〔1〕"饶河县四排赫哲族乡政府诉郭某等侵犯民间文学艺术作品著作权纠纷案"，载《中华人民共和国最高人民法院公报》2004年第7期。

2. 团体型权利主体

"绝大多数的非物质文化遗产是集体智慧的结晶，是由特定民族团体创作完成的，并且由这些民族或者其继承人保有和传承。这些民族通常包括特定社区、特定族群、特定的行业组织、特定的家庭集团等等。"[1]基于这种现状，在河北省非物质文化遗产保护过程中，社会性团体较之其他保护主体具有特殊的保护力量。这不仅是因为河北省非物质文化遗产缔造上的社会团体性，而且从非物质文化遗产保护传承的技术上讲，团体保护也是必需的。基于非物质文化遗产动态性保护的基本要求，在传承过程中很多非物质文化遗产在表演上都具有群体性、团体性的特点。如著名冀中笙管乐，无论是唐县灌城村西乐会、安新关城村音乐会、徐水高庄村音乐会，还是安新端村音乐会，管乐的演奏都有一个共同的特点，即演奏者和乐器的群体性。唐县灌城村西乐会合奏时人数在 16 人到 20 人不等，不能少于 9 人。安新关城村音乐会乐队乐器由笙、管、笛、云锣、鼓、镲、铙、钹、铛子、开道锣等组成，表演是一种团队行为。进入河北省非物质文化遗产名录的各种节庆习俗更是这样，需要整个民族或居住地域人群的广泛参与。没有了群体与团体，很多非物质文化遗产的传承延续就会丧失最根本的基础条件。在当地政府的指导下，各地区可以成立专门机构或组织，负责管理包括知识产权在内的聚居区内的各项事务。在非物质文化遗产方面，可以通过培养自己本地区的专业人员进行维权。例如，我国大瑶山的"石牌制"就是这样一个独特的传统社会组织。[2]河北省在保护区内非物质文化遗产的过程中也可以利用这样的组织进行维权，当地的政府机构支持帮扶该组织，在具体事务中邀请它与自己共同发挥作用。在河北省，我们也可以借鉴相关经验，在具备合适条件的地区，利用这样的组织维护当地的非物质文化遗产。具体来讲，河北省的冀中笙管乐就可以借用相关经验。我们可以在河北省设立一个宽泛但限定区域标准的笙管乐协会，通过这个协会来完成艺术开发利用以及传承保护过程中的维权事宜。政府机关可以对这个组织进行扶持或指导。利用这样的组织进

---

[1] 李顺德："非物质文化遗产的法律界定及知识产权保护"，载《江西社会科学》2006 年第 5 期。

[2] 邵志忠等："传统社区组织与农村可持续发展——传统知识与农村可持续生计行动调研报告之一"，载《广西民族研究》2005 年第 1 期。

行非物质文化遗产法律保护,既可以是民间自发的,也可以是官民合办的。因为这类组织的成立一方面可以减轻行政保护压力,缩减行政或司法成本;另外一方面可以通过这种形式调动当地人民群众保护非物质文化遗产的热情。而且,利用民间组织保护当地非物质文化遗产也最具实效性。基于非物质文化遗产活态的属性,只有创作地域或传承地域的人群才能掌握保护当地非物质文化遗产的最优途径与方式。这种保护也最具可行性与实效性。

3. 基金会组织

河北省可以通过设立基金会的方式来保护区域内的非物质文化遗产。基金会的设立可以实施地域或层级标准。比如,可以设立省一级的基金会,保护河北省全省范围的非物质文化遗产。同时,也可以在各市县区设立独立的或是上级基金会的分支机构,管理和支持扶助本地区的非物质文化遗产保护工作。在这方面,联合国教科文组织曾经有过相关尝试。联合国曾经尝试建立一项"保护非物质文化遗产基金","明确此项基金属于信托性质"。[1]通过设立保护非物质文化遗产基金会,河北省不但可以有效地保护和管理区内的非物质文化遗产,而且基于基金会的资金扶持,还能促进非物质文化遗产保护工作长期性和系统性的发展。对冀中笙管乐的保护与传承可以通过基金会来实现。随着笙管乐的声名远播,包括中国人民在内的世界各国人民都对这种历史文化开始有所了解,喜爱程度不断增加。在这种情况下设立专门的基金会,通过基金会推动这种艺术的保护与传承具有可行性与现实意义。现实中已经有了相应的实践,而且效果很好。基金会保护方式中一个最突出的特点就是资金有所保障且专款专用。分析河北省非物质文化遗产保护目前存在的突出问题,资金不足是其中的重要表现。基金会的成立与介入恰好可以弥补这方面的不足。当然,基金会的成立与存续是一件很困难的工作。在这一过程中,政府部门既要给予支持、指导,也要给予适当的管理与指引。但是,结合河北省丰富的非物质文化遗产与遗产保护所处的紧迫局面,以遗产内容成立主题基金会会在很大程度上缓解资金压力,实现保护工作的推进。

---

[1] 联合国教科文组织《保护非物质文化遗产公约》之Ⅵ第25条关于"非物质文化遗产基金"的规定。

二、保护期限问题

对非物质文化遗产实施知识产权保护的最大障碍就在于对客体保护期限的确定和把握。一直以来，如何平衡和协调作品的原始权利者和公共领域的使用者之间的利益冲突给制度的借用带来了极大的困惑。引起困惑的就是保护期限问题。关于这个问题，包括现实实践和理论界大致有两种观点：一是认为应该采取永久性的保护；二是主张保护在一定限期内。从知识产权的立法初衷讲，它的目标其实是要维护权利主体的相关权利，通过法律保护让权利主体在一定时间内收回成本并获得相应收益。过了法律规定的有效时间，这种知识产品需要进入到社会的公有领域，成为大家都可以无偿使用和受益的公共产品。因为，如果权利主体永远垄断着知识产品，把持着相关技术，那么这种产品或技术就永远得不到创新。社会的进步需要知识的不断更新，这种停滞不前不利于社会的进步与发展。从这个方面讲，知识产权对非物质文化遗产的保护应该是有固定限期的。而且，从财产权利补偿角度来讲，由于一个族群创作的非物质文化是原始群体长期智力劳动的结晶，为了对创作主体有一个公平的补偿，为了对创作族群通过创作传统文化对人类做出的巨大贡献进行支持鼓励，同时避免无限期的垄断阻碍社会进步的进程，对民族传统文化财产权利应当实施固定限期的保护。至于保护时间的设定，可以以促进文化交流为目的的相关国内国际规则为标准。但是，也有观点认为，对于民族非物质文化的精神权利而言，它是维护一个族群文化遗产真实性和完整性的重要权利，保护时间应该是无限期的。而且，在财产权保护方面同样也应该适用无期限保护原则。以非物质文化遗产的著作权保护为例，"世界上绝大多数国家的著作权均伴随着作品的创作完成而自动产生，无需履行任何注册登记手续"。[1]而且，对于非物质文化遗产，尤其是对于整个地区而言意义重大的项目，如果只将保护期限限定在几十年是完全不足够的。如磁州窑烧制技艺，磁州窑是中国著名的民间陶瓷窑系，位于今河北省邯郸市彭城和磁县等地，是北方陶瓷的代表。在新石器时代的磁山文化时期，峰峰地区已经能够生产优美的陶器，是我国陶器的发祥地之一。时至宋代，磁州窑

---

[1] 参见吴汉东：《知识产权法学》，北京大学出版社2002年版。

步入兴盛期，于明代达到鼎盛，彭城作为磁州窑的中心，也随之成为北方瓷都，故素有"南有景德，北有彭城"之说。这种技艺经历了上千年的历史，历经几代人、十几代人的传承与琢磨才得以完成。所以，对这种非物质文化遗产的著作权保护应该是无期限的。

但是，这种无期限的保护并不否定保护期限的存在。对保护客体实施无期限的法定保护不仅会与使用人或受体的用益权发生冲突，而且会阻碍其中一部分构成的更新与进展。如河北省非物质文化遗产中的一些制造工艺或传统工艺。利用法律手段对这些制造工艺实施永续保护会阻碍这些工艺的发展与进步。一是会客观缩减用益人群的范畴与数量。而且，如果这种工艺或技术传承失败，会导致这种文化遗产根本性消亡，比如威县土布纺织技艺。因为时代主题与市场需求的变化，拘泥于传统的土布产品的用量与市场急剧萎缩，传承或学习这种技艺的人群也在缩减。如果利用知识产权无限期的保护机制，这种工艺的使用会被框定在合法用权的创作者和使用者范围内。一旦这种工艺的历史存在条件缺失，传承人缺乏，这种文化遗产就会在点或环节上出现断裂，而这种断裂很可能会导致整个文化遗产从此消亡。这种局面的出现不仅会导致文化遗产保护事业受到损害，也会违背法制建设的立法初衷，影响司法目的。

三、知识产权制度保护非物质文化遗产的适用设想

就现行我国知识产权保护体系来讲，主要有著作权、专利权、商业秘密、商标及地理标志等保护制度。根据河北省非物质文化遗产保护现状，相关制度的适用需要具体情况具体分析，根据不同情况分别加以适用或引鉴。目前，适用相关制度进行具体保护工作的条件与时机并不成熟。但是，我们可以将知识产权相关的保护机制加以具体分析，希望在条件具备时可以加以利用。或者参考其中的一些法律思考，在具体的行政或司法保护过程中援引其中的设想或理念，实现对河北省非物质文化遗产的全面法律保护。

（一）著作权保护制度

在非物质文化遗产著作权保护制度的法律适用上，理论上首先会遭遇主体、制度设计及利益归属等方面的问题。例如，权利主体的确定问题。河北省非物质文化遗产具有地域性、民族性特点。它的形成与传承经历了一个长

时间的、持续不断的历史过程，汇集了创作民族群体的智慧和劳动，是一种综合的、复杂的智力成果。著作权保护机制文化遗产存在权利上的二元性特点，需要区分权利主体的精神权利和财产权利。河北省非物质文化遗产的精神权利可以以地域或创作族群为标准，由一定的区域或群体所共同享有。与精神权利相对应，河北省非物质文化遗产财产权利的享有在实际操作中是将抽象的非物质文化遗产具体商业利益化之后分配给权利人。但是，与精神权利不同的是，财产权利的享有在分配上权利主体难以确定。是由创作族群的整体还是实际掌握非物质文化内容的单独个体来享有具体的财益，这个问题不仅是在著作权保护机制中，在整个非物质文化遗产私权利体系中都很让人困惑。实践中，有学者建议采取确立权利代管机构的方式。"对河北非物质文化遗产进行集中的管理，即无论精神权利还是财产权利人将其拥有的权利全权转让给权利代管机构，此机构拥有河北非物质文化遗产的独占权利，享有占有、使用处分甚至转让的权利，将所获得的收益按照转让合同的形式分配给其他的权利人。"[1]但是，代管（包括代管过程中相关权益的分配）同样也存在着主体确定的问题。所以，如何确定权利享有人（特别是权利受益人）是非物质文化遗产适用著作权保护机制需要事前解决的一个主体问题。著作权保护机制没有获得非物质文化遗产保护体系的合格准入，在很多方面还存在理论上与现实应用中的困惑与"瓶颈"，需要我们进行深度思考与探索，希冀在不远的将来找到其中的契合点。

著作权保护的是权利人相关创造性劳动的成果。在非物质文化遗产领域借以引用，权利的映射对象是各民族的智力劳动成果，也就是智力作品。具体包括几个方面：一是署名权，即表明非物质文化遗产表现形式来源于何种民族、群体或者区域的权利；二是保护作品完整权，即保护非物质文化遗产表现形式不受歪曲、篡改的权利；三是商业获利的权利，即权利主体享有的从智力成果的使用或被使用中获取利益的权利。基于对作品表现形式的特定要求，著作权对非物质文化遗产的保护主要集中在民间文学艺术方面。具体产品主要包括民间文学类、音乐美术类、表演艺术类、传统体育与竞技类

---

[1] 姚艳："非物质文化遗产的法律保护"，载《贵州民族学院学报（哲学社会科学版）》2007年第1期。

等。著作权的保护前提是需要作品的物质与有形表达。但是，在非物质文化遗产领域，传统技艺或传统曲乐没有显性的表现形式。在这种情况下，非物质文化遗产的相关成果便不能适用著作权的保护机制。基于民间文学艺术类本身的复杂性和特殊性，我们需要将相关情况做具体说明。

（1）对于那些使用了传统的文化形式，又没有改变传统表现形式的非物质文化的成果或作品，创作人取得著作权的当然保护。例如，已经被列入国家级非物质文化遗产的唐山皮影戏就可以适用这个范畴。利用唐山皮影戏进行创作的成果非常丰富，既有文学作品也有音像制品。这些作品的传承人可以申请相关制品的著作权。作为制作这类作品的传承人，他们拥有相关作品的著作权，成果受著作权的保护。当然，与传统著作权保护有所不同的是，因为是历史性、群体性的智力成果，在进行权利保护时并不能完全按照现有著作权的保护模式进行适用。如果现有传承人署名，利惠施予现有传承人，一是实现比较困难，另外也显失公平。如唐山皮影戏传至今天，整个成果凝聚了漫长历史时期不同创作主体的聪明才智，并非现有传承人的个人创造。而且，掌握这种技艺的人群在绝大多数情况下都是一个人群，并非个体。权利主体名称标注本身就十分困难，标注内容或权利主体确定的难度更是巨大。所以，明确非物质文化遗产著作权人当前在法律保护过程中还不能实际运作。但是，我们可以尝试进行集体创作人或创作主体代表的进一步思考，对相关权利主体进行宽泛意义上的确定。借鉴著作权保护机制对非物质文化遗产进行保护在法理上存在相通之处，过程中存在一些难以解决的棘手问题。

对在创作过程中创作方法或风格有所创新，但创作方式仍然秉承传统的作品，创作人或传承人也有权引用著作权保护自身及作品的合法权利。当然，这种适用也要解决权利主体确定的前置工作。而且还会有方式创新标准确定与内容确定方面的问题。因为之前标准的缺乏或记载不全，现有创作是否构成创新或者不同创新的程度的确定都有一些前置程序解决上的问题。仍以唐山皮影戏为例，现有作品与历史上的作品相比有什么不同，有什么创新，传承人今天的传承与演艺是否是对历史上本原的复原或再现，今天的作品形式或内容是否是对历史上非物质文化遗产的合法与合格传承，这些问题都会影响著作权保护机制在河北省非物质文化遗产中的适用。尽管目前只是思路或设计借鉴，但这些都是需要跨越的障碍与必须解决的问题。

（2）民间文学作品。对属于非物质文化遗产的民间文学作品（包括神话传说、民间谚语等）进行整理、演绎的，整理人或演绎人对整理后的或演绎作品享有著作权。此外，对民间文学作品按照不同标准、不同主题进行分类整理（包括对非物质文化遗产进行整理的数据库）整编人对整编作品享有著作权保护。如河北省的拉花艺术、鼓乐作品以及各地区的民间故事和传说，因为缺少完整的延续，整理人就各自掌握的部分遗产经过整理可以作为整理或演绎后作品的合法著作权人。实际上，河北省以民间文学作品形式存在的成果十分普遍，在这方面进行深度思考意义重大。演绎作品著作权的保护机构对于河北省非物质文化遗产的法律保护而言很具有参考性。基于历史的久远和传承方式的原因，河北省大部分的民间文学作品都缺乏原著传承，很多仅是部分或残本。在更多情况下还只是传承人脑袋里的内容，比较零散、缺乏整体性和系统性。当然，在某种角度上，这也是非物质文化遗产的魅力和特点所在。面对这一现状，整理作品和演绎作品的表现形式就成了河北省民间文学作品表现的主要成果形式。对于这些整理作品和演绎作品的保护，结合著作权保护的机制设立进行两者的融适意义深远，但工作程序比较复杂，实行的难度也很大。

（3）表演艺术。对于体现创作地域或创作民族特色的具有表演性质的各类活动，表演者可以获得表演者方面的权利保护。例如，河北省的秧歌、龙舞、狮舞等民间集体舞蹈的表演者。对他们表演的作品的使用需要遵守著作权法的相关规定。随着河北省文化资源的不断开发挖掘，越来越多的人开始被河北省积集的各种艺术所吸引。音乐、舞蹈是最能吸引也是最容易吸引外界眼球的艺术形式。但是，因为相关规制的不健全，一些艺术（包括表演者）的权利被侵害。引鉴著作权保护机制对于维护河北省古老艺术表演者的合法权利至关重要。随着河北省非物质文化遗产不断被外界了解，全世界人民都开始为这种历史气息浓郁、内容优美动人的文化产品所吸引。在这一过程中，侵害非物质文化遗产合法权利的事情也屡有发生，其中河北省表演艺术受到的冲击最为严重。大量盗版的、各种记录形式的、承载河北省各种音乐舞蹈内容的文化产品进入其他地区甚至是全世界。其中的侵权问题十分严重。如果不加以遏制与阻止，不仅会损害这些非物质文化遗产传承人的法定权益,对于我国法律体系和法制建设也是一种很大的冲击。而借鉴知识产权保护机制的制度设计与保护思路对于解决这个问题会大有裨益,极具参考价值。

(二) 商标权保护制度

我国现行商标法及相关法律规范并没有明确规定非物质文化遗产保护问题。但在实践中,河北省可以引鉴商标法或其中的立法思考对省内的非物质文化遗产进行保护。利用商标权机制保护河北省非物质文化遗产不仅有助于保护工作的顺利实现,同时对河北省非物质文化遗产保护内容的丰富也大有裨益。非物质文化遗产的相关产品经注册为证明商标以后,就表明注册人享有合法的管理者地位。作为权利人,注册人享有商标许可使用权,有权将此商标进行合法处置甚至是转让给其他人。非物质文化遗产的相关产品申请注册为集体商标后,"就表明使用人为商标权人的成员,若成员外的人使用该非物质文化遗产的商标只有两种可能:一是该使用者申请加入权利人的组织或者协会,其二是该商品符合非物质文化遗产的产生环境和特定条件"。[1]商标注册后具有的合法排他性不仅是保障产品收益权利受保护,从宣传推广的角度讲,也是扩大河北省非物质文化遗产的一种途径、一条通道。

根据TRIPs的相关规定,商标是通过标记的方式来区别商品或服务品质、产地等方面的不同的。[2]商标权的相关特性使得在非物质文化遗产领域引用商标保护机制,对某些传统物品或通过传统技艺生产制造的物品加以传统识别性标志的保护方式比较适合。河北省非物质文化遗产目前进入市场开发利用的成果较多。从长远来讲,利用非物质文化遗产拉动当地旅游市场,带动河北省旅游经济发展对经济发展与人民生活水平的提高作用巨大。同时,非物质文化遗产产品的市场化开发也是促进该产品良性保护的一种有效途径。在这方面,商标与地理标志的保护机制与河北省非物质文化遗产的保护工作的联系意义重大,同时势在必行。具体来讲,河北省在参考借鉴商标与地理标志保护机制方面可以有几个方面的思考。

第一,在非物质文化遗产创作地,利用传统资源、使用传统工艺加工的

---

[1] 齐爱民、赵敏:"非物质文化遗产的商标权保护模式",载《知识产权》2006年第6期。
[2] 参见TRIPs第16条第1款。

商品或工艺品，或者是反映物质文化遗产创作地特性的特别的服务，可以进行商品商标注册和服务商标的注册。基于非物质文化遗产的特点，对于这种商品、工艺品或服务进行商标标识，有可能不是标示某一特定的生产者或服务者，商标标示说明的有可能是由若干生产者或服务者组成的集体人群共同劳动的成果。与知识产权保护机制不同，这种商标的标识标示的不是个人或企业的独立品质，而是某地域或某人群生产的商品或所提供的服务具有特定的质量和品质。像曲阳石雕、威县土布纺织技艺都可以做这方面的商标注册。这些产品商标的出现会让消费者联想到这些产品制造背后深远的历史传承和文化沿袭。当人们购买威县土布时，人们想到的是其特有的纺织技术，想到的是土布纺织繁杂的工艺和工序，想到土布纺织搓花结、纺线、打线、浆线、染线、络线、掏缯、闯杼、绑机、织布等过程。整个产品是一种原料、工艺和质量的集合体，可以让消费者从内心深处形成认可与信服。

第二，对利用非物质文化遗产中传统工艺制作的商品加注商标。看见这样的商标，其标记的产品反映的是非物质文化遗产中传统工艺的使用。就像"北京同仁堂的手工制作的药丸"。[1] 消费者购买同仁堂的中药更多的是基于对同仁堂制药技术的信任，因为这种制药技术拥有长时间的历史传承和良好疗效。标志体现的是品质与技术。具体到河北省，孙氏银器、定州新宗熏肉就可以申请识别性标志。当消费者看到银器上的孙氏标记、熏肉上的新宗名号时就会产生一种免检的信念，有一种信任的先意识。河北省类似的非物质文化遗产非常多。比如徐水漕河驴肉加工技艺。据《徐水县新志》记载，漕河驴肉制作工艺始于宋代，历经元、明、清，技艺日臻成熟。经过漫长的小型家庭手工作坊时期后，徐水县吴庄村人田老荫办起了首家漕河驴肉店。如今，刘敏英传承漕河驴肉加工技艺，注册"漕河"商标，兴办了徐水县漕河驴肉食品有限公司，开发出了真空包装驴肉系列产品，2007年开办了漕河全驴宴饭店，现已发展加盟店3家。漕河驴肉经过上百年的传承，形成了独特的制作工艺，分4个阶段25道工序。按以上工艺煮制的驴肉大块成形、

---

[1] 李天际、张坤："北京：宣武区全面'盘点'非物质文化遗产"，载《北京青年报》2006年3月16日。

色泽温润、香味浓郁、酥软适口、别具风味,因此享誉京津、闻名全国。今天将"漕河"注册成商标对于对该遗产的保护而言起到了非常重要的作用。但是,在对类似非物质文化遗产进行商标注册时要考虑法律层面上的一些问题,如是以主体还是以地域为标准进行商标申请,相关标准确定时能否实现全部权利主体合法权益的平衡。这一系列的问题都会影响秉持商标保护理念对非物质文化遗产进行保护的具体适用。

第三,注册地理标志对非物质文化遗产进行保护。地理标志是在某种商品或某项服务上标示其来源地区。"该商品或服务的特定质量、信誉或其他特征主要是由该地区的自然因素或人文因素所决定的标志。"[1]在对非物质文化遗产进行商标式保护时,河北省可以借鉴商标法中有关地理标志的相关规定,通过证明商标或者集体商标的注册实现权利保护。TRIPs对于地理标志的定义是:"识别一种原产于一成员方境内或境内某一区域或某一地区的商品的标志,而该商品特定的质量、声誉或其他特性基本上可归因于它的地理来源。"[2]河北省非物质文化遗产适用地理标志商标注册保护机制存在可能:一是两者具有同样的地域性。河北省非物质文化遗产是地域文化的传承积累,这也是该文化的一个基本特征。地理标志顾名思义与地域因素紧密相关,就是借助特定地域彰显产品特定的质量和品质,是地域元素商业价值的体现。二是河北省非物质文化遗产与地理标志在主体方面都存在不确定性。也正是因为这种不确定性,地理元素才能走向前台,利用地域的界定性来框定权利分配的主体范围与利益内容。因为可能性的存在,地理标志的保护方法在河北省非物质文化遗产的保护过程中被纳入了视线。通过地理标志商标注册方式,表现河北省非物质文化遗产及其产品的独特性、地域性、民族性,保证河北省非物质文化遗产在利用时不被歪曲、不被滥用。同时也借助这种方式激发商标地域人民群众的自豪感,鼓励个人、团体、组织积极参与、加强对本土文化的保护与传承。河北省的漕河驴肉、武强年画、安国药膳等非物质文化遗产,其实都是在产品上进行地理标志标注。当人们看到了这些地理标志时,首先会想到产品的来源地,会想到来源地生产制造该种产

---

[1] 参见TRIPs第22条第1款;我国《商标法》第16条第2款。
[2] 参见TRIPs第22条。

品的传统工艺与一贯的优良质量,会产生一种应激性的认可。而这种非经实践的先认可对于产品而言会省去广告推广方面的成本与时间,这对于产品尽早进入市场、抢占市场份额而言是至关重要的。

实际上,地理标志与构成非物质文化遗产组成部分的内容(如一些传统工艺或技艺)并无逻辑上的关联性。并非因为地域的关系该地出产的某种产品就有其突出的品质和卓越的性能。但是,如果该地域加工制造某种产品具有工艺上的特殊性和先进性,并能够长期保持相关的特性,就能在品质上秉承传统、坚持质量高水准。优秀工艺与高端品质的结合经历长期历史过程的磨炼带给消费者的是一种信念、一种信服。基于此,地理域名也就逐渐演化成了该地域出产的某种产品值得消费者信服的一种说明、一种代号。这也正是地理标志保护相关产品的法律用益。河北省非物质文化遗产相关产品在市场开发、利用过程中势必会遭遇相应问题,地理标志的保护机制可以为河北省非物质文化遗产的保护工作提供制度设计方面的经验参考和理念启发。

(三)专利权保护制度

根据 TRIPs 的规定,"专利对所有技术领域内的任何发明,不管是产品还是方法,都应是可得的,专利权应是可享受的,不因发明的地点或技术领域而有所歧视"。[1]像非物质文化遗产中的传统技艺、医药和历法等内容,在一定程度上都具备适用专利法保护的条件。但是,根据我国《专利法》"新颖性、创造性和实用性"的要求,非物质文化遗产在适用专利法保护工作中存在一定的困难。以专利产品的"创造性"特点为例,经过比对,传统技艺中可以被界定为专利的内容数量很少。大多数传统技术与现代技术比较,很难在实质性特点和显著进步等方面有优势。同时,新颖性特征也是传统技艺适用专利法保护难以逾越的门槛。我国《专利法》对新颖性采取的判断标准十分严格,要求专利在申请日以前没有同样的专利技术或产品在国内外出版物上公开发表过,公开使用过或者提出过。这一点对于非物质文化遗产的相关产品来说是个难题。非物质文化遗产中的传统技艺在新颖性方面存在专利法难以适用的阻碍。一是有些传统技术从未公开发表过,但这些技术同样也不能公开发表,因为这些技术是不能外传的。如七汲全羊宴技艺,无

---

[1] 参见 TRIPs 第 27 条第 1 款。

极县七汲村的"全羊宴"可谓远近闻名,厨师根据羊的各部肌肉、内脏组织的不同,用不同的烹调方法,做出色、香、形、味各异的各种菜肴,并冠之以吉祥如意的名称,称为"全羊宴"。一只羊可以做出 80 多种菜肴。其中的一些传统技术不能对外披露,基于传承与保护的需要也有可能永远都不会公开(如刘伶醉酒酿造技艺、衡水老白干传统酿造技艺、板城烧锅酒五甑酿造技艺)。这些项目都存在一些技术秘密和独特配方,保护它们就是保护遗产本身。二是已经公开,但在使用过程中仍然需要保护的非物质文化遗产。像河北皮影制作技艺。皮影制作是一项复杂的制作技艺,要求制作者必须具备扎实的绘画功底和高超的雕刻技巧以及持之以恒的毅力和韧劲。皮影制作看似简单,其实对制作工艺水平要求十分严格。其主要制作方法是:工序之一画图,首先在备好的驴皮上用铅笔勾勒出所需角色的线条轮廓,图稿大多以戏曲角色中的生、旦、净、末、丑、神话传说、故事以及山水等为题材。工序之二裁剪,用剪刀沿皮影外边缘进行裁剪,剪出造型的大致轮廓。工序之三雕刻,将驴皮铺在蜡板上,使用雕刻工具,雕刻成形。工序之四着色,造型雕刻完成后,在表面根据需要涂上各种颜色。工序之五刷清油,为使皮影人的色彩明艳、鲜亮如新,需在造型着色后刷上一层清油。工序之六装配,首先用线将各部位影人造型连接成形,然后工艺类皮影用精美的镜框装裱起来,而操纵类皮影则用线将铁丝固定在影人的活动部位,在铁丝末端插上操纵用的箭杆。制作皮影的用料及工序目前已经为公众所熟知,根据《专利法》的规定,这项技术已经被公开发表,不符合专利法保护甚至是申请的标准。但是,其中皮影造型的构思、颜色的搭配都是作者的智慧成果,是一种文化产品,从非物质文化遗产保护角度来看,利用知识产权的专利制度给予保护无疑是一条有效途径。

  结合现实情况,在引用专利法保护非物质文化遗产方面,我们可以做几个方面的思考。一是建立非物质文化遗产库。将相关的非物质文化遗产分门别类地整理入库,通过先记载、先声明的方式阻断后续侵权行为的发生。对于库内载存的传统技术或技艺,通过与专利申办部门的联网操作,驳回使用传统工艺或使用属于非物质文化遗产核心技术专利的申请和获批。"一些国家正在开发传统知识数字图书馆,要将非物质文化遗产进行登记注册,阻止不正当专利的批准。"[1]2005年4月,我国国务院办公厅颁布了《关于加强我国非物质文化遗产保护工作的意见》。通过该意见中,可知我国政府已经明确提出要建立这样的数据库。二是建立专利申请中非物质文化遗产使用的声明制度。在申报专利过程中,如果专利技术是在使用非物质文化遗产基础上开发获得,对于知识产权的申请,必须在申报中明确说明非物质文化遗产的引用或使用来源,对非物质文化遗产的相关内容进行具体阐述。而且,申请人还需要提供相应的授权文件或声明资料,证明对非物质文化遗产的获取和使用获得了合法所有人或传承人的同意或允许。申请人在专利获批后要给予合法所有人或传承人以利益补偿。使用或引用非物质文化遗产的专利申请,没有上述资料凭证,报批机关可以驳回相关申请。"为保护非物质文化遗产传承人的利益,基于对非物质文化遗产开发而进行知识产权的申请者应该明确说明非物质文化遗产的出处,并提供证据表明该非物质文化遗产的获取和使用是经其族群同意的,而且给予该族群以利益分享,否则专利申请将被驳回。"[2]现实中,"欧盟的生物技术指令中就有类似的规定"。[3]

(四) 商业秘密权保护制度

运用专利制度保护非物质文化遗产存在一定障碍与问题,如申请时间过长、成本过高、有保护期限的限制以及必须公开其专有技术等。这些程序上的问题在一定程度上影响了河北省非物质文化遗产的保护。与之相比,运用商业秘密手段保护传统技艺可能会更为方便快捷。我国法律对商业秘密规定:"是指不为公众所知悉、能为权利人带来经济利益、具有实用性并经权利人采取保密措施的技术信息和经营信息。"[4]对于极具保护价值,还没有进入公有领域的非物质文化遗产中的传统技艺,我们可以利用商业秘密的保护模式实施保护。大量的河北省非物质文化遗产都存在商业秘密。如刘伶醉酒酿造技艺、衡水老白干传统酿造技艺、板城烧锅酒五甑酿造技艺。在商业

---

[1] 张邦铺:"知识产权视角下的非物质文化遗产保护",载《山东商业职业技术学院学报》2009年第1期。

[2] 张邦铺:"知识产权视角下的非物质文化遗产保护",载《山东商业职业技术学院学报》2009年第1期。

[3] 朱雪忠:"传统知识的法律保护初探",载《华中师范大学学报(人文社会科学版)》2004年第3期。

[4] 参见我国《反不正当竞争法》第10条第3款。

秘密的保护过程中，权利人不需要做任何申请登记，程序相对简单。只是，作为保护的条件，法律要求控制该信息的人在相关情况下，特别是当传统技艺为创作或持有群体中的少数人拥有时，必须采取必要的措施使信息处于保密状态。根据非物质文化遗产的特点，若对其实施商业秘密的保护也要具体问题具体分析。如果传统技艺已经在小范围公开，如在创作地区或创作族群内部被普遍掌握，但区域外或族群外的人员并不知晓，这种情况并不违背商业秘密"秘密性"的要求。但是，这种制作方法必须仅流传于特定区域，外面的人并不知晓。在这种情况下，秘密的所有人或传承人仍然有权利申请商业秘密的保护。当然，在实际操作中，这种确定会引发相关问题。如在特定族群或特定地域内，也会存在主体资格方面的争夺与确定问题。如蜂蜜麻糖制作技艺。在河北省非物质文化遗产中，丰润区和唐山市都申报了该技艺并均获得了认定，那么哪种麻糖制作技艺更具有代表性？如果要确定权利主体，便须对商业秘密的权利人进行确认，其中哪一个才是适格主体，如何确定其为适格主体？这些问题目前相关研究或做法都属空白，操作起来也有难度。在河北省，这种情况不在少数。

实践中，密级的设置不仅是商业秘密保护机制中的技术问题，同时也决定了机制实施的实效与长效。借鉴商业秘密机制保护非物质文化遗产同样需要考虑密级设置。有学者就此展开了专门研究，建议在立法中以列举条款的方式为非物质文化遗产设置密级，规定相应的保护措施及法律责任。第一，国家级非物质文化遗产项目含有国家秘密的，应当按照国家保密法律法规的规定确定密级，含有商业秘密的，按照国家有关法律法规执行。第二，对珍贵、濒危并具有一定历史、科学和文化价值的河北省非物质文化遗产采取确认、建档、研究、保存等方式进行保护。同时规定，河北省征集的非物质文化遗产资料、实物属国家所有，任何组织和个人不得侵占。第三，列入保护名录的传统工艺美术制作技艺或其他对象，符合国家秘密条件的应当按照国家保密法律法规的规定确定密级，并予以保护。第四，河北省非物质文化遗产中珍贵、稀有的原始资料和实物不得出境。第五，列入河北省保密范围的技艺，要依照法定方式、途径进行传播、传授和转让。[1]相关研究设想在理

---

[1] 李顺德：“非物质文化遗产的法律界定及知识产权保护”，载《江西社会科学》2006年第5期。

论成熟度包括实际操作性方面可能还存在欠缺，存在不周全，但是相关思考会引发我们的后续思考，激发大家引鉴商业秘密保护机制对河北省非物质文化遗产法律保护的研究热情。

(五) 知识产权专门法保护

在河北省非物质文化遗产保护过程中融适知识产权保护机制，因为两者法律性质、保护期限等诸多方面的差异，并不能实现所有内容的全面保护。但是，在法律保护机制配置失衡、私权保护相对缺失的情况下，两者的结合是一种大趋势、一种必然。在此过程中势必会遗漏一些不相适用的非物质文化遗产，只有具备合适条件的内容才能援引知识产权的保护方式或保护理念，直接或加以变通地适用相关保护机制。根据现实情况，采用专门方式对河北省非物质文化遗产进行知识产权保护引发了我们的深度思考，值得我们去探索和尝试。国际上，1994年第三届世界网络会议就社区知识产权保护提出了专门法的示范文本，非洲统一组织提出了自己的示范法，拉丁美洲国家主张在"美洲自由贸易协议"框架之下建立一种专门制度。2000年巴拿马通过的《保护多样性和传统知识特别法》（《巴拿马议案》）摒弃了传统知识产权保护模式，采用特别法保护模式保护非物质文化遗产，这也是在非物质文化遗产知识产权保护立法方面的一个重要范例。哥斯达黎加《生物多样性法》并非为保护传统知识而制定的专门法，但是它却确立了某种关于传统知识的集体权利的通用标准，即通过建立原住社区的利益分享机制来保护和生物多样性相关的传统知识。[1]当前，巴西、哥斯达黎加、印度、秘鲁、巴拿马、菲律宾、葡萄牙、泰国和美国[2]都已制定了专门法来保护（至少是）传统知识的某些方面。[3]而且，厄瓜多尔、新西兰、巴布亚新几内亚、秘鲁、菲律宾、所罗门群岛、坦桑尼亚、汤加、特立尼达和多巴哥及越南等十国已经准备制定特别法来保护非物质文化遗产。在我国，也有很多学者提出了相关主张，就设立专门的知识产权制度保护非物质文化遗产进行了探

---

[1] "Review of Existing Intellectual Property Protection of Traditional Knowledge", WIPO/GRTKF/IC/3/7, May 6, 2002.

[2] 美国在其《印第安艺术和手工艺法》中明文规定了对印第安人基于其传统文化而生产的产品的保护，但该法的保护对象仅限于在美国有住所的印第安人的相关产品。

[3] "INTELLECTUAL PROPERTY AND TRADITIONAL KNOWLEDGE", WIPO Publication No. 920E.

讨。如"认为有必要进行知识产权专门立法对民间文学艺术作品进行保护,特别是对有形方式传承无形遗产的保护,其权利主体、权利内容、代表人制度都可借鉴版权制度的运作模式"。[1]也有观点认为:"可以在知识产权体系之下另外创设一种'民族工艺权'。'民族工艺权'放弃新颖性的标准而采用独特性的标准,采用许可制度,只有经过权利人的许可,才能使用该民族工艺用于商业领域,所得的使用费应该用于该民族工艺的传承与发展;对于'民族工艺权'的申请应该较专利的注册宽松而较商标的注册严格。"[2]也有学者认为:"对知识产权不能提供保护的非物质文化遗产,或者即使可以运用知识产权制度进行保护,但亦有许多制度性缺陷的非物质文化遗产,可以通过根据不同的种类分别制定专门法的形式对其提供有效的保护。"[3]印度学者玛萨拉卡(R. A. Mashelkar)博士认为:"现有的以保护个人创新和私人所有权为导向的知识产权体系无法对以集体创造和拥有为特征的传统知识提供保护,相反,还有鼓励对传统知识进行无利益分享的商业利用的副作用,故主张对传统知识进行特别法保护。"[4]"尽管法国尚没有表达过以专门法保护传统知识的意向,但其认为,与具体的操作方法相关的知识产权有形式化的要求,并不能用于纯知识的保护,因此,传统知识的保护需要建立特别法模式。"[5]

实际上,就专门法的设立,包括权利主客体的界定、保护的条件、权利的内容、权利获取方式、保护年限和实施措施等内容,在非物质文化遗产领域目前争议都很大,在实践中也没有太多的经验可循。在学术理论上,进行相关思考与设想是法制架构搭建,体制完善的要求,需要我们认真考虑。所谓专门法模式,就是指在传统的知识产权法之外,通过制定专门的法律,创设一种知识产权的新类型来保护非物质文化遗产。采用特别法模式最大的优

---

[1] 任玉翠:"论民间文学艺术作品的版权保护",载《浙江社会科学》2007年第4期。
[2] 王姝平:"民族工艺的法律保护模式探讨",载《法制与社会》2008年第11期。
[3] 蒋亮:"非物质文化遗产的法律保护——以知识产权保护为进路",载《河南司法警官职业学院学报》2008年第3期。
[4] 梅术文:"'非物质文化遗产保护与知识产权国际研讨会'综述",载《法商研究》2007年第4期。
[5] "Review of Existing Intellectual Property Protection of Traditional Knowledge", WIPO/GRTKF/IC/3/7, May 6, 2002.

点在于因为这是一个全新的立法模式,立法者可以根据非物质文化遗产自身的特点来设计具体的法律制度,既不受旧的法律模式掣肘,又可以根据保护客体的具体特点与要求增强法律的操作性与适用性。在制定专门立法时,对于比较成熟的知识产权法律制度我们可以吸收借鉴。比如,河北省非物质文化遗产权利主体难以确定的问题,通过专门制度的设计可以推定原则。"创作主体不明确但有充分理由推定为该群体中的个体或群体智力创造的非物质文化遗产表现形式的智力成果权。该权利应由该群体享有。"[1]也有一种赋予无形文化标志的提法。"赋予无形文化遗产提供者以无形文化标志权,权利主体所属范围内的所有居民享有由其无形文化标志带来的精神利益、物质利益和文化利益,禁止任何人以任何形式侵占、亵渎、盗用或者不尊重地利用。"[2]再如,河北省非物质文化遗产的客体问题。当非物质文化遗产的保护客体与著作权或邻接权的客体发生重合时,现有的知识产权保护制度可以为专门立法提供现成思路。具体来讲,可以从非物质文化遗产的权利属性和权利归属、权利主体所享有的财产利益和人身利益以及权利人与非物质文化遗产资源利用人之间的利益分享机制等方面进行区分。如果可以作制度上的明确,可以直接以机制设立的模式进行解决。如果条件不成熟,可以通过专门立法解决区块甚至是点的问题。将客体与权利主题结合在一起进行具体解决。在非物质文化遗产权利内容的确定上,权利内容可以因权利不同而有所差异,专门立法不必追求立法技术上的完美和统一。在特殊情况下,还可以考虑参照《生物多样性公约》所确认的生物多样性进行权利分配与惠益分享。专门立法对于非物质文化遗产与知识产权保护机制的结合具有极大的促进作用,对于相关法律难题的破解也大有裨益。但是,如果从法的原则性、恒定性角度(特别是法律体系协调性、整体性)方面思考,专门性立法目前时机还不成熟,还有很长的一段路要走。

---

[1] "浮云游子意,非物质文化遗产保护负重前行",载http://news.cctv.com/20070625/109757.html,最后访问日期:2012年12月3日。

[2] 梅术文:"无形文化标志权保护的意义",载《今日财富(中国知识产权)》2010年第9期。

第六章

河北省非物质文化遗产刑法保护

对于非物质文化遗产的法律保护,多数学者主张采用知识产权私法形式或者行政法规公法形式打击侵害非物质文化遗产的违法行为。这种主张是可取的,但有个问题我们必须正视,那就是保护力度周延的问题。这两种保护模式都只能制止轻微的侵害行为,面对严重损害非物质文化遗产的违法犯罪行为,上述两种模式虽然可以惩治,但却由于处罚过轻而难以达到预期目的,由此导致法律保护力度难以周延。因此,我们必须引入刑法,运用刑法保护非物质文化遗产,发挥刑法在非物质文化遗产保护中的后置保障作用,对超越行政法规、知识产权法规的违法行为进行严厉打击,维护非物质文化遗产法律保护的全面性。

第一节 河北省非物质文化遗产刑法保护的理论分析

一、风险社会与安全刑法

(一) 安全社会理论与非物质文化遗产的刑法保护

风险社会理论由德国社会学家贝克提出。该理论的提出为刑法领域的研究提供了新的视角。德国弗赖堡大学法学博士乌尔斯·金德霍伊泽尔(Urs Kindhauser)教授认为,除了自古以来的常态犯罪类型和犯罪人,德国在很大程度上面临着贝克所提出的风险社会的挑战,刑法体系担负着新的历史任务。他认为,"今天的刑法不仅是对侵害的反应,而且它还有这样的任务:

使保障社会安全的基本条件得到遵循",[1]"安全刑法被定义为一个风险社会稳定的基本前提条件"。[2]安全刑法理论为现代刑法研究提供了一条崭新的大道。根据安全刑法理论,刑法任务即为维护社会的共同安全,保障人类安全、和谐的共同生活是刑法的主要任务。[3]首先,安全刑法理论认为,现代刑法应当以风险控制为核心,特别是在风险社会中,刑法除了针对侵害,更重要的是针对社会风险。对于诸如抢劫杀人等实际损害法益的行为,刑法当然要规制。同时,对于那些尚未造成实际损害,只是使刑法的保护对象处于危险状态的行为或者行为本身对社会安全而言具有特定危险性的行为,刑法同样是可罚的。前者即所谓的具体危险犯,后者即抽象危险犯。根据安全刑法理论,对行为产生的客观的危险应当在现代刑法中成为刑法关注的一个重要考虑标准。其次,对于那些本身带有特别危险性的社会人在其进入社会前采取一些必要措施避免危害的发生。通过特定对象预防措施前置实现对其他社会成员的保护,从而维护社会的安全。传统刑法中,刑法只规制事实违法行为,对于可能违法的行为并无法律拘束力。安全刑法理论关注到的风险社会引起犯罪行为的风险长期潜伏,行为人在行为时对其行为的后果无法预料,一旦诱发条件被触发便会导致刑法将后果归结于第三者的尴尬结果。最后,安全刑法理论认为,在风险社会当中,预防的模式应该由特殊预防、消极普通预防转变为积极普通预防。[4]这种预防模式能够大幅度提高国民对犯罪行为的敏感认知和对法律的重视度,从而使得社会成员得到一个稳定的社会环境。安全刑法理论结合风险社会背景,针对的是风险社会产生的新问题。鉴于刑法的法律属性,我们不可能把风险作为其规制的根本指向,安全刑法不会挑战传统刑法的地位。安全刑法的核心实际上是以规制风险为主要内容,兼容了安全和自由的价值。结合非物质文化遗产受损的脆弱性和不可

---

[1] 薛晓源、刘国良:"法治时代的危险、风险与和谐——德国著名法学家、波恩大学法学院院长乌·金德霍伊泽尔教授访谈录",载《马克思主义与现实》2005年第3期。

[2] [德]乌尔斯·金德霍伊泽尔:"安全刑法:风险社会的刑法危险",刘国良编译,载《马克思主义与现实》2005年第3期。

[3] 薛晓源、刘国良:"法治时代的危险、风险与和谐——德国著名法学家、波恩大学法学院院长乌·金德霍伊泽尔教授访谈录",载《马克思主义与现实》2005年第3期。

[4] 薛晓源、刘国良:"法治时代的危险、风险与和谐——德国著名法学家、波恩大学法学院院长乌·金德霍伊泽尔教授访谈录",载《马克思主义与现实》2005年第3期。

复原属性，安全刑法的法益保护思考非常值得借鉴。

(二) 风险社会下的非物质文化遗产刑法保护的价值选择

安全刑法理论在面对现代社会的种种问题时，事实上通过强制性的预防式刑法保障予以解决，这招致了诸如"这些领域中使用有效的刑法干涉，就必须以牺牲十分重要的法治国保障为代价"[1]等批评。以"法兰克福学派"为首的批评者用"人权保障"的武器和那些支持安全刑法理论的学者们进行了旷日持久的争论，但至今仍没有一个结果。[2]风险社会的提出、安全刑法理论的出现具有合理性。德国作为较早进入现代社会的国家，现代化的程度较高，对现代社会的风险问题的关注与研究相对较早。中国的现代化程度与德国相比还存在一定的差距，但在社会发展中同样面临现代化风险。"他们拥有一种全球化的内在倾向。危险的普遍化伴随着工业生产，这种情况是独立于生产地的：食物链实际上将地球上所有的人连接在一起。"[3]借用安全刑法理论对非物质文化遗产进行刑法保护，实际上是立法价值从以人为中心向人文自然环境保护转变。基于非物质文化遗产的脆弱性和难以再生的特征，对非物质文化遗产带来危险的行为，通过危险犯的规定予以惩治，可以将保护环节提前，更好地避免损害行为的发生，对于非物质文化遗产而言是最好的保护。我国作为一个有悠久历史的多民族大国，非物质文化遗产集中体现了我国传统文化中的精华，其中蕴含的文化内涵不仅能够帮助后人认识我国民族文化的特有价值，也是人类文化多样性保持的中国贡献。随着社会现代化进程的加速，包括非物质文化遗产在内的我国民族文化遭受到了西方文化及现代文明价值观念变化的冲击，一些非物质文化面临断代，人文生态环境遭遇极大风险，这就要求我国传统的刑法理论必须要做出相应的反应，以应对现代化的风险，而安全刑法理论恰恰给我们提供了一个很好的理论视角。

---

[1] [德] 克劳斯·罗克辛：《德国刑法学总论》（第1卷），王世洲译，法律出版社2005年版。

[2] [德] 冈特·施特拉腾韦特、洛塔尔·库伦：《刑法总论 I——犯罪论（2004年第5版）》，杨萌译，法律出版社2006年版。

[3] [德] 乌尔里希·贝克：《风险社会》，何博闻译，译林出版2004年版。

二、非物质文化遗产刑法保护的法益及其功能

（一）刑法法益理论

1. 刑法法益理论的变迁

法益保护的理论作为对我国社会主义刑法学理论的重要补充，近些年来被学界逐步接受和日益重视。例如，有学者认为："如果当代刑法理论要确立一种法治立场，坚持法益侵犯说基本上是妥当的、有意义的；'法益'甚至可以说是整个刑法学理论的基石范畴和核心概念。"[1] 所谓法益，即"根据宪法的基本原则，由法所保护的、客观上可能受到侵害或者威胁的人的生活利益"。[2] 按照"法益侵害说"理论，犯罪是对法所保护的利益或价值造成不当侵害或者危险（威胁）。[3] 随着刑法法益内涵和机能的变迁，尤其是其中法益内涵逐渐向精神领域扩展的倾向、超个人法益的法益范围的扩张等内容为非物质文化遗产法益研究提供了有力支撑：①法益的内涵由物质化转向精神化：一方面，在预防主义思潮下，抽象危险犯类型化的刑法的规定受到了很多国家的重视；另一方面，非物质化的法律保护客体日益增多，仅仅从物质角度把握法益会陷入实际上的困境。因此，法益内涵精神化、抽象化的现象成了法益发展的一个趋势。②法益范围由个人法益向超个人法益扩张：所谓"超个人法益"，即法律所保护的社群集体的利益，例如国家、社会或者某一特定群体的利益（例如少数民族的某种精神信仰或者民俗等），这方面的一个典型例子即研究环境刑法学对环境生态法益的详细论证。[4] ③法益基点的非人本主义扩张，生态哲学作为一种生态主义的哲学观，源于人类已经意识到日益深重的生态危机，人不能离开自然界而独立存在；人只是生态族群中的一员。[5] 非人本主义思想逐渐被更多人接受，人类是唯一的利益主体的法益观受到了挑战。当然，非人本法益仅具有立法技术上的形式意义，其本身并不是新的法益概念类型。但是，需要注意的是，这种法益观

---

[1] 周光权："当代刑法理论发展的两个基本向度"，载《江海学刊》2004 年第 3 期。
[2] 参见张明楷：《法益初论》，中国政法大学出版社 2003 年版。
[3] 张勇："文化遗产法益的刑法保护"，载《新疆社会科学》2012 年第 4 期。
[4] 简基松："论生态法益在刑法法益中的独立地位"，载《中国刑事法杂志》2006 年第 5 期。
[5] 参见郑少华：《生态主义法哲学》，法律出版社 2002 年版。

念会对法益理论未来的发展形成潜移默化的影响。[1]

2. 非物质文化遗产刑法法益内容

非物质文化遗产法益是指为非物质文化遗产刑法规范所保护的而为非物质文化遗产犯罪行为所侵害的人们所享受到人身、财产以及人文自然生态权利的凝聚,即文化权利等多种利益。据此,非物质文化遗产法益由传统法益和非物质文化法益两部分构成:一是指与非物质文化遗产人身、财产权益有关的利益,除了非物质文化遗产载体(例如承载物)的财产所有权、非物质文化遗产继承人的人身财产权利,还有部分知识产权类的权利。二是指除了传统法益以外的人文自然生态中的文化权益,主要是指非物质文化权益。与传统法益相比较,非物质文化法益有抽象性和非物质性的特点,同时由于非物质文化社群性的特征,权属主体的不同导致非物质文化法益可能属于国家法益、个人法益甚至是社会法益。也就是说,非物质文化法益在一定程度上具有"超个人法益"的性质。[2]非物质文化遗产法益首先是一种权利,是一种"类型化的法益"。[3]作为类型化的法益,权利具有国民可预见性和相对确定性,也为人们所普遍感知和关注。而对那些还没有上升到权利的法益,由于其内容的不确定性和较低的预测性,虽然其也属于法律所保护的利益,但如果将其随意纳入刑法调整范围之内,很容易违背罪刑法定的要求。如前所述,非物质文化法益并不能因为其人文自然生态的性质而独立于人身或财产权益,非物质文化遗产中并不能还原为人身财产的利益,或者说非物质文化法益中并未被融合于现行刑法的社会法益和个人法益的利益,在一般情况下并不能被纳入刑法调整范围,如果权利的内容及其所及范围不明确,就谈不上是本来的权利。[4]事实上,非物质文化遗产法益即使已经被确定为法定权利,由于其固有的观念性、非物质化的特征,在实践中衡量其利益受侵害的严重程度也并不容易,更何况是那些并没有被类型化为刑法所保护

---

[1] 舒洪水、张晶:"法益在现代刑法中的困境与发展——以德、日刑法的立法动态为视角",载《政治与法律》2009年第7期。

[2] 张勇:"文化遗产法益的刑法保护",载《新疆社会科学》2012年第4期。

[3] 参见王利明:《民法》(第3版),中国人民大学出版社2007年版。

[4] 梅冷、付黎旭:"日本环境法的新发展",载韩德培主编:《环境资源法论丛》(第2卷),法律出版社2002年版。

的权利的法益。因此，非物质文化法益的保护主要是对非物质文化遗产权的保护，对那些并未被明确规定为权利的非物质文化遗产利益的保护，要避免出现将"如果有危险就有刑罚"原则化、扩大化的危险，导致犯罪化、重罚化的"刑事立法活性化"问题泛滥。[1]具体到刑法规范上，非物质文化遗产的权利内容主要为：一是非物质文化遗产的受尊重权和思想表达自由权。如各个民族的风俗习惯、宗教信仰等受到尊重而不被歪曲滥用的权利，以及非物质遗产的权利人自由地表达和传播具有非物质文化遗产特征的观念价值等。二是非物质文化遗产的财产所有权，即具有传递表达非物质文化遗产的载体的财产所有权以及非物质文化遗产本身的使用、获得报酬等的权利。三是非物质文化遗产所蕴含的知识产权等权利，主要是指著作权、商标权、专利权、商业秘密等等。

(二) 非物质文化遗产的法益功能

1. 非物质文化遗产法益的立法指导功能

非物质文化遗产保护中涉及的利益具有多样化的特点。不同主体（包括不同的个人、群体、阶层等）对于利益的要求各有不同。如何从不同的利益内容中抽象出刑法需要捍卫和保护的对象，确定非物质文化遗产的法益标准至关重要。这些利益在某些情境下不仅不一致，甚至会发生冲突。相关思考都是结合法益内容对刑事法律的立法指导。

2. 非物质文化遗产法益的理论分类功能

非物质文化遗产法益的理论分类功能是其本质属性的一种外在表现。立法者在刑事立法过程中，根据法益受侵害的具体类别对非物质文化遗产的犯罪行为进行分类，在此基础之上构建文化遗产刑法保护体系。理论界关于非物质文化遗产犯罪行为的分类，虽然全面、深入的分析还不是很多，但从已知的研究情况来看，学者们在理论上对非物质文化遗产的犯罪行为的分类在某种程度上也是以非物质文化遗产侵害法益的不同为根据的。例如，将侵害非物质文化遗产的社会越轨行为（犯罪行为当然包括在内）分为不尊重传统观念文化和技能、破坏非物质文化遗产中的物质载体和侵犯对非物质文化遗

---

[1] [日]关哲夫："现代社会中法益论的课题"，王充译，载赵秉志主编：《刑法论丛》（第12卷），法律出版社2007年版。

产的文化产权三类。[1]在刑法分则的具体规定中，聚众淫乱罪以及制作、复制、贩卖、传播淫秽物品牟利罪等侵害的法益是社会良好风尚，是对该类非物质文化遗产侵害行为进行的刑法规制。《刑法》第251条非法剥夺公民宗教信仰自由罪的规定则是属于侵犯宗教信仰和宗教文化法益，是对该类非物质文化遗产侵害行为进行的刑法规制。《刑法》第213条至第220条的法律规定则是从知识产权法益受侵害角度对侵犯非物质文化遗产的犯罪行为进行的刑法规制。

3. 非物质文化遗产法益的司法解释作用

刑法立法功效的实现更多地体现在司法层面上，司法质量与效益决定着立法的科学与准确。但是，基于刑法法律位阶与原则性的限制，对于规范内容刑法无法实现全面覆盖、穷尽规定，更多地需要在司法过程中根据刑法规范的实质内涵和本意来对其作出司法解释。从非物质文化遗产的刑法保护来讲，从法益角度根据刑法规范的具体内容去理解和适应刑法条文能够更好地实现保护目的。一是非物质文化遗产的法益可以帮助解释相关刑法罪名中行为构成的具体含义。行为构成可以明确列举非物质文化遗产犯罪类型的轮廓与范畴。[2]囿于刑法法律条文的概括性和有限性，尽管刑法分则对非物质文化遗产的规定已经包含了各种侵害非物质文化遗产犯罪的行为构成，但是刑法语言本身不可能全面而准确地概括现实生活中存在的各种严重侵害非物质文化遗产的行为，司法实践仍然需要对犯罪行为构成进行司法层面的解释。当然，司法者的解释不可能是随意的。法益保护作为刑法规范的立法初衷和实质内涵，在司法适用的解释中是一项非常重要且必要的标准。"当然，这种解释必须严格制约在刑法文本的字面含义内。当没有充分考虑到立法者仅仅是针对确定的攻击类型来保护大多数法益时，根据受保护的法益进行的解释甚至会导致错误。"[3]二是通过非物质文化遗产法益的司法解释有助于提升刑事司法的科学性。按照法益衡量说和优越利益说的观点，在非物质文化遗产法

---

[1] 朱俊强："论非物质文化遗产的刑法保护"，载《广州大学学报（社会科学版）》2007年第7期。

[2] 参见马克昌：《比较刑法原理：外国刑法学总论》，武汉大学出版社2002年版。

[3] 参见［德］克劳斯·罗克辛：《德国刑法学总论》（第1卷），王世洲译，法律出版社2005年版。

益和其他法益互相冲突的场合，价值较低的法益向价值较高的法益让步是一个排除行为违法性的重要标准，但是在法益的一般价值顺序以外，在个别具体场合，也必须考虑当时的所有事情，也就是概括地进行法益的比较衡量，[1]这种法益的衡量事实上实现了刑法法益的定罪功能。此外，还可以通过对非物质文化遗产的法益解释来排除犯罪构成。这里主要是指以法益侵害的强度作为排除行为构成的标准。实质解释论者一般认为应当通过对构成要件的实质解释将某些轻微的、社会一般容忍的行为排除出行为构成。[2]形式上符合刑法侵害行为构成，但是法益侵害强度没有达到犯罪标准的，应当被排除在刑法规制的范畴之外，这就是法益衡定司法正确的具体表现。

三、非物质文化遗产刑法保护特殊性

作为具有丰富内涵和广泛表现形式的非物质文化遗产，由于其存在方式多种多样，要找到一个统一的保护方法在实践中难以成功。而立法保护作为非物质文化遗产的重要内容，在世界各国都得到普遍的重视。[3]就保护模式而言，非物质文化遗产蕴含的人文价值与资源价值之间的结构关系决定了公私法保护模式之间的关系。即非物质文化遗产的法律保护应当秉承人文价值至上的原则，以公法保护为主，同时兼顾资源价值，以私法保护为辅的模式。[4]私法保护非物质文化遗产主要是通过实现权利人对其非物质文化遗产呈现方式所享有的权利的保护，在保护私人权益的同时，间接地实现对非物质文化遗产的刑法保护，其相较于公法保护还存在很大的不足。"保护非物质文化遗产的首要目标是遗产的传承，以私权尤其是知识产权模式保护非物质文化遗产的做法是一种舍本逐末、杀鸡取卵的短视行为。"公法保护尤其是刑法保护是非物质文化遗产保护进程中的一种必然选择。"基于非物质文化遗产的公共属性，为了防止非法商业行为对于非物质文化遗产的肆意侵

---

[1] 参见［日］曾根威彦：《刑法学基础》，黎宏译，法律出版社2005年版。

[2] 参见［德］克劳斯·罗克辛：《德国刑法学总论》（第1卷），王世洲译，法律出版社2005年版。

[3] 熊英："我国非物质文化遗产法律保护模式分析"，载《湖北民族学院学报（哲学社会科学版）》2009年第2期。

[4] 黄玉烨、戈光应："非物质文化遗产的法律保护模式"，载《重庆工学院学报（社会科学版）》2009年第5期。

害,尤其是随着社会的变迁发展和全球化下外来文化的冲击,抑制非物质文化遗产面临的断代危险,必须由政府作为公共利益的代表者,承载起对非物质文化遗产的继承发展的责任。"[1]非物质文化遗产的刑法保护具有自身的特殊性,包括正当性、可行性和谦抑性几个方面。

(一)刑法非物质文化遗产保护正当性

非物质文化遗产保护的刑法参与的必要性表现在两个方面:一是非物质文化遗产保护意义重大;二是刑法参与可以满足非物质文化遗产侵害保护迫切性的要求。首先,非物质文化遗产具有丰富的历史价值,是人类社会文化的记忆,可以帮助人类总结历史经验,推动人类社会持续进步。其次,非物质文化遗产的开发利用可以产生丰厚的经济利益。合理开发利用非物质文化遗产不仅是基于其自身活态保护的要求,还能快速地带动当地经济的发展,具有巨大的市场价值。最后,非物质文化遗产具有巨大的社会价值。对于维护民族多样性、推动民族团结和社会进步、促进社会和谐统一而言意义重大,有利于国家的稳定和中华民族的整体发展。

第一,非物质文化遗产刑法保护可以满足保护紧迫性的要求。首先,河北省大量非物质文化遗产濒临绝灭充分说明了保护的严峻性与迫切性。随着年老传承人退休或者离世,青年人缺乏兴趣或者物质基础不具备导致"人死艺亡"。结合非物质文化遗产的活态性与不可再生性质,保护非物质文化遗产的任务变得越来越紧迫。其次,非物质文化遗产侵权现象严重,权利人合法权益受损。在非物质文化遗产的开发利用过程中出现了一些"过度"的现象,即对于市场接受程度高、需求性大的项目的"过度"介入或开发。如未经非物质文化遗产权利人同意擅自传播权利人享有知识产权的音像产品,打法律擦边球,利用各种非法手段别有用心地抢先申请知识产权,然后利用这个"合法形式"达到强占、独占的目的。非物质文化遗产真正的权利人不仅没有获取经济利益的分配权,更有甚者还要为继续使用这种文化遗产付出巨额的经济代价。最后,非物质文化遗产的原真性遭到破坏。为了迎合市场需要,开发者人为地对非物质文化遗产进行有意或无意的曲解和误读,使得文化遗产的原真性遭到严重破坏。如为了适应现代社会的新奇感观,在非物质

---

[1] 郭禾:"对非物质文化遗产私权保护模式的质疑",载《中国人民大学学报》2011年第2期。

文化遗产的表演中强行加入现代元素，从根本上改变了非物质文化遗产的文化内涵。

第二，现行行政法规的公法保护模式和知识产权的私法保护模式需要以刑法保护为补充。首先，知识产权的私法保护模式存在不足。所谓非物质文化遗产的知识产权私法保护模式是将非物质文化遗产中的具体内容与专利权、著作权、商标权相邻接，通过知识产权方式或借用其法律原则或精神加以保护。但是，这种保护模式存在一定的弊端。例如，保护范围过窄的问题。知识产权的私法保护模式关注的是进入市场，具有经济开发价值、商业利用价值，能产生物质利益的非物质文化遗产。在非物质文化遗产领域，大多数文化产品并不具有市场开发利用的商业价值，知识产权私法保护模式保护采用单一的经济价值标准衡量非物质文化遗产的做法致使其保护范围相对狭窄。仅采用知识产权私法保护，那些具有巨大潜在经济价值或者具有民族精神价值的非物质文化遗产将会迅速消失。[1]再如，保护不均衡问题。对于市场应用性强、能够产生巨大商业利益的非物质文化遗产，人们趋之若鹜，甚至出现了过度开发利用的情况。对于经济价值较低或尚未体现的非物质文化遗产，人们严重缺乏对其实施保护的积极性。着力不一会导致一些文化遗产无人问津，最终消亡。其次，行政法规公法保护模式也存在不足。行政法规属于公权保护，但与非物质文化遗产法律保护的高标准相比，威慑力不足。行政法规虽然设置了没收违法所得、罚款、行政处分等救济手段，但其处罚力度不能完全抑制严重侵害非物质文化遗产的违法行为。基于经济利益的追逐，很多社会不法分子对于非物质文化遗产的破坏是毁灭性的，需要接受更严厉的惩戒。另外，行政法规体系建设不完善也严重影响着非物质文化遗产的保护效果。有些地方的法规没有明确规定各部门的具体职责，没有明确组织协调机关，由此导致各部门遇事推诿、职责不清、难以及时保护非物质文化遗产。

第三，刑法的保障作用可以有效弥补现行保护模式的不足。与行政法和民法等法律相比，刑法通过将那些具有严重社会危害性的侵犯非物质文化遗

---

[1] 贾学胜："非物质文化遗产的法律保护——以刑法为中心的考察"，载《石河子大学学报（哲学社会科学版）》2008年第4期。

产的行为加以犯罪化的方式来实现对非物质文化遗产的保护，成为非物质文化遗产的最终保障。刑法拥有的国家强制力的保障性质和惩罚的严酷性决定了它的适用条件是，一般部门法无法对法益实现充分保护。可见，刑法在适用方面存在选择的后置性。当前者不能有效保护某种法益时才由刑法予以禁止。"能够不使用刑罚，而以其他手段亦能达到维护社会共同生活秩序及保护社会与个人法益的目的时，则务必放弃刑罚的手段。"[1]在非物质文化遗产保护过程中，基于遗产自身的脆弱性和不可再生、不可复原性，保护法益相对更高。结合风险社会理论，有必要将保护手段前置。从法律威慑性、遏制犯罪动机角度讲，刑法的威严性介入是最有效的保护方式，也可以有效补充目前河北省非物质文化遗产保护模式的不足与缺陷。

（二）刑法保护非物质文化遗产的可行性

对于非物质文化遗产，刑法保护方式的引入是必需的，存在理论与实践的可行性。从理论上讲，"风险社会"理论的提出为其适用做了很好的注脚。风险社会是指人类在利用现代文明技术获取利益的同时，由于科技所具有的副作用而使人类自身处于一种无法掌控的不安全状态。为了应对和调控这种高风险，需要利用刑法的强制性、严厉性，打击社会风险的制造者，威慑潜在的危险分子。伴随着"风险社会"理论的提出，"风险刑法"应运而生。"风险刑法"追求的目标是人类安全，任务是抵御风险。"风险刑法"的法意理解是，对于严重危害社会安全的行为，即使没有出现实害结果，同样也可采用刑法予以打击。对于非物质文化遗产，结合"风险社会"理论，"风险刑法"可以做这样的思考。第一，将刑法的防卫线前移。防卫线前移主要是把抽象危险犯纳入调控范围。针对具体危险犯而言，抽象危险是法律根据人们的一般经验，确定行为具有发生危害的潜在可能性，从而将该行为作为一种法律拟制的危险予以惩罚。抽象危险犯中的危险的认定是根据一般的社会经验。只要社会共识认为该行为具有发生法益侵害的危险性，那么该行为就会被立法机关以构建要件的形式予以类型化，从而采用刑法手段打击类似行为。抽象危险犯主张行为无价值论。只要行为符合构建要件，即使该行为没有引起危险，该行为同样也应该受到处罚。结合非物质文化遗产的不可再

---

[1] 参见林山田：《刑罚学》，商务印书馆1985年版。

生,这样的理论思考特别适合非物质文化遗产的保护要求。第二,法益容量得以扩大。传统刑法法益是物质化、具体化和个人化的,是对生命、财产内容具体法益的保护。风险社会的社会法益则具有抽象化、社会化的特点,包括生态安全、文化安全、社会安全等。风险刑法论者主张重构刑法法益体系,保护抽象的社会法益。具体到非物质文化遗产,侵害行为不仅会损害非物质文化遗产权利人的人身权、财产权,还会侵犯公众的文化权益和国家的文化安全,这正是"风险刑法"所提倡的抽象法益的一种形式。对于那些已经融入公众生活,成为国家文化一部分的非物质文化遗产,因为没有具体的传承人,没有具体的权利义务承受人,所以需要考虑引进"风险社会"的非传统法益,扩大刑法的保护范围,需要刑法尽可能提前保护。增加危险犯罪是实现提前保护的最佳选择。当然,这种"引入"和"增加"不能突破罪刑法定原则,不能无边界地扩大,只能对那些涉及公众文化权益、国家文化安全、文化尊严的犯罪增设必要危险犯,将刑法防线前移。在实践性方面,目前的刑法保护在非物质文化遗产方面已经探索出两条路径:一是在刑法条文中明确侵害非物质文化遗产的犯罪行为,如《刑法》第251条规定的非法剥夺公民宗教信仰自由罪;二是在非刑事法律中通过附属刑法规范保护非物质文化遗产,如《专利法》《著作权法》等法律法规在法律责任部分都有相关的规定。如侵害行为违反有关规定,情节严重的,可依法追究刑事责任。在非物质文化遗产保护过程中,刑法应该处于底线保障法的地位。仅当侵害行为超越行政措施和民事措施的有效应对时,刑法才能发挥保护作用。

(三)刑法保护非物质文化遗产的谦抑性

刑法作为特别的部门法,具有与生俱来的严酷性,也决定了其适用上的谦抑性。谦抑,是指压缩或者缩减。刑法的谦抑性,又称刑法的节俭性或经济性,是指立法机关只有在没有其他适宜的方法替代刑罚的情况下,才能将某种违反法律秩序、确有打击必要的行为规定为犯罪。或者理解为立法者追求以最小的成本(减少动用刑罚甚至以非刑罚处罚措施代替)获取最多的社会效益(一般预防与特殊预防充分发挥)。刑法的谦抑性表现在三个方面:其一,刑法的补充性。刑法的补充性是指刑法应该发挥弥补作用,是法律保护的"第二道防线"。凡是可以采用其他法律方法抑制的违法行为,都不得采用刑罚手段。其二,刑法的效益性。刑罚是一种有限的社会资源,必须注重利用效率。美国学者罗伯特·尤伦认为最优化的刑罚效益不是消灭所有的犯罪，而是努为以最小的代价实现最好的预防犯罪和惩罚犯罪的威慑目标。其三，效用大于损害。根据功利主义哲学理念，刑罚的本质是痛苦的，只有当刑罚所追求的善良结果超过犯罪所导致的危害时，刑罚才可被称为是合理、公正的。刑事立法不是在防止痛苦，而是在制造更大的痛苦，是以较大的恶惩罚较小的恶，这也就决定了刑法在适用上的谦抑性。刑法如果滥用，不仅不能有效地预防犯罪、打击犯罪，还会诱发更多的犯罪。

对于非物质文化遗产而言，刑法保护的限度思考尤为必要。我国现行法律体系实际上存在一种严格的立法位阶。在现有体系中，刑法始终处于最后的保障法的地位。在法律扩展调整对象的大背景下，刑法在整个法律体系中的占比实际上在不断降低，已经成为在万不得已的情况下的选择。"即使行为侵害或威胁了他人的生活利益，也不是必须直接动用刑法。可能的话，采取其他社会统制手段才是理想的。可以说，只有在其他社会统制手段不充分时，或其他社会统制手段（如私刑）过于强烈，有代之以刑法的必要时，才可以动用刑法。"〔1〕因此，一方面，对于其他法律已经纳入规范的侵害非物质文化遗产的行为，要对其进行刑法规制，必须是违反了除刑法外的一般性法律的违法行为，这是行为被纳入刑法规制的前提。同时，只有其他法律手段无法实现法律调整，采取其他规范性措施无法遏止的侵犯非物质文化遗产的行为，才能用刑法加以调整。也就是说，对侵犯非物质文化遗产的违法行为的刑事制裁必须是对那些具有明确违法性，同时社会危害性达到刑法规定的标准的行为。另一方面，对一些严重侵害非物质文化遗产的实害行为，必须是其社会危害性严重性已经超出其他法律手段的调整范围，其他法律手段调整难以满足事后救济的公平性要求，无法遏止侵害行为的继续发生，才可以考虑通过刑法方式进行规制。从刑法谦抑性角度来讲，即使存在刑事立法将更多侵害非物质文化遗产行为入罪的可能，刑法所规制的非物质文化遗产的侵害行为也仍然只是很小一部分，对于一般的非物质文化侵害行为仍然需要运用民事和行政法律手段进行调整。

---

〔1〕［日］平犴龙一：《刑法总论Ⅰ》，有斐阁，转引自陈兴良："刑法谦抑的价值蕴含"，载《现代法学》1996 年第 3 期。

第二节　河北省非物质文化遗产刑法保护现状

一、刑法保护非物质文化遗产的具体形式

根据现行法制体系，刑法对非物质文化遗产的保护主要是根据保护客体进行分类，客体分别表现在知识产权、社会道德、文物等方面。

（一）知识产权犯罪的刑法规范

知识产权犯罪的刑法规范对非物质文化遗产的保护是通过知识产权法得以实现的。当符合知识产权法保护条件的非物质文化遗产遭受侵害时，如果达到刑事犯罪的严重程度，这种违法行为就将受到刑法规制。《刑法》分则第三章第七节把侵犯知识产权罪大致分为四类：一是侵犯商标权的犯罪，具体包括假冒注册商标罪，销售假冒注册商标的商品罪，非法制造、销售非法制造的注册商标标识罪；二是侵犯专利的犯罪，具体有假冒专利罪；三是侵犯著作权的犯罪，具体有侵犯著作权罪，销售侵权复制品罪；四是侵犯商业秘密的犯罪，具体有侵犯商业秘密罪。除此以外，某些以侵害具有知识产权的知识产品为犯罪对象的犯罪也可以被认为是侵犯知识产权的犯罪。例如，生产、销售伪劣商品罪，走私罪，非法经营罪，串通投标罪，盗窃罪，泄露国家机密罪等。1997年《刑法》修订后，规定了一批知识产权犯罪，此后国家再没有颁布相关知识产权犯罪的单行刑事法律，其主要通过司法解释进行完善。1998年12月17日，最高人民法院公布《关于审理非法出版物刑事案件具体应用法律若干问题的解释》；2001年4月18日，最高人民检察院、公安部联合发布《关于经济犯罪案件追诉标准的规定》；2004年12月8日，最高人民法院、最高人民检察院公布《关于办理侵犯知识产权刑事案件具体应用法律若干问题的解释》。这些司法解释对侵犯知识产权罪的定罪量刑的数额标准作出了具体规定。但是，《关于办理侵犯知识产权刑事案件具体应用法律若干问题的解释》最后一条规定："以前发布的有关侵犯知识产权犯罪的司法解释，与本解释相抵触的，自本解释施行后不再适用。"因此，这个解释否定了前两个解释的效力，为司法机关办理侵犯知识产权犯罪案件提供了具体的适用法律依据，有效解决了保护知识产权司法活动中的疑难问

题，有利于加大对知识产权刑事犯罪的打击力度。可见，从现行刑法罪名对非物质文化遗产保护的调整范围来看，知识产权罪刑规范目前发挥主要作用。

(二) 社会道德客体的刑法保护

涉及社会道德的非物质文化遗产是以大脑为载体的观念文化遗产，是指历史传承、世代相传并处于流变状态的纯观念文化遗产，是一个国家、民族或群体思想理念、价值诉求、精神特质的重要组成部分。通过对以大脑为载体的观念文化的非物质文化遗产的保护能够实现对社会良好道德风尚的沿承与保护。在我国，体现道德观念意识的非物质文化遗产主要有：口头传说和文化语言，包括诗歌、神话、史话、传说等；传统表演艺术，包括传统戏剧、民间音乐、民间舞蹈等；社会风俗、礼仪、节庆等。对这些包含社会道德风尚观念的非物质文化遗产的保护实际上是对我国传统文化根基的维护。目前，我国刑法建设在这方面作了相应设置。一是对侵犯社会公序良俗行为的刑事惩罚。如《刑法》第301条聚众淫乱罪；第363条制作、复制、出版、贩卖、传播淫秽物品牟利罪，为他人提供书号出版淫秽书刊罪；第364条传播淫秽物品罪；第365条组织淫秽表演罪。这些罪名的客体都含有我国良好的社会主义道德风尚，它们是在我国社会主义社会形成和发展起来的具有民族文化特色、高尚、淳朴、健康的社会风气习俗，它们当中包含了许多宝贵且历史悠久的非物质文化遗产。刑法所规制的这些犯罪不仅与我国提倡的和谐社会精神文明不符合，也与非物质文化遗产优雅、高尚的价值追求相违背，理应受到刑罚的惩处。[1]二是对侵犯传统宗教信仰、民族传统文化行为的刑事规制。如《刑法》第250条关于出版歧视、侮辱少数民族作品犯罪的规定："在出版物中刊载歧视、侮辱少数民族的内容，情节恶劣，造成严重后果的，对直接责任人员，处三年以下有期徒刑、拘役或者管制。"第251条关于非法剥夺公民宗教信仰自由罪、侵犯少数民族风俗习惯罪的规定："国家机关工作人员非法剥夺公民的宗教信仰自由和侵犯少数民族风俗习惯、情节严重的，处二年以下有期徒刑或者拘役。"这些规定从保护客体上直接

---

〔1〕 朱俊强："论非物质文化遗产的刑法保护"，载《广州大学学报（社会科学版）》2007年第7期。

指向的是少数民族的民族文化和公民宗教信仰自由，对于蕴含其中的传统文化与宗教信仰自由也表现出了高度重视与尊重。

(三) 妨害文物犯罪的刑法规范

非物质文化遗产在很多情况下与其载体不可分割。文物作为非物质文化遗产的表现载体，对其加以保护是实现非物质文化遗产保护的前提与基础。如古文化遗址、古墓葬、有历史价值和纪念、研究价值的建筑、场所、碑刻、器具及其他实物等，除了自身外在表现形式珍贵外，它们同时还承载着那个时代的科学、技术、宗教信仰、生活方式、哲学理念、审美价值等精神瑰宝，是一个国家、一个民族非物质文化遗产的宝贵财富。对文物的保护是非物质文化遗产保护的必由之路。《刑法》分则第六章第四节"妨害文物管理罪"相关罪名的设置，就是通过对破坏某些非物质文化遗产物质载体行为的规制实现对精神文化的终极保护。例如，《刑法》第324条规定的故意损毁文物罪，故意损毁名胜古迹罪，过失损毁珍贵文物罪；第325条非法向外国人出售、赠送珍贵文物罪；第326条倒卖文物罪；第327条非法出售、私赠文物藏品罪；第328条盗掘古文化遗址、古墓葬罪，盗掘古人类化石、古脊椎动物化石罪；第329条抢夺、窃取国有档案罪，擅自出卖、转让国有档案罪。这些罪名便于规制破坏非物质文化遗产"文化空间"以及破坏与传统文化表现形式相关的器具、实物、手工制品等非物质文化遗产中的"遗产"元素的行为，最终实现非物质文化遗产的保护目的。

(四) 附属刑法对非物质文化遗产的保护

附属刑法对非物质文化遗产的保护，是指以附带规定于行政法、民法、经济法等非刑事法律中的罪刑规范作为处罚依据，对侵害非物质文化遗产的行为进行法律规制。在一些涉及非物质文化遗产的非刑事法律法规中，其在内容设置上都有保护非物质文化遗产的附属规范。从刑法角度来讲，根据相关规定，对于那些侵害非物质文化遗产情节严重并构成犯罪的行为，应当按照相应的刑法条文追究刑事责任。2006年12月实施的《国家级非物质文化遗产保护与管理暂行办法》第26条规定："有下列行为之一的，对负有责任的主管人员和其他直接责任人员依法给予行政处分；构成犯罪的，依法追究刑事责任。"该条明确列出了玩忽职守导致破坏国家级非物质文化遗产所赖以生存的文化空间场所，贪污挪用相关国家级的非物质文化遗产项目的保护资金的规定。这些附属刑法规范明确涉及刑事法律中的玩忽职守罪、挪用公款罪、贪污罪等相关罪名，这样规定的目的和本质是更好、更广泛地保护非物质文化遗产。"附属刑法规范作为广义刑法的组成部分，在我国刑事法律体系中一直发挥着重要作用。充分发挥非刑事法律中的附属刑法规范的作用，有助于及时弥补刑法典中的不足，更好地发挥刑法保护非物质文化遗产的作用。"[1]

二、非物质文化遗产刑法保护的不足

多年来，河北省为非物质文化遗产的刑法保护做了大量工作，也取得了很好的成绩。但是，与非物质文化遗产的保护现实相比，仍然还存在一些问题。

（一）知识产权犯罪罪名设置不够科学

运用知识产权保护模式保护非物质文化遗产是结合两者文化产品的契合性，借用知识产权保护模式的成功经验，最终实现继承和发扬传统优秀文化的宗旨。非物质文化遗产是独特、有价值、有内涵的文化表现形式，是相关的智力成果。知识产权保护制度设立的初衷是要有条件、有期限地保护人们实践中相关的智力成果及经营标志，通过社会创新机制的激励促进科技的进步和社会的发展。虽然由于非物质文化遗产具有主体的不特定性、群体性，保护时间上的无限期性、传承性，保护客体的不确定性等特征，建立完备的知识产权制度保护非物质文化遗产还有许多缺陷和不同意见，但我们完全可以从中找到部分法理根据，通过立法技术的完善作出不违背国际公约且符合国情的实施方案设计和创新性的制度安排，[2]借用知识产权保护模式的法理精神与法律原则开展非物质文化遗产的法律保护与知识产权法保护模式的可用性和有效性并不冲突。现实中，运用商标权、专利权、著作权等知识产权来对非物质文化遗产进行法律保护的操作已经非常成熟。而且，当侵犯非物质文化遗产知识产权的行为的社会危害性十分严重，达到犯罪高度时还需要

---

[1] 贾学胜、严永和："非物质文化遗产的刑法保护及其完善"，载《电子知识产权》2008年第3期。

[2] 苏喆、张建梅："论非物质文化遗产的著作权保护"，载《东华大学学报（社会科学版）》2009年第3期。

刑法的介入与规制。但是，从实践过程来看，结合知识产权保护模式的刑法保护还存在一些问题，需要加以改进和完善。

1. 侵犯著作权的犯罪

著作权犯罪的刑事立法是刑法通过知识产权保护非物质文化遗产的重要手段之一。根据《保护非物质文化遗产公约》，第一类口头传说和表述（包括相关史诗、诗歌、神话、传说等）均可被作为口述作品受著作权保护。第二类表演艺术（包括民间音乐、民间舞蹈、传统戏剧、曲艺、艺术杂技等）也可享有著作权。第三类社会风俗、礼仪、节庆中含有许多传统工艺、人体艺术、雕刻等，其中的一些内容也可以被视为美术作品接受著作权保护。对于这些内容的侵犯，根据知识产权法，只要达到一定的严重程度并具有严重社会危害性就可能构成刑法规定的相关知识产权罪。如《刑法》第217条规定了侵犯著作权罪、第218条规定了销售侵权复制品罪。但是，结合非物质文化遗产的具体保护，非物质文化遗产著作权方面的法律设置仍不完善。一是保护范围相对狭窄。《刑法》第217条侵犯著作权罪规定了侵犯著作权构成本罪的六种行为方式：未经著作权人许可，复制发行其文字作品、音乐、美术、视听作品、计算机软件及其他作品的；出版他人享有专有出版权的图书的；未经录音录像制作者许可，复制发行其制作的录音录像的；未经表演者许可，复制发行录有其表演的录音录像制品，或者通过信息网络向公众传播其表演的；制作、出售假冒他人署名的美术作品的；未经著作权人或者与著作权有关的权利人许可，故意避开或者破坏权利人为其作品、录音录像制品等采取的保护著作权或者与著作权有关的权利的技术措施的行为。对比两个法律我们就会发现一个问题，著作权法的保护内容明显大于刑法规制范畴。如果按著作权法相关内容进行刑事保护，现实中能够列入此范畴的非物质文化遗产会有民间文学、民间音乐、民间舞蹈、传统戏剧、传统美术、曲艺、杂技与竞技等，数量非常庞大。但根据《刑法》第217条第5项"制作、出售假冒他人署名的美术作品的"的规定，只有存在制作、出售假冒他人署名的行为，且涉及非物质文化遗产对象是美术作品的时候才会受到刑法的约束和制裁。由此可以看出，从非物质文化遗产保护角度来看，刑法保护范畴明显小于著作权保护，这势必会影响非物质文化遗产法律保护的效果。再如，结合社会信息传播技术的快速发展，《著作权法》适时作出了修正，将网络传播方式纳入了侵权路径的考虑范畴。可以看出，未经表演者、录音录像制作者许可通过信息网络向公众传播其表演或制作的录音录像制品的行为属于违法行为。但是，刑法对于此类新型侵权方式并未作任何规定。基于社会发展和科技进步，网络普及率日趋升高，通过网络获取所需信息已经成为现代人的主要途径。也正是这个原因，越来越多的非物质文化遗产（包括史诗、故事、诗歌、传说、谚语、小说、舞蹈、音乐、戏剧等内容）在未征得权利主体许可的情况下被人在网络上肆意传播，甚至进行恶意歪曲，随意篡改和编撰，不仅严重地侵害了非物质文化遗产的原真性，也极大地损害了非物质文化遗产权利人的合法利益。因此，扩充利用信息网络侵犯著作权的行为进入刑法调整范围的现实紧迫性非常大。二是相关罪名设置要件需要调整。《刑法》对犯罪的规制强调行为的主观要件。但是，结合风险社会理论与非物质文化遗产的特有属性，相关犯罪构成的要件设置需要加以调整。如《刑法》第 217 条侵犯著作权罪、第 218 条销售侵权复制品罪的犯罪构成都明确规定了"以营利为目的"的主观要件。最高人民法院、最高人民检察院于 2004 年颁布的《关于办理侵犯知识产权刑事案件具体应用法律若干问题的解释》第 11 条也规定："以刊登收费广告等方式直接或者间接收取费用的情形，属于刑法第二百一十七条规定的'以营利为目的'。"但是，在现实中，很多侵犯非物质文化遗产著作权的行为并没有"营利"的主观目的。如非物质文化遗产的网络侵权，很多人对于非物质文化遗产的侵犯单纯是出于歧视、恶搞，甚至贬低和污蔑的故意，这样的违法行为具有更大的主观恶性，犯罪动机更具侵犯性。如果一味地强调"以营利为目的"的主观要件，对这些新型犯罪就无法进行有效的法律规制，不仅不利于对非物质文化遗产的保护，还会给法律的公正性与科学性造成极大冲击。

2. 侵犯商标权的犯罪

实践中，运用商标法对非物质文化遗产实施保护的做法已经非常成熟。如 2004 年流传于重庆铜梁地区的传统舞龙艺术"铜梁火龙"被成功注册为商标。少林寺从 1998 年起就开始在国内外注册有关"少林""少林寺"的商标，从开始注册类别的武术表演，至目前已经在国内注册了 29 大类商品近 100 个商标，2000 年起又向全球 68 个国家提出了"少林"商标注册申请，有效阻止了他人对"少林寺"名称的滥用，确保了少林寺的声誉。[1] 通过商标模式，大量的非物质文化遗产得到了有效保护，同时现行刑法中知识产权类罪名里对商标权犯罪罪行规范规定存在的缺陷也被暴露了出来。对于侵犯商标权的犯罪，《刑法》规定了假冒注册商标罪、销售假冒注册商标的商品罪、非法制造、销售非法制造的注册商标标识罪。这三个罪名中与非物质文化遗产保护关联最为密切的是假冒注册商标罪，实践中也是存在问题最多的法律规定。具体表现在以下几个方面：

第一，假冒注册商标罪保护的范围过于狭窄，非物质文化遗产商标专用权人的权益不能得到充分保护。假冒注册商标罪，是指未经注册商标所有人的许可，在同一种商品上使用与其注册商标相同的商标，情节严重的行为。本罪的客观方面表现为未经注册商标所有人的许可，在同一种商品上使用与其注册商标相同的商标，情节严重的行为。可见，刑法规制的违法行为是同种商品的相同商标的使用。但是，在同一种商品上使用与他人注册商标近似的商标，或是在类似商品上使用与他人的注册商标相同的商标，再或是在类似商品上使用与他人注册商标相近似的商标，这些行为会造成与同种商品使用相同商标几近相同的损害后果。但是，这三种行为按照罪刑法定原则被排除在犯罪之外。尤其是非物质文化遗产，本身作为智力产品更为原则与抽象，客体及法益指向难以框定，侵权行为规制的单一化与模式化无疑会给侵权违法者过大的操作空间，不仅侵犯了权利人的合法权益，也冲击了法律体系的严肃性与公正性。例如，已被列入第一批国家级非物质文化遗产名录的景德镇手工制瓷技艺，现在已经由景德镇陶瓷协会向国家申请注册了"景德镇"陶瓷商标，如果有人恶意生产同样外形的陶瓷产品并标明"景德镇"，那么该行为即属于"在同一种商品上使用与他人注册商标近似的商标"的行为，由于标识符号"德"与"徳"两字只有一横之别，其劣质产品足以破坏景德镇手工制瓷技艺的声誉和形象，其实质上就是对非物质文化遗产及其发源地人民权利的侵犯，但按现行刑法规定，此种行为却不能构成假冒注册商标罪。所以，扩大侵权行为范围，尤其是刑法保护客体的扩容意义重大。在

---

[1] 吴安新、张磊："非物质文化遗产商标保护的困境与出路"，载《民族艺术研究》2009年第3期。

相同商品上使用近似商标和在类似商品上使用相同或近似商标的社会危害性不逊色于在相同商品上使用相同商标的行为。"虽然它们在客观表现上有所区别，但是，这是非本质性的，并不影响其行为性质的认定和降低其社会危害性。"[1]TRIPs也明确规定了各成员方对商标保护的最低标准，对于侵权行为持有开放态度。该协议第16条规定："商标权人应享有防止任何第三方未经许可而在贸易活动中使用与注册商标相同或近似的标记去标识相同或类似的商品或服务，以免造成混淆。"

第二，刑法规范中商标犯罪服务商标的排除限制了注册服务商标非物质文化遗产权利人权益的保护。我国《商标法》第4条第2款明确规定："本法有关商品商标的规定，适用于服务商标。"但是，服务商标的侵权行为却不在《刑法》的调整范畴内。事实上，随着社会的发展进步，在未征得服务商标所有人允许的情况下，在同一种服务上使用与已经注册的服务商标相同的商标，其产生的危害性非常大。排除该类行为的违法性，会严重侵犯服务商标所有人的正当权益，冲击法律的公正性。对于服务商标，国际上的普遍做法值得我们借鉴。TRIPs明确将服务商标（特别是其中的驰名商标）纳入了其保护范围。为了优化保护效果，还专门设定了驰名商标的认定标准，即应当顾及有关公众对其知晓的程度，包括在该成员地域内因宣传该商标而使公众知晓的程度。我国现行刑法排除注册服务商标保护的做法存在法律设置上的缺陷。学界更倾向于服务商标的保护入围。"假冒注册服务商标的社会危害性并不比假冒注册商标行为低，将注册服务商标的行为纳入刑法规制的范围，是刑法公平和正义理念的体现和要求。相同的人和相同的情形必须得到相同的或至少是相似的待遇，只要这些人和这些情形按照普遍的正义标准在事实上是相同的或相似的。"[2]尤其是非物质文化遗产，基于其本质属性的要求，在商标保护模式中进行注册的很多是服务商标，刑法仍将假冒他人服务商标的行为排除在假冒注册商标犯罪之外，势必会影响非物质文化遗产法律保护的实际效果。

---

[1] 贾学胜、严永和："非物质文化遗产的刑法保护及其完善"，载《电子知识产权》2008年第3期。

[2] 贾学胜、严永和："非物质文化遗产的刑法保护及其完善"，载《电子知识产权》2008年第3期。

第三，对于反向假冒注册商标的行为，刑法规定相应缺失。《商标法》明确规定"未经商标注册人同意，更改其注册商标并将更改商标的商品投入市场的"行为是侵犯注册商标专用权的行为。但是，这种反向假冒行为根据现行刑法规定并没有得到相应的法律规制，很难通过法律途径对相应侵权甚至是违法行为进行司法惩戒，对相关权利加以法律救济。实践中，某些不法分子先是更改已注册的非物质文化遗产产品的商标，再把产品投放市场，借用类似合法商标的蒙蔽性实现非法利益，对非物质文化遗产造成的破坏巨大。因此，刑法对该类违法犯罪应该予以规制，这不仅是非物质文化遗产法律价值观念以及道德标准的相关内在要求，也是国际上的通行做法。"通过寻求民事、行政和刑事手段来保护知识产权是TRIPs对其成员和地区的基本要求，各成员国和地区的相关规定不应当低于此保护标准。作为正在加大和融入世界交流的中国，按照TRIPs的要求进行刑事立法的改革修订，扩大刑法侵犯商标权犯罪的相关内容和范围，使之对商标权的保护更加合理，必将对非物质文化遗产的保护起到有效促进作用。"[1]

3. 侵犯专利权的犯罪

专利权被引入保护序列是利用知识产权模式或借用其原则或精神保护非物质文化遗产的新尝试。实践证明，该条路径既必要且有效。在非物质文化遗产资源开发利用过程中，尤其是在产业化发展过程中，非物质文化遗产发源地以外的地区觊觎非物质文化遗产诱人的商业价值，通过细微的改造并申报专利，利用所谓的"合法垄断"阻却包括权利人在内的所有人对非物质文化遗产的利用。非物质文化遗产的被模仿和滥用，包括改造过程中通过文化复制形成所谓专利的违法行为，对于权利人是一种严重的侵权，对于包括刑法在内的法律体系构成严重冲击。之所以会产生违法问题，一是因为一些非物质文化遗产巨大的商业价值，同时也与非物质文化遗产与专利产品的近似性密不可分。根据《保护非物质文化遗产公约》的分类，很多非物质文化遗产都具有专利属性。如第三类的民俗活动、礼仪、节庆中的工艺、雕刻人体艺术等，当其附着于产品时，可以适用外观设计的法律要求进行专利法保

---

〔1〕 贾学胜、严永和："非物质文化遗产的刑法保护及其完善"，载《电子知识产权》2008年第3期。

护。第四类关于自然界和宇宙基础知识及实践不能直接引用知识产权法进行保护，但当中某些生产生活具体技艺技能可以构成发明和实用新型，第五类的传统手工艺技能可以构成专利上的实用新型。基于这些邻接性与相似性，某些非物质文化遗产稍加改造就可以取得发明或实用新型专利，接受专利法的保护。现实中涉及非物质文化遗产专利纠纷的案件也大量存在，如"贵州省歌舞团一级演员、著名苗族芦笙演奏家东单甘与雷山县丹江镇排卡村知名芦笙制作艺人莫厌学关于18管芦笙专利权纠纷案"就是典型代表。[1]但是，从我国目前刑法对知识产权的保护尤其是关于侵犯专利权的犯罪刑事立法方面来看，相应设置还不是很完善。我国刑法目前只规定了一个罪名——"假冒专利罪"。随着非物质文化遗产保护和商业开发的进一步扩大，单一"假冒专利罪"的设置在惩治侵犯非物质文化遗产犯罪行为时已显得十分不足。具体表现为：一是对于非法实施专利的行为，刑法未将其入罪。我国《刑法》第216条规定："假冒他人专利，情节严重的，处三年以下有期徒刑或者拘役，并处或单处罚金。"按照该条规定，刑法只对假冒他人专利的行为，即只对冒充他人已经享有专利权的专利的行为进行惩处。《专利法》与《刑法》关于专利犯罪的适用存在竞合，但是在法律设置上却并不统一。通过对比分析《专利法》和《刑法》的规定，可见现行法律规定的假冒专利并不包括非法实施他人专利的行为。另外，《专利法实施细则》对假冒他人专利行为内容的界定，通过列举的方式明确了四种假冒他人专利的行为，但也未将非法使用他人专利列入其中。由此可见，《刑法》和《专利法》都并未将非法使用他人专利的专利侵权行为规定为犯罪。专利权作为知识产权的一种，是发明创造人或其权利主体对特定的发明创造在特定期限内依法享有的独占实施权，其实质核心是使用专利的独占权。依附于专利产品之上的专利标记、专利号等标识权都是衍生权利，是独占权的放射，是主权利之下的次生权利。按照现行法律规定，假冒他人专利的行为所侵犯的就是这种次生权利，属于犯罪行为。非法实施专利的行为所侵害的客体是专利权设置的核心权利——独占权，但是目前该行为并没有入刑，甚至根据《专利法》的

---

[1] 卓仲阳、杨正文："知识产权在我国民族民间文化立法保护中的作用"，载《西南民族大学学报（人文社会科学版）》2005年第11期。

专门规定,违法后果也相对较轻。基于法制建设公平性原则以及保护专利权人合法权利的考虑,相关法律(尤其是刑法)设置应该扩容,不仅要对专利相关标识形式进行保护,最重要的是要对侵害专利权人实质内容的行为予以打击,将非法实施专利的行为入刑,维护专利制度的权威性并充分保护专利权人的合法权益。二是加大对冒充专利行为的刑事打击力度。目前,一些国家(包括美国、英国、法国、德国等)在专利法设置上对于"假冒他人专利"与"冒充专利"行为并未作严格区分。但是,我国法律对于这两种行为作了区别界定。2003年2月1日实施的《专利法实施细则》第85条通过列举方式将五种行为规定为"以非专利产品冒充专利产品、以非专利方法冒充专利方法的行为"。客观地讲,冒充专利行为的社会危害性并不逊于假冒他人专利行为的社会危害性,产生的危害甚至要大于假冒行为。两者都破坏了国家的专利制度,损害了国家及公众的利益,冲击了社会正常的经济秩序。因此,从法制建设均衡性方面来看,情节严重并有更大社会危害性的冒充专利行为应当被规定为犯罪,纳入刑法的规制范畴。

(二)法制体系建设不够全面

1. 法律保护不够均衡

目前,对于非物质文化遗产刑法并未作条文上的专门设置,保护目标的实现都是通过相关罪名间接完成的。如《刑法》第251条规定了"非法剥夺公民宗教信仰自由罪""侵犯少数民族风俗习惯罪",无论是宗教信仰还是民族风俗习惯,其中都包含和涉及大量的民间文学、民俗、民间音乐、民间舞蹈、传统美术、曲艺等内容,作为观念文化的非物质文化遗产蕴含其中。我国应通过类似罪名设置及司法实务,使非物质文化遗产最终得到刑法保护。但是,从现实情况来看,这种间接的法律规定从非物质文化遗产保护角度来看也存在一定的不均衡性。以非法剥夺公民宗教信仰自由罪为例,该罪是指国家机关工作人员非法剥夺公民的宗教信仰自由,情节严重的行为。本罪保护的客体是公民的宗教信仰自由权利,客观方面表现为非法剥夺公民的宗教信仰自由,情节严重的行为。本罪的犯罪主体为特殊主体,即国家机关工作人员。从主体角度来讲,本罪犯罪主体仅限于国家机关工作人员,主体范围显得过于狭窄,忽视了一般民众的犯罪构成。现实中因为宗教信仰、价值理念、思想意识和现实利益的不同,做出非法剥夺公民宗教信仰自由行为的往往是一般主体。对国家机关工作人员科以较重之责任，虽然可以防止其由于特定身份实施该行为的社会危害性增值，但却容易造成刑法忽略对普通人实施该行为的社会危害性的评价。宗教信仰崇拜和非物质文化遗产具有高度的关联性，很多属于非物质文化遗产的民俗都是基于宗教崇拜而产生的。宗教信仰和崇拜通过长期的社会生活实践形成一整套祭祀仪式并逐渐发展成为一种习俗，对于此类习俗（即非物质文化遗产）的保护，背后体现的是对宗教神灵的崇拜和信仰。伴随着宗教的传播与变异，相关习俗也会随之发生变化。从这个角度来看，对宗教信仰自由权利的保护就是对非物质文化遗产的保护。非法剥夺公民的宗教信仰自由体现的是对公民宗教信仰价值理念或在宗教价值理念诉求基础上孕育出的非物质文化遗产的破坏。但是，在现实生活中，阻挠参加宗教活动，捣毁或封闭宗教活动场所等剥夺公民的宗教信仰自由的行为并不局限于国家工作人员主体，大多数情况下，一般主体实施违法犯罪的概率更高。尤其是在一些宗教信仰种类较多，公民信教较为普遍的民族区域，因信仰不同引发的违法犯罪情况屡见不鲜。对于一般公民的犯罪不加追诉无法阻却违法施动，不仅不利于保护非物质文化遗产，还会影响民族间的团结与社会稳定。

再如，侵犯少数民族风俗习惯罪，该罪是指国家机关工作人员侵犯少数民族风俗习惯，情节严重的行为。本罪设置的不均衡主要表现在客体方面。所谓少数民族风俗习惯，是指各少数民族在历史发展中形成的在婚姻、饮食、丧葬、社交礼仪等方面具有本民族特色的习惯。[1]本罪的保护客体是少数民族保持和改革本民族风俗习惯自由的权利，客观方面表现为非法侵犯少数民族风俗习惯，情节严重的行为。对少数民族风俗习惯的保护，有利于实现宪法规定的各民族的平等权利和民主权利，有利于进一步繁荣和发展民族文化，有利于维护民族团结和维护社会稳定。从刑法对本罪客体的规定看，其保护的是少数民族保持和改革本民族风俗习惯自由的权利，范围限定为"少数民族"。这种设定引发了一些质疑：什么是"少数民族"？在民族融合飞速发展的今天应如何科学界定"少数民族"？现在很多汉化了的少数民族，长期以来一直生活在汉族地区与汉族人民和谐相处，所处的社会条件和生活

---

〔1〕 参见马克昌主编：《刑法学》，高等教育出版社2003年版。

环境与汉族人民完全相同，本民族原有的风俗习惯意识早已淡化甚至是消失不在，生活习俗与习惯同汉族无异，对于原有风俗传承保持的热情与关注度并不高。在这种情况下，如果发生国家机关工作人员非法侵犯该族人民风俗习惯，情节严重的行为，刑法是否要加以惩治？还有一种情况是少数民族化了的汉族。基于各方面的原因，一些汉族公民长期散居于少数民族聚居地，受少数民族文化的熏陶，逐渐接受和继承了当地的民族风俗习惯，呈现出了不同程度的少数民族化，成了实质上的"准少数民族"。如果国家机关工作人员侵犯他们这一部分人继承的少数民族的风俗习惯，刑法是否要予以规制？[1]对于这些问题，我们在非物质文化遗产刑法保护过程中都会遇到，客体的界定不明势必会影响司法的最终成效。我国《宪法》规定，各民族"都有保持或者改革自己的风俗习惯的自由"。对于破坏民族风俗的行为，不管是汉族破坏少数民族的行为，还是少数民族破坏汉族风俗习惯的行为，侵犯的都是该民族公民所依法享有的宪定权利。事实上，包括少数民族在内，56个民族都是大中华民族的组成部分，不论是谁侵犯都是破坏了民族团结和民族平等原则，伤害了民族情感和尊严。所以，《刑法》在该条设定上只关注少数民族的相关风俗习惯，忽视了主体汉民族的民族感受，在一定程度上会造成汉文化遗产保护传承的缺失，影响中华民族整体的文化建设。

2. 国家文化产权和民族文化产权保护不足

有学者认为："非物质文化遗产的传承人可以分为个人、家庭、社区、民族、国家共五个层次。以传承人的范围为标准，非物质文化遗产的权利主体大体可以分为国家、团体和个人三种类型。"[2]从现行我国法律体系来看，包括公法、私法在内的法律法规重点保护的权利主体为群体（团体）和个人的非物质文化遗产。事实上，作为国家或民族不特定的大多数民众在长期的历史长河中创造并传承下来的文化积累，更多的非物质文化遗产反映的是一个国家或民族整体的、基本的思维习惯、价值诉求、文化心理结构、宗教信仰，内容包括一个国家或民族的社会风俗、节庆、礼仪、语言等。这些

---

[1] 刘松："侵犯少数民族风俗习惯罪若干问题研究"，载《四川警官高等专科学校学报》2002年第1期。

[2] 齐爱民："非物质文化遗产系列研究（二）保护非物质文化遗产的基本法律问题"，载《电子知识产权》2007年第5期。

非物质文化遗产具有国家和民族所有的专属性，权利主体是国家或民族，是一个国家文化不可或缺的组成部分，代表着国家或民族的文化主权，拥有着以国家或民族为权利主体的知识产权。为了加强保护，我国《刑法》就知识产权内容作了八个罪名的规定，分别是假冒注册商标罪，销售假冒注册商标的商品罪，非法制造、销售非法制造的注册商标标识罪，假冒专利罪，侵犯著作权罪，销售侵权复制品罪，侵犯商业秘密罪。但是，仔细分析这些罪名，在现行涉及传统知识产权的刑法规定中，非物质文化遗产的权利主体仅限于团体和个人，包括泄漏或贩卖传统工艺技能、民间医药秘方、传统戏剧表演秘密等众多侵犯国家知识产权的行为。"这样的法律规定限制了国家作为权力主体担当保护宝贵的非物质文化遗产的知识产权的责任，这种只强调保护法人及自然人私权知识产权而不保护国家知识产权（文化产权）的刑事立法规定，凸显了我国刑事法律体系的严重不足，亟待进一步增强完善。"[1] 非物质文化遗产作为国家的无形文化遗产，代表着国家最古老、最鲜活的文化历史传统，是一个国家和民族文化"软实力"的优势资源。对非物质文化遗产的保护，是弘扬国家传统文化，把握时代脉搏，继往开来、推陈出新的前提与保障。"近年来社会上总是出现一些与社会主义和谐社会不相和谐的音调，一些人不遵循基本道德规范，不尊重基本历史事实，恶意诋毁本民族的优秀文化观念，恶意歪曲和篡改本民族文化的真实内容和含义，恶意否定国家的文化象征，故意否定本国的传统科学技术，诋毁传统技能和传统技术的历史和现实作用，故意从人格或人身方面丑化本国文化先哲和伟人，恶意贬低本民族文字语言等等行为。"[2] 违法行为的存在给文化遗产造成了极大的损害，同时也冲击了国家的制度建设与法制体系，挫伤了民族自豪感，还影响了国家和社会安定团结。所以，拓展国家或民族为权利主体文化产品的刑法保护势在必行。

3. 行业主管部门及工作人员渎职入刑规范缺失

从目前的法制建设来看，非物质文化遗产的保护主体是国家机关工作人

---

[1] 朱俊强："论非物质文化遗产的刑法保护"，载《广州大学学报（社会科学版）》2007年第7期。

[2] 朱俊强："论非物质文化遗产的刑法保护"，载《广州大学学报（社会科学版）》2007年第7期。

员。这种设置可以避免保护过程中部门间相互推诿、权责不明,对非物质文化遗产的保护更具针对性、专业性与实效性。对于主管部门及工作人员的渎职行为也有相关的法律规定。但是,目前的法律规定更多地局限于行政处罚方面,刑事规定相对缺失,对保护主体的侵害行为也规定得不全,需要加以补充完善。如故意实施破坏以物质为载体的非物质文化遗产行为的行政机关及责任人员的定罪问题。很多非物质文化遗产(如民间文学、民间舞蹈、民间音乐、传统美术、传统手工技艺等)都需要通过物质载体呈现,它们的存续以载体的存在为前提条件。载体一旦遭到破坏,非物质文化遗产也就失去了相应的传承平台。对于这些非物质文化遗产,我们不仅要保护非物质文化本身,更重要的是要保护它的"生命之源"。《刑法》第六章第四节规定了"妨害文物管理罪",其中的犯罪构成,除了非法向外国人出售、赠送珍贵文物罪外,规定的犯罪主体都是自然人。这种设定忽视了行政机关主体故意破坏非物质文化遗产载体的刑事规制,存在法律设置上的不足。根据"妨害文物管理罪"的规定,对于实施相同违法行为的行政机关(除了非法向外国人出售、赠送珍贵文物罪、倒卖文物罪外),即使是行政机关以集体的意志实施了"妨碍文物管理罪"的犯罪行为,刑法也不能将其作为承担刑事责任的犯罪主体来处罚。"在全球化和城市化进程中,这种政府行政机关为了开发建设,故意破坏这些非物质文化遗产物质载体的行为经常发生,此种刑事立法规定,实际上容忍甚至是纵容行政机关破坏以物质为载体的非物质文化遗产犯罪的行为,不利于我国非物质文化遗产的保护。"[1]再如,对于负有非物质文化遗产保护职责的工作人员渎职造成非物质文化遗产破坏行为的刑事处罚,刑法也没有相应规定。非物质文化遗产作为一种特殊的文化产品具有不可再生、不可复原性,一旦遭到破坏可能便会永久消失。负有保护职责义务的国家机关工作人员的担子非常重、责任非常大。但是,如果肩负着这样重要职责的国家机关工作人员在保护非物质文化遗产的活动中不负责任、疏于管理、滥用职权、玩忽职守,妨害了国家对非物质文化遗产的正常管理活动,致使非物质文化遗产实物资料遭到重大破坏,对于这些造成了严重的破

---

[1] 贾学胜、严永和:"非物质文化遗产的刑法保护及其完善",载《电子知识产权》2008年第3期。

坏后果的行为是否要追究其刑事责任？目前的法律规定会给予行政处罚，能否入刑、如何入刑、达到什么样的损害标准会引起刑事追责目前还没有相关规定。"虽然对国家机关工作人员在非物质文化遗产保护和管理活动中出现的渎职行为，可以由相关法律的附属刑法规范先作出规定，再依照《刑法》的渎职罪一章的具体规定追究刑事责任。但是《刑法》已经对物质文化遗产保护管理中的渎职行为以专门的罪刑规范予以规制，另外非物质文化遗产的价值及重要性也是极大的，且由于本质特性导致其比物质文化遗产保护更加困难。如果不制定相应的专门罪刑规范，容易在司法实务中造成误解，即认为对于非物质文化遗产的保护和管理中的渎职行为只有行政责任而没有刑事责任。"〔1〕

（三）刑法保护非物质文化遗产不足的原因分析

多年以来，刑法在非物质文化遗产保护中发挥了巨大作用，极大地促进了非物质文化遗产保护进程的推进与完善。但是，与非物质文化遗产保护的现实要求相比，刑法规制还存在很多不足与问题。究其原因，主要体现在理念和制度两个方面。

1. 理念方面

第一，对文化权益的重视不够。法的设立与践行目的在于利益保护，即法益的保护。法益理论在现代刑法理论发展过程中占有重要地位，国外不少法学家均认为法益是确立犯罪构成的基石，认为刑法的根本任务就是法益保护。根据法益理论，侵犯非物质文化遗产类犯罪的法益具有二元性特点。既有以人身权益和财产权益为载体的传统法益，同时还包括以文化权益为载体的非传统法益。传统法益如非物质文化遗产权利主体的生命健康权、人身自由权以及衍生出来的知识产权及相应财产权。非传统法益的文化权益则是指文化所承载的文化权利和利益。与传统法益相比，非传统法益具有抽象性、无形性、非物质的特征，强调的是对文化价值和文化权利的保护。文化权益的独有特性决定了对其实施保护的特殊性与复杂性，也增加了包括刑法在内的司法上的难度。且其不是一个独立的权益团，它可能归属于国家法益、个人法益或者社会法益。从文化本身的属性来说，文化是一个极为抽象的概

---

〔1〕 贾学胜、严永和："非物质文化遗产的刑法保护及其完善"，载《电子知识产权》2008 年第 3 期。

念。对其损害程度的确定特别是是否达到犯罪标准的确定十分困难。但是，准确评价其损害程度又决定着罪与非罪、如何施加刑罚等本质性问题，对于刑法的践行是一个必须克服的难题。另外一个问题涉及权益主体的确定。如果脱离其所归属的法益，那么将无法确定文化权益的主体，保护对象无法确定。非物质文化遗产作为一种历史文化、民族文化，合法的权利主体更多地居住于偏远山区或相对不发达地区，本身维权意识不强，遇有侵害，主张权利救济的主观愿望和客观条件都相对缺失。而且，很多非物质文化遗产基于其公共利益的属性，对它的损害实际上是对全社会公众文化权益的侵害，侵害的是社会公众的共同权益——以文化遗产公共利益为内容的社会法益。在这种情况之下，作为团体或个人主张权利救济的能动性较低，在法律上也不是适格主体。如果国家或民族不提起主动保护就会形成社会法益的受损。二是违法阻却前置意识的缺乏。关注违法施动阻却前置与非物质文化遗产的特有性质相关。基于非物质文化遗产的脆弱性与不可再生的特性，刑法提早介入对它的保护过程显得尤为重要。传统的"法益侵害说"认为，犯罪是指行为人的行为对法所保护的利益或价值造成损害或使利益、价值面临危险。然而，当代社会逐渐体现出了"风险社会"的特性，随着工业社会的发展，潜在危险不断增多，各种风险不断重叠、汇集，极易引发毁灭性的灾害。[1]在风险社会中，仅仅关注灾害过后的事后惩治不足以应付当代社会的风险。在这种情况下，预防主义刑法思想诞生了。根据预防主义思想的理论指导，很多国家的刑法都通过规定具体危险犯或者抽象危险犯来阻止特定的危险转变为实害。对于具体危险犯，在其行为对法益产生损害的危险时就施加法律制裁，将保护环节前置以实现对法益更为周延的保护。对于抽象危险犯，通过法律规定将其直接明确为一种危险，认为实施某种行为规定有可能引起法益损害的危险，提前加以阻却。这种法律精神非常适合对非物质文化遗产的保护。我国刑法中关于文化遗产的罪名设置目前大部分都属于结果犯，如侵犯知识产权类犯罪都要求情节严重或者违法所得数额巨大，妨害文物管理罪中的故意损毁文物罪、倒卖文物罪都要求情节严重或出现实害结果。但是，结合非物质文化遗产的特有属性，一旦出现违法犯罪尤其是情况后果严重，

---

[1] 张明楷："'风险社会'若干刑法理论问题反思"，载《法商研究》2011年第5期。

非物质文化遗产可能就会永久消失，再严厉、再完善的事后补救都无法满足当初法益保护的初衷。所以，参考风险社会与预防主义的法律思考，将保护措施前置，对于非物质文化遗产的保护更具实效。

2. 机制方面

(1) 主体刑法关于非物质文化遗产的保护不够完善。

第一，侵害非物质文化遗产表现形式罪名设置不周全。如侵犯公民传统的宗教、文化信仰类的犯罪设立，在主体和客体方面都存在不足。根据我国《刑法》第251条的规定，国家机关工作人员非法剥夺公民的宗教信仰自由和侵犯少数民族风俗习惯，情节严重的，构成非法剥夺公民宗教信仰自由罪或侵犯少数民族风俗习惯罪，处二年以下有期徒刑或者拘役。从现行罪名设立来看，该犯罪主体仅限于国家机关工作人员，范围相对狭窄。现实生活中存在普通公民通过非法违法方式强迫他人改变信仰或者强迫他人放弃信仰的行为，这种由一般主体实施的违法行为在客观方面符合非法剥夺公民宗教信仰自由罪的法律要件，但是因为主体不适格的原因将会被排除在刑事犯罪之外，不能依法追究其刑事责任，这种做法无疑是一种放纵，会导致普通公民的违法施动。侵犯少数民族风俗习惯罪的设置缺陷表现在保护对象相对狭窄方面。该罪的保护对象只包括少数民族风俗习惯，忽视了汉民族的风俗习惯。虽然汉民族是我国的主体民族，但不能因为它的主体性而否认其宪定权利。我国宪法赋予了每个公民保持民族风俗的权利且未作民族划分。所以，作为中华文化重要组成部分的汉民族的风俗习惯应该得到同等保护。

第二，对非物质文化遗产载体的保护不足。非物质文化遗产的文化载体可以被分为文物类和准文物类两个类别。在文物类方面，首先是保护范围过窄。《刑法》第324条规定了故意损毁文物罪、过失损毁文物罪两罪，两罪的犯罪对象仅限于全国重点文物保护单位保护的文物、省级文物保护单位的文物、国家保护的珍贵文物三种文物。对于故意或者过失损毁一般文物或者市、县级文物保护单位的文物的行为，即使情节严重，也无法加以刑苛。其次是刑罚的不均衡。同样是损毁文物的行为，故意损毁文物罪的刑事责任是三年以下有期徒刑或者拘役并处或者单处罚金。过失损毁文物罪的主刑虽然同样是三年以下有期徒刑或者拘役，却没有单处罚金的规定。倘若故意损毁文物罪单处罚金，那么过失损毁文物罪的刑罚必然重于故意犯罪的刑罚，由此导致刑罚不均衡。《刑法》第 325 条规定了非法向外国人出售、赠送珍贵文物犯罪。两罪所规制的犯罪行为都是出售、私赠的行为，但两罪的刑罚却有很大不同。非法向外国人出售、赠送珍贵文物罪的犯罪主体为自然人或者单位，法定刑是五年以下有期徒刑或者拘役，可以并处罚金。非法出售、私赠文物藏品罪的犯罪主体是国有博物馆、图书馆等单位，法定刑是三年以下有期徒刑或者拘役。两罪的行为相同，却由于犯罪主体的不同而导致国有博物馆、图书馆等单位所受刑罚明显轻于一般自然人或者非国有单位，也属刑罚设置不均衡。再次，犯罪主体设置不够全面。除倒卖文物罪，非法向外国人赠送、出售珍贵文物罪，非法赠送、出售文物藏品罪外，故意损毁名胜古迹罪、故意损毁文物罪、过失损毁文物罪三罪的犯罪主体都是自然人，单位犯罪不在其中。在现实生活中，有许多单位基于追求商业利益而故意或者过失损毁文物、名胜古迹，但却因为法律规制不周全逃避了刑事制裁，非常不利于对文物的保护。最后，文物类犯罪中的文物界定不统一。《刑法》第 324 条规定的"故意损毁文物罪、过失损毁文物罪"中的文物是国家保护的珍贵文物、省级文物保护单位的文物、全国重点文物保护单位的文物。第 325 条规定的"非法向外国人出售、赠送珍贵文物罪"中的文物仅指国家禁止出口的珍贵文物。第 326 条规定的"倒卖文物罪"中的文物则指国家禁止经营的文物。这罪名使用的都是"文物"二字，但是在内容确定上却并不相同。准文物方面，缺乏相应的刑法保护。有些非物质文化遗产的实物载体目前还没有被列入文物保护范围，但是并不否认其巨大的文物价值。如某些古桥、古树木、古建筑等，这些文化遗留虽然不是名胜古迹，目前也没有被认定为文物，但却是当地人千百年来的精神寄托与文化象征，一旦破坏蕴含其中的非物质文化就会消失不再。不能因为载体保护级别的原因而破坏其中的非物质文化遗产。目前，法律规制处罚相对较轻，不足以阻却违法施动，应该引介刑法规制。

第三，对于破坏具有知识产权的非物质文化遗产类犯罪的规则不足。

目前，对于具有知识产权的非物质文化遗产的刑法保护主要集中在商标、著作权、专利几个方面。

首先，惩治侵犯商标类犯罪存在不足。根据我国《刑法》的现行规定，假冒注册商标罪具有"两同"和"一标"的特点。"两同"即同种商品、同种商标,"一标"即商品商标。对于证明商标、服务商标、集体商标,无论违法行为情节如何严重都不会构成知识产权类犯罪。未经非物质文化遗产商标注册人的同意,在类似的产品上使用与其已注商标相似的或完全相同的商标不能被纳入刑事犯罪。另外,非法制造、销售非法制造的注册商标标识犯罪的规定也存在不足。该罪目前的罪犯设立只调控销售非法制造的注册商标标识,未经允许销售合法制作的注册商标标识不在调控范围内。事实上,倘若行为人未经非物质文化遗产商标注册权人同意,擅自销售真实的注册的非物质文化遗产商标标识,危害后果更加严重。因为真的商标标识更具有欺骗性,配合虚假产品引发的社会危害性更大。但是,因为法律设置的不周全,相应违法行为不能被刑事追究。

其次,惩治著作权类犯罪存在不足。著作权类犯罪的刑法设置存在一定问题,如对于主观要件的过度要求。《刑法》第217、218条分别规定了侵犯著作权罪和销售侵权复制品罪,两罪都特别强调了以营利为目的的主观要件。事实上,随着社会的进步与发展,侵犯具有知识产权的非物质文化遗产犯罪在很多情况下并不一定会有主观营利的目的,很多犯罪仅仅是出于传播展示或其他的非法目的,强调主观营利的主观要件会影响刑事打击的司法效果,也会加大司法机关的举证难度,不利于打击犯罪。《刑法》第217条通过列举的方式对侵犯著作权的犯罪行为进行了规定。随着社会的发展,这种列举式的条文设置结合"法无明文不为罪"的司法原则极易造成规制对象过窄的窠臼。就侵害非物质文化遗产著作权的侵害行为而言,实际生活不仅存在刑法已经列举的侵害行为,还存在许多其他的侵害行为。诸如未经非物质文化产著作权人同意,通过信息网络传播权利人的非物质文化遗产作品、表演或者故意破坏、歪曲非物质文化遗产作品等。这些行为不能因为法律设置的缺失而逃避刑事惩治。

最后,惩治侵害非物质文化遗产专利类犯罪不足。依据现行刑法,假冒专利罪调控的是假冒他人专利的犯罪行为。前提是实际存在有效的专利,假冒假专利的行为不受规制。现实中存在一些假冒非物质文化遗产专利的违法行为,所谓的"专利"本身就是虚假的,如果再对其进行假冒,这种行为也应该成为刑法规制的对象。但是,目前的刑法设置在这个方面的规定缺失。

(2) 附属刑法规制不够完善。

目前，对于知识产权法、非物质文化遗产保护法等非刑事法律法规，作为规范非物质文化遗产刑事犯罪行为的附属法律在法律责任部分一般都有"违法本法规定，依据刑法……追究刑事责任"的设定。但是，在实践过程中，这样的设定存在一些问题，并不能完全满足非物质文化遗产的保护要求。具体来讲：首先，附属规定设置不够全面，一些应该纳入刑法保护范围的侵害行为在附属法律责任部分没有加以规定。以《非物质文化遗产法》为例，该法虽然明确针对滥用职权、玩忽职守的侵害行为可以滥用职权罪、玩忽职守罪追究相关人员的刑事责任，但对于侵占、盗窃、损坏、走私非物质文化遗产实物资料的行为却没有明确指出适用的刑法规范。法制建设需要系统性与科学性，不仅要关注系统内容的自身建设，还要维护系统之间的逻辑统一。附属刑法规范的不完善会严重影响非物质文化遗产的保护效果。其次，附属刑法规范与刑法规范存在设置上的不统一。目前，附属刑法规则调控的行为与刑法调控的行为不能协调统一，很多根据附属刑法追究刑事责任的违法行为在刑法上并无相同罪名予以回应。如《非物质文化遗产法》规定，境外组织违反有关规定在我国收集有关非物质文化遗产情节严重的，可以进行警告或罚款。其实，对于类似的侵权行为，如果情节严重、社会危害性触及刑事犯罪，应由刑法加以规制，但是因为刑法设置的相应缺失导致司法不能，这对于非物质文化遗产法律保护而言是一种遗憾与损失。

第三节　非物质文化遗产刑法保护的立法完善

对非物质文化遗产的刑法保护目前已经行进在路上。实践证明，这是一条有效路径，但是还存在一定的阻碍与问题。这一问题的解决可以从理念、制度多方面加以思考完善。

一、提升保护理念

针对非物质文化遗产的产品特性及其保护的迫切要求，"风险社会"与"风险刑法"理论的提出为我们提供了一个新的视角。但是，"风险"理论的法律实践是一柄"双刃剑"，目的是调节社会风险，应用不当可能又会造成新的危险。前提是要对"风险社会"尤其是"风险刑法"中的"风险"作明确界定,以免"风险刑法"产生刑法风险。风险是社会发展的必然产物,追求安全并不意味着刑法禁绝一切风险的发生。"将人类在享用工业文明带来众多利益的同时必须在一定范围内容忍合理风险的存在,一则因为人类不可能消灭所有的风险,二则因为排除所有风险不利于我们生产生活的发展。"[1] 在风险社会,为了克服风险、解决风险,我们要接受传统刑法与风险刑法的并存。而且,刑法规范体系的核心是传统刑法,风险刑法只是一种补充。为此,我们需要修正观念、提升保护理念。

(一)构建更加全面的刑法法益体系

从法益角度讲,传统刑法更为关注的是对人身权与财产权的保护。人身权益的侵害程度与财产价值的减损决定着刑事犯罪的定罪与量刑。随着社会的进步和历史的发展,这种价值判断已经不能满足非物质文化遗产所包含的社会法益的保护要求,也不足以保护更高层次的国家文化安全和公众文化权益。风险社会的到来为非物质文化遗产的法益保护提出了新的挑战,要求我们构建集传统法益与非传统法益于一体的刑法法益体系。在文化遗产保护这一主题上,应当在坚持法益概念这一基础上,结合社会侵害说的理论积极发展满足现实社会需求的法益理论,适当地扩大法益的内在含义与实体功能。在文化重要性日益凸显的今天,我国应逐渐扩大刑法保护的范畴、适度削减对传统人身权益和财产权益的过度保护。我国应对严重危害文化公共利益和国家文化安全的行为加大刑事打击的力度并努力促进两者的有机结合。这种法益结构的搭建会促使传统法益结构更加科学、合理,现实适应性更强。当然,扩大非物质文化遗产涉及的公众文化权益只是增加了传统法益所囊括的内容,对其内部结构进行了优化,并不是要缩小或缩减传统法益的保护范围。

具体而言:一是在刑法中有必要设立独立的章节来规制侵害非物质文化法益的犯罪行为。基于非物质文化遗产自身法益的双重性与复杂性,对其实施犯罪并非一般的人身权利和财产侵害,背后涉及整个社会文化公共利益和国家文化安全,法益维护不是社会秩序管理或是知识产权犯罪等法律规范可以完成的任务,有必要将规制行为的层级提升,上升到刑法高度,借用刑法

---

[1] 马克昌:"危险社会与刑法谦抑原则",载《人民检察》2010年第3期。

的高压加以专门保护。二是在司法实践中，要以对非物质文化法益造成的损害后果作为定罪量刑的主要标准，改变传统法益理念中以经济价值作为定罪量刑单一标准的思维模式。当然，这种转变并不否定传统法益保护。这方面可以参考美国量刑委员会于2001年制定的《文化遗产犯罪量刑准则》。其所确定的基本刑比普通的财产犯罪的量刑要高出两个量刑等级（大约高出25%的刑期），并明确规定了文化遗产犯罪的具体量刑标准，这无疑有利于司法操作。[1]结合我国的司法实践，我们也可以做相应思考。例如，提高对同时侵害非物质文化法益和财产法益等传统法益的犯罪的量刑。三是突破传统涉及私权保护以知识产权犯罪为核心的刑法保护模式。"需要指出的是，涉及对非物质文化遗产刑法保护的法益完善规定时，不可避免要涉及相关权利的民法保护，特别是知识产权保护方面，刑法在对其进行保护时如果涉及对民法相关规定的突破是否妥当？我们认为，这并无不妥之处。因为民法关于非物质文化遗产的规定，强调商业活动具有商业价值的保护，而非无形的文化价值保护，一个行为即使具有严重的社会危害性，造成恶劣社会影响乃至国际影响，但如果不涉及经济价值，民法并不将其纳入调整范围。"[2]但是，传统法益理念下的保护客体更关注的是单一（包括团体）主体的私权利的保护，这忽略了物质文化遗产的群体性。很多非物质文化遗产的产生与发展都依赖于集体智慧，带有极强的集体性特征，如果局限于个体保护会给群体法益维护会造成不良后果。因此，就其刑法保护特别是知识产权刑法保护，要加强对严重侵害以社群为权利主体的行为的刑法保护，实现现代法益保护的全面要求。

（二）引入非物质文化遗产危险犯的规制理念

学界对于危险犯与结果犯有明确区分，目前规制的涉及非物质文化遗产的犯罪大多都是结果犯罪。按照犯罪构成，即不仅有危害行为，同时还要求有危害结果的存在。对于危险犯的法律规制强调的是一种事前救济，强调其

---

[1] 唐海清："论美国'文化遗产犯罪量刑准则'及其对我国的启示"，载《时代法学》2010年第2期。

[2] 事实上，即使是对非物质文化遗产知识产权的民法保护，世界范围内也大量出现了为其建立特殊保护制度的现象，在非物质文化遗产特殊保护制度框架下，对原有知识产权制度也有很多突破。

保护环节提前，在犯罪行为实际发生前加以阻断从而避免危害结果的发生。这样的法律思考特别适合非物质文化遗产保护。非物质文化遗产具有不可再生性和复原性，一旦遭受破坏便极难复原，因而对其进行事前保护十分必要，可以真正实现保护目的。非物质文化遗产一旦被损毁便可能永远消失不再，无法再复原，事后的任何补救都会于事无补，法律设置的保护初衷也无从实现。法律建设的目的不在于事后的惩戒或救济，而是阻却违法施动，通过法律后果警告违法责任以遏制违法的产生。尤其是非物质文化遗产，作为承载民族记忆、传承文化精神的重要文化财产，本身具有极高的文化价值。从法律性质上讲，又事关一个国家、一个民族的文化安全与群体利益，对其进行保护的必要性与重大意义决定了风险犯罪设置的必要性，同时也是及时、有效地保护非物质文化遗产，促使大众理性对待非物质文化遗产从而不断提高自身参与保护的意识，最终实现文化的可持续发展的客观要求。因此，对于危害公众文化权益、国家文化安全、文化尊严的行为，法律应根据实际情况设立抽象危险犯，对于侵犯人身权、财产权等传统法益的行为可以适当设立具体危险犯。

二、完善知识产权罪刑规范

"适当的实定刑法，必须适应具体社会中对法益保护的现实要求，而我国刑法对非物质文化遗产保护的深度和广度都有待加强。因此，通过修改现行立法来应对非物质文化遗产刑法保护的现实需要就成为必然。"[1]根据我国目前的司法实践及存在的问题，惩治非物质文化遗产知识产权犯罪制度的完善主要涉及商标、著作权、专利等方面。

（一）修改"假冒注册商标罪"

"文化遗产的利用价值在一定意义上体现为其存在价值，这一价值程度上的减少，会导致文化遗产的衰落，这一价值的失去，会导致文化遗产的湮灭。相反，这一价值的保留，会导致文化遗产的经久不衰。总之，利用价值

---

[1] 贾学胜、严永和："非物质文化遗产的刑法保护及其完善"，载《电子知识产权》2008年第3期。

是关系到文化遗产存亡的决定因素之一。"[1]活态保护是非物质文化遗产保护的有效途径,是其得以传承和发展的必经之路。但是,要推进活态保护,只有在非物质文化遗产合理开发利用过程中准确把握其与市场和社会的连接点,保护工作才有可能顺利完成。作为活态保护重要方式的商标使用,经过实践证明已经成了非物质文化遗产保护的一种有效途径。如嵩山少林寺正式注册了"少林""少林寺"商标,江西景德镇陶瓷协会注册了"景德镇"商标,重庆铜梁县高楼镇火龙文化服务中心注册了"铜梁火龙"商标,拥有泸州老窖酒酿制技艺的四川泸州老窖股份有限公司更是在其产品"国窖1573"的广告上印上了"非物质文化遗产"的标志。实践中,大量非物质文化遗产通过注册商标的方式寻求保护,不但产生了直接的经济效益,也使得非物质文化遗产得以更好地延续与传承。从目前我国的法制建设来看,我国刑法规定的假冒注册商标罪并不是很完善,不能满足打击破坏非物质文化遗产违法犯罪的要求,需要加以调整完善。具体而言,主要需要完成以下几项工作:

第一,需要扩容,将在同一种商品上使用与他人注册商标近似的商标的行为、在类似商品上使用与他人的注册商标相同商标的行为和在类似商品上使用与他人注册商标相近似的商标的行为纳入假冒注册商标罪的范围。TRIPs对商标权的刑事保护作出了明确规定,并列举了各成员方的最低保护标准。TRIPs第16条规定:"商标权人应享有防止任何第三方未经许可而在贸易活动中使用与注册商标相同或近似的标记去标识相同或类似的商品或服务,以免造成混淆。"可以看出,类似行为在TRIPs中属规制行为,但我国现行刑法的假冒注册商标罪单一指向情节严重,在同一种商品上使用与其注册商标相同商标的行为。这样的法律设置会形成一种法律真空,即行为人用与注册商标相同或近似的标记去标识相同或类似的商品的行为可以逃脱刑事制裁。在现实中,能够启动商标保护的非物特文化遗产一定是那些市场适用性强、具有较大商业价值的文化产品,其巨大的利益性会吸引不法分子实施违法犯罪。在已经注册商标的情况下实施商标侵权的违法施动也成了一种犯罪形式。单一规定"二同一标"的犯罪标准会纵容相关对非物质文化遗产商

---

[1] 李黔滨:"文化遗产如何合理利用——以贵州文化遗产保护为例",载《中国博物馆》2007年第4期。

标破坏的行为，不利于打击违法犯罪，实现有效法律保护。因此，在同一种商品上使用与他人注册商标近似商标的行为、在类似商品上使用与他人注册商标相同商标的行为、在类似商品上使用与他人注册商标相近似商标的行为也应该被纳入假冒注册商标罪。毕竟，这三种行为的社会危害性丝毫不比在同一种商品上使用与其注册商标相同的商标的行为低，对包括非物质文化遗产在内的权利人造成的损害同样巨大的。

第二，将假冒他人服务商标的行为纳入假冒注册商标罪的范围。服务商标是指用于服务项目，用来区别服务提供者的商标。《商标法》第4条第2款明确规定："本法有关商品商标的规定，适用于服务商标。"《商标法实施细则》第2条规定："本条例有关商品商标的规定，适用于服务商标。"但是，现行刑法的商标犯罪并不包括假冒他人服务商标的行为，这样的法律设置失之偏颇。随着非物质文化遗产保护进程的不断推进，各级名录和政府保护体系的不断建立，挖掘、登记注册和公布的非物质文化遗产越来越多。除了产品商标，进行服务商标注册的非物质文化遗产也大量增加，注册服务商标非物质文化遗产的任务越来越繁重。比较商品商标和服务商标，两者具有相同的实质属性，都是一种可视性标志，用来区别相同或类似非物质文化遗产的商品和服务，标识相关商品和服务的来源与出处。从理论上看，若侵害非物质文化遗产商品商标的行为构成了假冒注册商标罪，会产生严重的社会危害性，破坏国家的商标管理制度，侵犯商标所有人的专用权利并造成经济上的损失和商品声誉上的损害。事实上，在同一种非物质文化遗产服务上使用与他人注册商标相同的商标行为，其本质及社会危害性与在同一种非物质文化遗产商品上使用与他人注册商标相同的商标行为并无本质区别，这一过程同样会造成对依附于该产品或服务中的非物质文化遗产的损害。人为地将商品与服务分开并无道理。另外，根据TRIPs的相关规定，服务商标（特别是驰名服务商标）目前已经被纳入了其保护范围，这是国际上比较通行的做法。所以，应当将对注册服务商标的保护纳入刑法规制范围之内。

第三，将反向假冒注册商标的行为纳入假冒注册商标罪范围。基于非物质文化遗产的特殊性质，其相关产品的商标极易成为反向假冒的对象。基于为自己相关产品打造品牌名气以获取不当利润的考虑，违法分子通过更换现有优秀非物质文化遗产产品商标再将其应用于自己产品的方式实施违法行为。在行为对象上,反向假冒非物质文化遗产商标行为直接指向的是其他非物质文化遗产的相关产品,危害后果体现在其他非物质文化遗产的良好声誉、口碑的贬损和盗用上。这种商标反向假冒非物质文化遗产产品的行为,虚假地表示了相关商品的来源信息,通过此方式不正当地获取了商标信誉,而使其他被假冒的非物质文化遗产产品信誉和经济受损。这种反向假冒注册商标的行为弱化了商标的标识功能,误导了消费者,构成商业欺诈,冲击了市场公平的竞争秩序,对希望通过商标注册方式得到保护的非物质文化遗产也会造成严重影响。因此,对于这种反假冒商标的行为也应通过刑法加以规制,对假冒注册商标罪进行扩容,未经注册商标所有人或驰名商标所有人许可,在经营中以其他商标替换注册商标所有人或未注册驰名商标所有人的商标的行为,情节严重的作为犯罪处理。

(二) 修改"侵犯著作权罪"

作为知识产权的著作权是一种基于文学艺术和科学作品产生的法定权利。非物质文化遗产方面的著作权是指创作人对其创作的作品依法所享有的人身权和财产权。其中,人身权是一种精神权利,财产权是一种经济权利。我国《著作权法》明确规定了著作权的权利范围,包括发表权、署名权、修改权、保护作品完整权、复制权、发行权、出租权、展览权、表演权、放映权、广播权、信息网络传播权、摄制权、改编权、翻译权、汇编权等。邻接权,包括表演者权、广播组织者权、录音录像制作者权等,属于广义上的著作权。根据《著作权法》,著作权的保护客体包括文字、口头、音乐、戏剧、曲艺、舞蹈、杂技、雕塑、绘画、书法、摄影、电影、模型、工艺美术、建筑设计、图形设计、计算机软件等各类形式。国务院公布的第一批、第二批国家级非物质文化遗产的名录列出了民间文学、民间音乐、民间舞蹈、传统戏剧、曲艺、杂技与竞技、传统美术、传统技艺、传统医药、民俗共十种非物质文化遗产类别。对比发现,非物质文化遗产的前七种类别作品均在著作权保护客体的范围之内。[1]在司法实践中,通过著作权保护模式或借用其中的法律原则或精神实施非物质文化遗产保护的做法已经非常普遍。近些年

---

〔1〕 赵方:"非物质文化遗产的知识产权保护",载《兰州交通大学学报》2009年第2期。

来，非物质文化遗产著作权案件也在逐渐增多，如"黔中蜡染第一案""安顺市文化局状告张艺谋侵犯'安顺地戏'署名权案""白某娥剪纸案"等。但是，如果对著作权的侵权达到了一定的严重程度，产生了较大的社会危害性，该违法行为便可能超出民事法律规范的调整范畴从而构成刑事犯罪，需要接受刑事惩处。刑法知识产权罪刑规范中关于著作权犯罪的刑事立法作为非物质文化遗产刑法保护的重要手段，一直以来发挥了很好的保护作用。我国《刑法》第217条和第218条分别规定了侵犯著作权罪、销售侵权复制品罪两个罪名。实践中，结合历史发展与社会需求，传统刑法关于非物质文化遗产的保护规定已经无法满足保护要求，需要加以补充完善。具体来讲：

第一，对《刑法》第217条"制作、出售假冒他人署名的美术作品的"规定进行扩容。一方面扩展"美术作品"至其他各类作品，改为"制作、出售假冒他人署名的作品的"。另一方面，需要把信息网络侵犯著作权的行为纳入刑法调整序列，增加新的违法犯罪的规制。《著作权法》第53条明确规定了"制作、出售假冒他人署名的作品的"行为可以依法追究其刑事责任，但是现行《刑法》第217条则只规定对"制作、出售假冒他人署名的美术作品的"行为可以追究其刑事责任。"可见，制作、出售假冒他人署名的行为只有在对象是美术作品的时候才能受到刑法的约束和制裁。制作、出售假冒他人署名的美术作品包括绘画、书法，还包括雕塑、建筑等以线条、色彩或者其他方式构成的有审美意义的平面和立体的造型艺术作品。"[1]且不说属于文字、口述作品的故事、传说、传奇、史话、神话、诗歌等，各类民间音乐、民间舞蹈、传统戏剧、曲艺、杂技与竞技等方面的非物质文化遗产目前已是层出不穷。归属于美术、摄影、建筑设计、图形设计等图形作品和模型作品，如画报、手工艺品的服装、织物、织物混合物、地毯、挂毯，还有其他如陶器、雕塑、木雕和石雕、瓷器以及各式人工制品等，这些非物质文化遗产要用简单的美术作品来限定，已经无法涵盖非物质文化遗产的全部内容，既有规定的范围过于狭窄。另外，随着社会网络信息化进程的加速，通过网络传播进行的侵权犯罪案件日趋增多。《著作权法》明确规定了未经著作权人许可通过信息网络向公众传播其作品的；未经表演者、录音录像制

---

[1] 参见马克昌主编：《刑法学》，高等教育出版社2003年版。

作者许可通过信息网络向公众传播其表演或制作的录音录像制品的构成网络侵权。但是，刑法对于此类新型侵权方式却未作任何规定。基于网络的便利性，目前很多非物质文化遗产的侵权案件都是借用网络通道进行的，但是因为法律规制的缺失，相关违法行为不能被作为犯罪处理。因此，应该把信息网络侵犯著作权的行为纳入刑法的调整范围，这会促进非物质文化遗产现实保护的有效性与时代性。

第二，取消侵犯著作权犯罪"以营利为目的"主观要件的规定。现行刑法针对侵犯著作权罪的犯罪构成规定了"以营利为目的"的主观要件。现实中，侵犯非物质文化遗产的行为已经超出了牟取经济利益的主观思考，很多侵权违法行为是出于其他目的侵犯他人享有著作权的非物质文化遗产。比如单纯为了展示以获取社会关注，或有意进行扭曲或曲解以实现其特定目的。但是，根据现行《刑法》规定，只要不是非法牟利，即使侵害行为符合著作权犯罪的客观表现，也达到了刑事追究的标准，仍然无法利用刑法对其加以规制。这样的法律缺陷不仅给相关权利人造成了极大的损失，更有可能对非物质文化遗产造成扭曲和巨大破坏。有学者认为，"刑法这样的规定不合理，应当取消以营利为目的"作为主观要件的规定。对侵犯知识产权的行为，无论侵权人是否以营利为目的，其侵权行为对权利人的危害同样客观存在，"以营利为目的"的规定实际上是为追究侵犯知识产权犯罪的刑事责任设置了障碍。我国知识产权的保护制度并未规定以非营利为目的就可以不经权利人许可而复制、使用、发行人享有知识产权的作品。所以无论系基于何种目的实施侵犯知识产权的犯罪行为，对权利人利益的损害并无二致，对知识产权保护制度的破坏程度也是相当的。[1]

（三）修改"假冒专利罪"

非物质文化遗产中的很多产品与知识产权中的专利产品存在高度契合性，包括非物质文化遗产中的传统医药、传统手工艺科技等都可以利用现行专利制度实施保护。对符合专利法要求的非物质文化遗产，非物质文化遗产的权利人可以通过申请专利的方式获得专利权保护。如我国传统的手工艺产品（如木器、家具、皮革、服装等）的设计和形状可以获得专利法中的外观

---

[1] 韩轶、王鑫："我国知识产权刑法保护的分析与立法完善"，载《政法论丛》2007年第5期。

设计专利权的保护，传统中医药领域开发的许多新药品可以申请发明专利。《专利法》明确规定，未经许可实施专利的行为、假冒他人专利的行为、以非专利产品冒充专利产品的行为、以非专利方法冒充专利方法的行为为违法行为。现实中，侵犯非物质文化遗产专利权的违法行为时有发生，如果达到社会危害的严重程度，可能会构成专利权方面的相关犯罪。但是，我国刑法对于专利犯罪的规定相对狭窄，内容上仅将假冒他人专利的行为规定为犯罪。从法益维护的角度看，冒充专利行为与假冒他人专利行为的社会危害性都很大，在一定程度上，前者还要大于后者，是双重欺骗。因为，假冒专利罪侵犯的客体是专利权人的合法专利和与之相关的商誉，而冒充专利行为侵犯的是专利制度的核心内容——专利权。从法律公平性角度讲，冒充专利权行为更应该入刑，以维护专利制度的权威性，充分保护专利权人的合法权益。具体来讲，可做如下修改：一是将非法实施专利行为纳入"假冒专利罪"的调整范畴。专利权是一种法定权利，是法律赋予权利人对其发明创造在一定范围内的独占权，这种权利排除他人的非法实施，是一种根本性权利。这种权利的维护是通过设置专利标记和专利号标识等享有标记权的形式性权利的享有和实施实现的。非法实施专利行为直接侵犯的是专利权人实施专利的独占权，假冒他人专利行为直接侵犯的客体则是专利权人的标记权。两者在侵犯客体上存在内部核心与外在表现的区别。现行刑法未将非法实施他人专利的专利侵权行为规定为犯罪，只将假冒他人专利的行为规定为犯罪，这是一种法律失衡，是一种舍本逐末的做法，不仅会导致法律保护构架的倾斜，也不利于法律保护目标的实现。所以，应当及时将非法实施专利行为纳入"假冒专利罪"的调整范围。二是将冒充专利的行为纳入"假冒专利罪"的调整范围。冒充专利行为与假冒他人专利行为都属违法行为，同样冲击了国家的专利制度，侵害了消费者的合法利益。但是，根据现行刑法法律的规定，前者不构成犯罪，后者可以入刑。从侵害客体方面来看，假冒他人专利行为直接侵犯的是专利权人的商业声誉，冒充专利行为则是一种扰乱市场行为，并未直接侵害特定专利权人的商誉。但是，冒充专利行为同样也会影响人们对于专利的信赖，会冲击专利制度本身。专利制度的设置就是一种特殊保护和层级保护，进入序列要经过国家和行业部门的前置考察，存在行业上的优势，存在消费上的先信任。尤其是结合非物质文化遗产，将历史、文化等诸多元素与专利相联结，如果对其进行冒充，产生的危害后果更为严重，不仅会冲击专利设置，对于非物质文化遗产也会产生不信任。《专利法》区分"假冒他人专利"与"冒充专利"行为的目的在于明确侵权形式与法律后果，这并不妨碍刑法以"假冒专利"行为对这两类行为进行概括。事实上，"假冒专利"的外延在某种程度上要大于"假冒他人专利"的外延，是一种更宽泛的违法行为，产生的危害后果冲击的法律制度更大更广。国际上，美国、英国等国家在专利法设置上并未对"假冒他人专利"行为与"冒充专利"行为作严格区分，认可了两者概念上的层属关系。我国刑法在打击相关违法犯罪过程中也没有必要强化这种区分，可以直接将冒充专利的行为纳入"假冒专利罪"的调整范围。

三、修订相关刑法条文

现行刑法并未专门规定侵犯非物质文化遗产的犯罪，对非物质文化遗产的保护功能都体现在具体、零散的法律条文中。要推进非物质文化遗产的刑法保护进程就要对相关条文加以修订。

（一）修订"非法剥夺公民宗教信仰自由罪"和"侵犯少数民族风俗习惯罪"

《刑法》第251条对"非法剥夺公民宗教信仰自由罪"和"侵犯少数民族风俗习惯罪"进行了规定。在司法实践中，这两个罪名的设立和构成存在一定的问题，需要加以完善。

第一，建议将"侵犯少数民族风俗习惯罪"修改为"侵犯各民族风俗习惯罪"。两种犯罪的主体也应做降级处理，不再局限于国家机关工作人员的特殊犯罪主体，修改为一般主体。可以参考其他罪名，将主体设置为年满16周岁具有刑事责任能力的自然人。为了突出国家工作人员主体特殊性，可以在量刑上加大处罚力度，对两罪名增设一个量刑档次，如"非法剥夺公民宗教信仰自由和侵犯各民族风俗习惯，情节严重的，处二年以下有期徒刑或者拘役。国家机关工作人员利用职权非法剥夺公民宗教信仰自由和侵犯各民族风俗习惯，情节严重的，处二年以上五年以下有期徒刑"。之所以要做这样的修正，主要有几个方面的考虑：一是宗教信仰是民族和公民的宪定权利，必须进行法律保护。《宪法》第36条规定："中华人民共和国公民有宗教信仰自由。任何国家机关、社会团体和个人不得强制公民信仰宗教或者不信仰宗教，不得歧视信仰宗教的公民和不信仰宗教的公民。国家保护正常的宗教活动，任何人不得利用宗教进行破坏社会秩序、损害公民身体健康、妨碍国家教育制度的活动。……"但是，宗教信仰问题并不是孤立存在的，它的产生与存在总是同政治、经济、文化、民族等因素密切相关，同历史和现实不可分割。作为人类社会发展到一定历史时期特有的文化现象，宗教会极大地影响信众的思维方式、行为方式、信仰追求、文化艺术、生活习俗等各个方面，是当时那个历史阶段社会意识形态重要的组成部分。我国是一个多民族的国家，许多民族都信仰宗教。在有些情况下，还存在民族整体信教的情况。民族文化建设与宗教信仰紧密结合融为一体。包括非物质文化遗产，很多项目就和宗教及民间信仰密切相关。我国刑法加以明文规定和保护的民族风俗习惯里面包含了大量（如节庆、习俗、礼仪、人生礼仪，乃至民间的音乐、舞蹈、文学、曲艺等类别）文化遗产。作为民族历史文化的体现，这些文化遗产既是艺术也是信仰，同时又是民俗。对于宗教信仰、民族风俗习惯的保护就是对非物质文化遗产的保护。从这个角度的法益思考，对宗教信仰民俗习惯的保护势在必行，同时也是法律公正性的必然要求。《宪法》第4条规定："中华人民共和国各民族一律平等，国家保障各少数民族的合法的权利和权益，维护和发展各民族的平等团结互助和谐关系。禁止对任何民族的歧视和压迫，禁止破坏民族团结和制造民族分裂的行为。……各民族都有使用和发展自己的语言文字的自由，都有保持或者改革自己的风俗习惯的自由。"根据《宪法》的规定，宗教信仰自由侵犯主体是一种包括"任何个人"的法律禁止，包括保持民族风俗习惯的自由也"禁止任何"侵犯破坏的行为。但现行刑法在法律设置上却将犯罪主体特殊化，只限定于国家机关工作人员，这显然违法了宪法精神，导致打击范围过于狭窄。在实践中，该罪名较少适用的主要原因就是囿于主体资格的限制。

第二，保护客体方面应该扩容汉族。《宪法》第4条第4款规定："各民族都有使用和发展自己的语言文字的自由，都有保持或者改革自己的风俗习惯的自由。"从宪法规定来看，保持或者改革自己的风俗习惯的自由的权利主体并不单指少数民族，其中也包括汉族。刑法在侵犯民族风俗习惯这个问题上进行区别对待的做法显然违背了宪法精神。作为我国的主体民族，汉民族数千年的发展历史决定了其拥有极其丰富的非物质文化遗产,很多内容蕴含于汉族的风俗习惯之中。社会上普遍的看法认为汉民族是主体民族,汉族文化在社会生活中拥有强势地位应该倾斜性地对少数民族的风俗习惯进行重点保护。从非物质文化遗产的保护角度来看,文化是不分强弱的,保护方向侧重点的不平衡最终影响的是文化本身。无论是汉民族还是少数民族,他们的文化都是中华民族乃至世界文化家园的组成部分,不分主次、不分强弱,都需要严格保护,这是人类文化多样性的要求,也是人类历史存续发展的必然要求。因此,刑法应对各民族包括汉民族的风俗习惯给予同等的保护,使任何严重侵犯各民族善良风俗习惯的行为都能受到刑法惩罚。

第三,刑法对两罪的犯罪主体进行特殊规定,但在罪行构成叙述上却没有明确利用职务便利的犯罪构成要件,导致国家机关工作人员与普通自然人犯本罪事实上并无区别,这种设置不够周全。相较于一般犯罪主体,国家机关工作人员属特殊主体,其实施的犯罪是典型的身份犯罪,在相关犯罪构成中结合其主体特殊性凸显该类犯罪利用职务便利是该类犯罪的犯罪特点。但是,《刑法》对"非法剥夺公民宗教信仰自由罪"和"侵犯少数民族风俗习惯罪"却没有规定利用职务便利等行为条件。如果不能突出此要件,国家机关工作人员与一般公民犯罪并无差别也没有区分的必要,甚至会人为地导致国家机关工作人员高于普通公民的认识误区,拖累司法成效。如果要突出国家工作人员实施本类犯罪的特殊性,可以通过设置量刑梯次加以解决,没有必要在主体资格上进行身份划分。

(二)国家民族非物质文化遗产的专门保护

非物质文化遗产具有自身的特殊性,要求法律对其保护时对犯罪要件、罪名设置进行认真思考。作为中华文化重要的组成部分,非物质文化遗产是我国国家与民族文化的代表,是我们国家的文化象征与符号,背后承载着国家民族的文化尊严与使命。现行刑法在这个方面考虑较少,有必要进行法律调整对此加以着重保护。比如,增设"侵犯国家民族文化尊严罪"以维护我国国家民族的文化尊严,对于侵犯国家文化产权类的犯罪增设"侵犯国家文化产权罪"。

作为四大文明古国之一,中国源远流长的文化是世界共同关注的璀璨明珠,值得后辈子孙自豪与骄傲。但是,在现实发展中,一些人却不珍惜这些宝贵的文化遗产，对本民族的优秀文化恶意诋毁，大肆歪曲和篡改，否认非物质文化遗产文化的象征功能。不仅诋毁本国本民族文化真实内容和含义，否定本国的传统科学技术和传统技能的历史与现实功用，甚至对千百年来传唱流传的文化先贤、哲人也从人格或人身方面进行丑化，包括故意贬低本民族语言文字。这些行为直接侵害了国家与民族的文化传承，挫伤了各民族的民族自豪感，冲击了包括非物质文化遗产在内的历史文化及其价值观念，对于国家和民族尊严以及社会安定团结都会形成强烈冲击。从客观表现来看，这些行为已经达到了犯罪标准，应该加以刑事惩处。但是，现行刑法缺乏相应的罪名设立和处罚规定，应当及时加以完善，建议增设"侵犯国家民族文化尊严罪"。对于这种犯罪，可以把它界定为在公众场合或能够迅速传播其思想言论的载体上，以语言、文字或者其他方式恶意诋毁、污蔑、歪曲或篡改我国传统优秀文化，情节严重的行为。当然，如果要将该类行为定罪入刑，还要对其侵犯的客体（即我国传统优秀文化）先作一个科学界定。可以考虑将其界定为已经列入国务院批准确定的国家级非物质文化遗产名录的民间文学、民间音乐、民间舞蹈、传统戏剧、曲艺、杂技与竞技、民间美术、传统手工技艺、传统医药、民俗等方面的内容项目。本罪的客体为国家和民族的文化尊严。客观方面表现为在公众场合或能够迅速传播其思想言论的载体上以言语、文字或者其他方式恶意诋毁、污蔑、歪曲或篡改我国传统优秀文化。犯罪结果要求侵犯了国家和民族的文化尊严，但是不以侵害后果作为定罪依据，将其纳入行为犯的犯罪范畴。情节方面要求是情节严重的行为。这里的情节严重是指手段恶劣、多次实施违法犯罪行为，严重伤害了国民整体尊严和民族感情等。本罪的犯罪主体为一般主体，主观方面是直接故意，排除过失犯罪。

增设"侵犯国家民族文化尊严罪"是从民族文化尊严受损角度进行的刑法保护完善。结合民事权利，在非物质文化遗产领域存在大量以国家民族为权利主体的产品或内容。对于权利的侵害情节严重的，也需要引入刑法模式加以规制，如"侵犯国家文化产权类罪名"的增设。现行《刑法》第三章第七节侵犯知识产权犯罪有8个罪名的设置。但是，这8个罪名只涉及对法人和自然人知识产权的保护，对于国家民族的群体性权利没有涉及。事实上，从权利保护的角度讲，国家作为最高层次的权利主体，对于其所拥有的文化知识产权也需要加以法律保护。国际上的相关思考比较成熟，也有相应的实践。"发达国家在国际和国内层面对如何利用知识产权制度为本国经济发展服务之态度是有区别的。在国内，它们主张加快技术流转，并建立完整的制度来推动技术转让和转化。美国、日本、欧洲的相关制度除了有静态的确权、保护外，无不有较为详细的鼓励技术转让之内容。但在国际层面，它们通过国际知识产权制度，强调要明确确定权利人权利并要给予严格的国际保护，而对其认为涉及国家利益和安全的技术的转让进行严格管制，以防技术流转到他国。它们这样做的原因主要是为了掌握技术转让的主动权。确权、保护是他国的义务，至于转让与否是'我'的权利，反映了它们在技术领域以国家为利益单元的现实主义理念。"[1] 很多国家从本国出发，借鉴知识产权制度私权保护的法律原则或精神，对权利主体进行升级，包括对侵害严重的违法行为引入刑法的司法救济，对于本国非物质文化遗产的保护发挥了极大功效。非物质文化遗产是一个民族、一个国家文化主权重要的组成部分，关系到国家文化安全，国家完全可以将传统知识产权的保护范围在一定程度上从私权利的保护扩大到公权力的保护，以防止作为文化财产的非物质文化遗产被侵犯和滥用。而且，从主体上讲，国家也具有权利救济的主体人格。如在一国疆界内、由不特定的大多数国民传承的非物质文化遗产，其权利主体就可以是这个国家。具体来讲，包括一个国家的社会风俗，一个国家一直以来秉承的礼仪、节庆包括语言等非物质文化遗产，权利受损就可以由国家主体主张维权。当然，这里的侵权只能是针对其中国家主体或组织个人，这个国家的公民或组织不能成为侵犯主体，否则会冲击国家政治学意义上的主权标准。而且，具体法律救济的实施也要由国家版权局等政府部门作为权利主体代表国家来行使，国家在这个方面无法直接出面处理。涉及整体民族的非物质文化遗产权利的保护，如果该文化遗产由某个民族所特有，那么权利主体可以是该民族。当然，具体的维权行为也需要由当地地方政府的某个机构代表该民族行使权利。鉴于非物质文化遗产对一个国家的重要性，也鉴于两者法律性质上并无违和，在非物质文化遗产遭受破坏将导致后果严

---

[1] 马忠法："知识产权制度设立之目的——由我国技术转化率低引发的思考"，载《电子知识产权》2006年第11期。

重的情况下,有必要在刑法中增加侵犯国家文化产权类的罪名设置。包括非法泄漏或出售国家非物质文化遗产中具有商业和科学研究价值的技能、医药秘方、表演秘密等严重危害行为都将受到刑法的惩处。

(三) 完善损毁珍贵文物或导致非物质文化遗产流失的犯罪设置

非物质文化遗产具有表现形式上的特殊性。如民间文学、民间音乐、民间舞蹈、传统戏剧、传统美术、传统手工技艺等非物质文化遗产或是需要物质载体进行展现,或是需要相关载体营造的环境空间生存和延续。一旦这些物质载体或其空间环境遭到破坏,非物质文化遗产就失去了展现和传承的平台。随着社会的发展,在城市增容扩建、改造拆迁过程中,非物质文化遗产的物质载体及环境空间受损情况十分严重,如果提升立法层次,加大惩治力度无法阻却违法施动,对于很多非物质文化遗产是一种灭顶之灾。法律完善工作已经是箭在弦上不得不发。如"故意损毁珍贵文物罪"的修正。《刑法》第 324 条第 1 款规定了故意损毁珍贵文物的犯罪,保护标准是国家保护的珍贵文物或者被确定为全国重点文物保护单位、省级文物保护单位的文物。这种设置符合文物保护的客观要求,但是会将蕴含非物质文化遗产内容并作为其载体的非国家保护、非全国重点文物或非省级文物载体排除在刑法保护范畴之外。现实中,很多非物质文化遗产特别是层级很高的非物质文化遗产的承载载体就无法进入珍贵文物序列。低级别载体受损的危害后果会导致其中的非物质文化遗产的本质性损害甚至是消亡。所以,从非物质文化遗产保护的角度思考,《刑法》第 324 条应该加以修正。建议将文物与非物质文化遗产保护名录结合起来,综合其在各自序列中的重要地位进行综合保护,根据现实情况可以把已经进入国家级非物质文化遗产名录的项目涉及的相关载体纳入刑法保护范畴。将该条犯罪修改为"国家保护的珍贵文物和被确定为全国重点文物保护单位、省级文物保护单位的文物,以及与国务院公布的国家级非物质文化遗产名录与之相关的器物、实物、文化空间场所等物质"。这样一是减轻司法负累,符合刑法立法高位的标准,只保护进入国家名录非物质文化遗产的载体;二是使得非物质文化遗产保护程度从文物保护范围向外扩展周延,对体现非物质文化遗产重要价值的艺术品、工艺美术品、纪念物、革命史献资料、手稿、古旧图书资料、革命遗址、古文化遗址、纪念建筑物、古建筑、古墓葬、石窟寺、石刻等载体进行刑法保护,保证蕴含其中的非物质文化遗产的传承延续。

另外，就是要加大国家机关与政府工作人员保护非物质文化遗产的力度，将其纳入犯罪主体序列，通过刑事高压促进其保护责任心与工作热情的提升。就目前非物质文化遗产保护现状来讲，保护的主体是国家政府部门，保护的主要工作也由国家工作人员承担。但是，对于非物质文化遗产侵害犯罪构成，刑法设置的是一般主体，即达到刑事责任年龄、具有刑事责任能力的自然人，国家机关单位和国有企事业单位并未被列入犯罪主体序列。事实上，国家机关企事业单位包括政府工作人员在非物质文化遗产保护过程中的渎职或不作为是当前遗产受损受侵的一个主要原因。当然，绝大多数情况下是一种过失行为，但有时也存在主观故意。如在城市开发建设过程中，涉及非物质文化遗产物质载体的保护或拆迁，明知道这些物质载体具有重要的历史和文化价值，但是基于各方面的原因强行拆迁甚至是破坏的情况时也有发生。为此，刑法应当扩容单位进入犯罪主体序列。对于单位犯罪可以实施双罚，对于单位实施经济罚，刑事责任由单位法定代表人和主要责任人承担。同时，鉴于国家机关工作人员保护非物质文化遗产的专业性与专门性，过失犯罪，防范渎职行为产生也是刑法需要加以修缮的思考。有学者就提出了失职造成非物质文化遗产流失罪的立法建议："失职造成非物质文化遗产流失罪，是指国家机关工作人员严重不负责任，在工作中疏于管理和保护非物质文化遗产或者造成非物质文化遗产实物资料流失，后果严重的行为。本罪客体是侵犯国家对非物质文化遗产的管理制度。客观方面表现为行为人在工作中严重不负责任，疏于管理和保护非物质文化遗产或者造成非物质文化遗产实物资料流失，且后果严重。在客观方面必须具备三个要件：一是行为人在工作中严重不负责任。二是行为人疏于管理和保护非物质文化遗产，或者造成非物质文化遗产实物资料流失。三是后果必须严重。本罪主体是国家机关工作人员，通常是指各级文化行政管理部门主管非物质文化遗产管理的工作人员。本罪的主观方面为过失。同时，其还认为设置本罪应该以'刑法修正案'的方式进行，在《刑法》第419条后增加一条，作为第419条之一。具体表述为：国家机关工作人员严重不负责任，疏于保护和管理非物质文化遗产或者造成非物质文化遗产实物流失，后果严重的，处三年以下有期徒刑或者拘役。"[1]

四、加强附属刑法对非物质文化遗产的保护

多年来，附属刑法规范附着于民法、经济法、行政法等非刑事法律之中，对于非物质文化遗产的保护发挥了重要作用。目前，我国法律体系中涉及非物质文化遗产刑事保护的法律主要《著作权法》《商标法》《专利法》等。如《著作权法》明确规定了8个承担民事、行政和刑事责任的侵权行为。《商标法》就相关侵权行为作了刑事责任的设定。《专利法》则对泄露国家秘密和从事专利管理工作的国家机关工作人员，以及其他有关国家机关工作人员的渎职行为规定了刑事责任。另外，涉及侵犯非物质文化遗产的犯罪，通行的做法是在条款中作刑事处罚上的指引，对妨害非物质文化遗产的保护并且构成犯罪的，根据刑法相应的条文定罪量刑。例如，《国家级非物质文化遗产保护与管理暂行办法》第26条规定："有下列行为之一的，对负有责任的主管人员和其他直接责任人员依法给予行政处分；构成犯罪的，依法追究刑事责任：（一）擅自变更国家级非物质文化遗产项目名称或者保护单位的；（二）玩忽职守，致使国家级非物质文化遗产所依存的文化场所及其环境遭受破坏的；（三）贪污挪用国家级非物质文化遗产项目保护经费的。"但对于这种法律规定，有学者提出了质疑，认为这些涉及非物质文化遗产保护的法律规定中的刑事责任条款并非真正意义上的附属刑法规范。"只要作为刑法规范，就应该是行为规范与制裁规范的结合，而我国的刑法之外的其他法的规定，根本没有处罚规范，因而不能认为是刑法规范。"[2] 条文作了犯罪行为的叙述，却没有相应刑罚（即具体制裁规范）的规定，从立法技术上确实很难被称为合格的刑法规范。基于非物质文化遗产保护的重要性与迫切性，附属刑法规范的完善十分必要。一是可以扩大《商标法》《专利法》《著作权法》以及《国家级非物质文化遗产保护与管理暂行办法》等相关法律刑事责任的覆盖范围。"如《国家级非物质文化遗产保护与管理

---

[1] 贾学胜、严永和："非物质文化遗产的刑法保护及其完善"，载《电子知识产权》2008年第3期。

[2] 李洁："保护消费者权益刑事立法的特征与评判"，载《河南省政法管理干部学院学报》2004年第5期。

暂行办法》其内容中仅设置了玩忽职守罪、挪用公款罪、贪污罪的刑事责任，但对于常对非物质文化遗产造成较大破坏的走私、盗窃、侵占、毁坏非物质文化遗产实物资料等行为并未规定相应的刑事责任。虽然在发生以上破坏非物质文化遗产的行为时也可直接适用相应的刑法规范定罪量刑，但作为保护非物质文化遗产的一部专门法规，从立法体例的完整性上和避免司法适用误解的角度考虑，还是应作出全面的规定。"〔1〕二是在相关规定中增加法定刑的设置，满足附属刑法规范的立法要求。在实践过程中，结合社会发展与非物质文化遗产保护的需要，附属刑法规范的完善十分必要。"新出现的违法犯罪行为主要是伴随社会经济的发展而出现的，由于我国具体刑事法律规范只能在刑法中作出规定的立法状况，加之刑法属于国家的基本法律，在现实中应当保持相对的稳定性，导致我国刑事立法往往滞后于实际经济发展，许多立法时候没有出现和考虑到的犯罪行为在法律生效后对社会造成了严重危害，但是基于罪刑法定原则使其逃脱了刑法的制裁。因此，在刑法以外的其他法律尤其是经济法中对达到刑事违法程度的行为规定其刑事责任，可以使这些违法行为及时受到有效惩处。"〔2〕基于刑法在我国法制体系中的高位阶以及其自身严肃性稳定性的要求，这项工作的开展完成是一项长期且艰巨的历史任务。但从保护非物质文化遗产的角度思考，充分发挥相关非刑事法律中附属刑法规范的功用，可以及时弥补非物质文化遗产刑法保护的滞后性，促进非物质文化遗产刑法保护功能的更好发挥。

---

〔1〕 贾学胜、严永和："非物质文化遗产的刑法保护及其完善"，载《电子知识产权》2008年第3期。

〔2〕 韩轶、王鑫："我国知识产权刑法保护的分析与立法完善"，载《政法论丛》2007年第5期。

参考文献

专著

1. 复旦大学文物与博物馆学系编:《文化遗产研究集刊》（第2辑），上海古籍出版社 2001 年版。
2. 文化部外联局编:《联合国教科文组织保护世界文化公约选编（中英对照）》，法律出版社 2006 年版。
3. 李树文等主编:《非物质文化遗产法律指南》，文化艺术出版社 2011 年版。
4. 北京大学世界遗产研究中心编:《世界遗产相关文件选编》，北京大学出版社 2004 年版。
5. 向云驹:《人类口头和非物质遗产》，宁夏人民教育出版社 2010 年版。
6. 孙笑侠、夏立安主编:《法理学导论》，高等教育出版社 2004 年版。
7. 孙国华、朱景文主编:《法理学》，中国人民大学出版社 1999 年版。
8. 沈宗灵主编:《法学基础理论》，北京大学出版社 1988 版。
9. 万鄂湘等:《国际条约法》，武汉大学出版社 1998 年版。
10. 赵方:《我国非物质文化遗产的法律保护研究》，中国社会科学出版社 2009 年版。
11. 李发耀:《多维视野下的传统知识保护机制实证研究》，知识产权出版社 2008 年版。
12. 麻勇斌:《贵州文化遗产保护研究》，贵州人民出版社 2008 年版。
13. 王希恩:《全球化中的民族过程》，社会科学文献出版社 2009 年版。
14. 罗康隆:《文化适应与文化制衡》，民族出版社 2007 年版。
15. 费孝通:《费孝通民族研究文集新编》，中央民族大学出版社 2006 年版。
16. 中华人民共和国国务院新闻办公室:《中国的民族政策与各民族共同繁荣发展》，外文出版社 2009 年版。
17. 高轩:《我国非物质文化遗产行政法保护研究》，法律出版社 2012 年版。
18. 汤唯等:《地方立法的民主化与科学化构想》，北京大学出版社 2002 年版。

19. 郑成思：《知识产权法》，法律出版社 1997 年版。
20. 国家文物局法制处编：《国际保护文化遗产法律文件选编》，紫禁城出版社 1993 年版。
21. 刘红婴、王健民：《世界遗产概论》（第 2 版），中国旅游出版社 2005 年版。
22. 张文显：《法理学》（第 3 版），高等教育出版社 2003 年版。
23. 王鹤云、高绍安：《中国非物质文化遗产保护法律机制研究》，知识产权出版社 2009 年版。
24. 刘红婴、王健民：《世界遗产概论》，中国旅游出版社 2003 年版。
25. 谭安奎编：《公共理性》，浙江大学出版社 2011 年版。
26. 苑利、顾军：《非物质文化遗产学》，高等教育出版社 2009 年版。
27. 刘勉义：《我国听证程序研究》，中国法制出版社 2004 年版。
28. 周佑勇：《行政法基本原则研究》，武汉大学出版社 2005 年版。
29. 应松年主编：《行政程序法立法研究》，中国法制出版社 2001 年版。
30. 王名扬：《美国行政法》，中国法制出版社 1995 年版。
31. 黄学贤、王太高：《行政公益诉讼研究》，中国政法大学出版社 2008 年版。
32. 郑成思：《版权法》，中国人民大学出版社 1990 年版。
33. 吴汉东：《知识产权法》（第 3 版），北京大学出版社 2011 年版。
34. 刘春田主编：《知识产权法》（第 2 版），高等教育出版社、北京大学出版社 2003 年版。
35. 杨建斌：《知识产权体系下非物质传统资源权利保护研究》，法律出版社 2011 年版。
36. 李秀娜：《非物质文化遗产的知识产权保护》，法律出版社 2010 年版。
37. 乔晓光：《活态文化——中国非物质文化遗产初探》，山西人民出版社 2004 年版。
38. 张明楷：《法益初论》，中国政法大学出版社 2003 年版。
39. 王利明：《民法》（第 3 版），中国人民大学出版社 2007 年版。
40. 韩德培主编：《环境资源法论丛》（第 2 卷），法律出版社 2002 年版。
41. 赵秉志主编：《刑法论丛》（第 12 卷），法律出版社 2007 年版。
42. 马克昌：《比较刑法原理：外国刑法学总论》，武汉大学出版社 2002 年版。
43. 马克昌主编：《刑法学》，高等教育出版社 2003 年版。
44. ［德］冈特·施特拉腾韦特、洛塔尔·库伦：《刑法总论Ⅰ——犯罪论》（2004 年第 5 版），杨萌译，法律出版社 2006 年版。
45. ［德］乌尔里希·贝克：《风险社会》，何博闻译，译林出版 2004 年版。
46. ［日］曾根威彦：《刑法学基础》，黎宏译，法律出版社 2005 年版。
47. ［以］耶尔·塔米尔：《自由主义的民族主义》，陶东风译，上海世纪出版集团 2005 年版。

48. [法]孟德斯鸠:《论法的精神》(上册),张雁森译,商务印书馆1982年版。
49. [英]霍布斯:《利维坦》,黎思复、黎廷弼译,商务印书馆1985年版。
50. [美]查理德·B. 斯图尔特:《美国行政法的重构》,沈岿译,商务印书馆2002年版。
51. [德]克劳斯·罗克辛:《德国刑法学总论》(第1卷),王世洲译,法律出版社2005年版。
52. 郑少华:《生态主义法哲学》,法律出版社2002年版。
53. 高轩:《我国非物质文化遗产行政法保护研究》,法律出版社2012年版。

期刊

54. 乌丙安:"'人类口头和非物质遗产保护'的由来和发展",载《广西师范学院学报(哲学社会科学版)》2004年第3期。
55. 乌丙安:"申报国家级非物质文化遗产代表作名录的关键问题",载《中国非物质文化遗产丛刊》2006年第1期。
56. 朱兵:"文化遗产保护与我国的实践",载《湖北行政学院学报》2002年第3期。
57. 付荣:"西部大开发中民族民间文化的法律保护",载《河北法学》2004年第4期。
58. 宋才发:"论民族民间传统文化保护立法的意义",载《中央民族大学学报(哲学社会科学版)》2004年第3期。
59. 费安玲:"非物质文化遗产法律保护的基本思考",载《江西社会科学》2006年第5期。
60. 齐爱民:"非物质文化遗产系列研究(二)保护非物质文化遗产的基本法律问题",载《电子知识产权》2007年第5期。
61. 谭宏:"民间组织在非物质文化遗产保护中的作用",载《民族艺术研究》2009年第5期。
62. 刘永明:"权利与发展:非物质文化遗产保护的原则(上)",载《西南民族大学学报(人文社会科学版)》2006年第1期。
63. 朱祥贵:"非物质文化遗产保护立法的基本原则——生态法范式的视角",载《中南民族大学学报(人文社会科学版)》2006年第2期。
64. 蔡建芳、刘雪斌:"论非物质文化遗产法律保护的哲学基础",载《中共山西省委党校学报》2008年第6期。
65. 吴正彪、李永皇:"论民族文化多元一体格局的实质与价值",载《贵州民族研究》2009年第1期。
66. 阮纪正:"中华民族凝聚力:民族文化的价值认同",载《开放时代》1991年第3期。

67. 陈辉:"全球化时代之现代性与文化认同",载《黑龙江民族丛刊》2009年第2期。
68. 陈慧娟:"河北省非物质文化遗产传承人社会保障现状及提升研究",载《文化创新比较研究》2017年第32期。
69. 邱平荣、李勇军:"论民间文学艺术作品的著作权保护",载《江淮论坛》2003年第4期。
70. 吴烈俊:"我国民族民间文学艺术的法律保护",载《西南民族学院学报(哲学社会科学版)》2003年第5期。
71. 刘筠筠:"民间文学艺术保护的立法探索与比较研究",载《贵州师范大学学报(社会科学版)》2005年第6期。
72. 杨艳、肖京雨:"非物质文化遗产的法律思考",载《法学杂志》2007年第5期。
73. 刘魁立:"论全球化背景下的中国非物质文化遗产保护",载《河南社会科学》2007年第1期。
74. 陈庆云:"非物质文化遗产保护法律问题研究",载《云南财贸学院学报》2005年第5期。
75. 高永久、朱军:"城市化进程中少数民族非物质文化遗产的法律保护研究",载《西北民族大学学报(哲学社会科学版)》2007年第6期。
76. 李艳、高游:"新疆南疆文物景点经营权收归文物部门",载《中国文物报》2006年7月28日。
77. 周星、周超:"日本文化遗产的分类体系及其保护制度",载《文化遗产》2007年第1期。
78. 苑利:"韩国文化遗产保护运动的历史与基本特征",载《民间文化论坛》2004年第6期。
79. 李晓秋、齐爱民:"非物质文化遗产系列研究(四)商业开发和非物质文化遗产的'异化'与'反异化'——以韩国'人类活的珍宝制度'设计为视角",载《电子知识产权》2007年第7期。
80. 韩轶、王鑫:"我国知识产权刑法保护的分析与立法完善",载《政法论丛》2007年第5期。
81. 马忠法:"知识产权制度设立之目的——由我国技术转化率低引发的思考",载《电子知识产权》2006年第11期。
82. 李洁:"保护消费者权益刑事立法的特征与评判",载《河南省政法管理干部学院学报》2004年第5期。
83. 郑成思:"传统知识与两类知识产权的保护",载《知识产权》2002年第4期。
84. 王焯:"国外非物质文化遗产保护的理论与实践",载《文化学刊》2008年第6期。

85. 章建刚："对非物质文化遗产立法保护的几点思考"，载《中国社会科学院院报》2008年第5期。

86. 吴汉东："论传统文化的法律保护——以非物质文化遗产和传统文化表现形式为对象"，载《中国法学》2010年第1期。

87. 姜言文、滕晓慧："论国有非物质文化遗产的法律保护"，载《法学杂志》2007年第5期。

88. 杨超："论我国非物质文化遗产的行政保护"，载《湖北警官学院学报》2014年第6期。

89. 牟延林、吴安新："非物质文化遗产保护中的政府主导与政府责任"，载《现代法学》2008年第1期。

90. 刘锡诚："传承与传承人论"，载《河南教育学院学报（哲学社会科学版）》2006年第5期。

91. 杨明："非物质文化遗产保护的现实处境与对策研究"，载《法律科学（西北政法大学学报）》2015年第5期。

92. 杨永芳："非物质文化遗产保护问题的法学界定"，载《行政与法》2007年第7期。

93. 丁朋超："论公共理性视域下的民事诉讼"，载《河南财经政法大学学报》2016年第6期。

94. 吴英姿："司法的公共理性：超越政治理性与技艺理性"，载《中国法学》2013年第3期。

95. 赵方："非物质文化遗产的知识产权保护"，载《兰州交通大学学报》2009年第2期。

96. 丁永祥："生态场：非物质文化遗产生态保护的关键"，载《河南大学学报（社会科学版）》2012年第3期。

97. 余慧华、曾艳："我国地方非物质文化遗产行政保护研究——以天津时调为例"，载《法学杂志》2014年第4期。

98. 李学成："我国案例指导制度功能之反思"，载《理论月刊》2015年第4期。

99. 云杉："文化自觉 文化自信 文化自强——对繁荣发展中国特色社会主义文化的思考"，载《红旗文稿》2010年第16期。

100. 费孝通："对文化的历史性和社会性的思考"，载《思想战线》2004年第2期。

101. 莫纪宏、张毓华："诉权是现代法治社会第一制度性权利"，载《法学杂志》2002年第4期。

102. 于安："行政诉讼的公益诉讼和客观诉讼问题"，载《法学》2001年第5期。

103. 赵许明："公益诉讼模式比较与选择"，载《比较法研究》2003年第2期。

104. 敖双红："公益诉讼的反思与重构"，载《中南民族大学学报（人文社会科学版）》

2007年第2期。

105. 汤跃："传统知识保护学术研究发展态势论要"，载《贵州师范大学学报（社会科学版）》2005年第6期。

106. 齐爱民："论知识产权框架下的非物质文化遗产保护及其模式"，载《贵州师范大学学报（社会科学版）》2008年第1期。

107. 黄玉烨："论非物质文化遗产的私权保护"，载《中国法学》2008年第5期。

108. 王光文："非物质文化遗产知识产权保护初探"，载《理论研究》2007年第4期。

109. 马治国、权彦敏："基于TRIPs框架下的传统知识保护问题"，载《西安交通大学学报（社会科学版）》2004年第3期。

110. 安雪梅："非物质文化遗产保护与知识产权制度的兼容与互动"，载《河北法学》2007年第12期。

111. 徐辉鸿、郭富青："非物质文化遗产商标法保护模式的构建"，载《法学》2007年第9期。

112. 张术麟："加强保护民族民间传统文化的意义及法律保护现状"，载《前沿》2004年第4期。

113. 马克昌："危险社会与刑法谦抑原则"，载《人民检察》2010年第3期。

114. 田圣斌、蓝楠、姜艳丽："知识产权视角下非物质文化遗产保护的法律思考"，载《湖北社会科学》2008年第2期。

115. 施爱东：" '非物质文化遗产保护'与'民间文艺作品著作权保护'的内在矛盾"，载《中国人民大学学报》2018年第1期。

116. 韩晓恩："对非物质文化遗产知识产权保护的思考"，载《知识经济》2017年第20期。

117. 李顺德："非物质文化遗产的法律界定及知识产权保护"，载《江西社会科学》2006年第5期。

118. 姚艳："非物质文化遗产的法律保护"，载《贵州民族学院学报（哲学社会科学版）》2007年第1期。

119. 齐爱民、赵敏："非物质文化遗产的商标权保护模式"，载《知识产权》2006年第6期。

120. 张邦铺："知识产权视角下的非物质文化遗产保护"，载《山东商业职业技术学院学报》2009年第1期。

121. 朱雪忠："传统知识的法律保护初探"，载《华中师范大学学报（人文社会科学版）》2004年第3期。

122. 任玉翠："论民间文学艺术作品的版权保护"，载《浙江社会科学》2007年第4期。

123. 梅术文："'非物质文化遗产保护与知识产权国际研讨会'综述"，载《法商研究》2007年第4期。
124. 周光权："当代刑法理论发展的两个基本向度"，载《江海学刊》2004年第3期。
125. 张勇："文化遗产法益的刑法保护"，载《新疆社会科学》2012年第4期。
126. 简基松："论生态法益在刑法法益中的独立地位"，载《中国刑事法杂志》2006年第5期。
127. 舒洪水、张晶："法益在现代刑法中的困境与发展——以德、日刑法的立法动态为视角"，载《政治与法律》2009年第7期。
128. 张勇："文化遗产法益的刑法保护"，载《新疆社会科学》2012年第4期。
129. 朱俊强："论非物质文化遗产的刑法保护"，载《广州大学学报（社会科学版）》2007年第7期。
130. 熊英："我国非物质文化遗产法律保护模式分析"，载《湖北民族学院学报（哲学社会科学版）》2009年第2期。
131. 黄玉烨、戈光应："非物质文化遗产的法律保护模式"，载《重庆工学院学报（社会科学版）》2009年第5期。
132. 郭禾："对非物质文化遗产私权保护模式的质疑"，载《中国人民大学学报》2011年第2期。
133. 贾学胜："非物质文化遗产的法律保护——以刑法为中心的考察"，载《石河子大学学报（哲学社会科学版）》2008年第4期。
134. 唐海清："论美国'文化遗产犯罪量刑准则'及其对我国的启示"，载《时代法学》2010年第2期。
135. 苏喆、张建梅："论非物质文化遗产的著作权保护"，载《东华大学学报（社会科学版）》2009年第3期。
136. 卓仲阳、杨正文："知识产权在我国民族民间文化立法保护中的作用"，载《西南民族大学学报（人文社会科学版）》2005年第11期。
137. 刘松："侵犯少数民族风俗习惯罪若干问题研究"，载《四川警官高等专科学校学报》2002年第1期。

学位论文

138. 雷建连："论非物质文化遗产的行政法保护"，中央民族大学2013年硕士学位论文。
139. 李梅："我国非物质文化遗产的知识产权和特别权利保护研究"，中国政法大学2006年硕士学位论文。
140. 尚书成："非物质文化遗产的知识产权保护研究"，黑龙江大学2014年硕士学位论文。